北京联合大学设计学特色学科方向建设经费资助(12246561114-008)
北京联合大学艺术学院2021年度科研项目资助(12213991920010462)
北京联合大学科研项目资助(SK90202105)

# 盆地与历史城市
## ——晋中盆地历史城市的多尺度变迁

张 妍 著

·南京·

## 内 容 提 要

本书以晋中盆地区域作为历史城市变迁研究的切入点，旨在探究晋中盆地历史城市的起源、发展和变迁规律，构建晋中盆地历史城市变迁的理论框架，发掘晋中盆地历史城市地域文化内涵，为晋中盆地历史城市乃至我国城市的规划、建设和发展提供历史借鉴。

全书共分为6章。第1章综述研究定位、概念界定、方法及框架；第2章从区域层面探究晋中盆地城市的发展与特征；第3章从城市群层面揭示出晋中盆地城市群的分类与变迁；第4章从城市层面建构晋中盆地历史城市变迁的空间历史形态；第5章总结归纳晋中盆地历史城市变迁特征，构建晋中盆地历史城市变迁的理论框架；第6章结语部分总结晋中盆地城市的变迁规律、创新点及后续研究方向。

本书适于城市规划、城市研究和城市管理、建筑设计以及经济学、社会学等相关领域的管理与科研人员阅读参考。

**图书在版编目(CIP)数据**

盆地与历史城市 ：晋中盆地历史城市的多尺度变迁 / 张妍著. — 南京 ：东南大学出版社，2022.8

ISBN 978－7－5766－0212－8

Ⅰ. ①盆… Ⅱ. ①张… Ⅲ. ①历史文化名城—研究—晋中 Ⅳ. ①K928.5

中国版本图书馆 CIP 数据核字(2022)第 154352 号

**责任编辑**：宋华莉　**责任校对**：张万莹　**封面设计**：王　玥　**责任印制**：周荣虎

**盆地与历史城市——晋中盆地历史城市的多尺度变迁**

Pendi Yu Lishi Chengshi——Jinzhong Pendi Lishi Chengshi De Duochidu Bianqian

**著　　者**　张　妍
**出版发行**　东南大学出版社
**社　　址**　南京市四牌楼2号(邮编：210096　电话：025－83793330)
**网　　址**　http://www.seupress.com
**电子邮箱**　press@seupress.com
**经　　销**　全国各地新华书店
**印　　刷**　南京玉河印刷厂
**开　　本**　700 mm×1 000 mm　1/16
**印　　张**　17
**字　　数**　336千字
**版　　次**　2022年8月第1版
**印　　次**　2022年8月第1次印刷
**书　　号**　ISBN　978－7－5766－0212－8
**定　　价**　68.00元

本社图书若有印装质量问题，请直接与营销部联系，电话：025－83791830。

# 序

城市不仅是文明的物质性载体，其本身也是文明演进的重要成果。在中华文明五千余年的辉煌历史中，曾经出现过许许多多时代特征鲜明的城市。这些或已消失或继续发展的历史城市从不同方面和不同的历史层面上反映出中华文明多样而丰富的演进过程。

从区域尺度上分析和研究中国城市规划历史，是丰富和完善中国自己的城市历史与理论体系的必要环节，也是新时代赋予我们的重要使命。尤其是正在形成中的“国土空间规划”时代，我们需要尽快补上以往不甚重视的区域层面的城乡历史研究、特别是大尺度历史文化空间研究这一环。而城市历史环境（包括社会、经济、地理与文化环境）、历史城市集群（城市及城乡系统空间格局）以及区域历史景观系统等方面的分析与研究，应当就是这种大尺度历史文化空间所要关注的主要领域。东南大学建筑学院历史城市研究团队多年来一直在这方面有所布局，开展以大河流域为历史文化单元的城市发展研究。从中国的黄河、长江、大运河流域到东南亚的伊洛瓦底江流域、湄南河流域，以及南亚的恒河和布拉马普特拉河流域，团队成员聚焦特定历史环境中的历史城市及其簇群的生成、演化过程，力图从中寻找出不同的城市发展路径，为区域尺度上的历史城市文脉传承和联动发展提供借鉴。

从城市规划历史的角度看，在城市的生成与初期发展阶段，人们对于“宜居性”自然环境有着很强的依赖性。因此，大河流域中的盆地、台地与低矮丘陵就成为早期聚落与城市最易产生与成长的环境。这种环境有利于农作物的生长，也使人们能够建构易于获取资源、方便防御自保且出入便利的居住场所。随着社会组织与经济能力的不断提高，人们对于城市的选址有了越来越大的自主性，城市选址也就逐渐由小型台地或丘陵转向更为开阔的场地，从而能够建设交通便利、规模宏大的城市和城市集群，并控制更为广大的区域。这是城市从初生向成长阶段发展的一般性过程。

在黄河与长江流域，存在多种类型的早期聚落与城市孵化地，其中盆地环境是十分常见的一种类型。如关中平原与洛阳盆地孕育了中国最早和绵延时间最长的都城集群。其他不同形态的流域与盆地往往也是早期农业发展的理想环境，继而成为人类宜居之地。如江苏环太湖地区、湖南澧阳平原、成都平原等地都发现了十分发达的早期聚落与城市集群遗址。大量考古发现说明，从新石器时代开始，人类就倾向于在一定范围内发展出相互关联的聚落集群。进入城市时代后，更是习惯于在一定的地理单元内布局城乡一体、统一管理的生活—生产空间体系。许多县志、府志中的县境图、府境图都展现出古代中国人将整体性的城乡空间结构充分融入自然山水环境中的规划意图，形成相互关联、具有共同地方文化背景的区域空间系统。

山西晋中—临汾平原作为一个理想的盆地型早期城市孵化区，完整地孕育出新石器时代的聚落系统以及春秋战国的国都系统，形成从单一城市到历史性城乡集群的大结构。今天，这一具有重要历史文化价值的城市地理单元在总体上仍拥有一个发达的农业区，保留下相对完整而连续的区域性城市集群消长演化的历史环境。在这里我们可以看到以丁村、下川、南海峪等为代表的旧石器时代遗址系列，以陶寺、下靳、高堆、金城堡等为代表的新石器时期遗址系列，以晋国古都为代表的春秋战国都城系列，还有以太原、太谷、祁县、文水、汾阳等为代表的府、县城及地方中心城市系列。这些都充分说明晋中—临汾盆地千万年来一直是人类宜居之地，并且在数千年的时间里孕育出了从发达的新石器时代聚邑到春秋战国都城群落和中小型城市系列这种体系化的城乡空间大格局。在这样一种多模式、全要素的区域性城乡空间格局中，每个子系列都具有其独特的时空结构及其历史环境，它们相互之间又形成交错并置、动态演化的复杂关系，共同描绘出一幅连绵发展、跃迁转型的城乡历史发展图景。例如，在山西城市发展史上，晋国都城体系和晋中汾河流域的府、县城体系都占据着十分重要的地位。前者是春秋战国时期都城建设的典型案例之一，而后者是中国北方农耕文明盆地型城市群的重要代表。在晋国约 700 年辉煌而曲折的历史中，以山西地区为中心在一个相当广域的空间中纵横捭阖，成就了春秋战国时期王国大都规划建设的一个优秀案例。在历史上，晋国都城大都分布在今临汾盆地南部的翼城、曲沃、侯马、闻喜、绛县一带，在这个方圆约 200 公里的汾河及其支流浍河交汇区，陆续建设了多座城池，形成或并置或继承的城市集群。其中位于侯马的都城遗址群就达45平方公里，包括11座古城址、13处祭祀遗址及许多手工业作坊遗址。这些遗址系列不仅揭示了晋国都城的演化过程与基本空间格局，更展示出晋人对于区域空间—环境系统的规划思想、建设能力与传承方式。另外，在晋中—临汾平原地区还形成了一系列具有浓郁农业文明底蕴的中小型府、县城市，包括太原、太谷、祁县、文水、汾阳、平遥、介休、新绛等。它们沿汾河在盆地东西两侧分别依托吕梁山和太行山脉逐渐形成背山面水、并列对望的独特格局。这当然与古代昭余祁大湖的演变过程密切相关，应该是人与自然在历史过程中互动发展的一个"山西样本"，其在中国城市历史中的意义与价值不言而喻。

简而言之，从区域协调发展和国家历史文化保护传承的角度来看，山西晋中—临汾盆地是一个既有历史的深度也有时间的广度，既有复杂连绵的历史城乡大格局也有厚积薄发、面向未来的发展潜力的宝地。对这个地区历史城市演化过程的研究，能够发现一些以往为我们所忽视的古代城市智慧，总结出一些启迪未来的城乡历史经验，梳理出一些值得保护传承的空间文脉，为新时代我国城乡高质量发展作出贡献。

当然，这种研究无疑是一个艰难困苦的过程。尤其对张妍博士这样一位从建筑历史方向转向城市规划历史方向的年轻人来说，会面临许多难以想象的挑战。因此，在博士论文选题之初，她对我推荐的这个题目并不看好。但在经历了一段时间的学习和思考后，她逐渐进入角色，对空间的理解也适应了从建筑尺度到城市尺度的跨越。

我以为，随着我国城市化的深入发展，需要越来越多的像张妍这样既具备一定广域空间思维能力，也具备微观空间鉴别能力的学者。

祝贺此书的出版，希望广大读者能够不吝指教。

是为序。

2022年8月28日

于东南大学建筑学院前工院

# 前言

城市历史遗产对于人类是一种社会、文化和经济资源，传承和利用好城市历史遗产，是我国新型城镇化建设的必然要求。特别是我国地域文化遗产丰富多样，有效挖掘、传承和利用地域文化，延续城市历史文脉，已成为城市发展的重要问题。

作为地域文化的典型代表，晋中盆地是山西省境内最大的盆地，既是中华文明起源地之一，又是中国城市起源的源点之一，也是"万里茶路"的必经之路和重要节点。本书以晋中盆地地理区域作为历史城市变迁研究的切入点，具有典型的区域性和综合性，旨在探究晋中盆地历史城市的起源、发展和变迁规律，构建晋中盆地历史城市变迁的理论框架，发掘出晋中盆地历史城市地域文化内涵，为晋中盆地历史城市乃至我国城市的规划、建设和发展提供历史借鉴。鉴于此，本书在内容结构上具有以下三个特点：

一是从区域层面探究晋中盆地城市的发展与特征。通过对史前、先秦、秦汉、魏晋南北朝、隋唐宋元、明清等历史阶段文献的归纳总结，对晋中盆地自然地理基础、早期城邑分布、主要水系变迁、不同历史时期的区域军事地位及不同历史时期的区域交通发展进行历时性论述、地图绘制、记录和统计，揭示出水系、战争和驿道、驿站是晋中盆地城市变迁的关键影响因素，即水系影响城市密度和城市分布、战争影响城市人口和城市结构、驿道和驿站的变迁影响城市格局。

二是创新性地从城市群层面揭示出晋中盆地城市群的分类与变迁。从防御视角下解析太原及周边军事屏障，从城池的修筑中揭示出太原及周边的榆次、徐沟、清源是受战争影响最明显的区域（简称"一环"），同时研究分析该区域中与防御相关的制度体系和祭祀体系，以及城市军事功能向商业功能的演变过程。提出了防洪视角下的文峪河流域城市带（交城县、文水县、汾阳县、孝义县），总结出文峪河流域城市带是受水患影响最明显的区域，分析其水神祭祀空间分布变迁及流域寨堡的变迁。提出了交通视角下的驿道城市带（太谷县、祁县、平遥县、介休县），总结出驿道城市带是票号最集中的区域，揭示出其驿站、递铺体系变迁及其与寨堡、市镇、集的分布关系。可见，晋中盆地城市群在战争、防洪、交通等不同主导因素的影响下，整体呈现出“一环两带”的城市空间结构，这是对历史城市特征的分类揭示。最后，归纳出府城的空间要素和县城的空间要素。

三是从城市层面构建晋中盆地历史城市变迁的空间历史形态。运用“历史地图转译”方法，按照“一环两带”的城市空间结构逻辑分组，对每个城市历史资料进行图像化与数字化标注和分析，总结城市变迁原因及所呈现出的形态特点。通过分析，晋中盆地内的城市变迁呈现出三个特点：(1) 历史城市聚集；(2) “两中心”的区域特点；(3) “万里茶路”。归纳出影响晋中盆地历史城市变迁的主要因素为：(1) “两山夹一河”的盆地地形；(2) 军事政治是城市发展的主要因素；(3) 交通是城市发展的持续动力。最后，基于晋中盆地历史城市变迁的特点和影响因素的分析，构建晋中盆地历史城市变迁的理论框架。

# 目录

1 绪论 …… 001
1.1 研究的意义 …… 001
1.2 研究晋中盆地历史城市的缘由 …… 003
1.3 研究内容 …… 012
1.4 相关研究综述 …… 014
1.5 研究方法 …… 022
1.6 研究框架 …… 027

2 晋中盆地区域城市发展与特征 …… 028
2.1 晋中盆地发展基础——自然地理与早期文明 …… 028
2.2 商周时期聚落与早期城邑空间分布 …… 037
2.3 不同历史时期的主要水系变迁 …… 041
2.4 不同历史时期的区域军事地位 …… 058
2.5 不同历史时期的区域交通发展 …… 062
2.6 晋中盆地区域发展对城市变迁特征产生影响 …… 069
2.7 本章小结 …… 083

3 晋中盆地城市群分类与变迁 …… 085
3.1 行政区划与建制沿革 …… 085
3.2 晋中盆地历史城市形成特点 …… 092
3.3 防御视角下的城市变迁——太原及周边军事屏障 …… 101
3.4 防洪视角下的城市变迁——文峪河流域城市带 …… 126
3.5 交通视角下的城市变迁——驿道城市带 …… 136

3.6 历史城市空间要素 …… 147
3.7 本章小结 …… 150

**4 晋中盆地历史城市变迁——“历史地图转译”** …… 152
4.1 军事中心区的城市形态变迁 …… 152
4.2 文峪河流域的城市形态变迁 …… 187
4.3 驿道城市带的城市形态变迁 …… 205
4.4 明清晋中盆地历史城市形态特征 …… 219
4.5 本章小结 …… 224

**5 晋中盆地历史城市变迁特征归纳** …… 225
5.1 晋中盆地历史城市变迁的特点 …… 225
5.2 晋中盆地历史城市变迁的因素 …… 235
5.3 晋中盆地历史城市变迁的理论框架建构 …… 239

**6 结论与展望** …… 241
6.1 基本研究结论 …… 241
6.2 主要创新点 …… 242
6.3 后续研究 …… 243

**参考文献** …… 245

# 1 绪论

## 1.1 研究的意义

1) 国土空间规划体系下,古代历史城市区域环境研究的必要性

2011 年 10 月 18 日,《中共中央关于深化文化体制改革 推动社会主义文化大发展大繁荣若干重大问题的决定》通过审议,提出建设“文化强国”的长远战略。这一战略表明了党中央对于文化事业的重视,并将改变过去城市建设一切以经济为中心的单一发展模式,转变为以文化为导向的综合发展模式。在将文化变成生产力的过程中,如何发掘地域文化,有效地传承和利用地域文化,成为城市发展的重要问题。

2011 年 11 月 10 日,联合国教科文组织通过了《关于历史性城镇景观(HUL)的建议书》,这份关于城市遗产和城市保护的国际性文件中提到:城市历史遗产对人类来说是一种社会、文化和经济资产。城市遗产也可以理解为是一种整体的历史文化环境。而对于历史城市变迁的研究,就是对重要历史文化环境资源的梳理。

2014 年 3 月 12 日,《国家新型城镇化规划(2014—2020)》正式发布,其中指出目前的发展现状是:“自然历史文化遗产保护不力,城乡建设缺乏特色。一些城市景观结构与所处区域的自然地理特征不协调,部分城市贪大求洋、照搬照抄,脱离实际建设国际大都市,‘建设性’破坏不断蔓延,城市的自然和文化个性被破坏。”并提出“文化传承,彰显特色”的指导思想。城市区域历史研究,即是对区域特色的探索,也为城市群的特色统筹发展提供线索和指导。

2015 年 5 月 5 日,《关于加快推进生态文明建设的意见(2015)》发布,提出区域生态文化的重要。即“尊重自然格局”,“保护自然景观,传承历史文化,提倡城镇形态多样性,保持特色风貌,防止‘千城一面’”。对区域城市历史的研究,即是整理地域特色的过程,为实现城镇形态的多样性提供理论支持。因此,在城市发展和转型的现阶段,需要学者重新审视中国城市起源及演进的历程,并以此作为探讨中国文化形成和演变、中国城市文化演变的基础。而对于中国城市历史的研究,吴良镛先生提出应注重区域性和综合性;崔功豪先生也主张从区域论城市。城市的发展与区域的演变相互依存,中国城市的起源,则依赖于自然环境,从史前聚落遗址的选

址，再从聚落到方国，地理区域决定了城市的起源与发展。这就要求今天的研究者在研究中国古代城市时应从地理区域着手，分析其兴起和发展的动力机制。

2021 年 7 月 1 日起，《国土空间规划城市设计指南》（以下简称《指南》）实施，该《指南》对历史文化要素的保护和发展提出新的要求，在城市城区层面，确立城市空间特色，提出空间序列框架。“国土空间规划”作为新的概念，相对于 2021 年之前的“城市规划”，更强调文化资源的系统和整合。而从完整的地理区域盆地出发，进行中国古代历史城市的研究，就是将盆地历史环境和历史城市作为整体研究对象，进行系统的区域特色整合。

早在先秦时期，就有以地理区域划分的政治区划，见于《尚书·禹贡》：“禹别九州，随山浚川，任土作贡。禹敷土，随山刊木，奠高山大川。”其中“九州”（即把全国分为 9 个区）的划分，就是以“高山大川”为标志。并对每区（州）的疆域、山脉、河流、植被、土壤、物产、贡赋、少数民族、交通等自然和人文地理现象，作了简要的描述。由此可见，中国古人的活动区域，主要依赖于地理因素，地理因素也决定了中国古代城市的起源、形成、发展与分布。综上，研究者应尝试以地理区域的划分来对中国城市的起源进行分析。地理区域内提供城市起源与发展的物质资源，并构成地理区域的特色。地理区域内的城市和城市群，也是相互关联的体系，通过地理区域的相关研究（交通史、人口史、经济史、军事史、文化史、风俗史等），不仅有助于深化对中国区域特色的多样性与统一性的梳理，而对于该区域城市群与环境的关系，城市如何控制环境又如何利用环境，城市群与交通发展的关系，城市群与商业发展的关系，以及城市群与行政体制的关系等问题，都将做出新的认识。

2）助力“万里茶路”申遗，晋中盆地城市发展研究的紧迫性

（1）社会和实践意义

2015 年 3 月 28 日，八省（区）一市“万里茶道文化遗产保护工作推进会”在武汉举行，正式明确湖北省为“万里茶道”申遗的牵头省份，武汉市为牵头城市。茶马古道、万里茶道、蜀道的保护与展示，已列入国家文物局重点工作。“万里茶道”是继丝绸之路衰落之后在欧亚大陆兴起的又一条重要的国际商道。2019 年 3 月 20 日，“万里茶道”正式列入《中国世界文化遗产预备名单》，山西也被列为推荐遗址申报的区域之一，晋中盆地作为“万里茶道”的必经之路以及重要节点（太原、榆次、祁县、太谷、平遥、介休），对其历史城市变迁的研究具有重要意义。需要研究者提前做好城市发展历史的研究和梳理工作，总结城市以往的发展经验，思考城市变迁的规律，将地域文化、特色资源和区域历史相结合，及时为城市建设提供历史借鉴与理论参考，指导晋中盆地区域未来以文化为导向的发展。

(2) 学术意义

以盆地作为切入点,来完善中国历史城市研究案例。国内城市史的研究,相对于建筑史的研究来说,起步较晚,相关专著较少。就晋中盆地研究而言,偶有以个案城市为主的研究,或者偏向于近现代城市形态的分析,或侧重历史文化名城名镇保护研究,或关注某一城镇的重大历史事件、重要历史人物等。从目前的研究情况来看,以地理区域的划分,尤其是盆地区域,来对城市变迁过程进行研究,可以弥补以往研究的不足,对认识晋中盆地中城市的历史轨迹、研究中国城市多样化的发展路径都具有学术价值。

(3) 文化意义

中国城市的起源有独特的文化体系,而中国文化体系的整体性,不是构建一个网络,是网络本身就存在,是通过研究整理把网络"抽"出来。以晋中盆地为例,是以盆地作为切入点,对中国城市起源和变迁特点进行总结研究,对中国城市起源的深入剖析,探讨的是中国文化形成和演变的特点,以及中国城市文化演变的特点,这是该研究最重要的文化价值。

3) 实现文化遗产整体观,盆地历史城市研究方法的探索性

2017年,中共中央办公厅、国务院办公厅印发了《关于实施中国传统文化传承发展工程的意见》,意见中指出,到2025年,中华优秀传统文化传承发展体系基本形成。而中国城市的起源和空间形态变迁的过程,从区域地理环境出发,上至都城的建设规划,下至县镇治所、村落营造,均体现出中国传统文化的整体观。这就要求今天的研究者以中国历史为大背景,从中国古代思想体系出发深入探索,总结出一套具有创新意义的中国城市史研究成果,从而对中国城市未来建设与规划赋予启发价值。基于上述研究意义的思考,笔者把晋中盆地历史城市变迁作为研究对象,是研究历史城市变迁的跨学科新思路。

## 1.2 研究晋中盆地历史城市的缘由

### 1.2.1 晋中盆地与全国的空间联系

1) 晋中盆地与全国的空间联系

山西地处黄河中游(图1-1),是历史时期华夏族的政治、经济、文化中心。无论最初在中原,还是后来西移至关中,晚近北迁至蓟门,山西都处于中央的肘腋位

置，占据及其重要的战略地位①。而从位于山西中部的晋中盆地出发，向东可越太行，出井陉，可直抵直隶获鹿；向西穿吕梁山可至黄河碛口渡，直通陕西；向北通大同，可到内蒙古和塞外；向南可至关中盆地和洛阳盆地，是“东通河北，东南通河南，西通陕西，北通蒙古”②的交通枢纽。

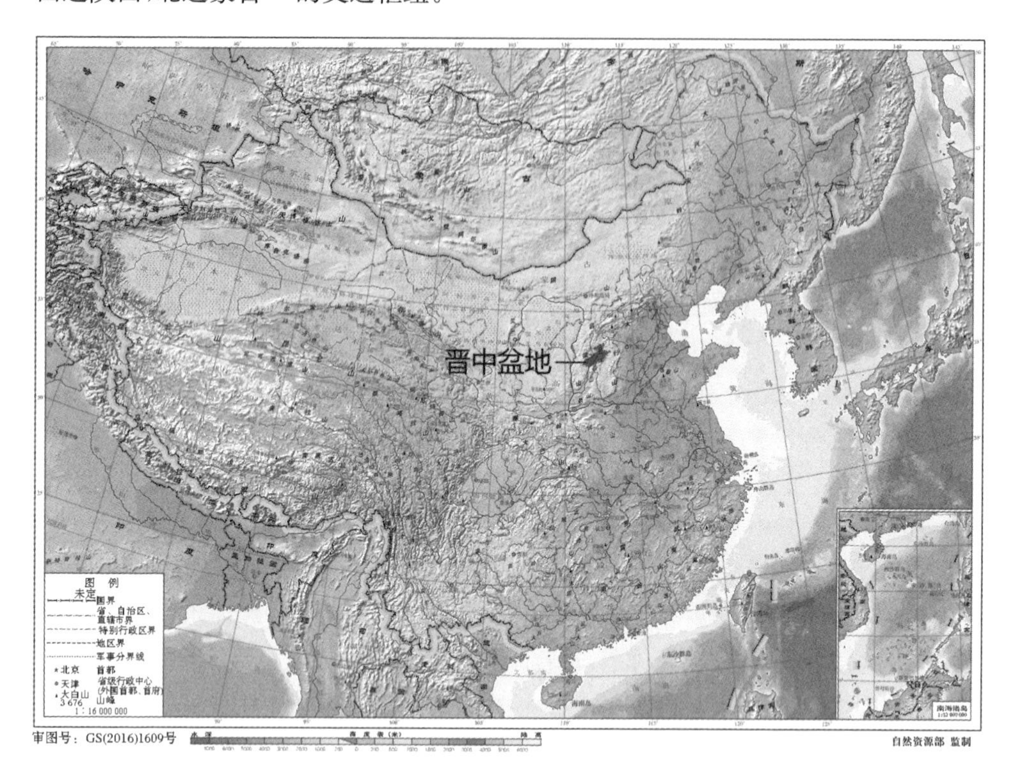


**图1-1 中国地势图**

资料来源：作者以国家测绘地理信息局的标准地图服务系统的中国地图作为底图，进行标注

2）晋中盆地与山西盆地的空间关系

山西地形的主要特点是东西两侧为山，中间为盆地群。新生代以来（约6500万年前），地壳运动频繁，喜马拉雅造山运动使山西省大面积隆起，近东西向的张裂作用，形成了左右两侧的吕梁山脉和太行山脉。与此同时，在全省中部出现了一条贯穿南北的大裂谷，局部的横向隆起又将大裂谷分割为若干串珠状的断陷盆地，由北向南形成的盆地依次为：大同盆地、忻定盆地（也称忻州盆地）、晋中盆地（也称太原

① 山西省地图集编纂委员会.山西省历史地图集[M].北京：中国地图出版社，2000：336.

② 太原市计划委员会.太原市国土资源[M].太原：山西经济出版社，1993：30.

盆地)、临汾盆地和运城盆地[①](图 1-2)。全省呈现出“两山夹一川”的地形特征[②]。长治盆地则为高原上的浅断陷盆地,盆地中散布着一些被侵蚀后残存的丘陵。除此之外,还有广灵、灵丘、黎城、阳城、高平、晋城、垣曲、岚县、五台等小型山间盆地。而山西境内的盆地面积约占全省总面积的五分之一,为省内人口最密集、经济最发达地区[③]。这也是本研究把盆地作为城市研究切入点的理由之一。在距今240万~70万年前,盆地内多数为湖泊,至距今10万~1.1万年前,湖泊淤塞后变为平原(图 1-3)。因此土地肥沃,便于耕种,为城市的形成和发展提供必要的物质条件。

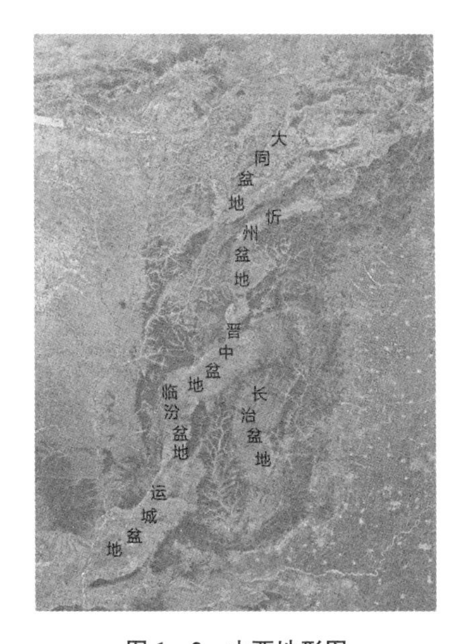


**图 1-2 山西地形图**

资料来源:作者以 BIGEMAP 作为资源进行绘制

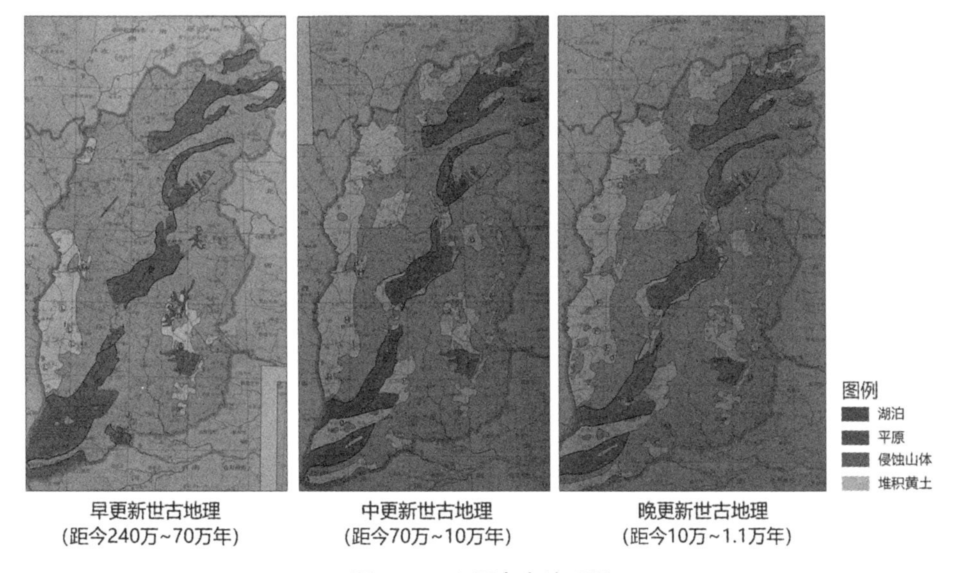


**图 1-3 山西省古地理图**

资料来源:作者根据《山西历史地图集》第 86、87 页相关图片整理绘制

① 山西省史志研究院. 山西通史[M]. 北京:中华书局,1997:12.

② 杜学文. 山西历史文化读本[M]. 太原:山西教育出版社,2013:9.

③ 山西省史志研究院. 山西通志(第二卷)· 地理志[M]. 北京:中华书局,1996:102.

## 1.2.2 晋中盆地

1）概况

晋中盆地为山西境内规模最大的盆地（表1-1）。盆地位于山西省中部，又称“太原盆地”。北起太原的石岭关，南至介休义棠，东西面分别为太谷断层、交城断层与山体相连，略呈东北—西南向的长方形[①]，长约200 km，宽约30～40 km，海拔高程在700～800 m之间，面积约6000 km$^2$，包括整个汾河中游地区[②]。盆地中部是汾河冲积平原，汾河的河床宽而浅，两岸有二级阶地，太原以北的黄寨一带，为黄土台地，冲沟比较发育；汾阳、孝义西部及榆次、太谷东部，多以黄土丘陵过渡为盆地边缘的山体（图1-4）[③]。汾河贯穿其中，把盆地分为东、西两部分。主要支流，西部有磁窑河、文峪河等；东部有潇河、乌马河、昌源河、龙凤河等。整个盆地中部构成一个由汾河及其支流堆积而成的广阔冲积平原[④]。盆地区域灌溉便利，为该区域人类的产生和发展提供了必要条件，也为农业发展提供了有利条件[⑤]。

**表1-1 山西省主要盆地规模对比表**

| 名称 | 海拔(m) | 长(km) | 宽(km) | 面积(km$^2$) |
|---|---|---|---|---|
| 大同盆地 | 1000～1100 | 124 | 20～45 | 约5000 |
| 忻州盆地 | 800～1000 | 173 | 12.5～42.5 | 约2000 |
| 晋中盆地 | 700～800 | 200 | 30～40 | 约6000 |
| 临汾盆地 | 400～600 | 150 | 30～58 | 约5000 |
| 运城盆地 | 300～360 | 145 | 16～35 | 约3000 |
| 长治盆地 | 1000 | 80 | 30～40 | 约2000 |

资料来源：作者根据《山西通志（第二卷）·地理志》第102、103页相关资料总结绘制

① 山西省史志研究院. 山西通志（第二卷）·地理志[M]. 北京：中华书局，1996：102.
② 山西省史志研究院. 山西通志（第十卷）·水利志[M]. 北京：中华书局，1999：17.
③ 山西省地图集编纂委员会. 山西省历史地图集[M]. 北京：中国地图出版社，2000：9.
④ 姜佳奇，莫多闻，吕建晴，等. 山西太原盆地全新世地貌演化及其对古人类聚落分布的影响[J]. 古地理学报，2016，18(5)：895-904.
⑤ 山西省史志研究院. 山西通志（第一卷）·总述[M]. 北京：中华书局，1999：6.

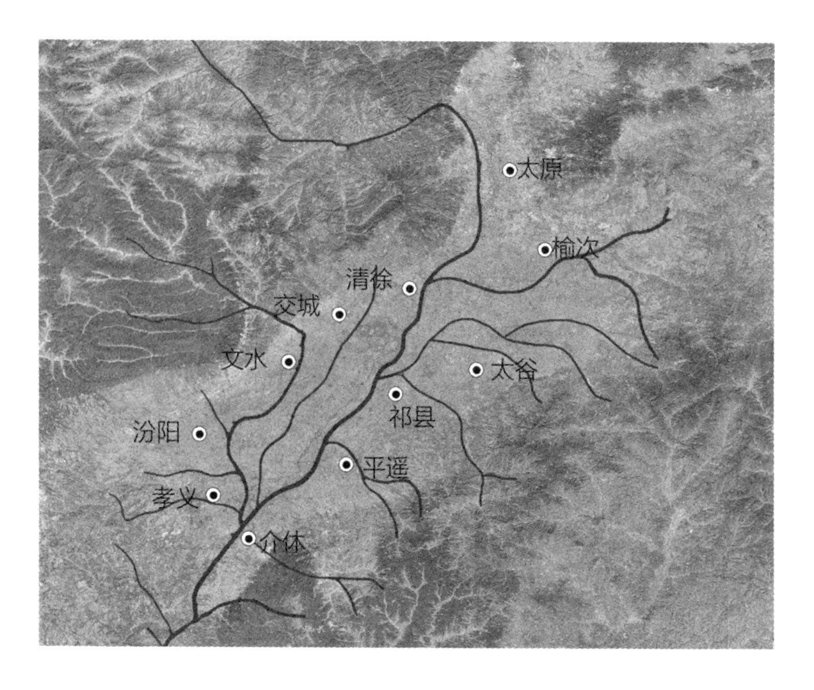


**图 1-4 晋中盆地构造与地貌图**

资料来源：以 BIGEMAP 作为资源进行绘制

2）城市分布

晋中盆地是人类起源地之一，自唐尧时，晋中盆地已有人类聚居。至东周春秋时期，晋中盆地已形成邬县、京陵、高成、梗阳、涂水、箕等城邑。随着历史的变迁，晋中盆地的城市经历了长期的历史演变，形成了如今的城市分布格局(图 1-5)。该地区今天所包括的城市有太原、榆次、太谷、祁县、平遥、介休、孝义、汾阳、文水、交城、清徐，城市分布的形态呈现“环带状”。在早期聚落的形成中，受限于山水环境，基于“背山面水”的选址理念，在变迁中受水系等因素的影响，城市的分布在不同时期呈现不同的形态(图 1-6)，这也是本研究的意义所在。

对比山西境内其他盆地区域内的城市数量可知，晋中盆地内城市数量最多(表 1-2)。在对晋中盆地内城市分布结构变迁进行梳理时发现，晋中盆地内城市分布受自然环境变迁的影响最频繁，这是本研究把晋中盆地历史城市作为研究对象的原因之一。

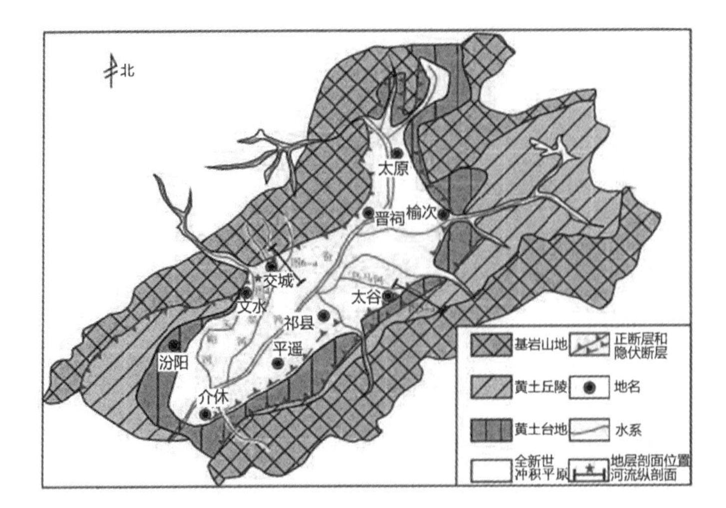


**图1-5　晋中盆地现状地图及城市分布图**

资料来源：姜佳奇，莫多闻，吕建晴，等. 山西太原盆地全新世地貌演化及其对古人类聚落分布的影响[J]. 古地理学报，2016，18(5)：896.

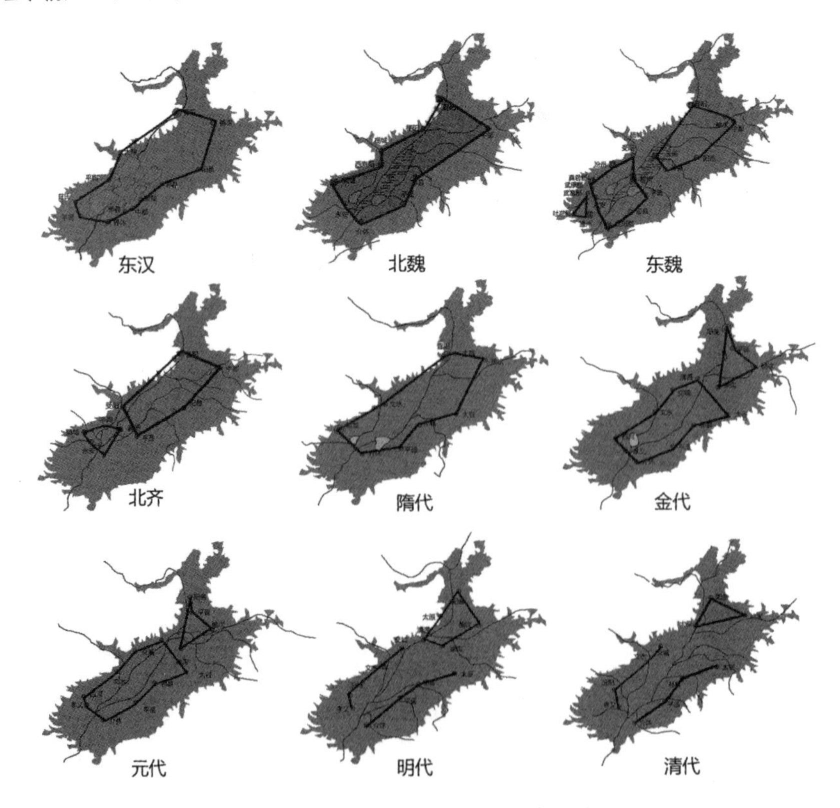


**图1-6　晋中盆地历代城市分布结构图**

资料来源：作者根据《山西省历史地图集》第24、43、53、73-77、82、83页和《中国文物地图集山西分册(上)》第44-49页相关内容进行改绘

**表 1－2 山西省主要盆地城市数量现状对比表**

| 名称 | 城市 | 数量(个) |
| --- | --- | --- |
| 大同盆地 | 大同市、大同县、阳高、天镇、浑源、应县、怀仁、山阴、朔县 | 9 |
| 忻州盆地 | 繁峙、代县、原平、忻州、定襄 | 5 |
| 晋中盆地 | 太原、榆次、太谷、祁县、平遥、介休、孝义、汾阳、文水、交城、清徐 | 11 |
| 临汾盆地 | 洪洞、临汾、襄汾、侯马、曲沃、翼城、稷山、河津 | 8 |
| 运城盆地 | 闻喜、夏县、运城、临沂、永济 | 5 |
| 长治盆地 | 长治、潞城、屯留、长子 | 4 |

资料来源：作者根据《山西通志(第二卷)·地理志》第 102、103 页总结绘制

3) 战场分布

位于山西中央腹地的太原，“东阻太行、常山，西有蒙山，南有霍太山、高壁岭，北扼东陉、西陉关，是以谓之四塞也”①。由于这种特殊的地理原因和地缘原因，山西自古多战争。山西的古战场分布的特点是，上古时期的战争主要是中原诸侯之间的战争，多集中于晋南；中古时期的战争主要是北方各游牧民族趁中央王朝的分裂而南下，战争多集中于晋中腹地和汾河中游河床地带，即晋中盆地区域；近古的战争主要是重新统一的中央王朝与北方游牧民族间的争斗，主要集中于晋北地区。晋中盆地地处山西的中部，除大同外，是历史时期发生战争最多的区域(历史时期发生战事最多的古战场，大同 65 次，晋阳 50 次)②。而晋中盆地区域内历代的战场分布与城市分布基本一致(图 1－7)，由此可见区域城市的分布与变迁和战争有极为密切的关系。这也是该研究将晋中盆地区域历史城市作为研究对象的主要原因之一。

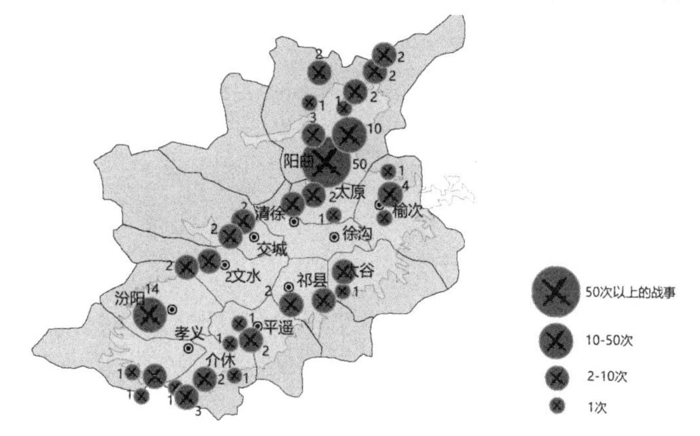


**图 1－7 晋中盆地历代战场分布图**

资料来源：作者参考《山西省历史地图集》第 336 页和《山西通志(第三十六卷)·军事志》第 235－237 页相关内容绘制

① (清)顾祖禹．读史方舆纪要(卷 40)[M]．贺次君，施和金，点校．北京：中华书局，2005：806.

② 山西省地图集编纂委员会．山西省历史地图集[M]．北京：中国地图出版社，2000：336.

4）农业

晋中盆地处于中纬度地带的内陆。东距海洋 400～500 km，大气环流的季节性变化明显，属于大陆性季风气候。按冷暖程度分，属于暖温带；按干湿程度分，属于半湿润地区。由于东部的太行山和西部的吕梁山，与夏季东南季风的来向相垂直，形成天然屏障，阻挡着潮湿气团向内陆深入，使得降水量减少①。年降雨量约为 400～650 mm。因而，适宜的温度和气候，使得晋中盆地内植被茂密，适合于人类的发展。从山西境内植物化石的分布图来看（图 1－8），晋中盆地是整个山西境内植物化石分布最密集的区域，也同样说明该地区适宜植物的生长，为城市的起源提供重要的物质条件。

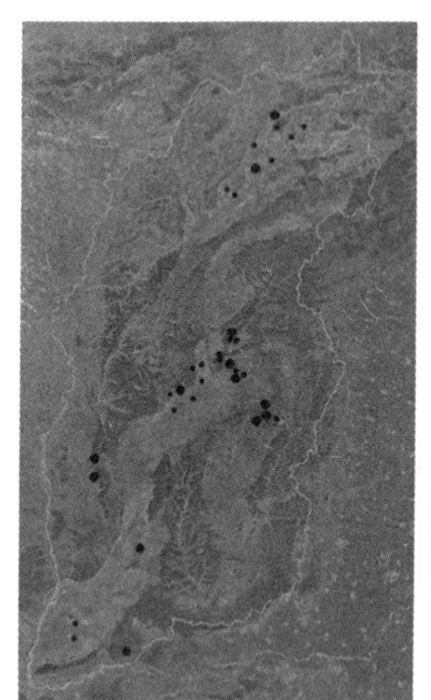


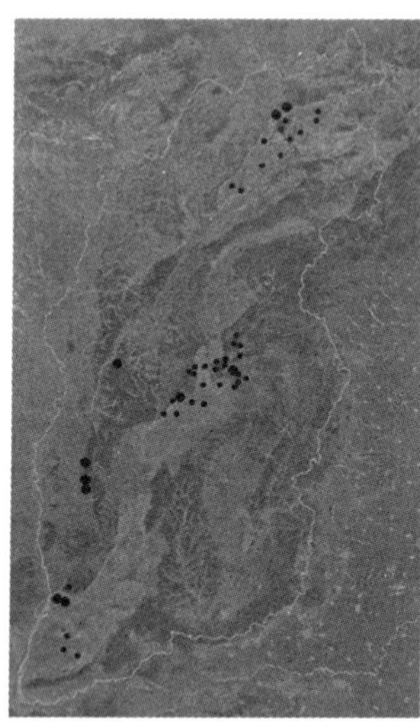


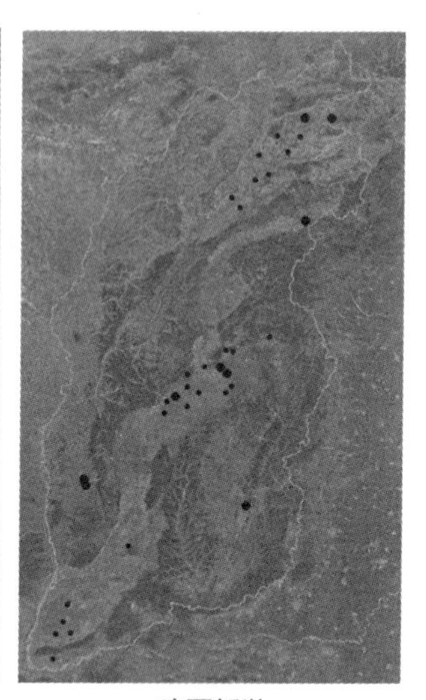


**图 1－8　山西省植物化石分布图**

资料来源：作者根据《山西省历史地图集》第 90－92 页相关内容整理绘制

5）文化

从方言角度考虑与城市的关联性，晋中盆地区域大部分属于山西中区方言片区，包含太原、榆次、太谷、祁县、平遥、介休、孝义、文水、交城、清徐②。只有汾阳属于山西西区方言片区（图 1－9）。汾阳在隋唐时期曾作为汾州的州级治所，与并州

---

① 山西省地方志办公室编. 山西省志 · 气象志[M]. 北京：中华书局，2013：1.

② 根据《山西通志（第四十七卷）· 民俗方言志》第 351 页记载，山西中区方言分布在以下 21 个市县：太原、清徐、榆次、太谷、文水、交城、祁县、平遥、孝义、介休、寿阳、榆社、娄烦、灵石、盂县、阳曲、阳泉、平定、昔阳、和顺、左权

的州级治所——太原平级，直至清末(1892)，仍是汾州府的府城。行政建制的原因，使其与西区交流频繁，因而与晋中盆地其他城市属于不同的方言片区。由此可见，地理区域的划分，并没有形成完整的方言分区和行政单元，城市的持续发展，还同时受其他因素的制约和影响。

6) 经济

晋中盆地中、南部的汾河河谷平原，地势平坦，土壤肥沃，水源充沛，灌溉便利，是理想的农耕之地。盆地东、西、北三面的山地丘陵地区，植被繁茂，水草丰沛，又是理想的天然牧场。由于其地处农牧业交替区，畜牧业也很发达。而且晋中盆地内的矿产资源丰富，其冶铜业、冶铁业以及煤炭开采十分发达，使其成为我国古代重要的工业、手工业生产基地。地区农业、畜牧业和手工业的高度发展，为其商贸活动开展和繁荣奠定了必要的物质基础。凭借着独特的地理区位优势、重要的政治军事地位以及便利的对外交通，使其成为我国古代北方重要的商业贸易中心。纵观历史，晋中盆地历来是中原腹地与北方民族以及域外地区进行商贸经济往来的重要枢纽和陆路通道。特别是明清以后，随着晋商的崛起，整个晋中盆地更是成为一个商业和金融业中心①。此外，票号是我国封建社会末期重要的信用机构，产生于道光初年，兴盛于同治、光绪年间。清时期，全国有51家票号，其中43家为山西人所经营。可见山西当时基本垄断了全国的金融业务。山西票号的分布，大部分集中于晋中盆地区域(图1-10)。城市的繁荣与经济的发展密切相关，这也是该研究以晋中盆地历史城市作为研究对象的原因之一。

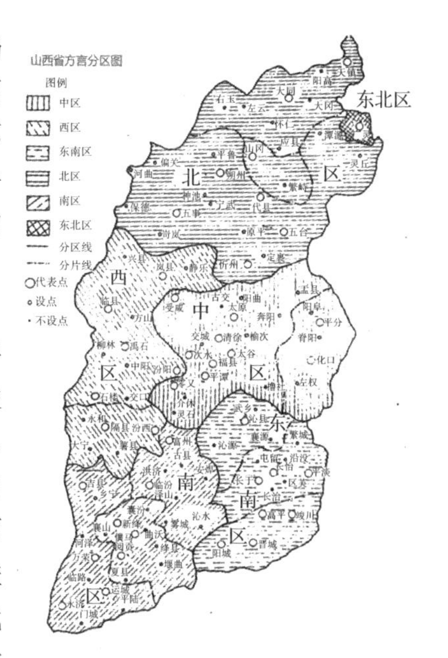


图1-9 山西方言分布图

资料来源:《山西通志(第四十七卷)·民俗方言志》第356页

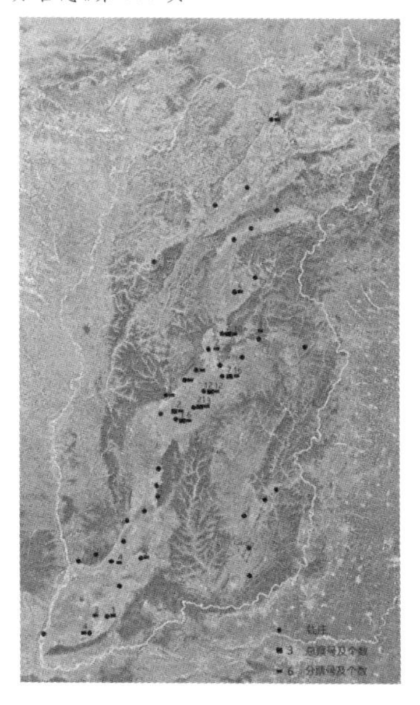

图1-10 山西票号分布图

资料来源:《山西省历史地图集》第200页

① 中国古都学会，等.中国古都研究(二十辑)[M].太原:山西人民出版社，2005:56-62.

综上所述,盆地是气候适宜、城市集中、人口集中、资源集中的区域,因而选择盆地作为研究的切入点,而在山西区域内,晋中盆地是规模最大、城市最多、城市变迁最频繁、政治军事地位较重要、经济发展最显著的地域,因此本书以晋中盆地的历史城市作为研究对象。

## 1.3 研究内容

### 1.3.1 相关概念界定

1) 历史城市

在本书中,历史城市不仅仅局限于被认定的中国历史文化名城、名村、名镇,而是指有一定历史价值和意义的城市。而该研究中的历史城市,根据中国特有的行政区划的特点,指县级及以上的城市,对于城市的研究,也不是仅指城池本身,还包括城池以外的山水环境、道路交通、市镇寨堡等物质历史环境要素,也包括行政建制、祭祀礼仪等非物质历史要素(表 1-3)。

**表 1-3 历史城市要素表**

| 要素 | 物质要素 | 非物质要素 |
|---|---|---|
| 历史城市 | 水系、护城河、城池、人口、街道、建筑等 | 功能分区、信仰活动、商业活动等 |
| 历史环境 | 山水环境、驿道递铺、市镇、寨堡、庙坛等 | 行政区划、祭祀礼仪等 |

资料来源:作者自绘

2) 城市变迁

城市的变迁指城市由于战争、自然、重大历史事件等原因,出现的城市改造、建设和重建。城市的变迁往往出现在国家或是区域的社会经济发展极不稳定的时期。城市变迁包含三部分内容,即城市的选址、城市的分布、城市内部的演化,城市的选址指城市在形成初期,城市营建者通过对当地自然环境条件和社会经济情况的综合考虑,为城市选择合适的地理位置。城市的分布包括两个层面:宏观层面和微观层面,宏观层面指某一地区各城市的空间分布格局,微观层面指城市建设用地所占据的具体范围。城市的内部演化指城市由于外部条件、内部条件的变化导致城市空间在规模、形式、结构等诸多方面出现的形态变化。

### 1.3.2 时间范围界定

本研究的时间跨度较长,从先秦时期到明清。首先,将晋中盆地历史城市演进分为:史前时期、商周时期、秦汉六朝时期、隋唐两宋时期、元明清时期这五个时间段,作为研究的分期;其次,再根据区域发展的状况来对各阶段进行划分,分为14个时间段,是晋中盆地区域的历史分期;最后,再根据战事、人口、经济这三个主要影响区域发展的要素进行主要事件节点的标注(图1-11)。

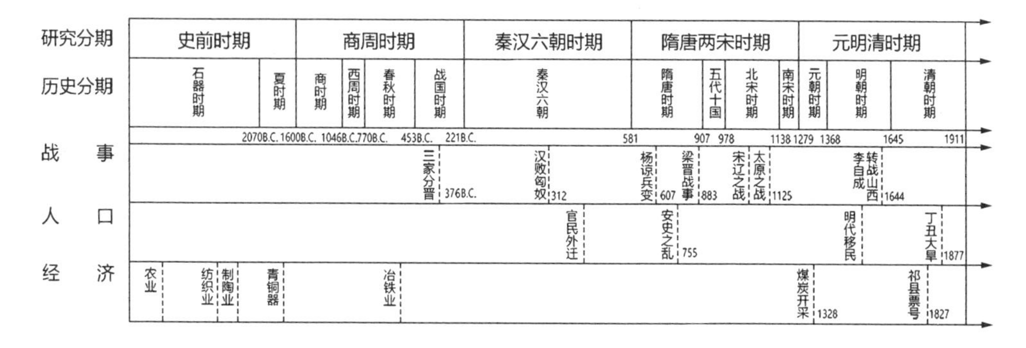


**图1-11 研究时段划分图**

资料来源:作者自绘

## 1.3.3 主要研究内容

1) 晋中盆地区域层面

晋中盆地区域层面是晋中盆地历史城市形态的基础和主要影响因素背景。这部分研究内容主要包括了五个方面:先秦发展基础、商周城邑分布、主要水系变迁、军事地位变迁和交通道路变迁。这五个方面,对晋中盆地区域内的城市形成和变迁产生了主要影响。

2) 晋中盆地城市群

晋中盆地城市群研究是对晋中盆地历史城市结构的重新梳理,即先对盆地内城市的行政区划和建制沿革进行梳理,发现行政区划在多数的历史时期并没有与盆地的地理特征一致,因此以影响区域变迁的最主要的三个因素对盆地内的城市进行分组,而形成三个城市群,分别为防御视角下的城市群、防洪视角下的城市群、交通视角下的城市群,通过对三个城市群的分析,进而梳理中国城市制度等级所包含的不同因素。

3) 晋中盆地城市空间

对晋中盆地内明清时期的12个城市以影响区域变迁的最主要的三个因素为依据进行分组,即延续城市群部分的分组逻辑,分别以"历史地图转译"的方式对城市空间进行分析,然后对晋中盆地历史城市变迁的特征和影响因素进行归纳。

## 1.4 相关研究综述

### 1.4.1 中国古代城市历史研究综述

城市历史的研究，从中国古代开始，就有对于城市选址和建设的记载。《周礼·夏官司马第四》中："若造都邑则治其固与其守法。凡国都之竟有沟树之固，郊亦如之。民皆有职焉。若有山川，则因之。"[①]而齐人管子提出："因天才，就地利。故城郭不必中规矩，道路不必中准绳"的城市营造原则[②]。《长安志》《唐两京城坊考》等可视作古人的城市史著作。20世纪20～30年代，梁启超先生发表了《中国都市小史》(1926)和《中国之都市》(1926—1927)等文，虽然是中国近代意义上城市史研究的开始，但却以西方的概念"都市"来命名城市。到1960—1965年，董鉴泓主持编写的《中国城市建设史》，第一次系统阐述了中国古代城市的起源与发展，"文革"后整理出版。80年代后，城市史的研究逐渐丰富，以通史性的著作为主，主要有《中国古代城市规划史论丛》(贺业钜，1986)[③]、《中国城市史纲》(何一民，1994)、《中国古代城市的发展》(曹洪涛，1995)、《中国古代城市规划史》(贺业钜，1996)、《中国城市发展史论集》(赵冈，2006)、《中国城市规划史》(汪德华，2014)、《中国城市考古学论集》(徐苹芳，2015)等。综上，对于城市历史变迁的研究，目前有以下几个主要切入点：

1) 从时间的分期来研究城市历史变迁

以时间的分期来研究城市历史变迁是一种最为普遍的方法，时间段的选择基本分为：先秦时期聚落的起源、秦汉至唐宋时期城市的研究、明清城市研究、近现代城市研究。例如，有代表性的研究是：《古代中国考古》(张光直，2013)，对商周城市进行综述；《汉代城市研究》(周长山，2001)，对汉代城市分布和人口等方面深入研究；《宋代城市研究》(包伟民，2014)，是对宋代城市的规模、类型、特征进行探讨；《明代城市研究》(韩大成，2009)，从农业、金融、交通、阶级结构、社会矛盾、城乡结构、市镇发展等方面综合论述明代城市的情况；《中华帝国晚期的城市》(施坚雅，2000)，收录了研究中国元明清城市史的论文；《中国近代城市与建筑(1840—1949)》(杨秉德，1993)[④]，是对近代城市进行综合性的叙述。

---

① 李学勤. 周礼注疏[M]. 北京：北京大学出版社，1999：799.

② 潘谷西. 中国建筑史[M]. 6版. 北京：中国建筑工业出版社，2009：49.

③ 贺业钜. 中国古代城市规划史论丛[M]. 北京：中国建筑工业出版社，1986.

④ 杨秉德. 中国近代城市与建筑(1840—1949)[M]. 北京：中国建筑工业出版社，1993.

2）以个案城市为例来研究城市历史变迁

以个案城市作为研究对象对城市历史变迁进行研究，是对个体城市案例深入的分析，这种方式类似于志书的记载形式。如《当代中国城市发展丛书》(2010)则是把各个城市分为不同的卷对其发展历史、空间变迁、城市建设、城市文化、城市管理体制与机制及未来规划进行论述。再例如：《近代武昌城市发展与空间形态研究》(吴薇，华南理工大学博士论文，2012)、《孝义旧城的形态演变及空间分析》(申睿，太原理工大学硕士论文，2013)等，都是以单体城市为例，研究城市历史形态变迁。

3）从行政区域来研究城市历史变迁

行政区划是中国历史城市特有的单元形式，中国现在的行政区域划分为六大区域：华北(北京、天津、河北、山西、内蒙古)、东北(黑龙江、吉林、辽宁)、华东(上海、山东、江苏、浙江、江西、安徽、福建、台湾)、中南(湖北、湖南、河南、广东、广西、海南、香港、澳门)、西南(四川、贵州、云南、西藏、重庆)、西北(陕西、甘肃、宁夏、新疆、青海)。对于区域城市史的研究，是“以一个政治、经济、社会、文化诸方面有共同联系和特色的地区的城市体系、城市群体为研究对象的城市史”[①]。由于我国古代城市的行政建制体系复杂且多变，因此这样的研究方式多见于近现代城市史的研究。例如：《东南沿海城市与中国近代化》(张仲礼，1996)[②]，以上海、宁波、福州、厦门、广州东南沿海五座通商口岸城市为研究对象，归纳五口通商城市的特点；《东北地区城市空间形态研究》(郐艳丽，2006)，论述了东北地区城市空间形态的影响因素、演进过程和典型模式。或者是以各省级行政区划为单位，进行城市历史的研究，例如：《浙江古代城镇史研究》(陈国灿、奚建华，2000)[③]、《近代山东城市变迁史》(王守中、郭大松，2001)[④]等。

4）从水系流域等自然因素的演化来研究城市历史变迁

水系流域是人类起源与生存的必要自然条件，早期人类聚落的选址就与其有密切的关系，因而从水系流域的演化来研究城市历史的变迁，受到诸多学者的关注。吴庆洲的《中国古代的城市水系》(华中建筑，1991)，从防御洪灾的角度对古代城镇选址、形态、布局等均进行了较为深入的研究[⑤]；《从黄河时代到运河时代：中国古都变迁研究》(王明德，2008)，以黄河和运河为线索，对中国都城文明的时空演

---

① 隗瀛涛，谢放. 近代中国区域城市研究的初步构想[J]. 天津社会科学，1992(1)：79－83.

② 张仲礼. 东南沿海城市与中国近代化[M]. 上海：上海人民出版，1996.

③ 陈国灿，奚建华. 浙江古代城镇史研究[M]. 合肥：安徽大学出版社，2000.

④ 王守中，郭大松. 近代山东城市变迁史[M]. 济南：山东教育出版社，2001.

⑤ 吴庆洲. 中国古代的城市水系[J]. 华中建筑，1991(2)：55－61，42.

进作了整体动态的论述;《中国运河城市发展史》(傅崇兰,1985)[①],系统研究了运河变迁及沿岸的淮安、扬州等城市变迁过程。此外,西安建筑科技大学王树声教授团队以自然山水环境作为切入点,结合区域古地图、城市古地图,梳理区域城市的山水格局和空间秩序,为该研究的展开提供重要启示,主要研究分析有王树声的《重拾中国城市规划的风景营造传统》(中国园林,2018)[②]、李小龙和王树声等的《控引襟带:一种凭依江河的整体营城模式》(城市规划,2018)[③]、王凯和王树声等的《全形:一种追求城市与山川形式整体合宜的规划模式》(城市规划,2018)[④]。

5) 从非自然因素的分析来研究城市历史变迁

非自然因素包括政治、经济、军事、制度等因素。从非自然因素的分析来研究城市历史变迁,是对影响城市历史变迁中的主要非自然因素进行分析。《唐代城市经济研究》(肖建乐,2009)[⑤],从经济的视角对唐代城市封闭结构的终结、城市居民结构的变化和市民阶层的兴起及城市发展的动力等进行研究;《制度变迁视角下的强镇扩权地域空间效应研究——以江苏省戴南镇为例》(邓骥中等,2014)[⑥]和冉光荣的《春秋战国时期郡县制度的发生与发展》(文史哲,1963)[⑦],都是从制度变迁的角度来研究城市历史变迁。

城市历史变迁是一门跨学科的研究课题,同时受到建筑学、城市规划学、考古学、历史学、人类学、社会学、地理学等学科的研究和关注。《中国古代建筑史》(刘敦桢,2005)、《中国建筑史》(潘谷西,2009)和《中国古代城市规划、建筑群布局及建筑设计方法研究》(傅熹年,2001)是从建筑学角度对古代都城的规划和形态格局进行研究;《中国城市发展建设史》(张京祥,2002),是从城乡规划学的角度对中国古代城市建设和规划进行分析;《中国文明起源新探》(苏秉琦,2009),是从考古学的理论和方法阐述中国城市的起源;《中华文明的始原》(严文明,2011),是以历史学的视角阐述聚落的演变和文明的起源;《聚落地理学》(胡振洲,1977),是以人文地理学的视角分析聚落形成、发展和分布规律,以及聚落与自然的关系。

---

① 傅崇兰. 中国运河城市发展史[M]. 成都:四川人民出版社,1985.

② 王树声. 重拾中国城市规划的风景营造传统[J]. 中国园林,2018(1):28-34.

③ 李小龙,王树声,朱玲,等. 控引襟带:一种凭依江河的整体营城模式[J]. 城市规划,2018,42(11):中插1-中插2.

④ 王凯,王树声,来嘉隆. 全形:一种追求城市与山川形式整体合宜的规划模式[J]. 城市规划,2018,42(1):前插1-前插2.

⑤ 肖建乐. 唐代城市经济研究[M]. 北京:人民出版社,2009.

⑥ 邓骥中,于涛,冯静. 制度变迁视角下的强镇扩权地域空间效应研究——以江苏省戴南镇为例[J]. 现代城市研究,2014(10):39-45.

⑦ 冉光荣. 春秋战国时期郡县制度的发生与发展[J]. 四川大学学报(社会科学版),1963(01):19-46.

### 1.4.2 晋中盆地城市历史研究综述

以晋中盆地作为完整的区域范围的城市研究成果较少。一是早期地理环境的限制造成史料不够；二是个案研究不够。

1）综合研究

山西历史文化悠久，作为中华民族的发祥地之一，以山西省的城市历史作为研究对象的研究成果丰富。学者从历史学、地理学、城市规划学和考古学等角度探讨山西城市的发展。早在1962年，《文物》期刊就有谢元璐、张颔关于晋阳古城勘察(1962)的文章，对晋阳古城及周边环境进行勘测和记录，并判断晋阳城源于东周时代，这是最早的关注于山西城市历史研究的记录。杨纯渊的《山西古代城市的实态分析》(文物季刊，1989)①，探索了汉以前山西的城邑空间分布，并得出城市的防御性决定了初期城邑形制的结论。山西省地图集编纂委员会编写的《山西省历史地图集》(2000)，涉及政治、经济、军事和社会科学等专业学科，汇集了山西省(远古至清末1911年)地方史、考古、文物、地理学研究的成果，并以地图的形式，展示了山西省历史的演变过程。国家文物局主编的《中国文物地图集——山西分册》(2006)，对山西省文物单位进行统计和概述，关于晋中地区部分对本研究认识山西城市起源有重要的借鉴意义。《历史地理与山西地方史新探》(安介生，2008)，书中对各历史时期人口移民、区域文化变迁与政区建置进行了论述。《清代山西的粮食贩运路线》(曹新宇，1998)②，研究中以道路为切入点，研究其对于沿途城市发展的影响，这些研究都对本书的思考有很大的帮助。从历史文化的角度对山西地区进行研究的成果也较多，如《华夏文明研究：山西上古史新探》(杨国勇，2002)、《三晋古文化源流》(李元庆，1997)、《山西移民史》(安介生，2014)、《先秦三晋区域文化研究》(林天人，1992)、《清代山西城市发展与社会变迁》(李永福，2011)③、孙宁的《山西省历代人才的地理分布与地域分异》(山西师范大学硕士论文，2013)、王友华的《明清时期山西都司卫所屯田研究》(陕西师范大学硕士论文，2009)，此外，也有学者从地理环境角度对城市空间结构及历史演变进行研究，对本研究认识城市发展有很大帮助，主要成果有《黄河晋陕沿岸历史城市人居环境营造研究》(王树声，2006)④、张慧芝的《明清时期汾河流域经济发展与环境变迁研究》(陕西师范大学博士论文，2005)等。

---

① 杨纯渊.山西古代城市的实态分析[J].文物季刊，1989(02):61-71.

② 曹新宇.清代山西的粮食贩运路线[J].中国历史地理论丛，1998(02):159-167，251.

③ 李永福.清代山西城市发展与社会变迁[M].北京：同心出版社，2011.

④ 王树声.黄河晋陕沿岸历史城市人居环境营造研究[D].西安：西安建筑科技大学，2006.

2) 晋中盆地(太原盆地)区域研究

晋中盆地(太原盆地)历史城市的研究属于跨区域的研究,而从聚落的起源到城市的形成与发展都离不开河流、湖泊的变迁,王尚义的《太原盆地昭余古湖的变迁及湮塞》(地理学报,1997)、孟万忠等人的《太原盆地湖泊变迁过程中人地关系的透视》(太原师范学院学报,2010)①,都分析了太原盆地湖泊的变迁过程;侯菲菲的《晋中地区龙山时代遗存分析》(吉林大学硕士论文,2011)、赵辉的《晋中地区商代遗存分析》(山东大学硕士论文,2012)和姜佳奇等人的《山西太原盆地全新世地貌演化及其对古人类聚落分布的影响》(古地理学报,2016)等是对晋中盆地早期遗址、聚落与周边环境关系的分析。而张青瑶、王社教的《清代中后期太原盆地镇的类型及形成因素》(中国社会经济史研究,2003)、王应刚的《晋中盆地城市化发展对区域生态环境影响研究》(山西大学博士论文,2007)和李欣鹏的《地区人居视野下晋中盆地县城空间形态演变研究——以太谷县为例》(西安建筑科技大学硕士论文,2014)中对盆地历史城市的产生、发展的研究,都有益于本书的思考。李学江在《太原历史地理研究》(晋阳学刊,1992)中,对太原盆地的自然环境和区域经济开发进行分析,并指出太原盆地的自然环境、经济以及地理位置对于盆地内历史城市的兴起有着密切联系。赵强、路尧的《太原盆地地面沉降发育特征及成因分析》(山西建筑,2017)②中,对太原盆地形成的地理原因进行分析。这些成果,都对本研究产生很大的启发性。

3) 案例城市研究

太原:作为历代的府城,关于太原城市历史的研究较为丰富,谢元璐、张颔的《晋阳古城勘察记》(文物,1962)是最早的关于太原城市历史研究的文献,李书吉的《古都太原的历史地位与文化特色》(中国地方志,2003)③、王振芳的《大唐北都》(北岳文艺出版社,2009)④和康玉庆的《试论太原在古都史上的重要地位》(太原大学学报,2005)⑤都论述了太原在古都史上的地位。李学江的《太原历史地理研究》(晋阳学刊,1992)是从晋中盆地区域的角度分析太原城市兴起的地理因素;太原市文物考古研究所编写的《晋阳古城》(文物出版社,2005)是对晋阳古城城区、寺观和墓葬的遗址进行梳理;黄征主编的《太原史稿》(2003),以记史的方式详尽地介绍了太原古城的文化;王尚义的《太原建都已有四千四百七十年的历史》(中国古都学会

---

① 孟万忠,王尚义,刘晓峰.太原盆地湖泊变迁过程中人地关系的透视[J].太原师范学院学报(社会科学版),2010,9(05):29-32.

② 赵强,路尧.太原盆地地面沉降发育特征及成因分析[J].山西建筑,2017,43(07):41-42.

③ 李书吉.古都太原的历史地位与文化特色[J].中国地方志,2003(S1):18-24.

④ 王振芳.大唐北都[M].太原:北岳文艺出版社,2009.

⑤ 康玉庆.试论太原在古都史上的重要地位[J].太原大学学报,2005(04):68-71.

2003年学术研讨会）对太原建都史进行详细的文献考证。此外，从时间的分期对太原城市历史进行研究的成果有行鸣和傅婷婷的《太原城市形态回溯——从北宋到明初》（华中建筑，2006）[①]、张德一的《明太原县城与晋阳古城之渊源》（文史月刊，2015）[②]、高春平的《明代太原的城市建设》（中国古都学会2003年学术探讨会）[③]、王社教的《明清时期太原城市的发展》（陕西师范大学学报，2004）[④]、郭英和曹红霞的《明清太原府》（中国文化遗产，2008）[⑤]等。以水系流域等自然因素为切入点对太原城市进行研究的文章有高磊和曹惠源的《太原古代城市防洪体系研究》（城市建筑，2013）、李岚的《从“山—水—城”关系到古都文化复兴——以晋阳古城为例》（2018年中国城市规划年会论文集）[⑥]等。研究太原城市形态的成果有李蓁怡的《太原老城中传统街巷的“丁字街”格局研究》（西安建筑科技大学硕士论文，2011）、臧筱珊的《宋、明、清代太原城的形成和布局》（城市规划，1983）、张慧芝和朱士光的《宋代太原城址的迁移及其地理意义》（中国古都学会2003年学术探讨会）[⑦]、阙维民等人的《世界遗产视野中的太原古城街巷格局》（城市规划，2011）、贾富强的《明清时期太原城市空间演变研究》（西北师范大学硕士论文，2015）。另外，研究太原周边市镇的研究成果有梁四宝、王云爱的《明清时期太原周边市镇及其与太原的经济联系》（中国古都学会2003年学术探讨会）[⑧]，关艳珍的《清代太原府的城市集聚》（吕梁学院学报，2012）。

榆次：关于榆次的城市历史，以往的研究不多，山西丛书系列的《榆次老城》是对榆次老城的历史、规模、布局等进行介绍。而作为石器时期遗址集中地之一，对于榆次的研究，主要集中于遗址和墓葬的挖掘分析，如王克林的《山西榆次古墓挖掘记》（文物，1974）、高星等人的《山西榆次大发旧石器地点》（人类学学报，1991）等。作为“万里茶路”的主要节点，关于榆次的研究还有：刘锦萍的《榆次常家与中俄茶叶之路的兴衰》（晋阳学刊，2001），论述了茶叶之路的兴起与中俄贸易。这些

---

① 行鸣，傅婷婷. 太原城市形态回溯——从北宋到明初[J]. 华中建筑，2016，34(07)：114－117.

② 张德一. 明太原县城与晋阳古城之渊源[J]. 文史月刊，2015(03)：73－77.

③ 高春平. 明代太原的城市建设[C]//中国古都研究（第二十辑）——中国古都学会2003年年会暨纪念太原建成2500年学术研讨会论文集，2003：190－197.

④ 王社教. 明清时期太原城市的发展[J]. 陕西师范大学学报（哲学社会科学版），2004(05)：27－31.

⑤ 郭英，曹红霞. 明清太原府[J]. 中国文化遗产，2008(01)：106－113.

⑥ 李岚. 从“山—水—城”关系到古都文化复兴——以晋阳古城为例[C]//共享与品质——2018中国城市规划年会论文集（04城市规划历史与理论），2018：285－293.

⑦ 张慧芝，朱士光. 宋代太原城址的迁移及其地理意义[C]//中国古都研究（第二十辑）——中国古都学会2003年年会暨纪念太原建成2500年学术研讨会论文集，2003：176－189.

⑧ 梁四宝，王云爱. 明清时期太原周边市镇及其与太原的经济联系[C]//中国古都研究（第二十辑）——中国古都学会2003年年会暨纪念太原建成2500年学术研讨会论文集，2003：209－218.

分析，对研究晋中盆地区域内的道路、经济与城市形成和发展的关系，都有重要的参考价值。

太谷：作为中国历史文化名城，关于太谷的著作有山西省太谷县政协编著的《中国历史文化名城——太谷》(2011)，该书从历史、古城、晋商、文化等方面阐述了太谷的历史文化，是一本比较全的文史资料。其次，作为晋商的重要城市，对太谷的城市研究分析还有：乔南的《清代山西的商业城镇：太谷》(晋阳学刊，2010)，文章阐述太谷在清代中叶，随着票号的创办，逐渐成为全国的金融中心。此外，对太谷的研究，主要集中在老城的更新及老城的周边环境，具体研究有张婕的《"更新地、更新时(期)、更新度"视角下的太谷老城更新研究》(山东建筑大学硕士论文，2014)和李欣鹏的《太谷古城山水环境营造艺术与当代现实之启示》(中国城市规划论文集，2014)。

祁县：关于祁县的研究成果集中于古城的保护更新研究，例如李小妮的《祁县旧城传统商业街保护与更新的探析》(太原理工大学硕士论文，2009)和李锦光的《祁县古城保护研究》(沈阳建筑大学硕士论文，2012)，研究中以城市形态、街巷空间和传统建筑单体的分析为切入点，梳理祁县古城的文化价值和保护意义。其次，还有对典型晋商民居的研究，例如《清代晋商民居乔家大院古建筑文化内涵探析》(王高英，文物世界，2014)，研究中展示了清末民初祁县的建筑、商业、金融、民俗等社会生活风貌。此外，也有范维令的《万里茶道劲旅：祁县茶商》(2017)，这些研究作为区域城市系统中的一个节点，都为本研究提供了启发意义。

平遥：作为世界文化遗产，关于平遥的研究较为丰富。其中，关于平遥古城历史文化名城保护与规划的研究有山西省建设厅编制的《平遥历史文化名城保护与发展战略》(1994)、宋坤的《平遥古城与民居》(2000)、董培良的《平遥古城》(2006)、李锦生的《平遥历史文化名城保护规划》(城市规划，1992)。其次，对于古城空间形态的研究有陶伟、蒋伟的《平遥古城形态研究：西方视野中的探索、分析与发现》(城市规划学刊，2012)和谢璞的《平遥古城空间格局演化的再解析》(南京艺术学院学报，2015)等。另外，还有以商业发展、地理风貌为切入点来分析平遥城市发展的研究，如刘志平的《商业发展影响下的明清平遥城建设》(陕西师范大学硕士论文，2007)、宁学军的《平遥古城环城地带风貌格局恢复初探》(城市规划，2010)等，在吴洵的《平遥历史文化遗产网络体系研究》(东南大学硕士论文，2015)中，也从山水格局和选址的角度，对平遥城市历史信息进行归纳。

介休：关于介休城市历史研究的成果有《黄土文明·介休范例》丛书，丛书共有两本：一是安介生、李嘎、姜建国的《介休历史乡土地理研究》(2016)；二是周大鸣、郭永平等的《延续的文明：山西介休的历史透视》(2016)，该套丛书以区域地理的变迁作为线索，分别以文化、政区、聚落等方面分析介休历史。以介休古城作为研究对象的成果还有王凯的《介休古城传统城市设计方法研究》(西安建筑科技大学硕士论文，2011)，该研究梳理了介休古城发展的脉络与城市形态演进的原因及特征；许赟的《山西介休古城的资源调查与分析》(太原理工大学硕士论文，2014)，主要总结了古城格局形成的影响因素；张虹、王树声的《遗产保护到城市文化环境营造——介休历史文化名城保护研究》(中国城市规划年会论文集，2011)，主要研究传统城市的空间营造手法。这些从不同角度对于介休历史及古城的梳理，都为本研究提供了重要启发。

孝义：关于孝义与城市历史的研究不多，主要集中于现代城市的规划和建设方面，如董星的《1960年后山西省孝义市城市空间结构演变研究》(昆明理工大学硕士论文，2012)。另外，王金平、王小强的《历史古城的保护与发展模式探索——以孝义旧城为例》(太原理工大学学报，2008)中，通过对孝义旧城的历史文化资源的调查，评价其文化资源的价值。而申睿的《孝义旧城的形态演变及空间分析》(太原理工大学硕士论文，2013)，则是通过对孝义旧城自然环境和人文环境的梳理，分析了旧城形态空间演变，并得出孝义旧城保护和空间再利用的策略。

汾阳：作为历代的郡、州、府治所在地，对汾州府的研究有：杨帆的《北魏汾州东迁背景探析》(理论界，2010)和韩磊的《万历年间汾州升府与地方控制：基于新设汾州府碑记》的考察(太原理工大学学报，2012)，研究分析了汾州府的历史背景。对汾州府的府志汾阳古城池研究的成果有：韩若冰的《明清时期汾阳城城池形态及主要建筑布局研究》(太原理工大学硕士论文，2017)，该研究以史料为基础，梳理了汾阳古城的变迁过程，并以明清时期城墙、公署、王府、庙学、坛壝及祠庙等主要建筑，介绍了汾阳城的布局结构。这些成果对研究晋中盆地区域城市体系有重要的参考价值。

4）晋商研究

晋商是活跃于明清时期的一支商界劲旅，分布于晋中盆地，是明清时期影响盆地内城市发展的最主要的因素之一。其中晋商与历史地理相关的研究有：梁四宝、武芳梅的《明清时期山西人口迁徙与晋商的兴起》(中国社会经济史研究，2001)，研究运用资源配置理论和人口理论说明晋商兴起和人口迁徙的重要关系；郭士忠的《也谈山西商人兴起的地理条件》(太原师范学院学报社会科学版，2006)，指出晋商的发展分布，与当地的经济发展、资源、交通状况有深刻的内在联系；王尚义的《晋商商贸活动的历史地理研究》(2004)，根据历史地理学的基本理论，分析了晋商商贸活动区域扩展的特点；佘可文的《初议历史地理环境中晋商的兴衰》(1997)和宋丽莉、张正明的《浅谈明清潞商与区域环境的相互影响》(2008)，都指出地区优势促成了商业之兴，但地区的优势并不是恒定的，随着社会环境变化，地区内部各种因

素叠加，而导致商业的兴衰。

综上所述，这些研究都对本研究产生重要启示，是本研究找到切入点和创新点的重要依据。因此，本书以盆地作为切入点，将盆地作为一个完整的单元，盆地内特有的水系、军事及交通的特点作为主要影响因素，对盆地内的城市结构进行重新梳理，在进行结构的梳理时，仍然以中国城市特有的行政区划和制度为基础，构建符合中国文化特点的"地理区域—城市群—城市空间"的历史城市变迁研究框架。

## 1.5 研究方法

对于区域历史城市的研究，常用的方法是文献研究、实地调研、归纳比较、技术分析等方法。其中文献研究是核心，是基础资料的汇总，为归纳比较和技术分析提供材料。而文献研究中针对历史城市的研究，最常用的方法是"历史地图转译"，即把文献研究和实地调研得到的各时期的历史信息，运用同一张底图，以现代地图的绘制方式进行表达。本研究将以文献研究为主，结合实地调研，对汇总的资料进行归纳比较和技术分析，并在针对晋中盆地城市历史研究的过程中，结合中国城市的特点，对该方法进行有针对性的优化，也进一步验证地图转译方法的多样化。

### 1.5.1 文献研究法："历史地图转译"

1）古代地方志分类与资料提取

方志（地方志）是中国古代记述地方情况的综合性历史著作。首先，根据《中国地方志总目提要》[①]，了解所研究区域的现存方志状况，山西现存方志 458 种，本书研究区域晋中盆地所涉及的方志，现存 38 种。以下表格将从时间、地区及方志内"图"的状况对所找到的所有方志进行分类（表 1 - 4）。根据方志的编纂方式可分为"图"和"文"两种，而"图"是城市形态变迁研究的重要依据。以《太谷县志》为例[②]，"图"分为星野、疆域、山河、城池、公署、学宫、书院和十景图，其中疆域图和山河图对区域内城市系统的行政变迁、山水格局和物产分布等方面的研究具有重大参考价值，城池、公署、学宫、书院、十景图是研究城市空间形态变迁的重要依据。"文"是以文字记载该地区的沿革、山川、城池、公署、学校、坛庙、古迹、水利、田赋、风俗、人物等发展状况。

---

① 金恩辉. 中国地方志总目[M]. 台北：汉美图书有限公司，1973：357 - 369.

② （清）郭晋，（清）管粤秀. 山西省太谷县志（全三册）[M]//华北地区 · 第 432 号. 清乾隆六十年刊本. 台北：成文出版社，1976.

表 1-4　晋中盆地区域现存古方志情况汇总表

| 地区 | 年代 | 名称 | 相关图 |
| --- | --- | --- | --- |
| 山西 | 万历 | 山西通志 | 无图 |
| | 雍正 | 山西通志 | 全省图、会城图、各府志图、各州志图、汾河图 |
| | 乾隆 | 山西志辑要 | 山西省全图 |
| | 嘉庆 | 嘉庆重修一统志 | 无图 |
| | 光绪 | 山西通志 | 全省图、会城图、各府志图、各州志图、汾河图 |
| 太原 | 乾隆 | 太原府志 | 会城图、太原府署全图、阳曲县城图、太原县城图、榆次县城图、太谷县城图、祁县城图、徐沟县城图、交城县城图、文水县城图 |
| | 嘉庆 | 嘉庆重修一统志 | 太原府总图 |
| | 道光 | 阳曲县志 | 舆地全图、山川图、关都图、城池图、街巷图、学宫图、县署图 |
| | 道光 | 太原县志 | 县治图、县城图、县署图、学宫图、晋泉书院图、晋祠图、十景图 |
| | 光绪 | 续太原县志 | 无图 |
| 交城 | 光绪 | 交城县志 | 疆域图、山川图、县城图、县署图、景观图(图不清楚) |
| 文水 | 康熙 | 文水县志 | 山川图、城池图、县治图、学宫图 |
| | 光绪 | 文水县志 | 县境图、县城图(有街道)、县治图、学宫图、书院图 |
| 汾州 | 万历 | 汾州府志 | 府境图、府城图、平遥县图、孝义县图、介休县图 |
| | 嘉庆 | 嘉庆重修一统志 | 汾州府总图 |
| | 乾隆 | 汾州府志 | 府城图、府治图、学宫图、汾州府全图、汾阳县山川图、平遥县山川图、介休县山川图、孝义县山川图 |
| 汾阳 | 康熙 | 汾阳县志 | 县城图 |
| | 光绪 | 汾阳县志 | 山川图、县城图、县治图、学宫图、书院图、景观图 |
| 孝义 | 雍正 | 孝义县志 | 县境图、县城图 |
| | 乾隆 | 孝义县志 | 疆域图、城池图 |
| 榆次 | 同治 | 榆次县志 | 县境图、县城图、县治图、学宫图、书院图、罕山图、洞涡图、涧河图、洞涡渠图、涧河渠图 |
| | 光绪 | 榆次县续志 | 考院图、县城图 |

续表

| 地区 | 年代 | 名称 | 相关图 |
| --- | --- | --- | --- |
| 太谷 | 乾隆四年(1739) | 太谷县志 | 山河图、疆域城、城郭图、县治图 |
| | 乾隆三十年(1765) | 太谷县志 | 山河图、景观图、县城图、城郭图、县治图、学宫图 |
| | 乾隆六十年(1795) | 太谷县志 | 疆域图、山河图、城池图、县治图、学宫图、书院图、景观图 |
| | 光绪 | 太谷县志 | 疆域图、山川图、城池图 |
| 平遥 | 康熙四十五年(1706) | 重修平遥县志 | 县城图 |
| | 光绪 | 平遥县志 | 县境图、县城图(有街道)、县志图、文庙图、景观图 |
| 祁县 | 光绪 | 续修祁县志 | 县境图、县城图、县治图、学宫图、景观图 |
| 介休 | 康熙 | 介休县志 | 县境图、县城图书院图、县署图、风景图 |
| | 乾隆 | 介休县志 | 县境图、县城图、城壕图、村落图、文庙图、书院图、县署图、风景图 |
| | 嘉庆 | 介休县志 | 县境图、县城图、城壕图、村落图、文庙图、书院图、县署图、风景图 |
| | 光绪 | 介休县志 | 县域图 |
| 清徐 | 顺治 | 清源县志 | 无图 |
| | 光绪 | 清源乡志 | 疆域图、乡城图、庙宇图、书院图、风景图 |
| | 万历 | 徐沟县志 | 县境图、县城图、学宫图 |
| | 康熙 | 徐沟县志 | 县境图、县城图、县治图、学宫图 |
| | 光绪 | 辅修徐沟县志 | 县境图、县城图、县治图、学宫图、书院图、文昌阁图、景观图 |

来源:作者自绘

晋中盆地区域的相关方志资料主要来源于省市级的档案馆和图书馆(表1-5)。山西省方志档案馆、山西省图书馆收藏了较为完整的各时期的山西通志以及府、州方志。另外,《山西通史》(乔志强,中华书局,1997)、《山西史纲》(降大任,山西人民出版社,2004)、《山西历代人口统计》(张正明、赵云旗,山西人民出版社,1992)、《山西历史地名词典》(赵纬毅,山西古籍出版社,2004)等也保存了较多地方资料。

表 1－5 晋中盆地历史城市研究资料来源表

| 要素 | 时间 | 资料名称 |
| --- | --- | --- |
| 行政区划 | 原始资料 | 历代方志、《史记·晋世家》《左传》《战国策》《后汉书·郡国志》《大明一统志》《三国志》《晋阳事迹杂记》 |
| | 总结资料 | 《夏商周考古学论文集》《晋国史纲要》《山西考古四十年》《中国历史地图集》《山西历史地名通检》《文物资料丛刊》《文物》《山西通志》《中国古今地名大辞典》《山西通史》《山西史纲》《山西历史地名词典》《中国行政区划通史》 |
| 自然地理 | 原始资料 | 历代方志中的疆域、山河图，以及山川、水利等章节的内容，《周礼·职方》《尔雅·释地》《淮南子·地形》《汉书·地理志》《晋书·地理志》《隋书·地理志》《魏书·地形志》《水经注·河水注》《北周地理志》《旧唐书·地理志》《新唐书·地理志》《宋史·地理志》《金史·地理志》《元史·地理志》《明史·地理志》《清史·地理志》《山海经》《元丰九域志》 |
| | 总结资料 | 《山西历史政区地理》《中国历史地理概述》《水经注山西资料辑释》《文峪河志》《山西洪水研究》 |
| 道路交通 | 原始资料 | 历代方志中的漕运、驿站等内容，《永乐大典》《寰宇通衢》《寰宇通志》 |
| | 总结资料 | 《中国邮驿史》《山西省历史地图集》《山西省航运史》《中国交通史》《山西公路交通史》《山西交通史话》 |
| 人口 | 原始资料 | 历代方志中人口部分 |
| | 总结资料 | 《中国移民史》《山西历代人口统计》《中国人口史》《中国历代户口、田地、田赋统计》《山西省历史地图集》《山西移民史》 |
| 经济 | 原始资料 | 历代方志中水利、田赋、风俗、物产等 |
| | 总结资料 | 《中国历史上的基本经济区与水利事业的发展》《中国历史人口地理与经济地理》《山西古代经济史》《中国水利史》《中国山西历代货币》《山西历史经济地理述要》《晋商商贸活动的历史地理研究》《中国北方经济史》 |
| 文化 | 原始资料 | 历代方志中古迹、风俗、人物 |
| | 总结资料 | 《三晋文化研究丛书》《中国文化地理》 |
| 军事 | 原始资料 | 历代方志中关隘等资料 |
| | 总结资料 | 《山西省历史地图集》《山西丈地简明文册》《山西历史文献辑要》《山西关隘大关》 |

来源：作者自绘

2）具体解读方法

方志的具体解读方法是根据东南大学董卫教授及其团队研究的“历史地图转译”对城市空间形态进行研究（图 1－12）。即从方志、史料及实地的调研中提取重要的历史信息，以空间要素的形式在近现代城市地图上进行定位，将历史地图上的空间信息“转译”到现代地图上。

其中,针对以往"历史地图转译"方法存在的问题,提出以下三点改进内容:第一,为"转译"完的地图,设置比例尺网格,方便解读和比较;第二,完善"转译要素"的内容,重点是城市的历史环境的表达,不仅仅局限于城池内的要素,还有周边的山水、祭坛、道路、庙宇等体现城市区位和级别的设施;第三,完善"中间层"的内容,即完善城市历史空间结构,也就是中国的城市特点,不是从一个区域,直接进入一个"点",而是从行政区划的府,然后进入县。通过以上三点的完善,从中国历史城市文化的特点出发,使"转译"成果方便阅读的同时,增加了对城市历史环境和历史空间结构的梳理。

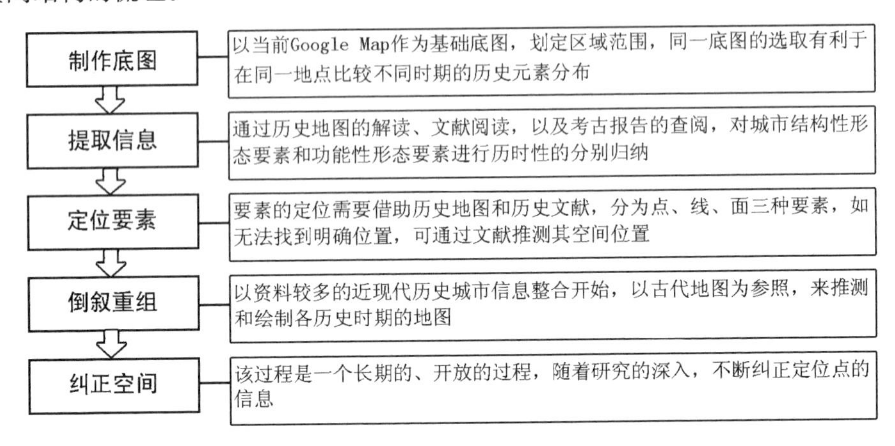


**图 1-12 "历史地图转译"方法流程示意图**

资料来源:作者自绘

### 1.5.2 实地调研法:走访自然环境与老城空间

仅靠方志、文献很难理解古代城镇的形态,因此需要通过田野调查、实地调研等方法获得第一手资料,为研究提供实证基础,对文献研究给予有效补充。对晋中盆地调研分城市和自然环境两大部分。城市的调研包括地级市的老城空间形态、城周围的山水环境、城池系统、街巷系统及古代功能空间等;自然环境包括主要水系、沿岸闸坝、桥梁、驿铺等。

### 1.5.3 归纳比较法:历时性与共时性

区域的发展受自然、政治、经济等因素的影响,对于区域内的各个城市,需要以分类和归纳的方式总结各个城市之间的相互关系。不同地区、不同历史城市、不同历史时段、不同经济发展水平都会呈现不同的特征和发展趋势,城市的发展是动态的,因此通过历时性和共时性的纵、横比较才能够全面分析出结果。需要以比较研究的方式总结不同历史城市的变迁特征,有助于总结相同区域不同城市的发展规律。

### 1.5.4 技术分析法：定性分析与定量分析的结合

定性分析是社会科学普遍采用的研究方法，也是以往城市史所采用的一般性研究方法，是对城市的发展规律进行宏观性的描述。为了更准确、更直接、更深入、更客观的解释城市的形成规律，本书在城市人口研究、道路研究、战争研究等研究中使用量化分析，以便科学地总结城市发展规律；并使用GIS对晋中盆地区域进行地形的高程分析，以及对不同时期的水系和道路进行密度分析等。

## 1.6 研究框架

本书的研究框架主要分为三个层面：宏观、中观和微观，三个层面对应三个章节。其中宏观层面指的是区域层面，以区域为整体，分析晋中盆地整个区域内城市的发展与特征；中观层面是指城市群层面，即在总结区域内城市特征的基础上，对城市进行分类，分为三个城市群，这个层面的分析，是对整个区域城市结构的重新梳理；微观层面则是指城市层面，该层面以"历史地图转译"的方式对每个城市的变迁进行梳理和分析。通过三个层面的分析，进而得出晋中盆地历史城市变迁的特征，同时也构建了盆地历史城市变迁研究的理论框架(图1-13)。

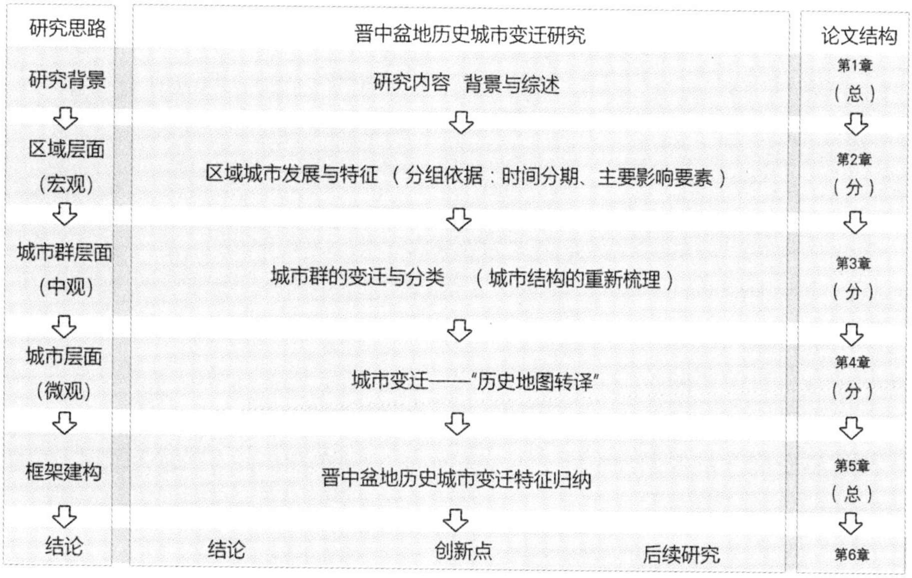

研究思路
研究背景
区域层面（宏观）
城市群层面（中观）
城市层面（微观）
框架建构
结论

晋中盆地历史城市变迁研究
研究内容 背景与综述
区域城市发展与特征（分组依据：时间分期、主要影响要素）
城市群的变迁与分类 （城市结构的重新梳理）
城市变迁——"历史地图转译"
晋中盆地历史城市变迁特征归纳
结论 创新点 后续研究

论文结构
第1章（总）
第2章（分）
第3章（分）
第4章（分）
第5章（总）
第6章

**图1-13 研究框架图**

资料来源：作者自绘

# 2 晋中盆地区域城市发展与特征

通过第1章中对于晋中盆地自然地理、城市分布、政治军事、农业、文化、经济等背景的介绍，得出结论：晋中盆地是山西境内规模最大、城市最多、城市变迁最频繁、政治军事地位最重要、经济发展最显著的地理地域，因此，本章将从晋中盆地发展的基础出发，分析自然地理和早期城邑空间分布。首先，以时间的先后顺序，介绍山西境内的地域文化以及晋中盆地史前聚落的分布，并探讨空间分布的形成机制。其次，选取同为人类文明发源地的洛阳盆地同时期的遗址进行对比研究，分别分析两个盆地中聚落的空间分布特点。最后，对商周时期早期城市分布进行分析，继而得出结论：在晋中盆地从聚落到城邑的早期发展中，山水是决定选址的最重要因素，而其中水系是决定聚落和城邑迁移的最重要因素，此外，区域的军事地位取决于山水，而区域的交通发展，也依赖于山水和军事。因此，将从水系、军事和交通三个方面分别对盆地在各时期发展的特征进行梳理。进而，针对这三方面的发展对城市变迁产生的影响进行总结，目的是对晋中盆地城市结构的重新梳理提供依据。

## 2.1 晋中盆地发展基础——自然地理与早期文明

### 2.1.1 山西境内地域文化概述

山西是发现旧石器时代遗存最丰富的地区之一，原始人类的足迹遍及全省①。旧石器时代早期的遗址，主要分布在中条山南麓的垣曲盆地、晋西南的黄河沿岸及汾河的中下游地区。典型代表有芮城西侯度遗址、匼河遗址。旧石器时代中期，在山西境内分布着南北两种不同类型的文化遗存。主要代表有南部汾河流域的丁村遗址和北部桑干河流域的许家窑遗址②。旧石器时代晚期遗址，遍布全省各地，主要代表有桑干河上游的朔州峙峪遗址、中条山东麓的沁水下川遗址和清水河下游的吉县柿子滩遗址等③。

① 张森水. 中国旧石器文化[M]. 天津：天津科学技术出版社，1987：15.

② 谢燕萍，游学华. 中国旧石器时代文化遗址[M]. 香港：香港中文大学出版社，1984：75.

③ 贾兰坡，王择义，邱中郎. 山西旧石器[J]. 古脊椎动物与古人类，1960(1)：51－55.

新石器时代早期遗存，山西境内尚未发现，比较早的遗存只是为数不多的零星发现，主要分布在临汾盆地和漳河流域。山西境内发现很多仰韶文化遗存，年代约公元前5000—前3000年，仰韶文化早期遗存，全省共发现28处，主要分布在晋南和晋中地区，以晋东南地区较为集中①。仰韶文化中期即庙底沟类型遗存，在山西境内已发现396处。这是仰韶文化在山西地区最繁荣昌盛的时期，其分布空间及影响所及，超出整个新石器时代任何一种考古学文化。晋西南和晋南地区是庙底沟类型遗存的中心区域，典型遗址有芮城西王村、夏县西阴村、翼城北撖、洪洞耿壁、汾阳杏花村和大同马家小村等处。仰韶文化的晚期遗存，主要分布在晋西南、晋南、晋中，由于地域差异和周边文化的影响，在文化面貌上呈现多样性。其中晋中由于地理位置居中，该时期的遗存既有南面西王村类型的文化因素，也有同西南面的甘青地区和北面的河套地区相似的某些共性，同时本地的特点也非常突出，如太原义井遗址。

山西境内发现很多夏、商、周时期的文化遗存。夏文化遗存主要集中在中南部地区，商时期的文化遗存遍布全省而面貌各异。两周时期"晋文化"遗存则呈现由南向北渐次发展的态势。夏族活动的地域主要在省境的南部和中部，构成两个彼此交流、相互影响的文化系统。山西南部素有"夏墟"之称，夏文化遗存基本覆盖了该地区的运城和临汾盆地，典型代表是夏县东下冯遗址。晋中夏文化典型遗址有太原东太堡、太谷白燕、忻州游邀、汾阳峪道河、杏花村和娄烦河家庄等。山西商文化遗存分布范围广泛，境内已发现遗址238处。目前，山西境内已发现西周遗存163处，东周遗存1765处，两周时期遗存1963处。西周遗存，主要集中于翼城、曲沃、侯马和闻喜一带。春秋时期的晋文化遗存内涵丰富。侯马晋国遗址，是春秋中晚期至战国早期的晋都新田，它作为晋国政治、经济、商业和文化中心长达210年。发现比较的城址有晋阳古城遗址、赵康古城遗址、古魏城址、汾阴古城址、虞国古城遗址和长子古城址等。

综上所述，山西境内先秦文化内容丰富，山西又是中原农业文化和北方草原文化共存、交汇和融合的枢纽地带。《尚书·禹贡》把山西称为九州的"冀州"之地。远古的尧、舜、禹时，这里就是华夏文明的中心区域，山西南部是夏人重要的聚居地区。商时华戎杂居，方国林立，唐、虞、芮诸侯国及羌人、鬼方、于、崇、戎等方国部落散居各地。周初，成王封其弟叔虞于"唐"。唐叔虞之子燮父改称"晋"。春秋时期，晋国日渐强大，疆域北扩至晋中盆地，称霸中原。战国时期，韩、赵、魏三分其地，因此山西又称为"三晋"。

---

① 根据《中国文物地图集山西分册》(中国地图出版社，2008年)、《中国考古发现》(2003)、《中国考古学年鉴(1984—2012)》总结。

### 2.1.2 晋中盆地史前聚落的空间分布

距今100万年以前，晋中盆地就出现了人类活动。在榆社县的墩圪塔、上西山和下西山，考古工作者发现有人类活动的遗迹，判断为旧石器时代初期范畴①。晋中盆地内的榆次市西长凝附近的贾峪沟②，有丰富的旧石器时代晚期文化遗存，距今3万年左右③。遗址位置属于晋中盆地东缘的山前黄土台地④。晋中盆地的其他旧石器遗址，主要集中于东距太原市区约40 km的古交盆地⑤，盆地内汾河自西北流入，转而向东横贯古交全境。旧石器地点分布于汾河上游的高阶地中，石器分布在高出汾河水面约50 m的阶地上⑥。旧石器时代早期，考古发掘的遗址主要位于古交市古交镇西汾河岸边的后梁遗址和位于古交镇王家沟村的王家沟遗址，是该地区发现的年代最早的遗址⑦；旧石器时期中期发掘的遗址为位于古交市河南乡长峪沟村东200 m的长峪沟遗址和位于古交市河口镇古交钢铁厂附近的古钢遗址；旧石器时期晚期挖掘的遗址位于古交镇西约1 km处，有大川河、原平河和屯兰河与汾河的交汇的台地处的凤凰崖遗址、古交市石千峰西南约1 km花梁山坡一带的石千峰遗址、古交镇西南的石器制造场遗址⑧(图2-1)。

而新石器时期晋中盆地文化遗存丰富(图2-2)。仅太原附近，就有遗址48处，主要有义井遗址、山城峁遗址、明扶岭遗址、童子崖遗址、金胜遗址、河家庄遗址、西街村遗址、新良庄遗址、都沟遗址、闫家沟遗址等⑨。晋中盆地其他地区主要发现的遗址还有太谷县白燕、范村、桃园堡，榆次市东赵、源涡、郭村、北河刘、西四甲，祁县梁村⑩，平遥县南依涧、瀴溪等247余处，其内涵丰富，跨越时代长，反映了该地区从新石器时代的仰韶文化到龙山文化，以及延续到阶级社会产生初期的漫长发展过程⑪。从空间分布来看，遗址主要位于晋中盆地东西两侧的缓坡丘陵的山前地带或是两道冲积河沟相夹的台地之上。西侧的遗址集中在今天的古交、交城、文水、汾阳(海拔800 m左右的缓坡地带)，属于龙山时期文化。东北部的榆

① 王幼平.旧石器时代考古[M].北京:文物出版社,2000:55-59.
② 高星,尤玉柱,吴志清.山西榆次大发旧石器地点[J].人类学学报,1991,10(2):147-154.
③ 孙庚午.晋中地区志[M].太原:山西人民出版社,1993:3.
④ 宋艳花.山西旧石器时代考古[M].太原:山西人民出版社,2013:6.
⑤ 王向前,陈哲英.太原古交发现旧石器时代石器制造场[J].人类学学报,1984(1):82.
⑥ 张爱则.古交旧石器遗址群埋藏特征及保护初探[J].文物世界,2012(5):9-11.
⑦ 贾兰坡,王择义.山西交城旧石器文化的发现[J].考古,1957(5):12-18.
⑧ 太原市地方志编纂委员会.太原市志(第八册)[M].太原:山西古籍出版社,1999:3.
⑨ 太原市地方志编纂委员会.太原市志(第八册)[M].太原:山西古籍出版社,1999:3.
⑩ 杨富斗,赵岐.山西祁县梁村仰韶文化遗址调查简报[J].考古,1956(2):41-43.
⑪ 侯菲菲.晋中地区龙山时代遗存分析[D].吉林:吉林大学,2011:79.

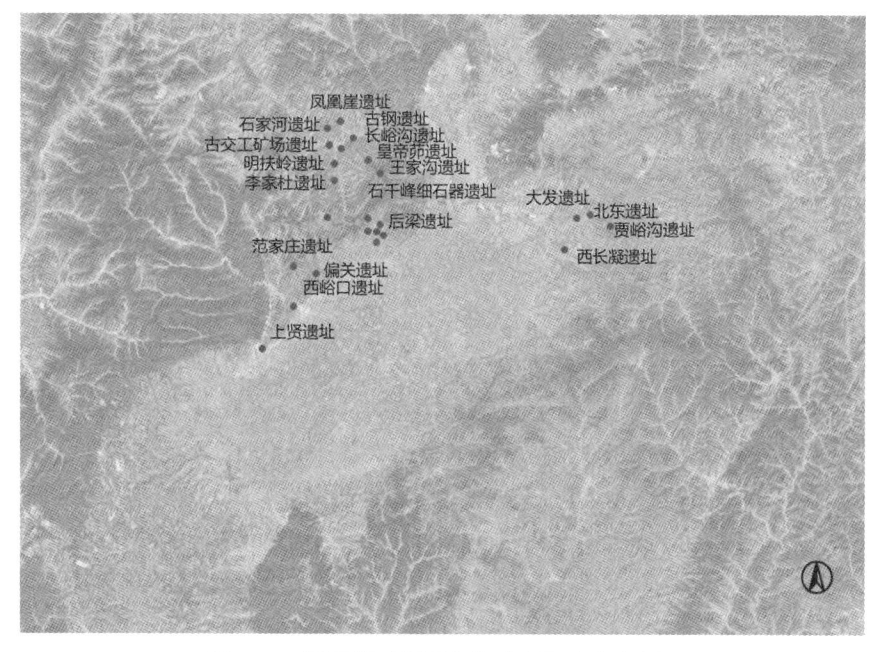


**图 2-1　旧石器时期晋中盆地主要遗址分布图**

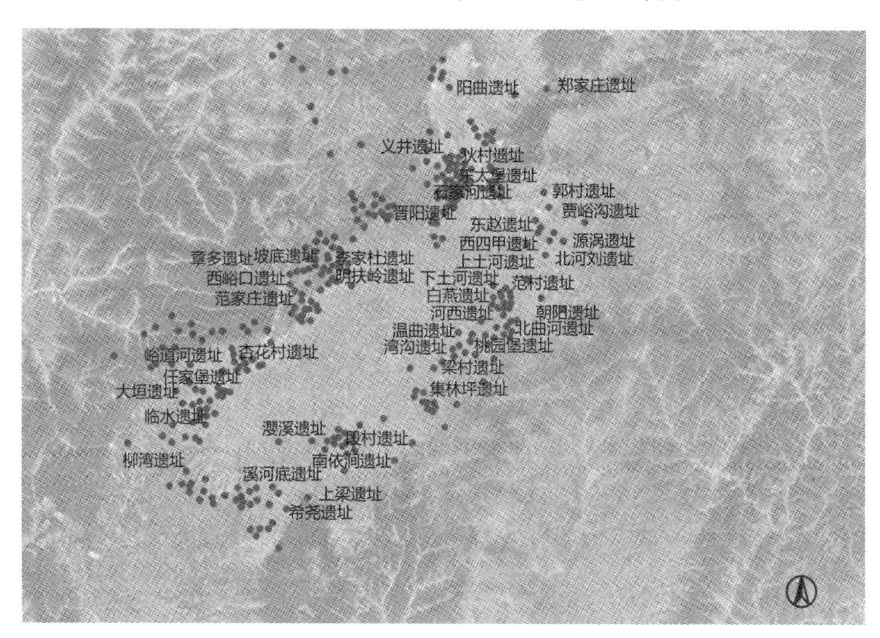


**图 2-2　新石器时期晋中盆地主要遗址分布图**

资料来源：作者根据《山西省历史地图集》第 10 页、《中国文物地图集山西分册》第 62-70 页和《考古学年鉴》(1984—2010)、《考古》等考古资料绘制

次地区遗址较多，遗址面积大，位于汾水以东，东连起伏的太行山脉。从遗址分布的空间数量上来看，该时期遗址沿晋中盆地山体，说明新石器时期人类聚落主要集中在该地区，该地区为宜居的地方，遗址密集的区域后期发展成城市。

### 2.1.3 空间分布的形成机制

1）自然地貌决定聚落"环带状"的分布格局

旧石器时期和新石器时期晋中盆地中部没有遗址，遗址以"环带状"格局分布在晋中盆地四周的低山丘陵或是河沟的台地之上，这主要与晋中盆地的自然地貌形成、地理环境的变迁有关。据先秦时期的文献记载，当时晋中盆地是一个湖泊沼泽遍布的水乡泽国。《周礼・职方》中称"并州薮"，《尔雅・释地》中称为全国"九薮"之一的"昭余祁"，是一个方圆数百里的大湖，据文献分析，这个湖位于晋中盆地的中部，约在今介休以北，平遥、祁县、太谷以西，文水、汾阳以东一带，为山西境内最大的湖泊。《吕氏春秋》称其为"大昭"，《淮南子》中称其为"昭余"，列为全国"九薮"之一[①]。因此先秦时期开始，晋中盆地的遗址以"环带状"的格局分布在"昭余祁"的各支流，以及"昭余祁"上游的汾河岸边。

2）自然环境对聚落群的影响

史前聚落从选址到布局都是在特定的自然条件下，依照军事形势、社会经济需要而营建。聚落形态即自然条件和社会经济的反映，原始聚落并非简单的居住地，其兼具居住、祭祀及各种生产活动。早期晋中盆地内湖泊密布，山和水对聚落选址和规划尤为重要，也具有军事防御的功能和权利的象征。山西先秦时期的遗址主要集中在晋中盆地、临汾盆地，而晋中盆地中的遗址，有的仅采集到部分器物，对其内部的功能分布难以深究，下文仅以太原义井遗址群、太谷白燕遗址群、汾阳杏花村遗址群和峪道河遗址群为例，从遗址的位置和尺度范围以及出土物品开始梳理，主要研究晋中盆地的聚落营建与自然环境的关系。其中白燕遗址群主要分布在白燕村西北的河滨阶地上[②]，高程相比其他遗址较低，阶地坡度平缓，适宜人类的生活和生产。而义井遗址群则高程较高，分布在太原义井村村西的台地上[③]，因而坡度相对来说较大。杏花村遗址群的高程和坡度都与白燕遗址群相近，地势北高南低，其间分为几个或自然形成或人为造成的阶地[④]，而峪道河遗址群地处汾水以西、缓坡丘陵的山前地带，后连起伏的吕梁山脉[⑤]，因而坡度高于杏花村遗址群和

① 王尚义.太原盆地昭余古湖的变迁及湮塞[J].地理学报，1997(3)：262－267.

② 许伟，杨建华.山西太谷白燕遗址第一地点发掘简报[J].文物，1989(3)：1－21，98－99.

③ 代尊德.太原义井村遗址清理简报[J].考古，1961(4)：203－206.

④ 陈冰白，卜工，许伟.山西汾阳孝义两县考古调查和杏花村遗址的发掘[J].文物，1989(04)：22－30.

⑤ 王克林，海金东.山西汾阳县峪道河遗址调查[J].考古，1983(11)：961－965，972.

白燕遗址群。总之，这些遗址群共同的特点是与水源临近、坡度平缓，这样的聚落群选址为人类的生活和生产提供更多的资源(表 2-1)。

**表 2-1 晋中盆地早期聚落与自然环境的利用表**

| 遗址名称 | 概　况 | 与山水环境的关系 |
|---|---|---|
| 义井遗址群 | 时间：新石器时期(距今约 5000 年至 4000 年)<br>位置：遗址分布在义井村西<br>范围：遗址西高东低，呈阶梯形状，东西宽约 1 km，南北长约 1.5 km，面积约 $1.5\times10^5$ $m^2$<br>遗迹：人类住房遗址，直径 5 m 左右的圆形浅土坑 | 高程：1100 m<br>坡度：3°<br>与水的距离：距汾水 2.3 km |
| 白燕遗址群 | 时间：新石器时期<br>位置：白燕村西北的河滨阶地，西南距太谷县城约 15 km<br>范围：东西长约 830 m、南北宽约 430 m，面积约 $3.5\times10^5$ $m^2$<br>遗迹：房址和灰坑、窑洞、墓葬等 | 高程：750 m<br>坡度：1°<br>与水的距离：北距嵘峪河 3.75 km |
| 杏花村遗址群 | 时间：新石器时期(距今约 6000 年)<br>位置：位于杏花村镇东堡，冯郝沟缓坡丘陵地带<br>范围：东至窑头、辛庄，北至冯郝沟，面积约 $1.5\times10^5$ $m^2$ | 高程：800 m<br>坡度：1°<br>与水的距离：距汾水 0.5 km |
| 峪道河遗址群 | 时间：新石器时期<br>位置：汾阳县峪道河乡周围<br>范围：面积约 $6.8\times10^5$ $m^2$ | 高程：1000 m<br>坡度：3°<br>与水的距离：距汾水 5.3 km |

资料来源：作者根据《中国文物地图集山西分册》《山西太谷白燕遗址第一地点挖掘简报》《山西太谷白燕遗址第二、三、四地点挖掘简报》《山西汾阳孝义两县考古调查和杏花村遗址的挖掘》《太原义井村遗址清理简报》《山西汾阳县峪道河遗址调查》总结绘制

## 2.1.4 对比研究——洛阳盆地与晋中盆地史前聚落

洛阳盆地处于黄河中游的河南省西部，同样是中国古代文明发祥地之一，是夏、商、周三代都城的所在地，该区域与晋中盆地相同，都是以冲积平原为主，盆地内有伊、洛、浪、涧诸河流纵横其间，但盆地的海拔明显低于晋中盆地，仅为 150 m 左右，地势自西向东倾斜，东部的海拔仅有 110 m，整个盆地的总面积约为 1000 $km^2$。该研究以晋中盆地新时期石器遗址的空间信息，对比同时期洛阳盆地遗址的分布空间信息，晋中盆地的遗址信息基于作者自己整理，在 GIS 中生成等高线、坡度图、坡向图等，然后利用空间分析工具提取不同范围内的遗址数，分析遗址特点。洛阳盆地的

遗址信息来源于杨林等人的《洛阳地区史前聚落遗址空间形态研究》(图 2-3)①和毕硕本等人的《基于指数模型的郑州—洛阳地区史前聚落遗址空间分布》②两篇文章。将从盆地规模和遗址密度、高程分析、坡度分析、坡向分析、距流域的距离五个方面对两个盆地中的遗址空间分布进行对比研究，目的是通过对比得出晋中盆地史前聚落的空间分布特点。

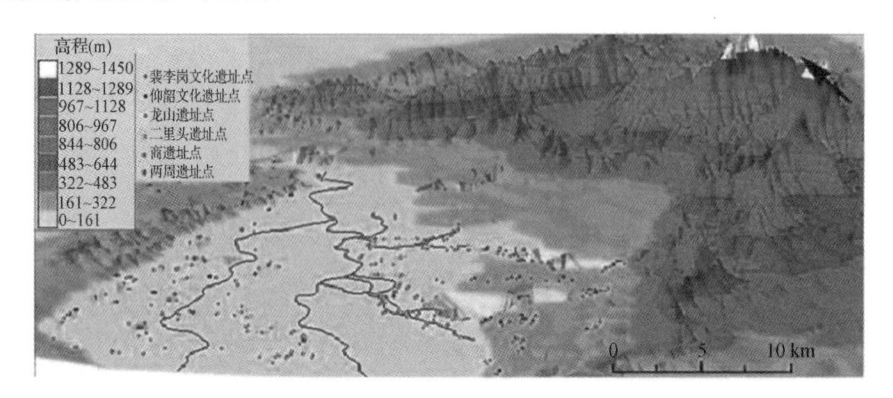


**图 2-3　洛阳盆地史前至商周时期遗址点分布图**

资料来源：杨林，裴安平，郭宁宁，等. 洛阳地区史前聚落遗址空间形态研究[J]. 地理科学，2012，32(8)：993-999.

1）盆地规模和遗址密度对比

晋中盆地区域的面积远远大于洛阳盆地(表 2-2)，是其面积的 6 倍，但史前至商周时期的遗址点数量则不到洛阳盆地的一半。洛阳盆地的遗址密度远远高于晋中盆地的遗址密度，洛阳盆地的遗址密度是晋中盆地遗址密度的 13 倍多。但该比较结果没有考虑到晋中盆地水域的面积。晋中大面积的水域是导致遗址密度小于洛阳盆地的最主要原因。

**表 2-2　晋中盆地与洛阳盆地规模和遗址密度对比表**

| 名称 | 盆地面积($km^2$) | 史前至商周时期遗址点(处) | 遗址密度(个/$km^2$) |
|---|---|---|---|
| 晋中盆地 | 6000 | 247 | 0.04 |
| 洛阳盆地 | 1000 | 546 | 0.54 |

资料来源：作者根据《中国文物地图集·山西分册》(国家文物局，2007)、《洛阳地区史前聚落遗址空间形态研究》(地理学报，2012)等数据自绘

2）高程分析对比

从数量上来看(图 2-4)，洛阳盆地遗址 57.7%的分布在高程 300 m 以下区

① 杨林，裴安平，郭宁宁，等. 洛阳地区史前聚落遗址空间形态研究[J]. 地理科学，2012，32(8)：993-999.

② 毕硕本，计晗，梁静涛，等. 基于指数模型的郑州—洛阳地区史前聚落遗址空间分布[J]. 地理科学进展，2013，32(10)：1454-1462.

域,30%分布在高程300～600 m之间的区域,仅有9%的遗址分布在高程600～1000 m的范围内,而分布在高程大于1000 m范围内的遗址不到1%。而晋中盆地该时期的遗址,80%以上的遗址分布在高程600～1000 m之间的区域,还有不到20%的遗址分布在高程大于1000 m的区域内。说明晋中盆地区域的整体高程大于洛阳盆地。

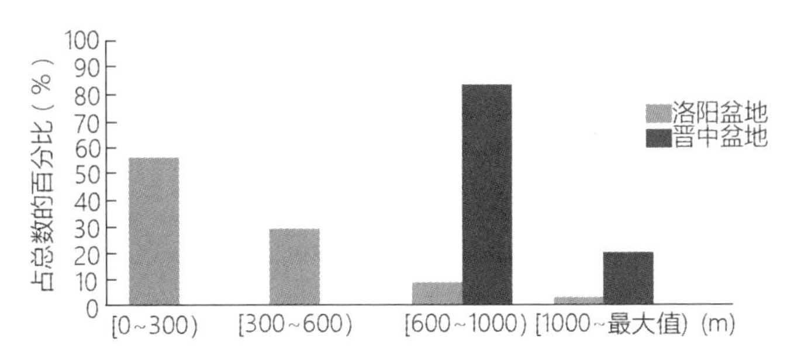


**图2-4 洛阳盆地、晋中盆地史前至商周时期遗址高程分布图**

资料来源:作者自绘

3)坡度分析对比

由图可见(图2-5),洛阳盆地近80%的遗址都处于坡度小于3°的地带,晋中盆地区域内的遗址,同样是75%以上的遗址处于坡度小于3°的地带。可见虽然属于不同的区域,但是史前人类的选址都是倾向于地势较为平坦的区域。因为坡度越小,说明地表的高差小,地表径流产生的动力势能的强度也小,这样的地势,不仅有利于建造房屋,也同样有利于抵御自然灾害。

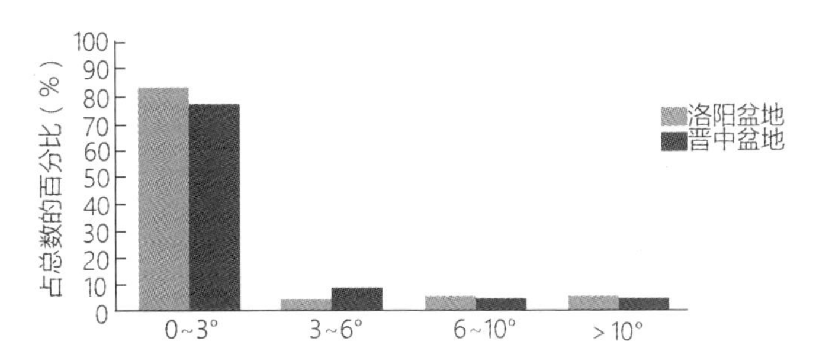


**图2-5 洛阳盆地、晋中盆地史前至商周时期遗址坡度分布图**

资料来源:作者自绘

4)坡向分析对比

由图可见(图2-6),洛阳盆地遗址阴坡(315°～0°(360°)以及0°～45°)范围的

聚落数总量最少，而阳坡(135°～225°)范围涵盖了聚落数总量中的绝大部分[①]。而晋中盆地区域内遗址同样位于阳坡(135°～225°)，与洛阳盆地遗址的坡向分布基本一致。就坡向而言，两个盆地内的聚落选址都符合人文地理学中聚落选址的规律，都是东南方向的数量最多，这与太阳光照有关，朝东南方向更有利于享受太阳光照，适合植被和作物的生长。

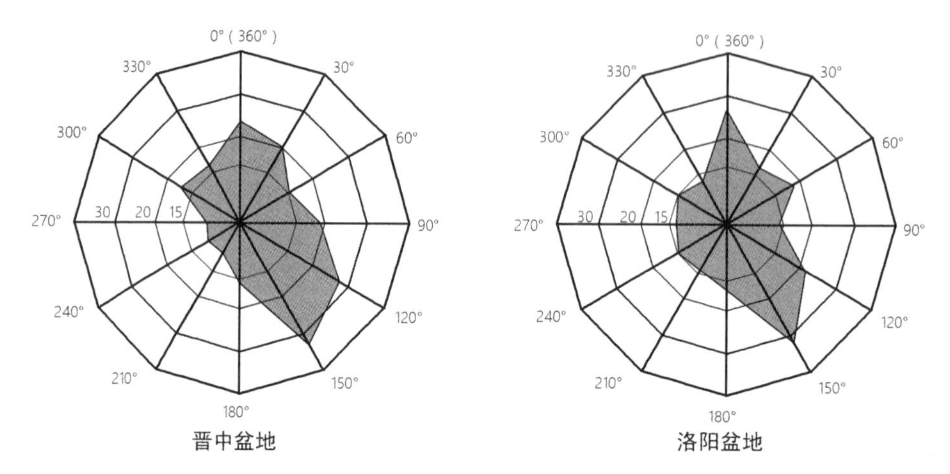


**图 2-6　晋中盆地、洛阳盆地坡向范围内聚落分布图**

资料来源：作者自绘

5) 距离流域的距离分析对比

水源是生活和生产中不可缺少的最重要资源，但生活中为取水之便要求不能距离河流太远，而为防洪之虑又不能距离河流太近。由图可知(图 2-7)，洛阳盆地和晋中盆地的聚落都具有临近水源的特点，近 80%以上的聚落离水的距离不到 1 km，仅有不到 5%的聚落离水的距离大于 4 km。通过对两个盆地同时期遗址的五个方面的对比研究发现，虽然两处盆地位于不同的高程地带，但都是早期人类的起源地，它们具有的共同特征是临近水源，聚落在选址时具有的共同特点是都会选择坡度位于 0～3°、坡向朝东南的位置。说明两个盆地都符合早期人类聚落的选址条件，因而，都是人类文明的起源地。但晋中盆地具有的特点是水域面积大，所以遗址的密度低于洛阳盆地。

① 毕硕本，计晗，梁静涛，等. 基于指数模型的郑州—洛阳地区史前聚落遗址空间分布[J]. 地理科学进展，2013，32(10)：1454-1462.

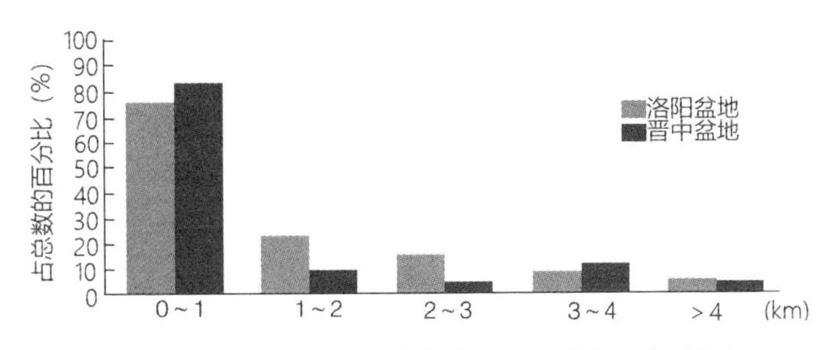


**图 2-7 洛阳盆地、晋中盆地聚落与流域的距离对比图**

资料来源：作者自绘

## 2.2 商周时期聚落与早期城邑空间分布

### 2.2.1 商周时期聚落遗址与早期城市空间分布

山西商文化遗存分布范围广泛，境内已发现遗址 638 处（图 2-8）。晋中盆地中典型的夏文化遗址有：太原东太堡、太谷白燕、汾阳峪道河和杏花村等。根据文化内涵和特征，分为两种类型，涵盖了二里冈期和殷墟期两个阶段，第一类是典型的商文化，典型遗址有太谷白燕遗址；第二类是“石楼类型”的方国文化，主要分布在吕梁山、黄河沿岸及汾河、滹沱河流域，属于殷墟时期的方国遗存，既融合、吸收了商文化的某些因素，同时又具有自身的特点。也有学者认为晋中盆地是太原东太堡文化发展而来的一种独特文化遗存，与前述两种类型有区别，典型遗址为太谷白燕、汾阳杏花村等。其中白燕遗址的商代遗存在时间上分别与二里冈期、殷墟期对应，是研究山西中部商文化时期文化发展的重要代表①。

奴隶制国家初期仍保留部落联盟的痕迹，都邑大多是部落联盟聚落转化过来的。商出现诸侯分封制萌芽，西周将其发挥到极致。西周采取宗法与礼制治国，除王畿由天子直辖之外，其余采取分封制，建立诸侯国，根据宗法血缘、礼制等级，将全国城邑分为三个等级，即王城、诸侯国和卿大夫邑城，初次形成了全国范围具有政治职能的城邑网络②。商代，晋中境内散布着商朝属下的方国辔方（今吕梁地区和晋中西部地区）、箕（今太谷东）、雀（今介休附近）和燕京戎等部落。西周初年，晋中盆地为华夏族和游牧部落杂居之地。春秋时期，晋中大部分地区为晋国领地，东部由白狄族建立肥国，建都昔阳。周灵王十六年（前 556），晋平公封山西中部的“昭余祁”地为晋大夫姬奚的食邑，统称为祁邑。周敬王六年（前 514），晋中盆地境内有晋阳（今太原西南）、魏榆、涂水（今榆次）、凿台、箕（今太谷东）、祁县（今祁县）、

① 孙庚午. 晋中地区志[M]. 太原：山西人民出版社，1993：3.

② 贺业钜. 中国古代城市规划史[M]. 北京：中国建筑工业出版社，1996：113.

贾、鄔、京陵、中都、邬(今介休东北)、随、瓜衍(今孝义)、虞城、平陵(今交城)、梗阳(今清徐)[①]。战国初期,晋中仍属晋地。周威烈王二十三年(前376),赵、魏、韩三家分晋,晋中盆地为赵国所具有。这些早期小国虽然影响力有限,统治时间较短,但奠定了今天晋中盆地主要城市的空间选址基础。此外,人类在新石器时期,就已有固定的埋葬习俗。在晋中盆地区域,发现的最早的墓葬是夏代,分布地点是今太原市东太堡、汾阳市峪道河,从墓葬的分布地点来看,基本与城市的分布一致,有城的地方皆有墓葬,由此可见,在先秦时期,晋中盆地就已经形成了山—水—城—陵的城市规划建设格局。

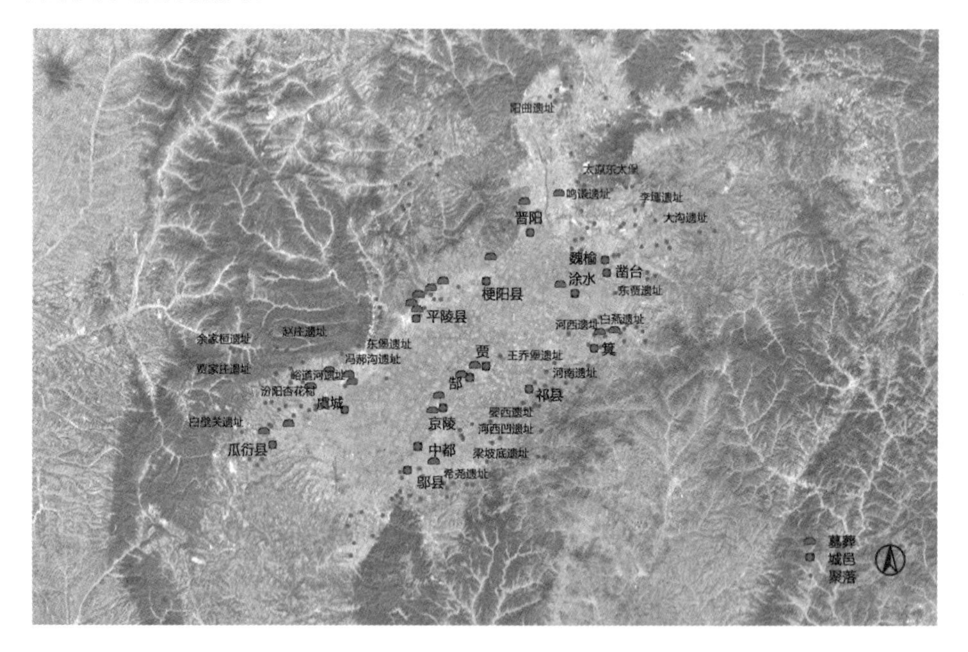


**图2-8 晋中盆地商周时期遗址和城邑分布图**

资料来源:作者根据《山西省历史地图集》第12、229页、《中国文物地图集山西分册(上)》第70、71页和《考古学年鉴》(1984—2010)等考古资料绘制

## 2.2.2 对比研究——山西境内商周时期城邑

晋中盆地先秦时期的古城遗址只有位于盆地以北的晋阳古城,因此将以山西境内同时期的侯马晋国遗址和夏县禹王城遗址进行对比研究。三座古城从城市遗址和考古挖掘中,都能够发现其规划建设充分体现与山水环境结合的地域特色。

---

① 根据《山西省历史地图集》总结。山西省地图集编纂委员会.山西省历史地图集[M].北京:中国地图出版社,2000:9.

晋阳古城城址背靠龙山，东临汾水，南依晋水，依西高东低的地势引晋水入城。分为城池遗址、寺观区遗址和墓葬区遗址三个部分。城池遗址东西约 6 km，南北约 4 km；寺观区位于城池西边，与古城相连；墓葬区分为两个部分，西山墓葬区和东山墓葬区。而侯马晋国遗址，是晋国晚期的都城遗址，位于汾河和浍河之间，墓葬遗址区则集中在古城遗址南部山区，分别是秦村以北、牛村古城南、百店村东北和高村乡东南。此外，位于夏县城西北 7.5 km 的禹王城遗址，城池基本与青龙河平行，东南部临中条山。由此可见，山西境内先秦时期的城邑已经开始结合山水环境进行规划建设(表 2-3)。

**表 2-3　山西境内三座古城对比(夏—战国)表**

| 名称 | 现状区位图(山—水—城的关系) |
| --- | --- |
| 晋阳古城遗址 | 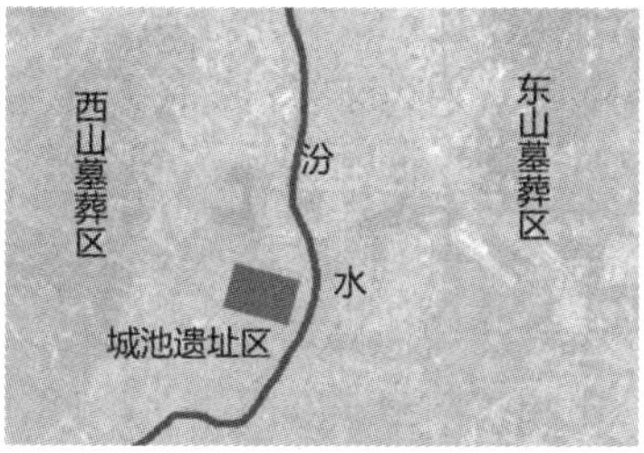 西山墓葬区—城池遗址区—汾水—东山墓葬区 |
| 侯马晋国遗址 | 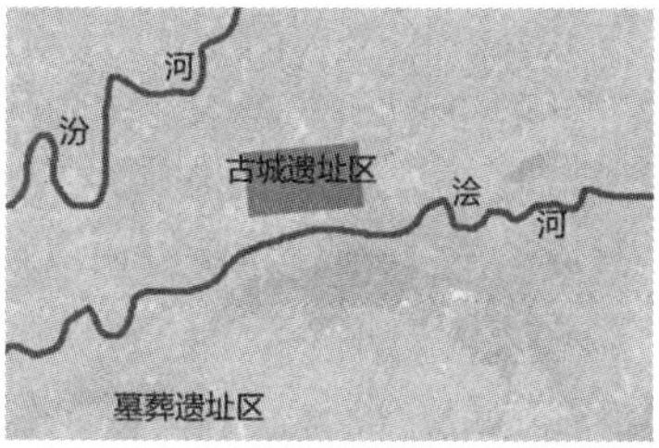 汾水—古城遗址区—浍河—墓葬遗址区 |
| 夏县禹王城遗址 | 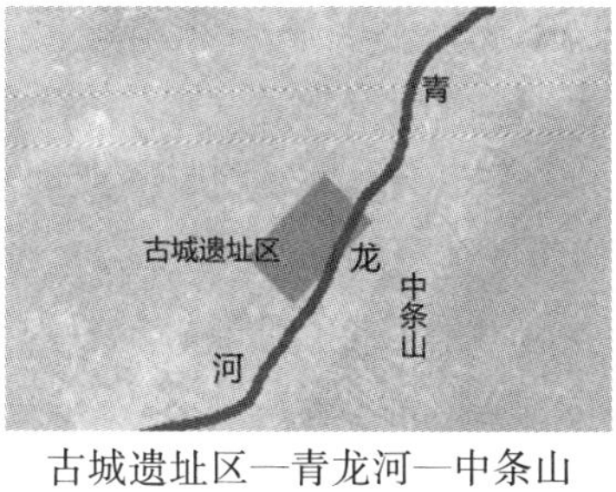 古城遗址区—青龙河—中条山 |

资料来源：作者以 BIGEMAP 作为资源，根据《山西省历史地图集》《山西夏县禹王城历史研究》《晋阳古城遗址 2002—2010 年考古工作简报》总结绘制

### 2.2.3 晋中盆地经济的初步发展

自然环境和天然物产为早期人类生产活动提供了物质资料，并对人类社会的发展产生直接影响。经济是文明的起源，也是城邦建设及社会进步发展的物质基础。因此在人类无法充分改造自然的时候，自然条件优越、天然物产丰富、便于攫取生产资料的地区更利于人类的聚居。原始人类在采集、狩猎的过程中，由于长期积累经验，学会了栽培植物，从新石器早期开始，农业就逐渐萌生，农业的发展，使得聚居的聚落点发展成为城邦。石器时期晋中盆地地区，山川环抱，气候温和，土地肥沃，物产丰富。在晋中盆地区域，史前的农业遗址分布在整个晋中盆地，遗址点主要在：太原附近的光社、狄村，榆次附近的猫儿岭，太谷附近的白燕、上土河，祁县附近的梁村，孝义附近的三泉镇，汾阳附近的峪道河杏花村。这些遗址点挖掘到的石铲、石斧、石锄等物品，都反映了晋中盆地农业生产的发展程度。

新石器时期，晋中盆地区域内的太原义井、太谷白燕遗址附近还出土了一些与纺织纤维相关的实物，有陶纺轮、石纺轮、骨针、骨锥等。纺轮是重要的纺纱工具，骨针、骨锥是手工编织的必备工具，说明当时已经出现了原始纺织技术，使得人类定居的生活更加稳定。随着农业的发展，人类定居生活中需要谷物的贮藏和饮水的搬运，这些行为都需要陶器这种新的容器。晋中盆地内发现的新石器时期的陶器烧制点有太原的义井、太谷的白燕、孝义的临水、汾阳的峪道河和东堡。陶器的出现，加速生产力发展的同时，也说明了人类的定居生活进一步稳定。夏商周时期，山西进入青铜器时期。在晋中盆地区域，出土的夏至战国时期的青铜器在太原附近的金胜和榆次附近的猫儿岭。春秋战国时期，晋文化的青铜器汲取了商、周传统文化以及周边北方草原文化、燕文化的精华，从而形成独特的“晋式青铜器”，从太原金胜村出土的青铜器工艺精良、造型生动，说明了晋国当时高超的铸造技术和精湛工艺。

此外，山西矿产资源丰富，自古以来冶炼铸造工业较为发达。春秋战国时代，铁器的逐步推广对社会生产，特别是农业，有重要的意义。山西在东周时期就广泛使用了铁器。据《左传・昭会二十九年》记载：“晋赵鞅、荀寅帅师，城汝滨，遂赋晋国一鼓铁，以铸刑鼎，着范宣子所为刑书焉。”①能铸鼎并铸文字，说明铁器工艺技术已发展到一定水平。在晋中盆地区域，冶铁工业首先出现在交城附近(图 2-9)。生产工具的进步促使了社会从原始社会向奴隶制社会、封建社会过渡，同时也推动了道路、农田和水利的兴修。

---

① 杨伯峻.春秋左传注[M].北京：中华书局，1981：152.

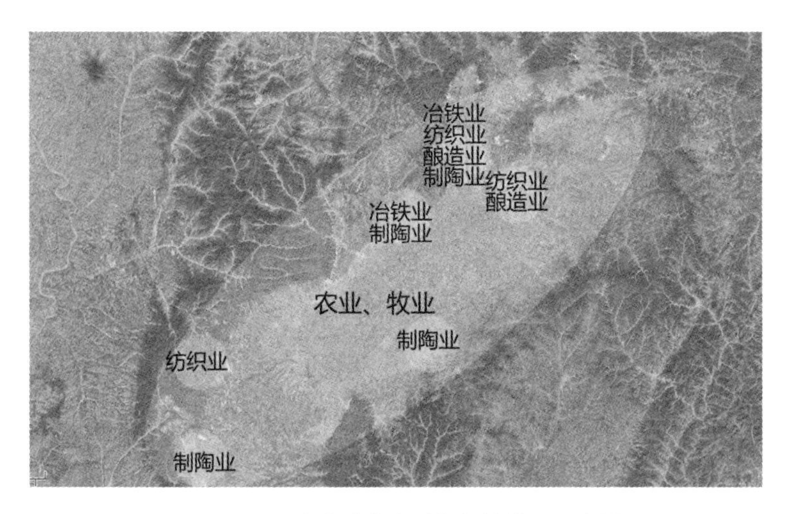


**图 2-9 晋中盆地先秦时期经济分区示意图**

资料来源：作者以 BIGEMAP 作为资源，根据《山西省历史地图集》第 180、181、191、192、194、196、224、225 页相关资料绘制

综上所述，通过对商周时期聚落、墓葬遗址和早期城市空间分布的研究，得出该时期已经形成了山—水—城—陵的城市建设格局。而晋中盆地最早的城邑是建于春秋时期的晋阳城，对比同时期的侯马晋国古城和夏县禹王城，可知该时期城邑的规划已经表现出对自然山水的利用。此外，该时期聚落和城邑的发展，是以区域内丰富的天然物产和优越的自然环境为基础的，形成了以农业为主的经济特点，伴有纺织业、制陶业、青铜器、冶铁业。丰富的经济内容，是城市进一步发展的重要物质基础。

## 2.3 不同历史时期的主要水系变迁

### 2.3.1 区域水系变迁——从"昭余祁"到汾水

1）"昭余祁"沿岸城市的初建（秦汉—南北朝）

秦汉之前，"昭余祁"是一个方圆数百里的大湖，占据晋中盆地大部分的平原区域，先人沿湖而居，聚落沿湖而建。到东汉时期，大湖已经开始以九片小湖的形式存在，根据《汉书・地理志》记载，在邬县（今介休东北）："九泽在此，是为昭余祁，并州薮"[①]，其中的九泽指的就是九个小湖，关于九泽，清代的王先谦也解释"陂泽连

① （东汉）班固. 汉书[M]//点校本二十四史・清史稿. 颜师古，注释. 北京：中华书局，1962：135.

接、其数有九，故谓之九泽，总名昭余祁”①，说明此时的“昭余祁”不是大湖的名称，而是九个小湖的总称，湖水的总面积则约为 1800 $km^2$，约占晋中盆地总面积的 36%②。此时，晋中盆地“昭余祁”沿岸的城市有大陵、平陶、兹氏、平周、界休、邬县、京陵、祁县(图 2-10)。至北魏期间，因泥沙淤积，小湖周边开始出现沼泽化，陆地开始出露，其中中部由于地势低洼和汾水的补给，还维持两个较大的湖，一个近邬县的邬泽，一个是祁县的祁薮③。还有邹泽、祁数、汾破和淳湖等几个大的湖泊。该时期，晋中盆地的城市，除了早期沿昭余祁沿岸兴建之外，其余城市均沿汾水及其支流兴建(图 2-11)，而汾水主要的两条支流，一是洞过水(也称洞涡水，今潇河)；二是文水(今文峪河)。南北朝时期，洞过水流经位于中都(今榆次)的洞过泽，向西汇入汾河。文水流经受阳(今文水东)，向东汇入汾河，同时又连接文湖，根据《水经注》的记载：“文水又南迳兹氏县故城(今汾阳县三泉镇巩村东)为文湖，东西十五里，南北三十里，世谓之西湖，在县东十里；湖之西侧，临湖又有一城，谓之潴城(今县东南约 5 km 有潴城村)”④。由此可见在北魏时，今汾阳城东是一处方圆近百里的泱泱大湖，即文湖。

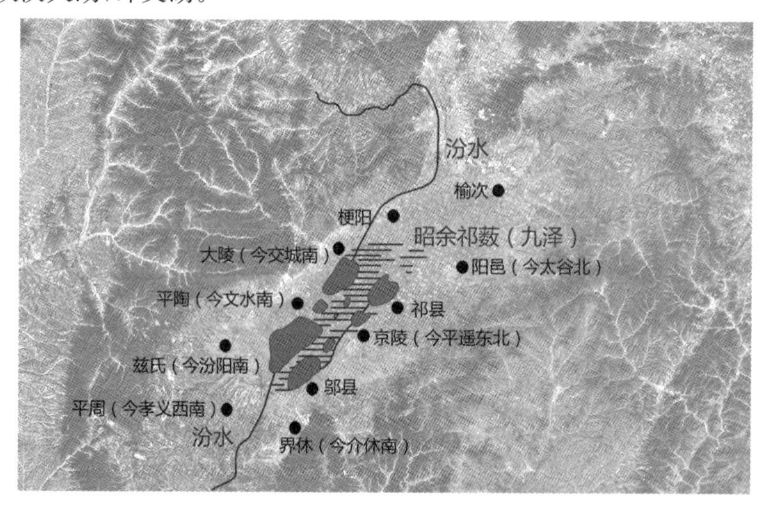


**图 2-10　晋中盆地秦汉时期水系图**

资料来源：作者以 BIGEMAP 作为资源，根据《山西省历史地图集》第 186 页相关内容整理绘制

---

① (清)王先谦.汉书补注卷八(地理志上)[M].北京：书目文献出版社，1995：663.

② 王尚义.太原盆地昭余古湖的变迁及湮塞[J].地理学报，1997(3)：262-267.

③ 北魏的《水经注》中记述为邬泽与祁薮。

④ (北魏)郦道元，(民国)杨守敬，熊会贞，疏.水经注疏(卷六)[M].段熙仲，点校；陈桥驿，复校.南京：江苏古籍出版社，1989：6.

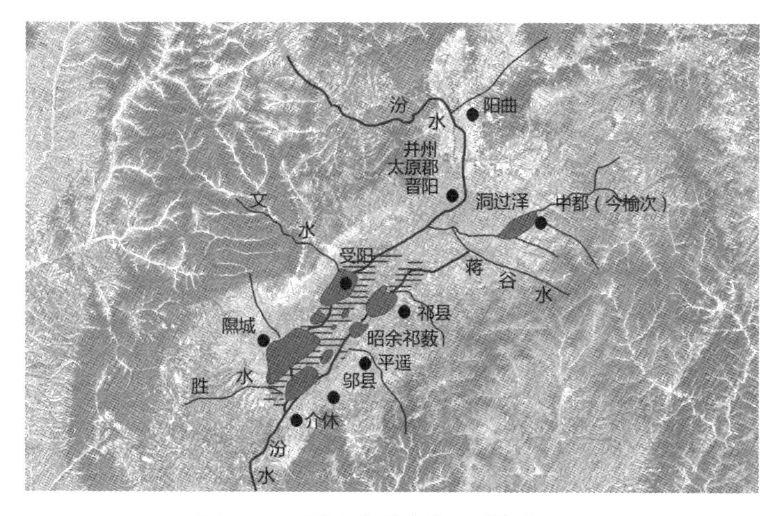


**图 2－11　晋中盆地南北朝时期水系图**

资料来源：作者以 BIGEMAP 作为资源，根据《山西省历史地图集》第 187 页相关内容整理绘制

2）昭余祁继续缩减，汾水、文水、洞过水沿岸城市相继兴建（隋唐两宋）

隋唐时期对于“昭余祁”的记载非常少，仅有唐代的《元和郡县图志》①和宋代的《太平寰宇记》②。《元和郡县图志》记载为：“邬城泊，在县东北二十六里。”《太平寰宇记》记载为：“昭徐祁，吕氏春秋云大昭”，此时沿汾水的城市有太谷、祁县、平遥、介休。太谷位于蒋谷水和汾水的交汇处，祁县位于侯甲水和汾水的交汇处，平遥位于婴侯水和汾水的交汇处，介休位于汾水和胜水的交汇处（图 2－12）。到宋金时期，晋中盆地区域内的汾河河道也不断淤积，水流日益减少并改道，汾水道由东南移至西北，此时，汾水沿岸的城市有清源、交城、文水、汾州、孝义。在该时期，汾水的两条主要支流洞过水和文水也进行了改道。洞过水沿岸的城市是榆次，榆次位于洞过水和涂水交汇处，由于汾水道的西移，使汾水支流蒋谷水也改道，并入洞过水之后，一并流入汾水。而此时文水的改道，则是与文湖各自独立入汾，因文湖而兴起的城市是汾阳。该时期，形成了“一纵四横”的水网与城市体系，“一纵”指贯穿晋中盆地南北的汾水，“四横”指洞过水、文水、太谷水、胜水。水网连接整个区域的 11 个城市（图 2－13），城市在盆地区域内沿汾水呈带形分布，对区域内农业生产、交通及经济发展都有促进作用。

3）“两纵多横”水网的完善（明清）

明时期，汾水流域进一步发展，主要水系仍贯穿晋中盆地南北（图 2－14），但此

① （唐）李吉甫. 元和郡县图志［M］. 北京：中华书局，1983：347.

② （宋）乐史. 太平寰宇记（卷之四十河东道一）［M］. 北京：中华书局，2008：135.

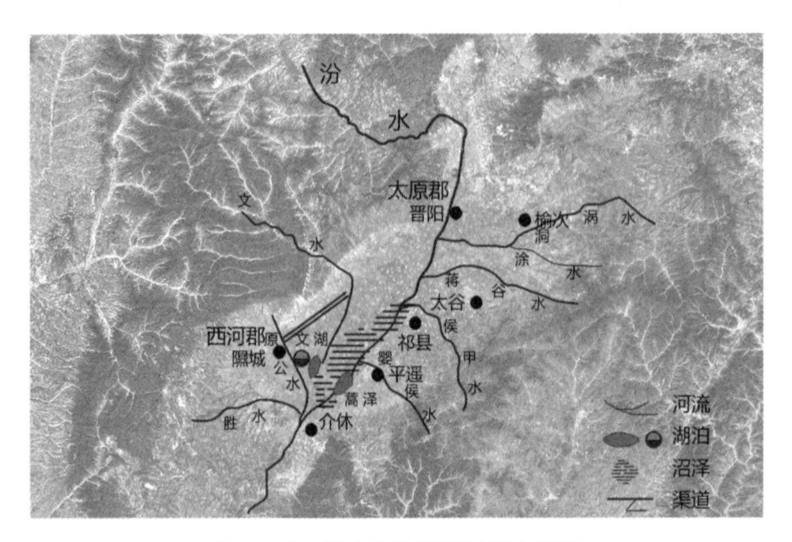


图 2-12　晋中盆地隋唐时期水系图

资料来源:作者以 BIGEMAP 作为资源,根据《山西省历史地图集》第 18 页、《水经注山西资料辑释》第 178 页相关内容整理绘制

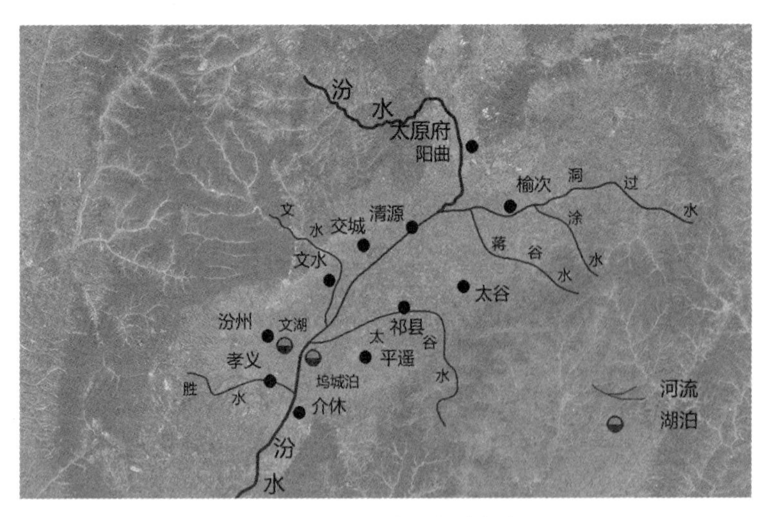


图 2-13　晋中盆地宋金时期水系图

资料来源:作者以 BIGEMAP 作为资源,根据《山西省历史地图集》第 19 页、《水经注山西资料辑释》第 178 页相关内容整理绘制

时从“线状”变为“环状”连接晋中盆地区域内的所有城。北端在清源城处分流,西边沿交城、文水、汾州、孝义;东边沿太谷、祁县、平遥、介休,在介休处水流汇合继续向南流。到清时期,晋中盆地区域内水网完善,形成“两纵多横”的基本格局(图 2-15)。两纵指汾水和文水,多横由北向南依次指洞涡水(洞过水)、涂水(今津水河)、象谷水、

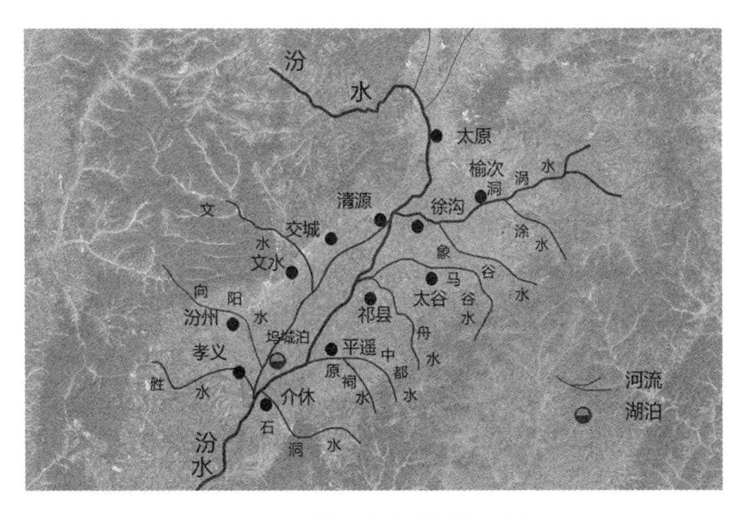


图 2-14 晋中盆地明时期水系图

资料来源:作者以 BIGEMAP 作为资源,根据《山西省历史地图集》第 115 页相关内容整理绘制

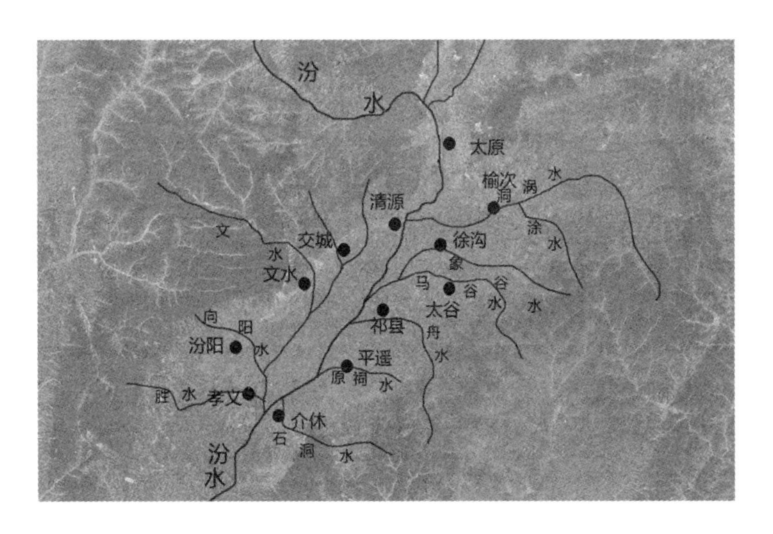


图 2-15 晋中盆地清时期水系图

资料来源:作者以 BIGEMAP 作为资源,根据《山西省历史地图集》第 115 页相关内容整理绘制

马谷水、舟水、中都水、原祠水、向阳水、胜水、石洞水。此时的文水(今文峪河)是汾河最大的支流,主河道流经交城、文水、汾阳、孝义四县(市)[1],至孝义市界南行,于孝义市梧桐乡南姚村东汇入汾河。晋中盆地区域内的城市均位于河流沿岸或两条

① 王尚义.历史时期文峪河的变迁[J].山西水利,1988(1):77.

河流交汇处。水系的连通，是城市发展的基础。水文的变迁是晋中盆地城市发展最为重要的动力机制，城市演变、经济发展、人口迁徙等因素均受到水文地理变迁的影响。作为北方盆地区域内的水网城市系统，城市变迁依附于水系得以实现。

### 2.3.2 晋中盆地水文特征

1）湖泊——从大湖到小洼

晋中盆地中的“昭余祁”，在古湖泊的分类中属于“河成湖”[①]，河流流经淤积平原，因河槽变迁，河岸抗蚀能力降低，洪水发生泛滥，溢出河道的水流在低洼处汇积或受阻成湖。这种湖通常面积特别大，湖泊变小或者消失的过程，也类似于其形成的过程，河流流经沉积泥沙。因而先秦时期“昭余祁”数百里，到秦汉时期缩小成为九泽，湖泊的自然演变规律起着主导作用。而从九泽到湖水的消失，就不仅仅是由于地质构造运动、气候回暖等自然演变规律，人类活动的影响也是主要因素，例如植被过度的砍伐，导致土壤流失；河流中的泥沙使河道抬高、变迁；河道的迁徙，导致这些湖泊逐渐湮塞消失，演变成沼泽或低洼盐碱滩。“昭余祁”缩减后，有记载的湖泊还有汾陂（东西 2 km，南北 5 km，约在今文水县境内）、文湖（东西 7.5 km，南北 15 km，约在今汾阳附近）、淳湖（又名洞过泽，约在今榆次境内）[②]。明末，晋中盆地内有记载的湖泊为：坞城泊、小桥泊（平遥附近）、张赵泊（平遥附近）、胜水泊（元象泊，孝义附近）、汾陂、文湖、台骀泽（太原境内）等[③]。但实际这些湖泊都已经成为低浅的干洼地带。

2）干流汾水——从通航到频繁变道

在隋唐时期，汾水的水文条件良好，植被覆盖着山地、高原，河川流量足，是一条流量充沛、河水清澈的大河，航运便利。春秋战国时期，汾水道就已经出现了越王献舟和“泛舟之役”两次由几百艘船只进行的大规模水上运输。秦汉时期，由于国家统一，山西的水运得到了新的发展，汾水运输繁忙。到魏晋南北朝时期，由于国家的分裂、战争的破坏，汾水的运输大大减少。隋唐的再度统一，使汾河水运恢复了汉时的规模。隋唐之后，因黄河水域水文的萎缩，汾河也失去了承担大量漕粮的运输任务[④]。宋金时期，在晋中盆地区域内，还有水运线贯穿晋中盆地南北而至静乐，此时在祁县和平遥之间还有两个主要的渡口：小寨渡和南齐村渡。之后，由于河道不断淤积，频繁改道，水流日益减少，汾河的水运只用于民间小规模的运输。

① 山西省地图集编纂委员会. 山西省历史地图集[M]. 北京：中国地图出版社，2000.

② （北魏）郦道元；（民国）杨守敬，熊会贞，疏，水经注疏（卷六）[M]. 段熙仲，点校；陈桥驿，复校. 南京：江苏古籍出版社，1989：6.

③ （唐）李吉甫. 元和郡县图志[M]. 北京：中华书局，1983：6.

④ 山西省地图集编纂委员会. 山西省历史地图集[M]. 北京：中国地图出版社，2000：210.

汾河中游(晋中盆地区域内)(图 2-16)自西周以后,较大的河道变迁有 7 次[①]。其中到清代为止较大的变迁有 6 次(表 2-4)。

**图 2-16　汾河图(灰色填充示意为汾河中游)**

资料来源:雍正《山西通志》

**表 2-4　汾河中游(晋中盆地区域内)河道主要变迁情况汇总**

| 序号 | 时间 | 河道流经描述 |
| --- | --- | --- |
| 1 | 秦汉之前 | 沿太原西山,至清徐、流经今交城、文水、汾阳、孝义、介休,河道沿晋中盆地西侧 |
| 2 | 魏晋南北朝 | 汾河从清徐开始向东迁,文水(今文峪河)不是在文水境内注入汾河,沿汾河故道,流经文水、汾阳,最后在孝义汇入汾河 |
| 3 | 唐宋元 | 汾河继续大幅度东迁 |
| 4 | 明 | 汾河东迁至平遥境内,又向西南流入汾阳县境内,“万历三十八年(1610),汾水东徙。”[②],后流经孝义、介休 |
| 5 | 清乾隆三十二年(1767) | 汾河东迁,文峪河西迁,在孝义汇合 |
| 6 | 清光绪五年(1879) | 从清源县开始向南流入平遥、孝义、介休 |

资料来源:作者根据《山西省历史地图集》第 116 页、康熙《文水县志》、光绪《文水县志》、乾隆《汾州府志》《元和郡县图志》《新唐书·地理志》、明洪武《太原志》等资料整理绘制

① 山西省史志研究院. 山西通志(第二卷)·地理志[M]. 北京:中华书局,1996:193.

② 山西省汾阳县志编纂委员会. 汾阳县志[M]. 北京:海潮出版社,1998:1066.

3）主要支流——洞过水、文水（今潇河、文峪河）

洞过水（也叫洞涡水，今潇河）是晋中盆地内注入汾河的第二大支流，它发源于太行山西麓乐平县西部老庙山区，向西流经寿阳县、榆次县、徐沟县等城市入汾河（图 2-17）。历史时期，洞过水由于下游湖泊水消失和流域洪涝暴雨等因素，同样改道频繁。张慧芝对明之前潇河河道进行研究，结论是经寿阳西南，榆次县永康镇，太原县北格村、同过村等入汾[1]。而明代至清，潇河有 8 次重大的变迁[2]（表 2-5），分别是洪武八年（1375）向北迁移到太原县蒲村北入汾，成化年间（1465—1475）又向西南流至太原县北移村入汾，万历三十二年（1604）南迁，移至徐

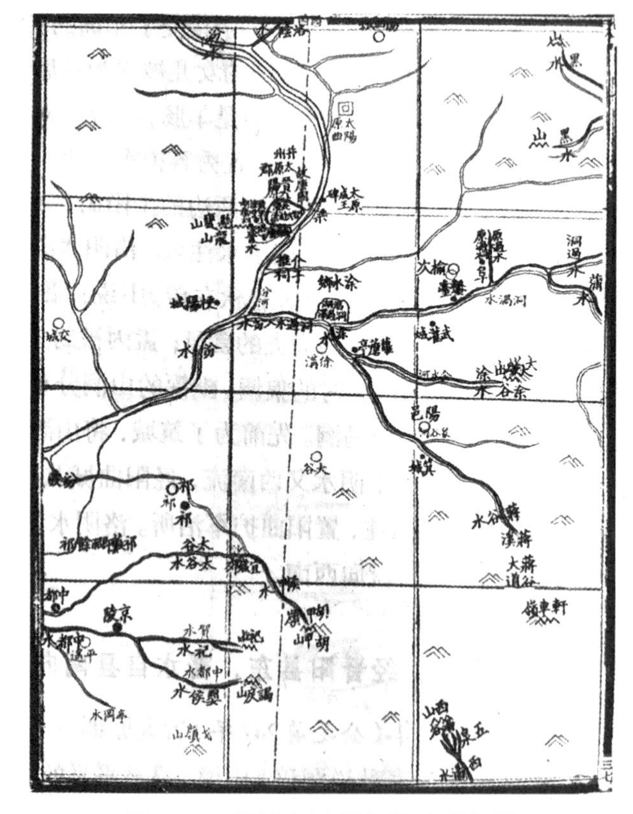


图 2-17　洞过水（今潇河）汇入汾河图

资料来源：《水经注》[3]

① 张慧芝. 明清时期潇河河道迁徙原因分析[J]. 中国历史地理论丛，2005，20(2)：148-155.

② 孟万忠. 历史时期汾河中游河湖变迁研究[D]. 西安：陕西师范大学，2011.

③ （北魏）郦道元. 水经注[M]. 易洪川，李伟，译. 重庆：重庆出版社，2008：96.

**表 2-5 洞过水变迁情况汇总表**

| 序号 | 时间 | 河流描述 | 资料来源 |
| --- | --- | --- | --- |
| 1 | 秦汉 | 洞过水出沾县北山。西过榆次县南,又西到晋阳县南。西入于汾,出晋水下口者也 | (汉)《水经》 |
| 2 | 魏晋南北朝 | 洞过水,出木瓜岭,一出沾岭,一出大廉山,一出原过祠下,五水合道,故曰同过,西南入汾 | 《魏书·地形志》 |
|  |  | 洞过水出乐平县西北。其水西流,与南溪水合。水出南山,西北流注洞过水。又西北,黑水西出山,三源合舍,同归一川。东流南屈,迳受阳县故城东。又西,蒲水南出蒲谷,北流注于洞过水。又西与原过水合。……其水又西南流,迳武观城西北。洞过水又西南为淳湖,谓之洞过泽,而涂水注之。水出阳邑县东北大嵰山涂谷。西南迳萝蘑亭南,与蒋谷水合。水出县东南蒋溪。蒋溪又西合涂水,乱流西北,入洞过泽也 | (北魏)《水经注》 |
| 3 | 唐宋元 | 洞过水,东自榆次县界流入,西去县三十里入晋阳县界 | (唐)《元和郡县图志》 |
|  |  | 洞过水,东自太原县界流入,西入于汾,晋水下口也。今按此水出沾县北山,沾即今乐平县也,水经县西南二十五里入汾水 | (宋)《太平寰宇记》 |
| 4 | 明 | 洞涡水,在县,自榆次县界来,经由本县北一十八里,入太原县界。洪武八年(1375)五月内,山水泛涨,在榆次县永康村西南奔决,北徙于太原县蒲村北入汾河 | (明)永乐《太原府志》 |
|  |  | 洞涡水,源出乐平县西四十里陡泉岭,经榆次东一十五里合流村,合大涂水,又西五里合源涡水,又西南流至太原县北移村王名都注于汾 | (明)成化《山西通志》 |
|  |  | 万历三十二年(1604),洞涡水南徙,南流至徐沟县北五里 | 《大清一统志》 |
|  |  | 万历三十三年(1605),南迁永康镇八里 | (明)嘉靖《太原县志》 |
| 5 | 清 | 南移至徐沟县城北 | (清)《徐沟县志》 |
|  |  | 洞涡水,源出乐平县,经榆次县永康镇流入本县北格等村合于汾 | (清)《徐沟县志》 |
|  |  | 洞涡河俗名淤泥小河,源出乐平县,经榆次县永康镇,先在太原县北格等村西流,今移本县良隆、辽西、刘村、同戈、白树村、董家营、王答村、龙家营、黑石屯等村流入清源县界 | (清)《徐沟县志》 |
|  |  | 先是小河(洞涡)在长头村入汾,同治十年(1871),河涨,另泒南走 | (清)《清源县志》 |

资料来源:作者绘制

沟县北 5 里(2.5 km);万历三十三年(1605),在榆次县永康镇的河段又向南迁移 8 里(4 km);顺治—康熙年间(1644—1722),河道在榆次县永康镇的河段南移到徐沟县城以北,之后又回到万历三十三年(1605)的河道;雍正九年(1731),向北迁移到太原县北格村,这是万历三十三年(1605)前的河道(图 2-18);乾隆—咸丰(1736—1861),又迁回了万历三十三年(1605)时的河道;同治十年(1871),又一次南迁,入清源乡。综上所述,洞过水的河道变迁特点有三点:一是在明代之后变迁频繁;二是变迁的路径南北摇摆,两次回到万历三十三年(1605)时的故道;三是与汾河交汇口的南移,移到清源乡境内。

**图 2-18　洞过水图**

资料来源:同治《榆次县志》

文峪河是汾河流域内河道最长、流域面积最大、径流量最多的河流。源于交城县西部关帝山,属吕梁山脉中段东麓,汇注了沿途的山泉谷溪后,流经交城、文水、汾阳、孝义(图 2-19),至汾河西岸、汾阳东部形成文湖。最早对于文水的记载是"文水从大陵县西山文谷,东到其县,屈南到平陶县东北,东入于汾"[①],汾河的河道在明以前基本稳定,频繁的变迁同样是从明代开始。宋金时期,文水直接在文水县境内注入汾河;明代开始,文水和汾水形成两条平行的河流,北起清源县,南至介休县交汇;清代开始,水文与汾水在清源县境内分离,同样向南流至介休县境内交汇(表 2-6)。综上所述,文水的河道变迁特点有两点,一是流域范围的增加,从文水

① (北魏)郦道元;(民国)杨守敬,熊会贞,疏.水经注(卷六)[M].段熙仲,点校;陈桥驿,复校.南京:江苏古籍出版社,1989:6.

县注入汾河，至南迁流经汾阳、孝义后再入汾，入汾口南移；二是万历三十九年(1611)，汾河东迁后，文水与汾水完全独立成两条南北向的河流。

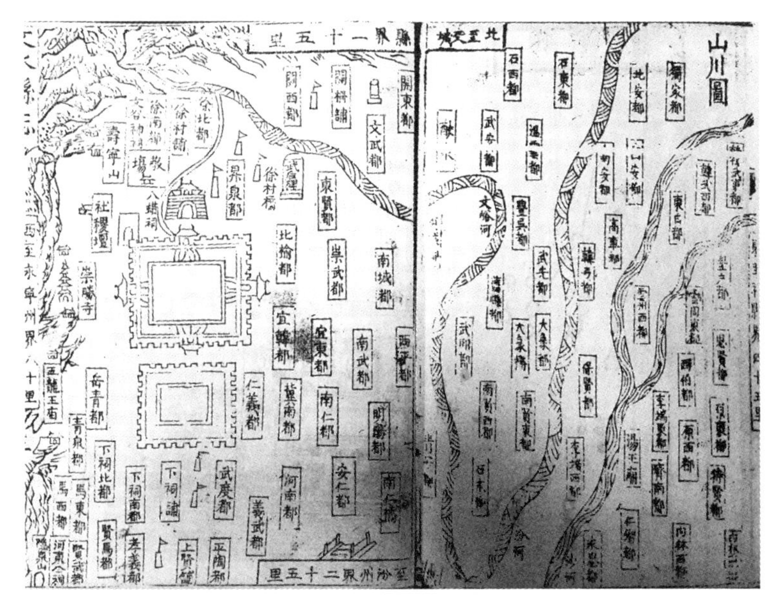


**图 2-19 文水县山川图**

资料来源：康熙《文水县志》

**表 2-6 文水(今文峪河)变迁情况汇总表**

| 序号 | 时间 | 河道流经描述 | 资料来源 |
| --- | --- | --- | --- |
| 1 | 魏晋南北朝 | 文水从大陵县西山文谷，东到其县，屈南到平陶县东北，东入于汾 | (北魏)《水经注》 |
| | | 文水出文谷，东迳大陵县故城西，而南流，有泌水注之。县西南山下，武氏穿井给养，井至幽深，后一朝，水溢平地，东南注文水。又南迳平陶县之故城东、西迳其城内，南流出廓 | |
| | | 文水又南，迳县，右会隐泉口，水出谒泉山之上顶 | |
| | | 又南，迳兹氏县故城东，为文湖，东西一十五里，南北三十里，世谓之西河泊，县直东一十里，湖之西侧临湖 | |
| | | 文水又东南，迳中阳县故城东 | |
| | | 文水又东南流，与胜水合。水出西狐岐山 | |
| | | 胜水又东，迳中阳县故城南，又东合文水，文水又东南，入于汾水也 | |

续表

| 序号 | 时间 | 河道流经描述 | 资料来源 |
|---|---|---|---|
| 2 | 隋唐 | 文水，自交城县界流入，经（文水）县西，又南入隰城县 | 《元和郡县图志》 |
| 3 | 明清 | 万历三十九年（1611），汾河东迁，由县东南四十里齐南都入平遥境 | 光绪《汾阳县志》 |
| | | 汾水从本县南安村溢，与文水合，横入汾境数十里，尽成泽国。二十一年（1682）再溢，二十三年（1684）七月晦，徙从本县麻堡村徙而东，四野漫流，淹没民田不下数千顷 | 光绪《文水县志》 |
| | | 峪河自交城入，经文谷口。唐栅城废渠在焉。至城北，又东南。左合磁窑河，步浑水，折西南入汾阳 | 《清史稿·地理志》 |
| | | 乾隆三十二年（1767），汾河东徙，文峪河西徙。其交城、文水两县入汾之水，悉归文峪河 | 《文峪河志》 |
| | | 道光元年（1821），文峪河东徙，北夺磁窑河道，清徐、交城县之水旧入汾河者尽徙而入文水 | |

资料来源：作者绘制

4）泉水——从灌溉到干涸

山西虽然水资源缺乏，但在明清之前却是一个多泉的省份，明末清初，山西泉水之盛可与福建相伯仲。在晋中盆地区域内著名的是太原的兰村泉、龙泉、晋祠泉，榆次的寒泉、源涡泉，介休洪山泉，孝义的冷泉、海眼泉，汾阳的马跑泉，交城的灵泉等。仅在太原县周围的山地中，就有 10 座山中有泉水①。可见当时泉水分布的丰富。但随着人类生产、生活的影响，出现干旱等气候灾害，导致许多泉水量减少甚至干涸。例如晋祠泉，是晋中盆地内最大的泉源，在先秦时期曾被引水灌溉农田，但到明清时期，其水量明显呈现减少的趋势。方志中有：晋水"北渠旧引入县城通流街衡公馆，今渠道俱存而水不行"②的记载，说明当时泉水减少到已经无法在渠道中形成水流。综上，汾水中游的水文特征是水资源的逐渐减少。湖从大湖变为小泽、河流，从通航到淤积后的频繁变道，泉水从最初用于灌溉到干涸。

① （清）费淳，（清）沈樹聲. 乾隆太原府志（二）、道光阳曲县志、道光太原县志[M]//中国地方志集成·山西府县志辑（2）. 南京：凤凰出版社，2005：176.

② （清）员佩兰，（清）杨国泰. 山西省太原县志（全三册）[M]//华北地区·第 431 号. 清道光六年刊本. 台北：成文出版社，1976：23.

### 2.3.3 水系变迁的自然原因

水系变迁的自然因素，孟万忠对此进行了详细的研究，认为导致水系变迁的自然原因有四点：气候的因素、泥沙的问题、地质与地貌因素、植被因素①。气候的因素是指气温、湿度、风速以及太原辐射的变化，直接影响水文的蒸发和径流，从而对河湖水量产生影响；泥沙的问题是指整个晋中盆地内的汾河流域水土流失严重，水土流失的土地面积占总土地面积的 44.57%，而上游水土流失的土地面积占总土地面积更是高达 78.63%，因而河流年输沙量较大；地质与地貌因素是指晋中盆地区域属于新构造运动活跃的地区，盆地不断下沉，两侧的山体则是不断上升；植被因素是指森林具有保护土壤、调节气候、涵养水源的作用，森林的破坏，会加速水土流失，没有土壤，森林面积则会锐减。

### 2.3.4 水系变迁与人口变迁

先秦之前，河湖的形成与变迁，主要是由自然因素影响，但随着人口数量的增加和人口密度的增加，人类活动的因素将成为影响水系变迁的重要原因之一。本小节将对晋中盆地区域的人口密度进行变迁梳理。

1）秦汉六朝时期

西汉前期文献资料没有准确的人口统计数字，整个太原郡的人口密度为 16.8 人/km$^2$，西河郡的人口密度略低，为 12.85 人/km$^2$。两汉之际，由于社会动乱，出现人口数量锐减。太原郡的人口密度 5.78 人/km$^2$，而西河郡的人口密度则为 0.46 人/km$^2$。西晋前，匈奴等向塞内迁徙，分别前往晋中盆地内的兹氏（今汾阳）、祁县、大陵（今文水），总共 4 次内迁，人口数达几十万。但长达十余年的“八王之乱”和“永嘉之乱”，西晋末年，大规模官民迁离本土，是最大规模的人口流失②，此时，太原国的人口密度仅为 5.13 人/km$^2$，而西河国的人口密度为 2.12 人/km$^2$。由于汉民的流失，“胡汉”力量发生了根本的变化，匈奴刘渊得以顺利攻晋阳，立国与山西，于此也有密切的关系。秦汉时期，晋中盆地区域人口总体呈逐渐下降的趋势，直到南宋侨郡的设置人口才逐渐回升，晋中盆地作为整个区域的中心，人口密度明显高于周边郡县（图 2－20）。

---

① 孟万忠. 历史时期汾河中游河湖变迁研究[D]. 西安：陕西师范大学，2011.

② 东晋末年为山西官民最大规模的迁离本土，西晋太康三年（282），山西人口约 144 650 户，人口以一户 5 口计，合 723 250 口人，而以南朝宋大明八年（464）为准，山西人口约为 47 809，迁移人口超过 8 万人。

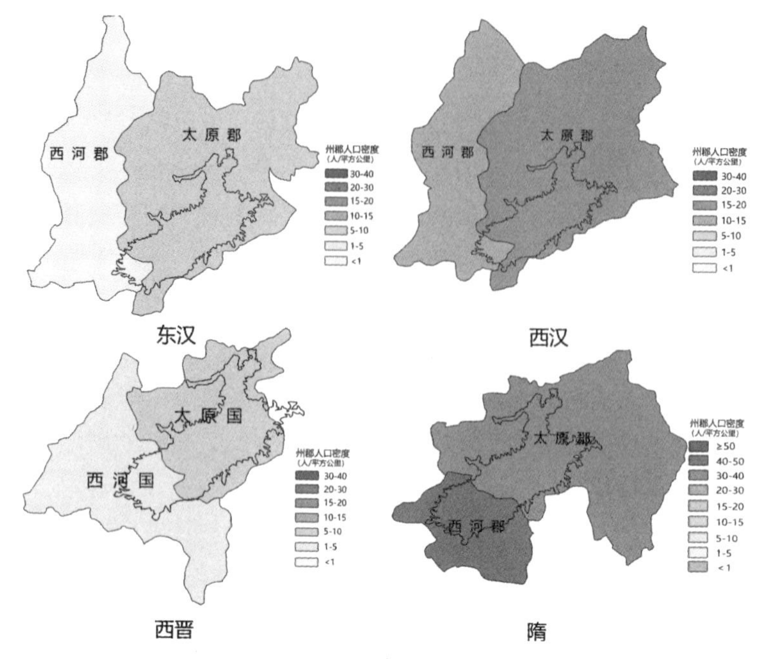


**图 2-20　晋中盆地人口密度图(西汉—隋)**

资料来源:作者自绘,人口数据根据《山西省历史地图集》《汉书·地理志》《后汉书·郡国志》《晋书·地理志》《山西历代人口统计》《中国人口史》等资料总结

2) 隋唐两宋时期

隋初,开皇三年(583),朝廷下令州、县官吏检查遗漏的户籍,使大量逃亡的人口成为国家的编户,同时,经济稳定,太原郡人口的密度为 34.99 人/$km^2$,是西晋人口密度的 8 倍多,西河郡的人口密度更高,达 44.26 人/$km^2$。但经过隋末战乱,人口损失惨重,人烟稀少,经济萧条,人口密度减少至并州仅为 9.84 人/$km^2$;唐太宗李世民继位后,采取了“去奢省费、轻徭薄赋、选用廉吏”的方针,大大减轻了人民的负担,全国农业增收,大量流散人员返回故里。唐玄宗开元三年(715),进行租庸调制调整,使丁授田的政策,加速了人口的增长,经济发达,社会稳定,唐王朝进入全盛时代①。此时,太原府的人口密度是 38.21 人/$km^2$,汾州府的人口密度为 63 人/$km^2$。宋朝的建立,为改变五代十国藩镇割据的弊病,将吏治、兵权、财政三项统一到中央政府,因为社会稳定,至大关四年(1110),达到了北宋人口的顶峰②,超出盛唐时的两倍以上,太原府的人口密度高达 75.00 人/$km^2$,而汾州的人口密度有

① 《旧唐书·地理志》统计,开元二十八年(740)全国计户有 8 412 871、人口 48 143 690,较初唐户数增加一倍以上,天宝十三年(754),户数增至 9 619 000,已超出隋盛时的户数。

② 户数为 20 882 258。

所下降,为 39.24 人/$km^2$。金代的人口密度则接近北宋,太原府为 49.54 人/$km^2$,汾州为 84.07 人/$km^2$。总之,该时期的人口密度总体呈现上升趋势(图 2-21)。

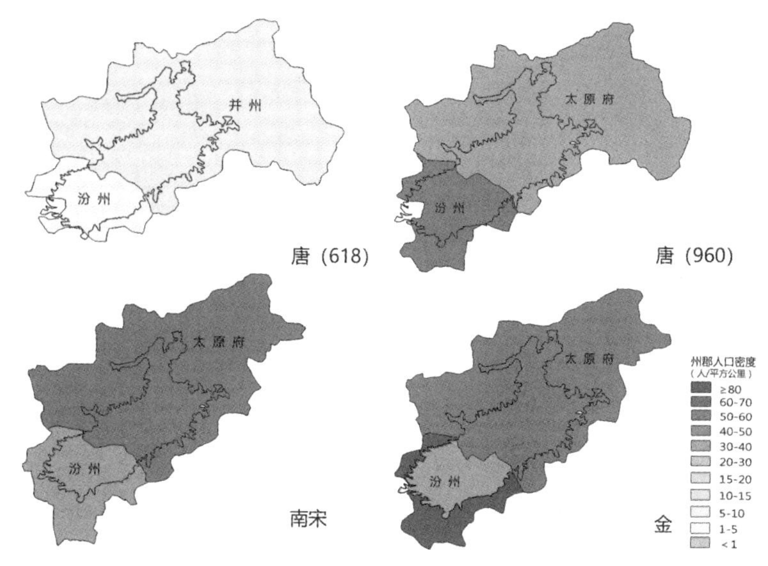


**图 2-21　晋中盆地人口密度图(唐—金)**

资料来源:作者自绘,人口数据根据《山西省历史地图集》《山西历代人口统计》《中国人口史》《隋书·地理志》《旧唐书·地理志》《新唐书·地理志》《金史·地理志》等资料总结

3) 明时期

洪武元年(1368),朱元璋建立明朝,结束了蒙古贵族统治中国的历史,经过长期的战乱,土地荒废,人烟稀疏,朱元璋下令免除三年的徭役或赋税,承认农民的土地所有权,还将闲置的土地分给无地的农民耕种,大量人口回迁,农业经济得到恢复。洪武六年(1373)起,明朝政府在山西地区实行大规模移民政策,将人口稠密的太原府、平阳府、潞州等地的居民外迁,首次移民到朱元璋的故乡安徽凤阳县,后又移民到黄河两岸的河南、河北、山东、江苏、湖北等地。永乐年间(1403—1424),出现经济繁荣、人丁兴旺的景象,山西地区又进行了大规模的移民,将太原府等地的居民数次迁徙,主要移至北京一带。从洪武至永乐年间,移民次数达 13 次。到明代中期,土地兼并现象加重,社会矛盾激烈,自然灾害加重,繁杂的赋税徭役,迫使流民外徙现象增多,晋中盆地人口数量减少。明代晚期,土地兼并使大量农民相继失去土地,加之辽东战事紧急,人民赋役沉重,人口数量明显下降(图 2-22)。

4) 清时期

明崇祯十七年(1644),清朝拥军入关,占领北京。清军沿途烧杀掠夺,迫使百姓流落异处,社会经济遭到严重破坏,至雍正九年(1731),人口密度仍不如明代。

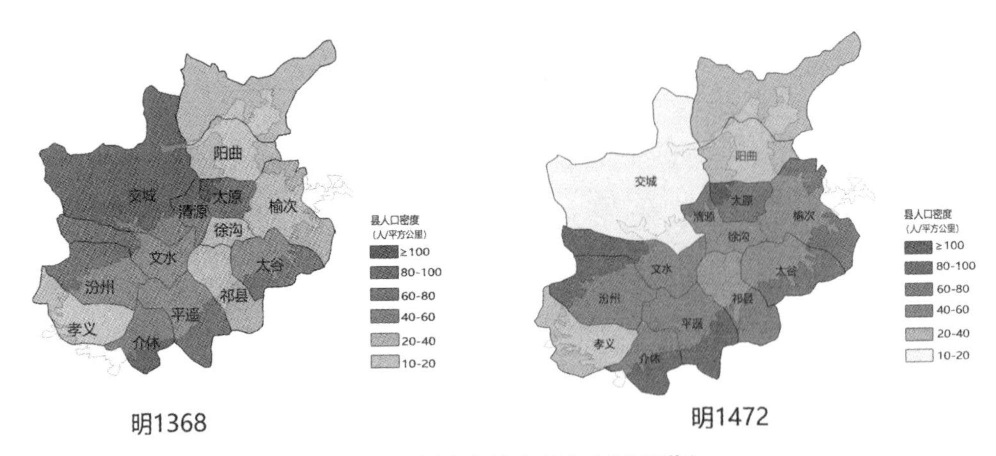


图 2-22　晋中盆地人口密度图(明代)

资料来源:作者自绘,人口数据根据《山西省历史地图集》《山西历代人口统计》《中国人口史》等资料总结

道光二十年(1840),鸦片战争爆发,中国人民陷入双重压迫中。山西地处华北内陆,对外闭塞,到咸丰、同治年间(1851—1874),自然经济遭受破坏,农民人口过剩,出现工矿业和副业人口,城市人口增加。1877 年,山西、陕西、河南一带发生了二百多年未曾发生过的干旱——丁丑大旱,晋中盆地区域受灾严重,人口下降,太原县道光末年人口 224 253 人,光绪九年(1883)降至 189 628 人,降幅达 15.44%。光绪十三年(1887),自然灾害逐渐缓解,灾害造成社会经济萧条,社会动乱,人口仍处于下降状态(图 2-23)。综上所述,虽然由于战争和自然灾害等原因,会使某一时段的人口密度呈下降趋势,但总趋势是人口越来越多,因而对于环境造成的影响会越来越大,从而导致河湖的逐渐减少和消失。河湖减少后,进而会对环境和城市的分布产生影响。

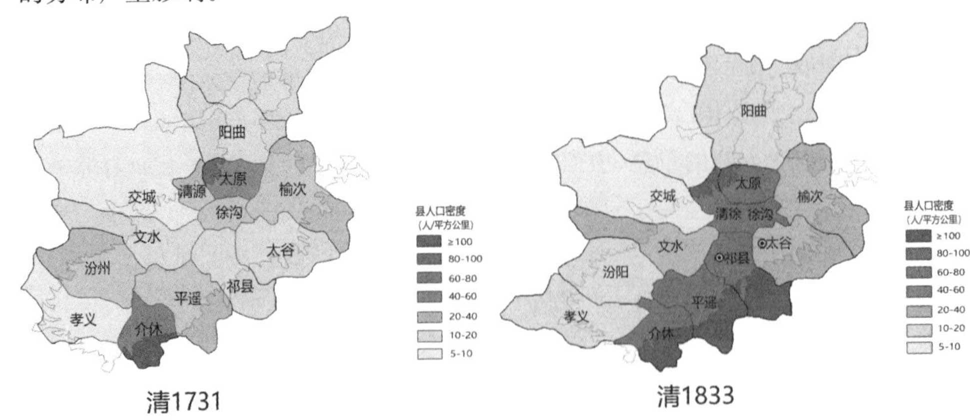


图 2-23　晋中盆地人口密度图(清代)

资料来源:作者自绘,人口数据根据《山西省历史地图集》《山西历代人口统计》《中国人口史》等资料总结

### 2.3.5 明清时期水利的发展

水利的发展是农业和经济发展的基础，晋中盆地区域内灌区的演变，则可反映出农业的发展情况。而农业的发展，则是区域内军事地位和交通发展的物质基础。明清时期晋中盆地内共有 11 个县有水渠灌溉（表 2－7），根据流域范围和上文所分析的水系变迁情况，可将灌溉范围分为三个区域：一是阳曲县周边的阳曲、太原、榆次、徐沟灌区，该灌区的水源主要是汾河、潇河、晋祠泉、嵰峪河和金水河。对于晋祠泉的记载有："太原西南二十里有晋祠，其南有难老、善利二泉，大旱不涸，隆冬不冻，导为晋水，汇为晋泽，乘高而下，分流南北，均注于汾。用溉田畴，为利最大"①，可见晋祠泉在该灌区内发挥重要作用。对于潇河灌溉的记载有："旧渠止溉田三十顷，到万历三十二年增加到二百六十顷有奇"②，明清时期阳曲、太原、榆次、徐沟的灌溉范围均增加。二是文峪河流域灌区，包含的主要城市有文水、汾阳和孝义，灌区内的主要水源是汾河、文峪河和孝河，由上文的分析可知，该灌区最大的特点是受文峪河和汾河频繁改道的影响，但灌溉的范围仍然均有所增加。三是汾河东岸的灌区，包含的主要城市有太谷、祁县、平遥和介休，灌区内的主要水源是汾河、嵰峪河和乌马河。随着明清时期该区域商业的发展、水利投资的增大，虽然整体水量减少，但该灌区是灌溉范围增加最明显的区域。这三个灌区构成了晋中盆地区域内的水利灌溉系统，为农业和社会经济的发展提供保障。

**表 2－7 晋中盆地区域内灌溉范围演变表**

| 主要城市(县) | 主要水源 | 灌溉范围 | | | |
|---|---|---|---|---|---|
| | | 明初 | 明末 | 清初 | 清末 |
| 阳曲 | 汾河 | — | — | 119.4 顷 | 125 顷 |
| 太原 | 汾河<br>晋祠泉 | 40 顷 | — | 132 个村 | 160 个村 |
| 榆次 | 潇河 | 70 顷 | 290 顷 | 947 顷 | 55 个村 |
| 徐沟 | 嵰峪河<br>金水河 | 61 顷 | 225.5 顷 | 96.7 顷 | 19 个村 |
| 文水 | 汾河<br>文峪河 | — | 95 顷 | 45 个村 | — |
| 汾阳 | 汾河<br>文谷河 | 234 顷 | — | 37 个村 | — |

① 郑肇经．中国水利史[M]．北京：商务印书馆，1998：267.

② （明）李景元，（明）樊东谟，（明）李维桢，等．山西通志[M]．山西省地方志办公室，整理．北京：中华书局，2012：543.

续表

| 主要城市 | 主要水源 | 灌溉范围 | | | |
|---|---|---|---|---|---|
| | | 明初 | 明末 | 清初 | 清末 |
| 孝义 | 汾河<br>孝河 | 134 顷 | — | — | 76 个村 |
| 太谷 | 嵝峪河<br>乌马河 | — | 12 顷 | 54 个村 | 50 个村 |
| 祁县 | 汾河 | — | — | 62 个村 | 62 个村 |
| 平遥 | 汾河 | — | 12 顷 | — | 54 个村 |
| 介休 | 汾河 | — | 250 顷 | 244 顷 | 54 个村 |

资料来源：作者根据成化《山西通志》、雍正《山西通志》、光绪《山西通志》等资料整理绘制

## 2.4 不同历史时期的区域军事地位

山西地处中原之北，居黄河中游，东据恒山太行之险，北凭管岑雁门之隘，西有黄河天堑之固，表里山河，称为完固。且北收代马之用，南资盐池之利，因势乘便，可以拊天下之背，而扼其吭也①。太原则位于四塞之中央，他的周边有石岭关、天门关、赤塘关、阴地关、南关、旧关、娘子关、龙山、蒙山、卧虎山等关口和山环绕。大地形、小地形构成层层易守难攻、可进可退的天然屏障。正是由于太原所具有的独特地缘优势和军事战略地位，使得晋中盆地的政治动态和军事得失，都直接关系到中原腹地或京师侧翼的安危与稳定，起着重要的屏障和威慑作用。同时，由于该区域又处于中原农耕文明和北方游牧文明碰撞带和交错带上，其独特的区位特征使其成为两种文化相互碰撞、融合的前沿，亦使其成为我国古代北方重要的区域民族融合中心，进而也强化了其作为中原王朝北部区域政治中心和军事重镇的地位。

在封建社会发展阶段，晋中盆地作为交通要道，成为不同民族、不同政权之间争夺的焦点。在不同的政治军事背景下，晋中盆地地缘作用的重要性也日益凸显，成为中国历代兵家必争之地。每当中原强大统一，晋阳就成为中原王朝的军事重镇和遏制北方民族南下的屏障；当北方少数民族势力壮大、中原王朝分裂之时，晋阳则又成为他们觊觎南侵的重要跳板和中原各方势力角逐的阵地。赵国（战国时期）、北齐、隋、唐乃至后唐、后晋、后汉、北汉等均是在中原动荡之时发兵晋阳夺取天下而定都晋阳。因此，晋阳有长达 200 多年的时间作为历朝都城或别都。晋中盆地从中原斗争时期的“四战之地”到中央王朝分裂时期的“后勤保障基地”，再到

① （清）顾祖禹. 读史方舆纪要（卷 39 山西一）[M]. 贺次君，施和金，点校. 北京：中华书局，2005：1802.

中央王朝重新统一时期，巩固政权的"枢纽"，逐渐发展成为中原与北方少数民族交流的主要节点，并最终发展成为山西省的政治、文化、经济中心。

夏时期(约前 2070—前 1600)，尧的后代丹朱受封于太原，国号唐。商时期(前 1600—前 1046)，唐国为商朝的封国。西周时(前 1046—前 1771)，公元前 1034 年，由于唐国响应叛乱，周成王就派军灭唐国，而后封其弟叔虞于太原地区。公元前 1012 年，唐叔虞子燮父继位，唐国改国号为晋。公元前 964 年，为避免华夏部落北狄和西戎的频繁侵扰，晋国第四代国君晋成侯，将都城由今太原地区南迁至曲沃，文献记载为"唐叔之子燮父改唐为晋，即今之太原市。四世至成侯，南徙曲沃，今山西闻喜县东。又五世至穆侯，复迁于绛，绛即翼"[①]，晋国都城南移之后，公元前 960 年，周穆王将一部分臣服于周王朝的游牧民族部落迁移至太原。之后，游牧民族部落叛乱，周宣王不得不多次派军北伐太原。此时的晋中盆地，是非华夏的游牧民族部落的活动区域，他们与晋国保持着时战时和的关系。到春秋时，晋中盆地仍为晋国疆土。公元前 497 年，赵简子在汾河谷地、晋水北侧创建晋阳城。公元前 496 年，尹铎加固增高晋阳城壁堡，使晋阳成为一座"府库足用，仓廪实"的战略城邑。此时，晋国的四卿赵、韩、魏、智划分势力范围，在晋中盆地内开始大力开垦私田，农业得到快速发展。战国时，晋国四卿中的赵、韩、魏灭掉智氏后，逐渐形成独立国家。赵襄子为赵国的开国之君，把都城建在晋阳，此时整个晋中盆地都是赵国的领土。公元前 403 年，周天子正式封晋大夫魏斯为文侯、赵籍为烈侯、韩虔为景侯，魏、赵、韩正式成为完全独立的诸侯国，史称"三家分晋"。而晋中盆地所在的赵国，经济、军事力量发展迅速，成为战国"七雄"之首。自三家分晋初期，主要是三晋合力对抗列国之间的攻击，这期间，三晋西败秦军，南伐楚师，东破强齐，成为主宰天下的主力。公元前 379 年，魏国内乱，战争主要表现为三晋之间的内战及七雄之间的混战，三晋由强变弱，形成了秦国主宰天下的局面。

### 2.4.1 中原诸侯争斗时期——"四战之地"

中原诸侯争斗时期，主要指秦汉时期(公元前 221 年—公元 220 年)。公元前 221 年，秦吞并六国，统一天下，废除分封制，改为郡县制，分全国为 36 郡，太原郡为其中之一，设郡治在晋阳。建武七年(31)，光武帝刘秀命大将军杜茂"引兵北屯田晋阳、广武，以备胡寇[②]"。此时北方匈奴逐渐强大，中原政权自汉灵帝起，就不断受到塞北游牧民族的侵袭，至魏文帝黄初元年(220)，中原政权对雁门关、隆岭以北地区已完全失去控制，雁门关以北成为塞外各游牧民族争相占领的地方，他们互

① 杨伯峻.春秋左传注[M].北京:中华书局,1981:44.

② 后汉书·杜茂传[M].北京:中华书局,1991.157.

相争夺,战争不断。在此情况下,山西相当于"北方的门户",晋阳便成为中原政权防御塞北游牧民族的最前沿,是攻击游牧民族的基地,也是防御游牧民族的前沿。在面对北方游牧民族袭击时,则是一条重要防御纵深区,当中央王朝面对北方游牧民族侵袭时,有充分的反应和准备时间。这条防御纵深区对中原政权,尤其是中原王朝的政治体制和政府机构运转体制来说是不可缺少的。

秦末汉初,匈奴不断南下骚扰,汉与匈奴经常在山西发生激战。汉高祖六年(前201),汉朝驻马邑(今朔州)大将韩王信投降匈奴,匈奴占领马邑,并越过勾注山(今代县西北太和岭),围攻晋阳。汉高祖七年(前 200),刘邦亲自率军北伐匈奴,在晋阳、离石击败匈奴,后继续向北打败匈奴。晋中盆地是匈奴南下和刘邦反击匈奴的交汇处。东汉初,匈奴势力日渐强盛,不断进犯汉朝的疆土,抄掠并、凉、幽、翼四州,汉顺帝汉安元年(142),南匈奴攻并州,而后,进攻北部九郡。汉王朝派兵征讨,大败匈奴。东汉后叶开始出现了分裂割据,同时北方的匈奴在汉的连续打击下陷于分裂,鲜卑、南匈奴、赤眉军、屠格多次入侵并州。此间在晋中盆地区域发生的战争,以民族矛盾为主要的社会矛盾,发生于此的大规模的战争主要在晋阳,均为攻城战①。关于晋阳战略地位的记载有:"东带名关,北逼强胡,年谷独孰,人庶多资,斯四战之地,攻守之场。"②因而,此时的晋中盆地,可称为"四战之地"。

### 2.4.2 中央王朝分裂时期——后勤保障基地

当中原王朝衰落时(约 220—684),平城(今大同)被北方游牧民族控制,而平城、晋阳一线便成为侵袭中原的必经通道和基地。而晋阳便直接暴露出来,成为抗击游牧民族的最前沿。此时的战场多集中于晋中腹地和汾河中游河床地带,即晋中盆地区域。主要是北方各游牧民族趁中央王朝分裂,开始了对中原的持续、猛烈的侵袭。

北魏建国后,于天兴元年(398)迁都平城。由于平城地区地处塞外,人口稀少,十分荒凉,为把平城建设成为一个真正的繁华都城,北魏统治者在建国前后,相继从新占领的北方地区大规模向以平城为中心的代北地区移民,陆陆续续共移民达 150 万人。大量的移民一方面为建设平城提供了充足的劳动力,但另一方面也使本来就粮食紧张的代北地区更加捉襟见肘。平城地处半沙漠半草原地带,由于自然原因,平城及其周围地区农业生产落后,粮食在风调雨顺之时,尚能勉强自给,而

① 汉高祖七年(前 200),汉军大破匈奴与韩王信联军;建武二年(26),赤眉 20 万攻晋阳;建武二十五年(49),高句丽侵扰太原;延光元年(122),鲜卑攻太原;汉安元年(142),南匈奴攻太原;建宁元年(168),鲜卑攻并州;建宁二年(169)、建宁四年(171)、建宁五年(172)、熹平二年(173)、熹平三年(174)、光和三年(180)、光和四年(181),鲜卑攻并州;中平五年(188),黄巾、屠格胡攻并州。

② 后汉书·冯衍传[M]. 北京:中华书局,1991. 125.

遇到灾害时，粮食供应就严重不足，就不得不依赖河北平原长途转运，或由汾河流域粮食供应，而无论是汾河流域的粮食供应，还是河北平原的长途转运，都和晋中盆地关系密切。太和十九年(495)，孝文帝迁都洛阳，平城改称恒州。随着北魏都城南迁，平城的政治地位逐渐下降，其职能重心也发生了变化，由原来的政治、经济、军事与文化中心转变为以防御北方游牧民族为中心的职能单一的军事重镇。北方疆界基本形成以平城为中心的防御北方游牧民族侵袭的防御态势。在北魏统治者迁都洛阳后，其经济重心也南移至中原，伴随此种情况而来的是以晋阳为中心的晋中盆地的地位下降，和平城一起成为拱卫北魏政权的战略屏障。这一时期可分为两个阶段，第一阶段是北魏统治者迁都洛阳初期，孝文帝迁都是一个过程，并非一蹴而就。在这一时期，晋中盆地一方面成为北魏旧都平城和新都洛阳之间的过渡点，对北魏政权迁都的完成起了重要作用。另一方面，和平城一起防御北方柔然等游牧民族的入侵。第二阶段，是北魏末期六镇之乱时期。北魏末期，北方六大军镇的士兵发生叛乱，在这一时期晋中盆地和平城作为平定叛乱的后勤基地和前线指挥中心，为平定叛乱做出了重要贡献。后平城被六镇叛军攻陷，并将平城毁灭，从此曾作为北魏都城近百年的繁华都城不复存在。

综上，在中央王朝分裂时期，晋中盆地的角色是后勤保障基地。首先，从汾河流域看，晋中盆地位于汾河谷地，是粮食的丰产区，可以在一定程度上支持平城的粮食供应；其次，从晋中盆地所处的汾河流域向平城运粮也是最便捷的一条路，晋阳的地理位置可以保证平城与中原以及其他地区的联系；第三，其地形又可以在安全上给平城足够保障。

### 2.4.3 中央王朝重新统一时期——巩固政权的枢纽

中央王朝重新统一的时期，明代从建国初的明太祖洪武元年(1368)始，经历17朝，至1644年的276年间，山西地区共发生战事184次，与隋唐相比又是多战的时期，山西境内的战争多集中于雁北。最主要的原因在于明代在北方新崛起的游牧族瓦剌、鞑靼部频繁的进攻，山西是明代“九边”中的中坚部位，因此是北方游牧族南进的首选突破口。战争主要是重新统一的强大的中央王朝同北方游牧民族间的争斗。而此时的晋中盆地，便捷的交通使其成为巩固政权的枢纽。这时期山西地区战争的特点：一是明初统一战争中为明与元残余势力的战争，战场遍布省境各地；二是明中叶瓦剌、鞑靼与明军的攻防战，战场在以大同为中心的北部特别是长城一线；三是明末以李自成为首的农民军与明军的攻防战，战场多位于中南部及汾河、桑干河谷道一线。

洪武元年(1368)，太祖命徐达、常遇春率领明军出兵山西，决定自井陉袭击太原，攻克后以太原为中心分南北两路攻打山西各地。此时的晋中盆地是明军进军

路线的枢纽。正统七年(1442),太皇太后死,朝政紊乱,此时,北边瓦剌、鞑靼部势力日渐强大,从正统八年(1443)至隆庆四年(1570),大同被攻打30多次,嘉靖二十年(1541),鞑靼部在攻打大同后南下,太原及太原以南各地都屡遭侵扰。此时的晋中盆地,是瓦剌、鞑靼南下进军路线的重要通道,以太原为起点,分两路南下,一路沿太谷、祁县至沁县、长治;另一路沿清徐、交城、文水、汾阳、孝义后继续南至霍州、洪洞,再由长治继续北上返回晋中盆地。明崇祯十七年(1644),农民军领袖李自成在西安建国,后率主力军由西安出发,进军山西,目的是攻取北京。李自成在山西的进军路线分为两路:一路是占领芮城后,沿黄河北岸向东进军至平陆、垣曲,而后出山西进入河南;另一路则是北上至介休后进入晋中盆地,在晋中盆地分为东西两路至太原。在太原府休整后,继续分北、东两路进入河北。李自成在山西境内的进军线路,同样是以晋中盆地作为中转和枢纽。

清代山西的战事较少,但同样体现晋中盆地的枢纽作用。其中,交山农民起义持续时间较长;李自成农民起义军自北京撤退时路过山西;清道光年间爆发了曹顺农民起义。天启六年(1626),交山农民起义爆发,又称吕梁山农民起义,顺治十六年(1659),交山农民军从交城进入晋中盆地,占领整个晋中盆地,而后被清军将领博洛击败。顺治元年(1644),李自成从北京撤退,撤退路线是从井陉进山西,经寿阳到达太原府,在太原府休整后继续分两路南下,而后因错杀李岩,迅速退出山西。道光十五年(1835),曹顺领导的先天教在赵城县起义,占领赵城后,接着攻打洪洞、霍州,后北上至晋中盆地。山西巡抚从各地调军镇压。顺治五年(1648),大同总兵官姜瓖反清,从大同起兵,一路南下经晋中盆地至平阳府。此时,清政府极其重视,派重兵驻守太原,又南下收复山西南部各县。晋中盆地是清军驻守和休整的中转地带。综上所述,当中原王朝重新统一而强盛时,晋中盆地作为巩固政权的枢纽区域,也是所有山西进军路线的必经之处。

## 2.5 不同历史时期的区域交通发展

### 2.5.1 先秦至秦汉交通格局

晋中盆地先秦时期的交通格局由自然地理决定,道路沿山分为东西两条,贯穿盆地南北(图2-24)。夏商两代,山西汾河流域是华夏族重要的活动地区之一,殷都安阳,殷人经常涉足今晋东南。商末,政权衰落,游牧部落纷纷南逼,活动于山西中部,即晋中盆地区域,促进了该地区的交通发展。春秋时期,是晋中盆地交通发展的主要时期,晋文公在位时,大力开发交通,成就霸业,最显著的开发就是南部太行山一线的交通。春秋后期,晋国的势力即今天的晋中。晋顷公时在今晋中耿阳、马首、祁、邬、盂、涂水、平陵等县，沿途建道，便于联系和统治。战国时期形成了东西要道，以晋中盆地的晋阳为中心，往西南经今清徐、交城、文水、汾阳、离石，后通往陕西；往东经魏榆（今榆次市）、马首（今山西寿阳县马首乡），后出井陉寨通往河北；往北至盂（今阳曲县大盂镇）、代（今山西代县）。魏榆（今榆次）是东西要道和南北要道的枢纽，往南贯穿阳邑（今太谷东）、祁县、中都（今平遥南）、邬县、介休等地南下至黄河道。虽然有山岭的阻隔，但形成以晋阳（今太原南）、魏榆（今榆次）为枢纽的交通格局。

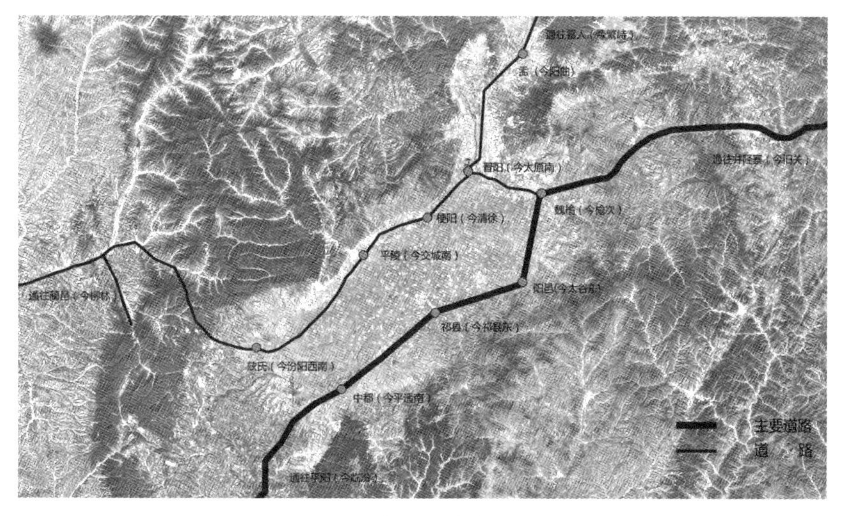


**图 2－24　晋中盆地先秦时期交通图**

资料来源：作者以 BIGEMAP 作为资源，根据《山西省历史地图集》《山西公路交通史》《山西交通史》等相关资料整理绘制

公元前 220 年，即秦始皇统一六国后的第二年，下令以咸阳为中心，修筑通往全国各地的“驰道”，这是中国历史上最早的国道——皇帝的专用车道。其中一条驰道过黄河通山西，即太原郡至京城咸阳，该驰道贯穿晋中盆地南北。秦初，因防御匈奴的需要，修筑了两条由内地通往北疆的交通干线，从今永济西渡河，经临汾、途经晋中盆地区域，经晋阳（今太原南）北通今内蒙古自治区大黑河一带。西汉初年，为防御匈奴南下，山西北部地区的交通得以开发。自晋阳经石岭关、雁门关至大同。东汉时，由今太原循汾水谷地而下，是此时山西的交通干线。据《后汉书·南匈奴传》记载，匈奴多次南下至河东、河西，危及洛阳，而匈奴之所以能顺利进入东汉腹地，是该条干道为其提供了方便①。当时沿汾河两岸，分布着近二十座县邑（晋中盆地区域内），聚集了大部分的人口，不论是师旅往来，还是盐铁转运，都经过

① 后汉书·南匈奴传[M]. 北京：中华书局，1991：642.

这里。由太原至上党(今长治),也有两条大道相通,即太原—榆次—太谷(祁县)—榆社—武乡—襄垣—上党(图 2-25)。

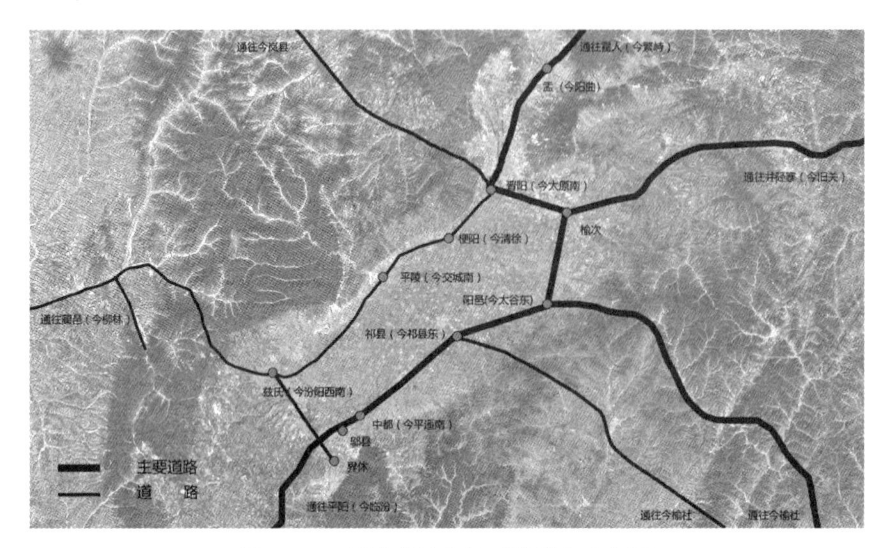


**图 2-25　晋中盆地秦汉时期道路交通图**

资料来源:作者以 BIGEMAP 作为资源,根据《山西省历史地图集》《山西公路交通史》《山西交通史》等相关资料整理绘制

## 2.5.2　北朝丝绸之路上的晋中盆地

北朝时期,晋中盆地区域内的晋阳和榆次,仍是道路的枢纽,也成为贸易交流的中心区域(图 2-26)。其中,东魏至北齐时期,虽然邺城是名义上的都城,但由于高氏政权的主要活动都在晋阳,因此晋阳在该时期发挥实际的都城的作用,是整个中国北方的枢纽,作为中原最北边的战略重镇,成为中原和西域各国的主要交流地,也促进了经济和贸易的发展。而经济和贸易的主要内容,是来自往来的丝绸之路。在北魏迁都平城后,晋中盆地又是中原和代北地区之间的必经之路,平城和晋阳同时成为北朝时期的贸易中心。皇帝南巡中原,几次经过晋中盆地,这一时期,晋中盆地的交通格局在政权的推动下继续得以完善。南北方向两条要道,分别是沿吕梁山脉的道路(经今交城、文水、汾阳)和沿太行山脉的主要道路(经今榆次、太谷、祁县、平遥、介休)。贯穿东西方向的两条道路分别是以阳邑(今太谷)和祁县为起点,南下分别至今榆社和长治的两条道路。因此,南北朝时期,由于地处西域与中原的交通要道,商品流通十分频繁,该区域南北连接新都洛阳和旧都平城,西域商人通过内蒙古将商品运至平城,再南下晋阳,同样,中原的物产也通过晋阳,北上至平城、内蒙古而通向西域诸国;而东西则连通邺城和长安等重要城市,通过长安

通向西域诸国，从南北、东西两个方向来看晋阳都是重要贸易集散地。

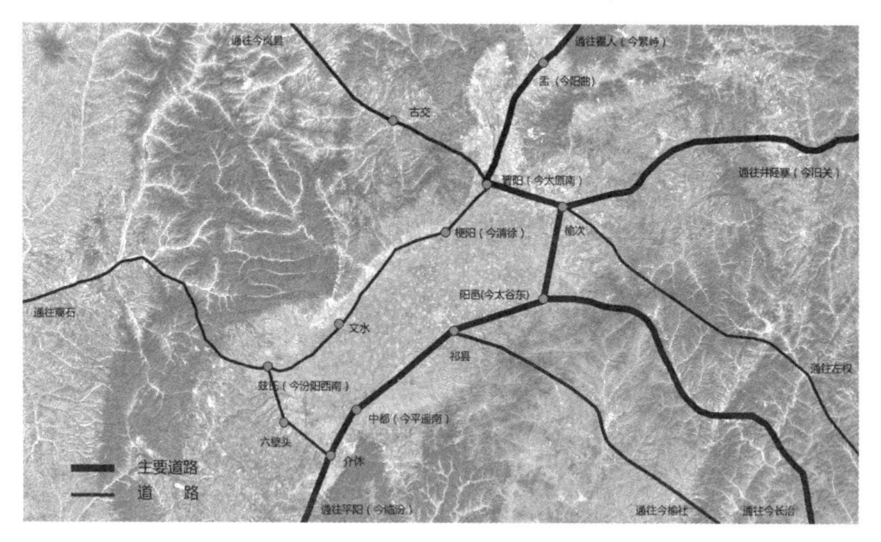


**图 2－26 晋中盆地南北朝时期道路交通图**

资料来源：作者以 BIGEMAP 作为资源，根据《山西省历史地图集》《山西公路交通史》《山西交通史》等相关资料整理绘制

### 2.5.3 隋唐五代至元：驿站的兴起

隋唐五代时期，晋阳为当时的一大都市，是南来北往的要枢。唐代的河东道基本上就相当于现在的山西省，当时太原有北都之制，政治地位十分重要，河东道的驿道在全国的交通网上也有重要的地位。此外，唐制规定，在交通枢纽之处为关。因此，由晋阳北上有雁门关、天门关和石岭关，由太谷至长治有石会关。此时，由长安到河东道的驿道为长安—同州—河中府—绛州—晋州—汾州—太原府—忻州—代州—朔州—云州—清塞城—天成军。该驿道是唐帝国的重要驿道之一，在晋中盆地内贯穿南北，途径的城市有今孝义、汾阳、文水、交城、太原；另一条重要驿道是洛阳—太行陉—泽州—长平关—潞州—石会关—太谷—太原，该驿道在晋中盆地区域连通太谷和太原。还有一些驿道，作为主驿道的分支，在晋中盆地内的驿道有太原—榆次—寿阳—井陉关—恒州（图 2－27）。五代时期历时短暂，其中的唐、晋、汉皆由晋阳起家，凭借南下便利的交通，称雄一时。而北宋初的宋辽战争使山西北部的道路得到开拓和整修，不仅要抵御北面的辽军，还要应付西面的西夏，在黄河西岸的府州和麟州驻扎重兵，这就形成了河东和河西之间运送军粮的粮道：隰州—永和关、石楼—清涧城、石州—定胡—绥德军、太原—岢岚—合和—麟州、太原—宪州—岢岚州—保德军—府州。辽之后与北宋南北对峙的是金政权。金人在宣和年

间开始南下攻宋，很快就占领了朔州、代州、忻州，直逼太原。由太原南经祁县团柏镇入隆州谷，是两军争战的主要军事通道。宋靖康初年，金兵就是由太原发兵，沿着这一南北要道至中原，灭北宋。

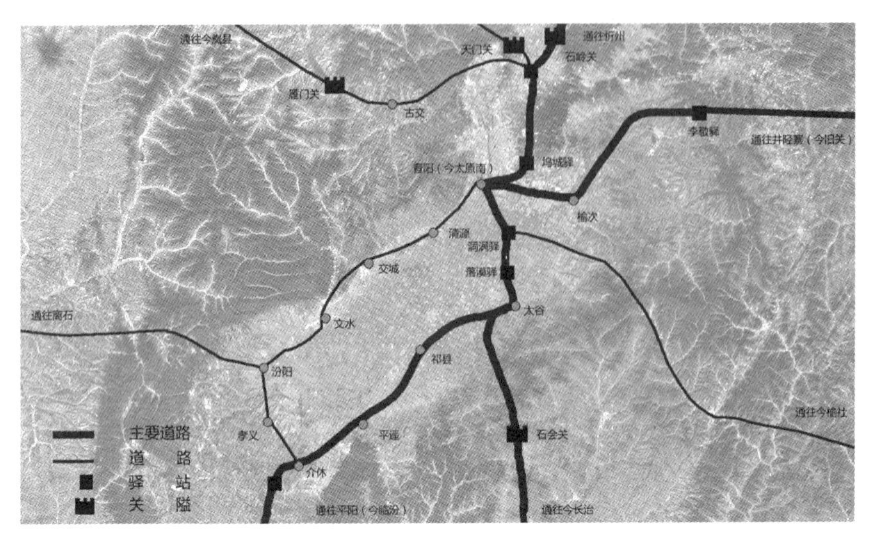


**图 2-27　晋中盆地隋唐时期道路交通与驿站分布示意图**

资料来源：作者以 BIGEMAP 作为资源，根据《山西省历史地图集》《山西公路交通史》《山西交通史》等相关资料整理绘制

元代以前，驿站除了是国家物资运输的停靠站之外，也为商队、船队的中转提供休息场所。隋唐五代时期，晋中盆地区域内的驿站只有天门关至石会关之间，在太谷至晋阳之间有落漠驿、洞涡驿，在晋阳以北至天门关有邬城驿。该时期有记载的只有这三个驿站。宋金时期，在晋中盆地区域内，没有增设新的驿站。元代在全国建立了完善的驿站制度，从各个驿站马匹的数量可以看出规模的大小及所联系驿道的重要程度。在晋中盆地区域内，向北方向通往今朔州、大同的西凌井驿、成晋驿等，马匹数都有五六十匹。从晋中盆地出发，往东南方向潞州、泽州的沿路，设站不多，马匹仅有10匹左右，可见元代由太原东南通往今长治、晋城的交通发展相对缓慢。而往南方向晋州、绛州、解州的沿路，设站密集，说明由太原通往今临汾、侯马的交通相对发达。而在晋中盆地区域内，总共有 5 个驿站，分别是太原附近的临汾驿；太原至介休沿途的同戈驿、贾令驿、洪善驿；太原至榆次沿途的鸣谦驿(图 2-28)。

### 2.5.4　明清时期晋商商路与票号的兴起

明代，形成以北京为中心的全国性干线道路，山西的交通路线已基本上形成一个完整的网络(图 2-29)，以今太原为中心，几条重要的交通干道辐射各地，有今太

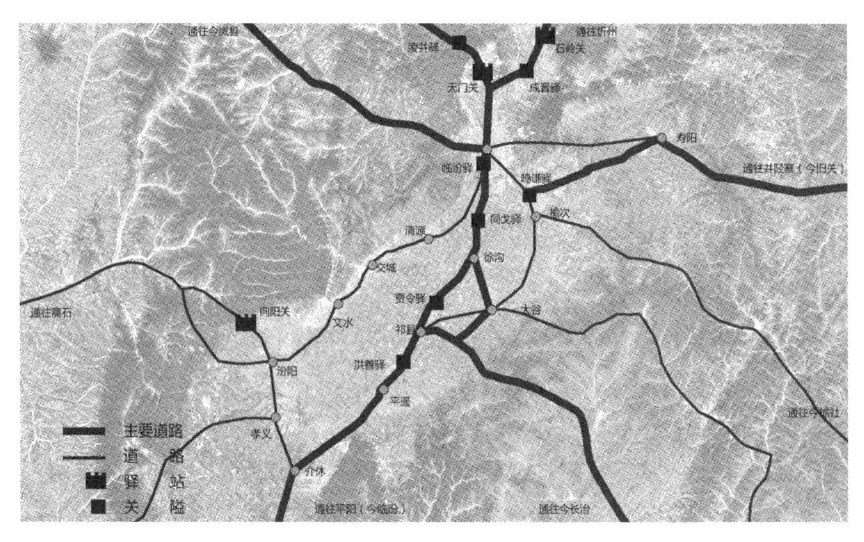


**图 2－28 晋中盆地元代道路交通与驿站分布图**

资料来源：作者以 BIGEMAP 作为资源，根据《山西省历史地图集》《元一统志》《元史》《山西公路交通史》《山西交通史》等资料整理绘制

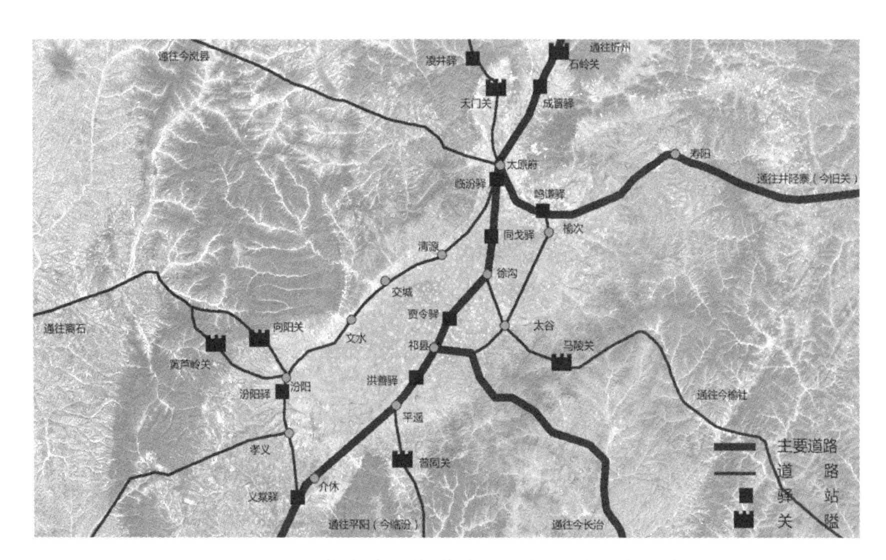


**图 2－29 晋中盆地明代道路交通与驿站分布示意图**

资料来源：作者以 BIGEMAP 作为资源，根据《山西省历史地图集》《明史》《明实录》《天下水陆路程》《山西公路交通史》《山西交通史》等资料总结绘制

原往北方向至河北蔚州的干道，该干道经阳曲的成晋驿后出石岭关；有太原向西北方向至保德的路线，出天门关经阳曲的凌井驿；有太原向西南至汾州，至平阳府的路线，途经晋中盆地内的徐沟同戈驿、祁县贾令驿、平遥洪善驿、汾州汾阳驿、介休

义棠驿[1]。从太原西南至蒲州、东南至泽州，是两条南下的干道，这两条干道的分道处在今祁县。说明当时祁县是一个重要的道路交通节点。

清朝初年的“走西口”是较大规模的民间移民运动，也是晋中商业兴盛的起点。晋中盆地区域内主要有平遥、祁县、太谷，地狭人稠，不得不迫使大量人口到外谋生，根据《太谷县志》的记载，“耕种之外，咸善谋生，跋涉数千里率以为常”[2]。其次是与俄罗斯的贸易。康熙二十八年(1689)《尼布楚条约》规定中俄两国人民可以过界来往，开展互市，这就打开了中俄两国边境贸易的大门。清代，山西的主要道路基本上与明代相同。清代中后期，将驿道划分为官路、支路和小路，成为我国古代道路交通发展的鼎盛期(图 2-30)。官路、支路所经之处的节点均为城市。由河北井陉进入山西，经平定州(今阳泉)、寿阳、榆次、徐沟、祁县、平遥、介休等至霍州出山西进入陕西，这也是清代由北京通往陕、甘、新疆的干道[3]。该干道也是晋中盆地境内南北交通主干道。由太原北经石岭关、忻州、代州、大同等地入居庸关，是山西通北京的要道；由太原经徐沟、祁县东，南经沁州、屯留、高平至泽州，是山西东南进入河南的一条通道，这条路线也是清代商人从湖北经河南进入山西北上大同、恰克图运输茶叶等商品的通道，其重要程度仅次于太原西南贯穿晋中盆地南北，经平

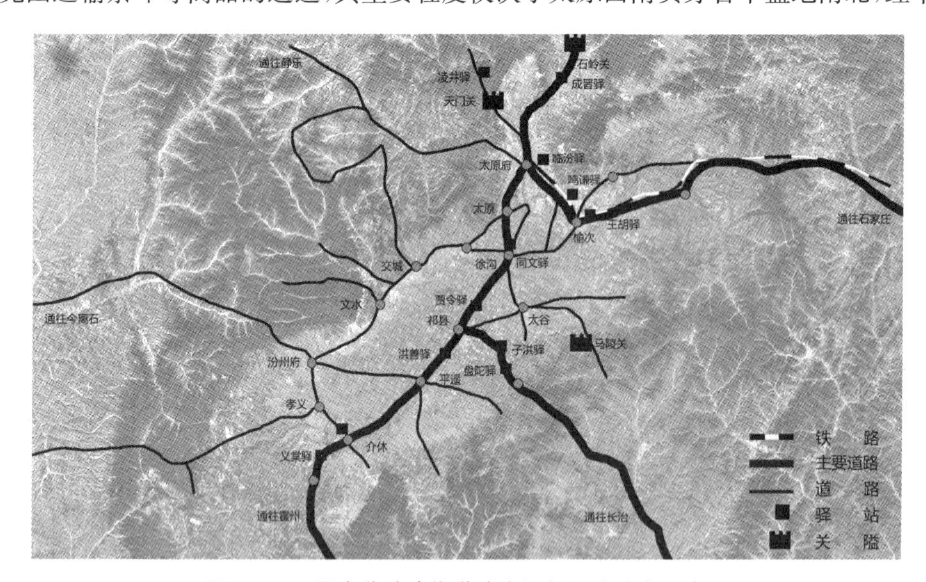


图 2-30　晋中盆地清代道路交通与驿站分布示意图

资料来源：作者以 BIGEMAP 作为资源，根据《山西省历史地图集》《清史稿》《山西公路交通史》《山西交通史》等资料总结绘制

---

① (明)黄卞. 天下水陆路程[M]. 北京：中华书局，1985：178.

② 太谷县志编纂委员会. 太谷县志[M]. 太原：山西人民出版社，1993：77.

③ 祁韵士. 万里行程记[M]. 太原：山西人民出版社，1992：193.

阳、霍州至西安的西南干线。另外，由太原经交城、文水、汾阳、永宁州、军渡至陕西，是另一条贯穿晋中盆地南北的道路，也较为重要。

晋商是明清时期称雄国内外商界500余年的一大商业集团，入清以后，国家的统一、政局的相对稳定和清前期水陆驿站干道的不断拓展，为山西商人遍及全国的商业活动提供了有利的交通条件和社会环境。以晋中盆地为中心，南下开封、郑州，经汉口抵广州、香港；北经忻州、大同前往宁夏；北过京津，经张家口去库伦、齐齐哈尔；西经西安，沿河西走廊，穿过南北疆前往中亚、欧洲；东经锦州，过营口抵达朝鲜等数条重要商路。而铁路的发展也同样促进了商业的繁荣，山西境内的首条铁路是正太铁路，它由石家庄出发，过娘子关，途经阳泉、寿阳、榆次站，终点至太原。在晋中盆地区域内的站点是太原和榆次。1897年6月山西巡抚胡聘之为筹办山西矿务，上奏建议修建铁路，称“晋省煤铁各矿，运道阻滞，必须兴办铁路，方能畅销”[①]。后向华俄道胜银行借款筑路，并于1904年5月动工兴建，1907年10月正式运营通车。商业的发展促使票号的产生，票号是我国封建社会末期重要的信用机构，产生于道光初年。由于它适应了商品经济的发展。至道光末年，已由日升昌1家发展到11家。到光绪甲午、庚子以后，票号达到极盛，发展到28家，除晋中盆地内的城市外，同时在国内设立分号的城市，增加到80多个，出现了汇通天下的局面。因此，得益于明清时期的交通发展，促进了晋商商路的发展和票号的兴起。

## 2.6 晋中盆地区域发展对城市变迁特征产生影响

### 2.6.1 水系变迁对城市密度及分布的影响

1) 晋中盆地明清时期城市水旱灾害对城市分布的影响

湖泊多位于河流和干流的交汇处，具有调节水文的作用。在夏季雨水集中的季节，接纳雨水和山洪；在干旱的时候，湖泊的水源用于灌溉农田和调节河水的流量。明清时，由于人类农业活动增多，如毁林开荒、变牧为耕、盲目围湖造田，而导致水土流失、泥沙淤积，使得大湖彻底消失和山地植被破坏严重，当夏季山洪暴发时，洪水和泥沙同时一涌而下，洪水漫出河床，导致洪灾。据《山西通志(第十卷)·水利志》记载，自明洪武十四年(1381)至1949年的568年间，全省大的和较大的洪水灾害共发生364次，平均1.5年发生一次[②]。可见洪水的发生十分频繁(表2-8)。从明永乐十二年(1414)八月至民国二十八年(1939)六月，山西省大范围历史大洪

---

① 中华书局.清实录·德宗景皇帝实录(卷406)[M].北京：中华书局，2008：602.

② 山西省史志研究院.山西通志(第十卷)·水利志[M].北京：中华书局，1999：109.

水共发生 63 次[①]。其中汾河流域发生 35 次，所占比例为 55.6%。汾河中游 11 次，上中游 3 次，中下游 12 次，合计 26 次，其中中游发生洪水的次数，占流域总数的比例为 74.3%。由此可见，汾河流域的中游段，是洪灾发生最频繁的地区[②]。而受灾的范围又恰在昭余祁、文湖、洞过泽旧地[③]。说明水文的改变，是引发洪灾的最主要原因之一。

**表 2-8　明清时期晋中盆地城市特大水灾统计表**

| 序号 | 年度 | 受灾城市 | 灾情概述 |
| --- | --- | --- | --- |
| 1 | 洪武四年(1371) | 太原 | 汾河水涨，淹没平晋县城(平晋县城遗址在古晋阳城南) |
| 2 | 永乐七年(1409) | 太原、徐沟 | 东山洪水涨，夜入太原城东门，居民淹死者众多；金水河、象峪河水涨，夜入徐沟县城南门，人畜死者众多 |
| 3 | 宣德八年(1433) | 徐沟 | 金水河泛涨，夜半入徐沟县东门，庙宇、民舍淹没 |
| 4 | 弘治十四年(1501) | 太原 | 大雨，汾水溢涨，水位高 4 丈多 |
| 5 | 嘉靖二十三年(1544) | 汾阳、孝义、文水、榆次 | 汾河水溢坏城，大水伤稼，坏官舍民庐 |
| 6 | 嘉靖三十五年(1556) | 平遥 | 大水，溺死 1000 人 |
| 7 | 万历三年(1575) | 汾阳、太原 | 大水河溢，损堤百丈，漂没人物，坏城垣庐舍千余 |
| 8 | 万历三十二年(1604) | 平遥、介休、文水、孝义、太原 | 汾河水泛滥，入城坏舍，伤人甚众 |
| 9 | 万历三十三年(1605) | 徐沟 | 象峪河水骤涨，将南关堤堰冲塌，水深丈余，知县柳芳申修堤堰百有余丈 |
| 10 | 万历三十五年(1607) | 徐沟 | 大水冲入南关城，平地水深丈余 |
| 11 | 万历四十二年(1614) | 汾阳、交城 | 大水，交城斗米银五分。连日暴雨，河水横溢，田庐漂没 |
| 12 | 崇祯四年(1631) | 介休 | 淫雨数月，东面砖城之半及内附土垣四面凡数十处崩 |
| 13 | 顺治五年(1648) | 太原、文水、祁县 | 七月汾水涨，两岸树梢皆没。淫雨两月余，河溢数丈，民屋多塌 |
| 14 | 顺治九年(1652) | 平遥、祁县、太谷、介休 | 六月淫雨四十余日，水溢民舍，倾毁殆尽 |

① 杨致强.山西省暴雨洪水规律研究[M].太原：山西人民出版社，1996：3.
② 孟万忠.历史时期汾河中游河湖变迁研究[D].西安：陕西师范大学，2011.
③ 张慧芝.明清时期汾河流域经济发展与环境变迁研究[D].西安：陕西师范大学，2005.

续表

| 序号 | 年度 | 受灾城市 | 灾情概述 |
| --- | --- | --- | --- |
| 15 | 顺治十年(1653) | 平遥、太谷、汾阳 | 大水浮涨,禾稼淹没殆尽 |
| 16 | 清顺治十一年(1654) | 汾阳、平遥、介休 | 七月汾州汾河西移二十里。平遥大水浮涨,禾稼淹没殆尽,斗米贵至银五钱,民大饥 |
| 17 | 顺治十六年(1659) | 太原 | 大水河溢,坏城没禾 |
| 18 | 顺治十七年(1660) | 清源 | 洪水,冲坏城北门楼 |
| 19 | 康熙元年(1662) | 太原、徐沟、文水、清源 | 五月淫雨,没农田无数。汾水泛涨,太原等二十多个州县水灾,城垣半倾,庐舍多坏 |
| 20 | 康熙三十年(1691) | 太原、徐沟、清源 | 洞涡水(今潇河)、象峪河、金水河同时涨发 |
| 21 | 康熙三十年(1691) | 介休 | 秋淫雨,东城崩三十余丈,知县王埴修筑 |
| 22 | 康熙三十一年(1692) | 太原、徐沟、清源 | 洞涡水(今潇河)、象峪河、金水河再次涨发 |
| 23 | 康熙四十七年(1708) | 清源 | 洪灾,大水冲毁县城南关城西门 |
| 24 | 乾隆二十一年(1756) | 汾阳 | 秋雨四旬,房屋倾坏甚多 |
| 25 | 乾隆二十二年(1757) | 介休、汾阳 | 介休,七月淫雨,汾河溢;汾阳,因水灾邻汾居民照例缓征。因连年雨涝,大饥。民食树皮草根,饿死流散者无数 |
| 26 | 乾隆二十六年(1761) | 平遥、介休、太谷 | 平遥,六月汾西决口,民众多受水灾 |
| 27 | 嘉庆元年(1796) | 太原 | 阴雨连续十几天,太原府城内鼓楼倒塌 |
| 28 | 清嘉庆十七年(1812) | 太原 | 东山洪水暴发,大南门一带的繁华商铺被水一冲而光 |
| 29 | 嘉庆二十年(1815) | 太原 | 东山南、北沙河洪水浪高十余丈,省城东关南街被水冲毁。之后,洪水西流,大南关一带被水冲淹 |
| 30 | 道光二十一年(1841) | 文水 | 文水,河溢决堤伤庄稼 |
| 31 | 道光二十九年(1849) | 清源、徐沟 | 象峪河、洞涡水大涨,水深数尺 |
| 32 | 咸丰七年(1857) | 清源 | 大雨,白石河冲破西关堰,直啮西门,水不没闸板者寸许,城中鸣钲号救,顷刻水缩,城赖以全。是岁复修瓮城、石坝 |
| 33 | 同治元年(1862) | 徐沟 | 河水涨发,浸塌西北城垣数丈或数十丈不等 |
| 34 | 同治七年(1868) | 孝义、汾阳 | 汾阳,五月大雨,人有淹死者 |
| 35 | 同治十年(1871) | 文水、平遥、汾阳、孝义 | 汾河水涨。孝义,柳堰决,漫城关尤甚。汾阳,文峪河决,东南河头堰决。平遥大水 |

续表

| 序号 | 年度 | 受灾城市 | 灾情概述 |
| --- | --- | --- | --- |
| 36 | 同治十年(1871) | 徐沟 | 徐沟县水灾,潇河(洞涡水)改道,经徐沟县龙家营南折而行,又经云支、孟封等村,潇河历史上规模最大的改道,至此,潇河全长170余公里,其中加长40公里,流域范围扩大近1倍 |
| 37 | 光绪四年(1878) | 介休、平遥 | 介休大水,平遥大水 |
| 38 | 光绪六年(1880) | 文水、太原 | 阴雨连旬,文峪河暴涨,坏河坝 |
| 39 | 光绪七年(1881) | 太原 | 城西城墙倾坏,文庙和满洲城被淹,水灾后将文庙由府治西移至城东南隅的原崇善寺废墟上重建 |
| 40 | 光绪八年(1882) | 太原 | 太原府城遭水灾 |

资料来源:作者根据《山西通志(第十卷)·水利志》第108-123页、《太原市志第八册》第69-110页、《晋中市志第一册》第9-10页、《清徐古方志五种》第65、162页整理绘制

由表2-9可见,清代的特大水灾频率是0.12次/年,高于明代特大水灾频率0.046次/年,说明城市水灾的频率越来越高,明清时期人口的剧增,加重了资源和环境的压力,因而环境急剧改变,以灾难的形式反馈给城市。明清时期,水灾次数总量最多的城市,除太原外,是清源、徐沟、平遥、汾阳、文水、介休等(表2-10)。这与水文改道的特点相符合,清源位于洞过水和汾水的交汇处,汾阳位于文湖旁,文水位于文水北边入汾口,而介休则是文水与汾水南边的交汇处。这也说明城市的水灾难,与河湖的变迁有密切关系。水文的减少,同样会引发旱灾,而干旱,更能造成水资源的严重匮乏,使旱灾发生的频率加快。由表2-11可见,发生旱灾的频率从明清之前的0.004次/年上升到明代的0.036次/年,清代的旱灾频率为0.033次/年(表2-12),高于明代。而发生旱灾的城市分布同样是集中在河流的交汇处,与发生水灾的城市分布格局基本一致(表2-13)。

**表2-9 明清时期晋中盆地城市特大水灾频率统计表**

| 朝代(年度) | 时间段 | 水灾次数 | 水灾频率(次/年) |
| --- | --- | --- | --- |
| 明(1371—1631) | 260年 | 12 | 0.046 |
| 清(1648—1882) | 234年 | 28 | 0.120 |

资料来源:作者自绘

**表2-10 明清时期汾河中游(晋中盆地)城市水灾记录表** 单位:次数

| 朝代 | 太原 | 榆次 | 清源 | 徐沟 | 太谷 | 祁县 | 平遥 | 介休 | 孝义 | 汾阳 | 文水 | 交城 |
| --- | --- | --- | --- | --- | --- | --- | --- | --- | --- | --- | --- | --- |
| 明 | 5 | 1 | — | 4 | — | — | 2 | 2 | 2 | 3 | 2 | 1 |
| 清 | 11 | — | 7 | 6 | 3 | 2 | 5 | 6 | 2 | 5 | 4 | 1 |

资料来源:作者自绘

表 2-11 晋中盆地旱灾统计表

| 序号 | 年度 | 受灾城市 |
|---|---|---|
| 1 | 永初三年(109) | 太原 |
| 2 | 永初五年(111) | 太原 |
| 3 | 天平四年(537) | 太原、汾阳、文水 |
| 4 | 崇庆元年(1212) | 太谷 |
| 5 | 至正二年(1342) | 太原 |
| 6 | 嘉靖十三年(1534) | 交城、文水、榆次 |
| 7 | 嘉靖三十九年(1560) | 文水、交城、太原、榆次、太谷 |
| 8 | 嘉靖四十年(1561) | 太原、徐沟、榆次、祁县 |
| 9 | 万历十四年(1586) | 交城、文水、孝义、汾阳、徐沟、太原、榆次、太谷、祁县、平遥、介休 |
| 10 | 万历十五年(1587) | 交城、文水、徐沟、太原 |
| 11 | 万历二十九年(1601) | 汾阳、孝义、文水、太原、徐沟、清源、榆次 |
| 12 | 万历三十八年(1610) | 汾阳、太原、平遥、介休 |
| 13 | 崇祯十一年(1638) | 文水 |
| 14 | 崇祯十三年(1640) | 交城、文水、孝义、徐沟、太谷、平遥 |
| 15 | 崇祯十四年(1641) | 汾阳、文水、太原、榆次、太谷 |
| 16 | 康熙三十年(1691) | 介休 |
| 17 | 康熙三十六年(1697) | 汾阳、孝义、文水、介休 |
| 18 | 康熙五十九年(1720) | 交城、孝义、汾阳、榆次、介休 |
| 19 | 康熙六十年(1721) | 汾阳、孝义、太谷、榆次、介休 |
| 20 | 乾隆二十四年(1759) | 交城、孝义、太原、介休 |
| 21 | 清光绪三年(1877) | 汾阳、文水、孝义、太原、徐沟、榆次、平遥、太谷、祁县 |
| 22 | 光绪二十六年(1900) | 太原、榆次、祁县 |

资料来源:作者根据《山西通志第十卷水利志》第 87-107 页、《山西水旱灾害》第 315-322 页整理绘制

表 2-12 历史时期晋中盆地城市旱灾频率表

| 朝代(年度) | 时间段(年) | 旱灾(次数) | 旱灾频率(次/年) |
|---|---|---|---|
| 明清前(109—1342) | 1233 | 5 | 0.004 |
| 明代(1368—1644) | 276 | 10 | 0.036 |
| 清代(1691—1900) | 209 | 7 | 0.033 |

资料来源:作者自绘

**表 2-13　历史时期汾河中游(晋中盆地)城市旱灾记录表**　　单位:次数

| 朝代 | 太原 | 榆次 | 清源 | 徐沟 | 太谷 | 祁县 | 平遥 | 介休 | 孝义 | 汾阳 | 文水 | 交城 |
|---|---|---|---|---|---|---|---|---|---|---|---|---|
| 明清前 | 4 | — | — | — | 1 | — | — | — | — | 1 | 1 | — |
| 明 | 7 | 6 | 1 | 5 | 5 | 2 | 3 | 1 | 3 | 4 | 8 | 5 |
| 清 | 3 | 4 | — | 1 | 2 | 2 | 1 | 5 | 5 | 4 | 2 | 2 |

资料来源:作者自绘

水文的减少或者消失,还会直接导致水生的动物、植物栖息之地的减少或者消失,而影响生物的多样性。《读史方舆纪要》中提到:晋泽中有鲤鱼、鳅、鳝、鳖、虾、稣、蚌等丰富的水产,还栖息着天鹅、野鸭、鸳鸯、青鹤、红鹤、鸳鸯、鸿鹅、鱼虎、鹊鸽、鹤等众多的珍禽异鸟①。方志中还有居民捕食水生动物的记录:“菱芡蒲鱼之饶”“穷民纲罟,以资鲜食”②。湖泊中的植物和鱼类,也是附近居民日常生活的重要资源。湖水的消失,使得附近居民失去重要的生活资源。水文的变化导致环境的改变,而环境的改变最终以灾难的形式反馈给城市,并使得灾难的程度进一步加重,这一切后果,都会反映到城市建设中,在城市建设的不断摸索中,会对各类灾难设计出相应的策略,最终回归到城市的变迁,这是本研究最终的目的。

2) 水系变迁对城市密度的影响

晋中盆地城市的数量、空间分布和密度的变化并不是很大,城市结构变迁与晋中盆地区域内的水系结构的变化相对应,随着大湖“昭余祁”的消失和南北主要支流汾水的淤塞和改道,整个区域城市布局由环状逐渐呈现线状结构。晋中盆地城市的分布格局变化过程为一环——两环——一环两线。一环:先秦时期的古城和遗址主要沿晋中盆地中间的“昭余祁”分布,湖四周遗存有大量的遗址。两环:随着湖水渐渐的淤塞和干涸,晋中盆地区域内的城市沿残余的湖水和汾水支流分布,北边是汾水与洞过水(今潇河)交汇处形成一环;南部为残存湖水——文湖和坞城泊而形成另一环。一环两线:明代开始,随着汾水的改道,晋中盆地主要城市沿南北向形成两条线,西线是沿文水的城市带,东线是沿汾水的城市带,一环则是汾水与洞过水(今潇河)的交汇处。该分布格局,也是今天晋中盆地区域内的城市格局。

秦汉南北朝时期,晋中盆地城市密度波动比较大。秦汉时期城市密度为$2.4\times 10^{-3}$个/$km^2$。该时期,晋中盆地主要的城市已出现,从城市分布来看,主要分布在

① (清)顾祖禹.读史方舆纪要(卷四十二)[M].北京:中华书局,1998:177.

② (清)周超,(清)贾若瑚,(清)樊之楷.汾阳县志[M].张立新,贾平,点注.北京:中国文史出版社,2007:144.

“昭余祁”周边，这里物产丰富，交通便捷。北魏时期的城市密度有所下降，为2.0×$10^{-3}$个/$km^2$，城市均沿汾河及各支流分布。东魏时的城市密度出现转折，达到城市密度的最高值 4.2×$10^{-3}$个/$km^2$。晋中盆地区域南部的城市密度明显高于北部。至北齐时“昭余祁”淤塞，只剩两片小湖，城市分布也随着“昭余祁”的缩小和靠近，城市密度下降至 2.0×$10^{-3}$个/$km^2$(图 2 - 31)，城市仍沿汾河及各支流分布。至此，城市密度趋于平稳。城市间的距离由南向北逐渐增加，由大约不到 10 km 增大至 70 km，因为南部的水域密度高、物产丰富、农业发达，同时也说明此时南部城市经济发展状况比北部好。

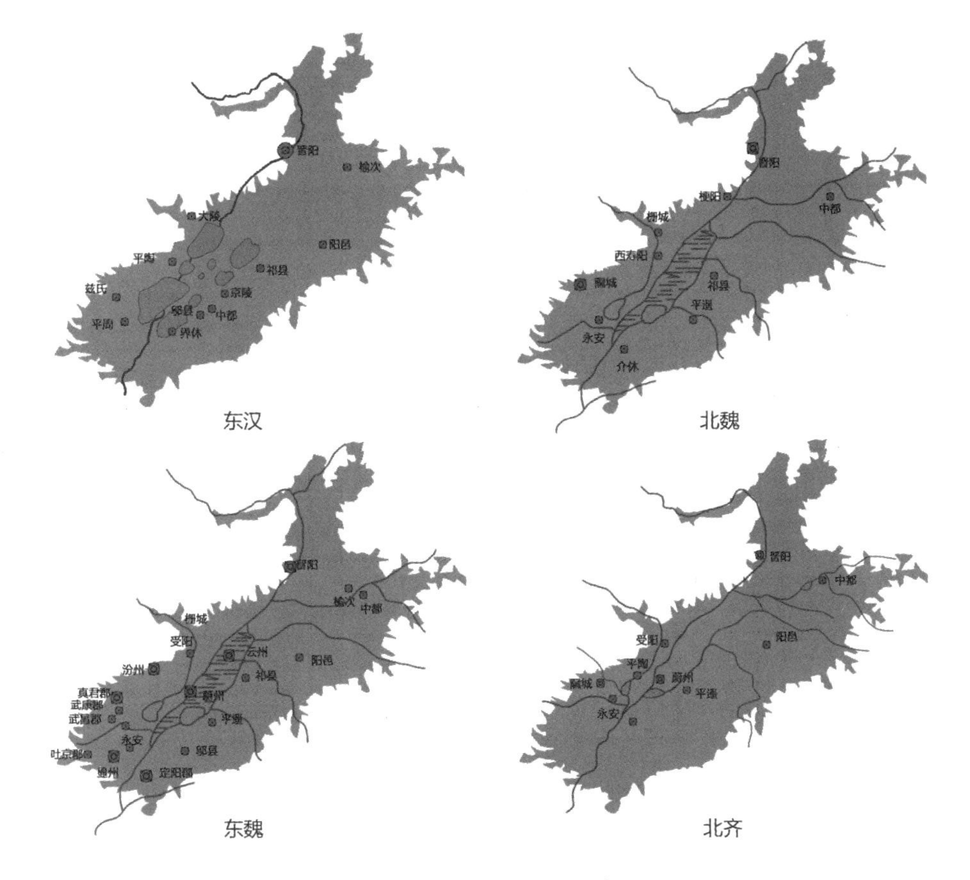


**图 2 - 31　晋中盆地城市分布图(东汉—北齐)**

资料来源：作者根据《中国文物地图集山西分册(上)》第 46、47、48 页相关内容绘制

隋代以后，晋中盆地城市密度呈上升趋势，隋代的城市密度比起秦汉时期，是最低点，为 1.8×$10^{-3}$个/$km^2$，城市的平均距离是 40 km。到金代，晋中盆地的城

市密度达到了 2.6×$10^{-3}$个/$km^2$，社会经济环境相对稳定，此时城市间的平均距离降至 20 km(图 2-32)。从整个晋中盆地区域来看，比起秦汉时期南部城市密度明显高于北部城市密度的情况，该时期整个区域内南、北的城市密度基本均衡。

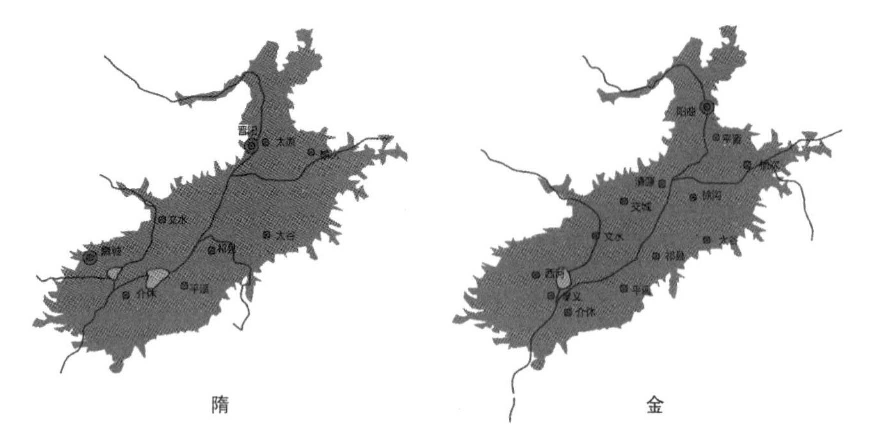


图 2-32　晋中盆地城市分布图(隋—金)

资料来源：作者根据《中国文物地图集山西分册(上)》第 50、51 页相关资料绘制

元代和明代的城市密度，与金代一样，为 2.6×$10^{-3}$个/$km^2$，城市沿水系分布，城市间的平均距离为 30 km。到清代，统治制度的进步，使行政区划网络完善，城市密度虽然降低为 2.2×$10^{-3}$个/$km^2$，但城市间的分布更加均衡，城市间的平均距离为 40 km(图 2-33)，此时的城市密度和布局一直延续，与今天的晋中盆地城市布局完全一致。

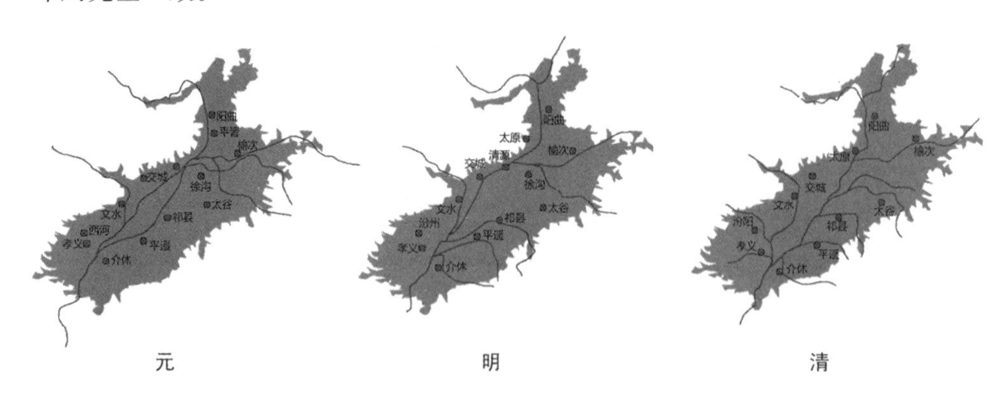


图 2-33　晋中盆地城市分布图(元明清)

资料来源：作者根据《中国文物地图集山西分册(上)》第 52、53 页相关资料绘制

3）水系变迁和水患灾害对城市分布的影响

水系的变迁和水患灾害导致城市的重新选址或消失。如表 2－14 所示，由于水系变迁而导致的城市选址的变化多集中于秦时期，主要的水系变化是中央大湖“昭余祁”开始缩减而逐渐消失。湖水的缩减，导致原来靠近水源的城市逐渐远离水源，因此城址开始往靠近水源的方向迁移。如春秋时期的位于晋中盆地南缘的界休城，到秦时期，往北迁至靠近更靠近水源的今介休县址，同样，春秋时期的位于晋中盆地东缘的阳邑城，西迁至靠近水源的今太谷县址。此外，水系的变迁不仅导致城市选址的变迁，还会导致城市的消失，如秦时期的邬县（今平遥西南）、平陶（今文水南）、中都（今榆次东南），水道的变迁占据了城址，而导致城市的消失。因此，水系的变迁对城市的分布产生影响（表 2－14）。

**表 2－14　水系变迁与城市选址变迁表**

| 序号 | 时间 | 水系变迁描述 | 变迁前城址 | 变迁后城址 |
|---|---|---|---|---|
| 1 | 秦 | 昭余祁缩减 | 大陵（今交城南） | 古交 |
| 2 | 秦 | 昭余祁缩减 | 阳邑（今太谷东） | 太谷 |
| 3 | 秦 | 昭余祁缩减 | 兹氏（今汾阳西南） | 汾阳 |
| 4 | 秦 | 昭余祁缩减 | 界休（今介休南） | 介休 |
| 5 | 西汉 | 昭余祁缩减 | 邬县（今平遥西南） | 无 |
| 6 | 东汉 | 文水变迁（今文峪河） | 平陶（今文水南） | 无 |
| 7 | 南北朝 | 洞过河变迁（今潇河） | 中都（今榆次东南） | 无 |
| 8 | 唐 | 文水变迁（今文峪河） | 旧城庄（今文水东） | 文水 |

资料来源：作者根据《山西省历史地图集》《水经注》等资料整理绘制

而水患灾害同样会对城市的选址产生影响，如表 2－15 所示，交城位于晋中盆地西缘，春秋时期的大陵城则位于交城县西南 5 km 大陵庄村一带。《水经注》中也有对于大陵城的记载，“汾水南过大陵县东，文水出大陵文谷，东到其县，屈南到平陶县东址，东入于汾”[①]。隋开皇十六年（596），置交城县，但当时的县治设在古交镇（今古交市），位于古交镇大川河桥东寨湾滩、汾河湾和水泉寨之间。到天授二年（691），水患严重，根据乾隆《重修古交千佛寺》碑记载，“旧城被汾河、牛栏河冲毁，居民全部迁移”[②]，长史王及善南移县城至却坡村，即今交城县所在地。同样，文水

① （北魏）郦道元. 图解水经注［M］. 李岫岩，编译. 西安：山西师范大学出版社，2010：120.

② 交城县志编写委员会. 交城县志［M］. 太原：山西古籍出版社，1994：22.

县城也因水毁而迁城，明洪武《太原府志》记载，文水县城在“宋元丰七年甲子为汾文二水涨溢，城为隳坏，基址不存”“故县城，在县东十里，周二十里，后魏建于此，子城二里二百步，唐天授二年修，宋元丰七年废”①。明万历《太原府志》中也有相关记载：“宋元丰间，因水患徙置南沱村高阜处，即今治。”此外，在明天启《文水县志》中的记载：“元符间避水患，迁城于张沱里之南，现今县治也。”“元符间，大水，古城沦坏无遗。”②。可见，文水县在宋元丰年间遭遇水患，故城被洪水完全冲毁，因此将城址迁至张沱里之南，即今文水县。因此，水患也对城市的选址和分布产生影响。由上文可知，在明清时期，水患更加频繁，却没有再出现过城址迁移的情况，这与城池的建设有了更多应对水患的措施有关。

**表 2-15　水患灾害与城市选址变迁表**

| 序号 | 时间 | 水患区域 | 变迁前城址 | 变迁后城址 |
|---|---|---|---|---|
| 1 | 天授二年(691) | 文峪河水患 | 古交镇 | 今交城县 |
| 2 | 元丰七年(1084) | 文峪河、汾河水患 | 受阳县 | 今文水县 |

资料来源：作者根据《山西省历史地图集》《文峪河志》等资料整理绘制

## 2.6.2　战争对人口和城市结构的影响

1）战争对人口的影响

战争对人口数量的变化产生极大的影响，战争频繁，则人口数量急剧下降，反之则人口数量较为稳定。下文将对晋中盆地区域内各时期明显的人口变化事件进行梳理。

两汉：两汉之际，政权更迭，社会动乱，人民死于饥饿、刀兵、瘟疫，幸存者数量很少，东汉初期人口萧条，数量锐减。东汉末期，黄巾起义，董卓之乱，连年混战，人口减少至两汉以来的最低程度。

北魏：太和十七年(493)，孝文帝迁都洛阳，社会相对稳定，人口数达到高峰③。北魏晚期，政治腐败，局势动乱，百姓流离，大量农田荒芜，人口急骤下降。隋唐：唐太宗李世民继位后，采取“去奢省费、轻徭薄赋、选用廉史”的方针，减轻了人民的负担。

---

① 太原市地方志编纂委员会. 太原府志集全[M]. 太原：山西人民出版社，2005：79.

② (清)傅星，(清)郑立功，等. 山西省文水县志(全二册)[M]//华北地区・第433号. 清康熙十二年刊本. 台北：成文出版社，1976：112-116.

③ 《魏书・地形制》：“正光以前，时惟全盛，户口之数，比夫晋太康，倍而已矣。”

唐:贞观初年,全国农业增收,大量流散人口返回故里。但是,初唐户数仍为隋盛时的三分之一,直到贞观之治之后,人口才逐渐恢复。唐玄宗开元三年(715),进行租庸调整,加速人口增长,社会政局稳定,经济发达。山西是唐代仅次于长安和洛阳的政治、经济中心,又是李渊创业基地,故而社会相对平稳,人口发展呈上升趋势。天宝十四年(755),安史之乱爆发,黄河流域遭受严重浩劫,山西境内兵祸连年,人口损失惨重。

北宋至金:公元 976 年,宋太祖派五路大军伐北汉,迫使晋阳城附近 5 万多居民迁往河南。公元 1126 年,太原城被金完颜宗翰攻破,太原被围 9 个月,死伤惨重。北宋晚期,女真族首领建立金国,天眷三年(1140),金人占领山西地区,将大量民众外迁。

元明:洪武元年(1368),朱元璋建立明朝,承认农民的土地所有权,大量人口回迁,洪武六年(1373)起,明朝政府在山西地区实行大规模移民政策,将人口稠密的太原府等地居民外迁。永乐年间(1403—1424),全国户数增至 2000 万左右,出现经济繁荣、人丁兴旺景象。山西地区又一次进行大规模移民,将太原府等地居民数次迁移。从洪武至永乐年间,移民次数达 13 次,对山西人口数量增加有一定影响。明代中期,土地兼并现象严重,繁杂的赋税徭役,迫使流民外迁现象增多[①]。明嘉靖二十一年(1542),蒙古族多次率部南下,攻入太原,又转攻祁县、清源县。杀 4 万余人。

清:约同治年间(1862—1874),自然经济遭到破坏,农村人口过剩,出现了矿业和副业人口,城市人口增加。光绪三年(1877),山西发生了二百年来未曾发生过的干旱,俗称“丁丑大旱”,干旱后引发瘟疫、狼灾、鼠患,以及地震灾害等,再加上腐朽的制度,造成人口毁灭性破坏[②]。清末宣统年间(1909—1911),根据民政部户口调查资料显示,山西地区有户 209.7 万,总人口降至 1010 万左右。

综上可见,晋中盆地区域,明清之前,战争是造成区域人口骤减的主要原因。明清之后,主要影响人口数量变化的原因是政策和自然灾害。

2) 战争对城市结构的影响

人口的分布情况受自然环境、政治、战争等因素的影响,反映了一个区域的发展状况,人口密度高,则该区域经济状况发展的较好,社会自然环境更宜居住,反之则较差(图 2-34)。由于战争的影响,明清时期晋中盆地人口分布出现四次明显的

---

① 《明英宗正统实录》记载,正统年间(1436—1449),山西发生流民逃亡南阳现象,数量达 10 余万户。

② 光绪版《山西通志》记载,光绪九年(1883)山西地区户口数“清代人口(二)”,人口统计下降趋势明显,较光绪三年(1877)递减率高达 37.11%。以太原县为例,道光末年人口 224 253,光绪九年(1883)降至 189 628,减幅达 15.44%。

增减。1368年，明北伐军攻入大都，元朝灭亡。此时山西境内的战场，多集中在以大同为中心的北部，晋中盆地区域内的战争主要集中在太原、孝义，均为蒙古族俺答率部南下。1644年，清朝拥兵入关，占领北京。清军沿途烧杀掠夺，百姓流落异处。蒙古族俺答率部继续攻打交城、太谷、孝义。而由图可见(图2-35)，战场的分布与人口密度的分布相同，即战场集中地则为人口密度相对较低的区域。

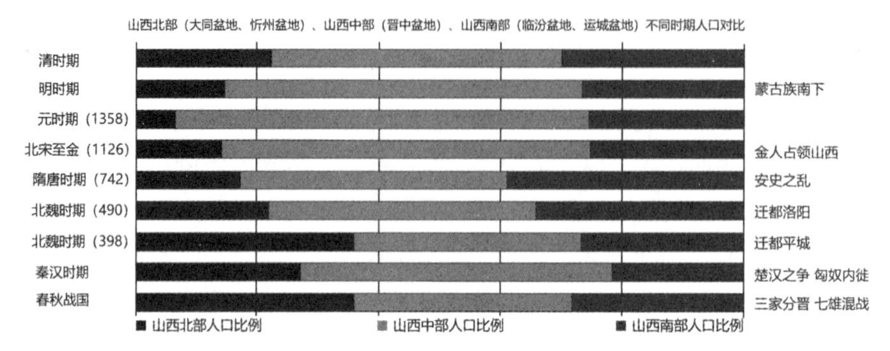


**图2-34　山西北部(大同盆地、忻州盆地)、山西中部(晋中盆地)、山西南部(临汾盆地、运城盆地)不同时期人口比例对比分析图**

资料来源：作者根据《山西历史地图集》《山西通志·人口志》相关资料总结绘制

## 2.6.3　驿道、驿站变迁对于城市的影响

1) 驿道的变迁

晋中盆地区域内的驿道变迁主要发生在明代，与战争、国家管理和统治的需求相关，保证军需供应的同时，也满足中央政府之间的信息联络。明代，由于国家行政中心的迁移，驿道的变迁主要分为两个阶段：第一个阶段是朱元璋在南京称帝时(明前期)，以南北驿道为主。朱元璋于洪武元年(1368)正月即颁布诏令置各处水马站、递运所和急递铺。此时，最重要的驿道是太原至泽州的入京驿道，在晋中盆地内的走向是：从太原临汾驿—徐沟北同戈驿—祁县盘陀驿，穿越太行山至河南内乡县境。第二个阶段是朱棣在北京称帝时(明后期)，以东西驿道为主。永乐十九年(1421)，朱棣将都城由南京迁往北京。驿道的格局也随着政治中心的转移而做出调整，原来通往南京的东南驿道则退居次要地位。此时最重要的驿道有两条：一是太原向东至平定州，出井陉的驿道；二是“经涞水驿、易州清苑驿、上阵驿、广昌香山驿、走马驿，出马头关入山西，经灵丘、繁峙、代县、原平、忻县至阳曲。”[①]，即从太

① 剡建华. 山西交通史话[M]. 太原：山西人民出版社，2003：102.

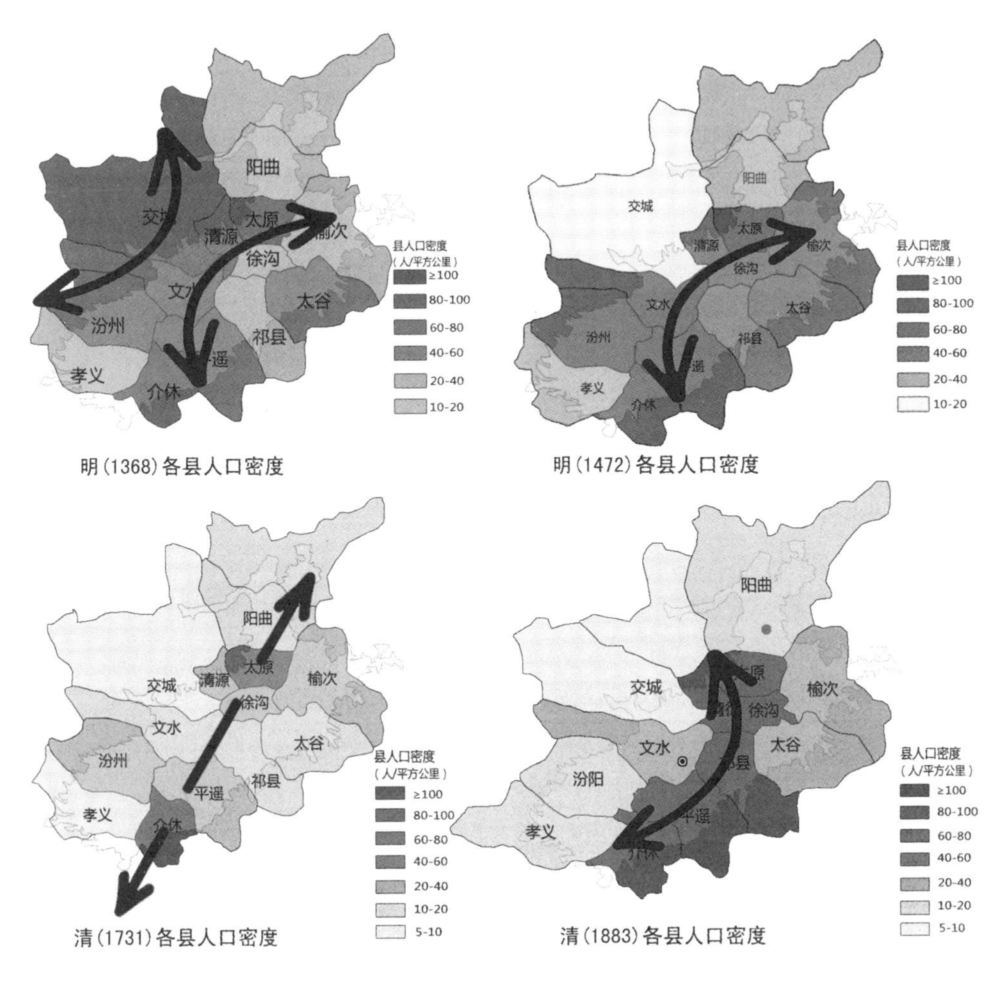


图 2-35　明清晋中盆地人口结构分析图

资料来源:作者参考《山西历史地图集》《山西通志·人口志》等资料总结绘制

原出发向北至忻县、原平、代县等地出马头关而入京的驿道。因此,明后期,虽然驿道的整体布局没有发生显著的变化,但晋中盆地区域内的主要驿道由南北为主轴,转变为东西为主轴的交通体系。原有驿道重要性发生改变,而交通道路的转变,也使城市功能空间环境发生变化,驿道沿途的驿站、递铺、寨堡,都随驿道的兴起而逐步增加,而驿站、递铺、寨堡的空间布局,则是随着驿道的变迁而改变,下一章我们将对驿站、递铺、寨堡的密度变迁进行分析。

2）驿站的变迁

**表 2－16 晋中盆地区域内驿站情况汇总表**

| 驿站名称 | 级别 | 位置 | 设置时间 | 位置变迁 |
|---|---|---|---|---|
| 临汾驿 | 极冲 | 太原城南门外 | 洪武初年(1368) | 洪武年间在城南关内[①]；天顺元年建别馆于城南门内，名内馆驿；万历年间，在太原城中，县治南活牛市街[②]；道光年间移入县署[③] |
| 同戈驿 | 极冲 | 徐沟北一里同戈镇 | 洪武三年(1370) | 元在徐沟县北八里，洪武四年(1371)建县城外北关内，洪武五年(1372)移至县北门外[④]；后移至徐沟县治前[⑤] |
| 盘陀驿 | 次冲 | 祁县盘陀村 | 洪武二年(1369) | 后移至祁县东南三十五里龙舟谷口子洪镇 |
| 成晋驿 | 次冲 | 阳曲县北 | 洪武年间 | 阳曲县北八十里柏井村，到明后期，移至阳曲县北七十里八经村[⑥]；景泰二年(1451)移至东南里古城 |
| 贾令驿 | 极冲 | 祁县北一十五里贾令镇 | 洪武三年(1370) | 明嘉靖十二年(1533)移至城西 |
| 洪善驿 | 极冲 | 平遥县东北二十里洪善镇[⑦] | 洪武三年(1370) | 雍正八年(1730)移至平遥县城东门外；光绪年间移至城内县署西[⑧] |
| 汾阳驿 | 稍冲 | 汾州南 | 永乐十三年(1415) | 成化年间移至汾州城外东厢；光绪年间移至汾阳县治前[⑨] |
| 鸣谦驿 | 极冲 | 榆次北二十里鸣谦村[⑩] | 洪武三年(1370)[⑪] | 成化四年(1468)建别馆于驿站西南 |

① (明)李侃修，(明)胡谧. 山西通志[M]. 山西省史志研究院，整理. 北京：中华书局，1998：165.

② (明)关廷访，(明)张慎言. 万历太原府志(卷六)[M]. 杨淮，点校，太原市地方志编纂委员会，整理. 太原：山西人民出版社，2005：178.

③ (清)穆尔赛，(清)刘梅，(清)温敞，等. 山西通志(壹、贰、叁)[M]. 山西省地方志办公室，整理. 北京：中华书局，2014：213.

④ (清)王嘉谟. 康熙徐沟县志[M]//中国地方志集成・山西府县志辑. 南京：凤凰出版社，2005：194.

⑤ (清)王轩，等. 光绪山西通志(卷八十)[M]. 靳生禾，李广洁，点校. 北京：中华书局，1990：254.

⑥ (清)雅德，(清)汪本直. 山西通志(卷二十三)[M]. 山西省史志研究院，整理. 北京：中华书局，2000：176.

⑦ (清)雅德，(清)汪本直. 山西通志(卷二十四)[M]. 山西省史志研究院，整理. 北京：中华书局，2000：198.

⑧ 平遥县地方志编纂委员会. 平遥县志[M]. 北京：中华书局，1999：134.

⑨ (清)雅德，(清)汪本直. 山西通志(卷二十四)[M]. 山西省史志研究院，整理. 北京：中华书局，2000：256.

⑩ (清)金福增，(清)张兆魁，(清)金锺彦. 同治河曲县志、同治榆次县志、光绪榆次县续志[M]//中国地方志集成・山西府县志辑(16). 南京：凤凰出版社，2005：151.

⑪ 山西省榆次市志编纂委员会. 榆次市志[M]. 北京：中华书局出版，1996，8.

续表

| 驿站名称 | 级别 | 位置 | 设置时间 | 位置变迁 |
|---|---|---|---|---|
| 王胡驿 | 极冲 | 榆次东北十里王胡镇① | 乾隆四十三年(1778)② | — |
| 义棠驿 | 极冲 | 介休县北八里韩同村 | 洪武三年(1370) | 明弘治十二年(1499),迁于北关③ |

资料来源:作者《山西通志》《太原府志》等资料整理绘制

由表可见(表2-16),在晋中盆地区域内分布着三个级别的驿站,这些驿站中,除了榆次的王胡驿设置于清乾隆年间之外,其余的驿站均设置于明时期。驿站变迁的主要特征是:由城外迁入城内门内,又迁入府(县)署内,呈现出逐步靠近权力空间的变迁特点。以太原府的临汾驿为例,设置于明洪武初年(1368),位于太原城南门外,到明万历年间,则移至城内县治南活牛市街,到清道光年间,继续靠近权力中心迁移,迁移至府署内。除此之外,徐沟的同戈驿、平遥的洪善驿、汾州的汾阳驿,都体现出靠近权力中心的变迁特点,驿站变迁至城内,使得驿道穿城而过,也促进了商业的发展,驿道所经之处,在城内形成商业街,这也是下面章节将进行分析的内容,即交通影响下的城市变迁。

## 2.7 本章小结

本章梳理了晋中盆地区域城市发展及特点。自然地势和自然资源是决定晋中盆地史前聚落分布和城邑起源的主要因素,晋中盆地的自然地势决定了其军事地位,区域的交通发展也得益于自然地理因素和军事地位的变迁。其中,水系、军事地位和区域交通的变迁是导致城市密度、城市选址和城市功能分布的主要因素。

水系的变迁导致城市水患灾害的发生,同时也导致城市分布产生由"一环"到"两环",再到"一环两线"的变迁规律,而水系的变迁和水患灾害都导致了城市选址发生变化。由于水系的变迁而导致的城址变化的有:大陵、阳邑、兹氏、界休、邬县、平陶、中都、旧城庄;由于水患灾害而导致城址变化的是:交城和文水。军事地位的变迁因不同时期的角色不同,由山西北部(大同盆地、忻州盆地)、山西中部(晋中盆地)、山西南部(临汾盆地、运城盆地)不同时期人口比例对比与战事分析图可知,晋中盆地区域始终战事频繁,频繁的战事使人口数量急剧下降,反之则人口数量较为

① (清)雅德,(清)汪本直.山西通志(卷二十三)[M].山西省史志研究院,整理.北京:中华书局,2000:190.

② 山西省榆次市志编纂委员会.榆次市志[M].北京:中华书局,1996:410.

③ 山西省介休市志编纂委员会.介休市志[M].北京:海潮出版社,1996:251.

稳定。而人口的变化与城市结构变化相关，战场的分布与人口密度的分布正相关。区域交通的变迁在不同的历史时期，对区域产生不同的影响，先秦至秦汉时期，在自然地理和军事的影响下，形成晋中盆地基本的交通路网格局；南北朝时期作为草原丝绸之路东段连接中原的区域，促进了该地区经济的发展；隋唐五代至元，驿站逐步兴起；明清时期，得益于区域交通的地位，晋商得以发展。而区域交通的变迁对于城市分布和格局的影响是驿道的变迁和驿站的分布。驿道的变迁主要体现在明时期，明初和明末不同的驿道格局使区域的城市空间环境产生变化。驿站的变迁主要体现出由城外逐渐靠近权力中心的特点。

综上所述，本章是对区域城市发展脉络的梳理，是在区域层面分析城市分布和变迁的研究，目的是为下一章区域城市结构的梳理提供依据。

# 3 晋中盆地城市群分类与变迁

第3章是根据主要影响因素，将城市进行分组，研究晋中盆地城市群的变迁，是“区域层面”和“城市层面”的中间纽带，本章先从中国城市特有的行政区划和建制沿革入手，再对晋中盆地内的城市进行空间的重新梳理，从而根据中心性、近水性、流通性这三个城市形成的特点，得出三个城市群，分别是太原及周边军事屏障、文峪河流域城市带和驿道城市带。其中，太原及周边军事屏障研究其关隘体系和卫所设置的变迁，以及城市祭祀体系的演变；文峪河流域城市带研究其水神祭祀空间和流域寨堡体系的变迁；驿道城市带研究其递铺体系和递铺沿线市镇、集分布的变迁。最后通过对盆地内城市群空间的重新梳理，分别归纳府城、县城的空间要素，目的是为下一章城市空间层面的研究提供依据。

## 3.1 行政区划与建制沿革

战国时(公元前376年)，韩、赵、魏共同分晋，整个晋中盆地区域归赵，并进行了相应的城邑建设，当时赵国的城邑，大部分都集中在晋中盆地区域内。公元前248年，秦派大将蒙骜攻占了赵国的榆次、狼孟(今阳曲县)、新城(今朔州市西南)等37座城池，整个太原地区归入秦国版图。公元前247年，秦国设立太原郡，公元前221年，秦统一天下，废除分封制，改郡县制。晋中盆地区域属于太原郡，郡治为晋阳，整个晋中盆地的行政区划与自然地理相结合。到西汉时，地方行政体制沿袭秦时的郡、县制，同时又大封功臣和同姓诸侯王，形成了郡、国并行的地方建制。公元前201年，为防御匈奴南下，汉高祖以太原郡21县和雁门郡辖县改置韩国，以晋阳为都城。公元前114年，汉武帝复置太原郡。公元前106年，汉武帝分天下为13个州刺史部，此时的晋中盆地区域分属于并州刺史部和朔方刺史部。公元35年，因匈奴侵扰，汉光帝废朔方刺史部，将其辖地归入并州。公元207年，汉武帝将全国14个州合并成9个，并州刺史部也被废除，将并州划入冀州内。东汉至南北朝，整个晋中盆地以南北划分一直分属于不同的郡治，并且同时并存两个郡级治所，并州(太原郡)和汾州(西河郡)。直到清(公元1829年)，晋中盆地区域仍属于两个府:太原府和汾州府，太原府以阳曲(今太原市)为府城，其中榆次、徐沟、太谷、祁县、文水、交城、清徐属太原府；汾州府以汾阳为府城，其中平遥、介休、孝义属于汾州府。晋中盆地各县设置时间见图3-1，各时期的行政区划分析见3.1.1~3.1.3节。

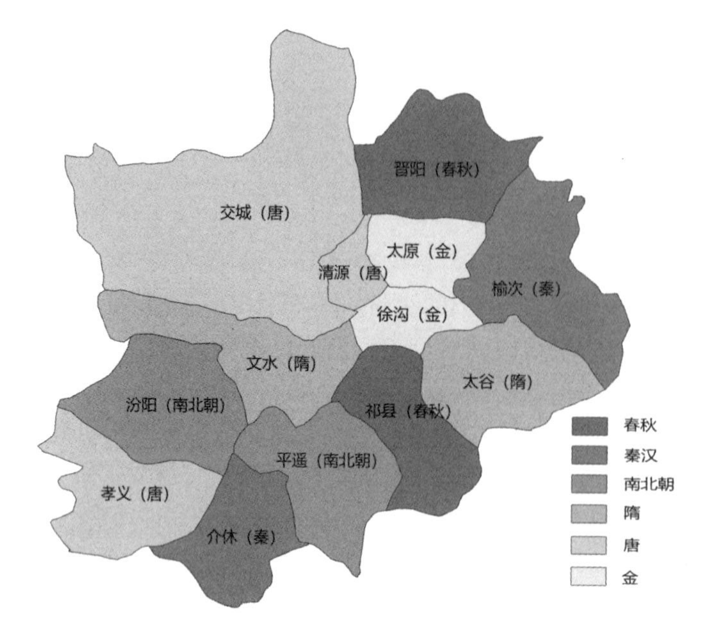


**图 3-1　晋中盆地各县级设置时间图**

资料来源：作者根据《山西省历史地图集》《中国文物地图集（山西分册）》整理绘制

## 3.1.1　秦汉六朝时期

晋中盆地在秦代有县城 11 座，全部环“昭余祁”分布。西汉时，增加至 12 座县城，但在南北朝时期（公元 492），县城的数量减少至 10 座。宋代开始至清，在县的建制方面保持稳定，均为 13 座。秦代时期，晋中盆地也被纳入帝国统一的封建统治体系之中，采取中央集权和郡县两级制度。秦时的郡大体按照地理单元来进行划分，晋中盆地全部属于太原郡，下辖 11 县，包括晋阳（太原郡）、榆次（今榆次）、阳邑（今太谷东）、祁县（今祁县）、中都（今平遥西南）、邬县（今平遥西南）、界休（今介休南）、平周（今孝义南）、兹氏（今汾阳西南）、平陶（今文水南）、大陵（交城南）。其中晋阳，即太原郡为郡级，榆次、阳邑、祁县、中都、邬县、界休、平周、兹氏、平陶、大陵为县级。西汉时期的地方行政体制沿袭秦朝的郡、县制，同时又大封功臣和同姓诸侯王，形成了郡、国并行的地方建置。全国划分为 13 个监察区，叫 13 部。晋中盆地区域被划分成两个刺史部，其中平周属于朔方刺史部，晋阳、榆次、阳邑、祁县、京陵、中都、邬县、界休、兹氏、平陶、大陵属于并州刺史部。东汉时期，郡、国区划更加完整，层次更加分明。划分为州、郡、县三级治所，晋中盆地内隶属于并州刺史部的太原郡辖 11 县，有晋阳、榆次、阳邑、祁县、京陵、中都、邬县、界休、兹氏、平陶、大陵，郡治在晋阳。隶属于西河郡的只有平周。与西汉类似，三国时，魏文帝曹丕废东汉所设 9 州，复置并州，州治晋阳；改太原郡为太原国，国都晋阳。

南北朝时期，北魏是鲜卑族拓跋部建立的政权，北魏逐渐从北方一个游牧民族的地方割据权发展成拥有黄河流域和北方地区的泱泱大国。到孝文帝执政时期(太和年间)，北魏已经形成以平城(今大同市)为政治中心的稳定格局。行政区划为州、郡、县三级，在晋中盆地区域内设有并州、汾州、肆州，并州下设太原郡、云州(含受阳县)、蔚州(含榆次、阳邑、祁县、平遥、邬县 5 县)，汾州下设西河郡(含永安县)、建平郡(含定阳县)、定阳郡(含介休县)，肆州含阳曲县。

太原郡由前朝的 13 个县缩减为 10 个县，晋中盆地区域内的县有 8 个：晋阳、榆次、祁县、中都、平遥、邬县、阳邑、受阳。到北周时期，是魏晋南北朝时期北朝最后一个割据政权，由于其政权仅有十余年，且战乱未平，故而仍未能从根本上改变自西晋以来 300 年国家分裂所造成的混乱的行政格局。北周仍沿用魏制，即州、郡、县制。北周政权在晋中盆地设有并州、介州和肆州。设并州于晋阳，含阳邑、平遥、受阳 3 县。介州，领西河、介休 2 郡。平昌县位于介休郡。阳曲县位于肆州。

综上所述，秦汉六朝时期是晋中盆地行政区划变化最多的时期。西汉以来，晋中盆地从未作为单独的行政区，而是归属于不同的州郡(表 3-1，图 3-2)。

**表 3-1　秦至南北朝晋中盆地区划及建制表**

| 时代 | 刺史部、州 | 郡级(国)治所 | 县级治所 |
| --- | --- | --- | --- |
| 秦<br>(公元前 221) | — | 太原郡(晋阳) | 榆次、阳邑、祁县、中都、邬县、界休、平周、兹氏、平陶、大陵、狼孟 |
| 西汉<br>(公元 2) | 并州刺史部 | 太原郡(晋阳) | 榆次、阳邑、祁县、京陵、中都、邬县、界休、兹氏、平陶、大陵、狼孟 |
| | 朔方刺史部 | 西河郡 | 平周 |
| 东汉<br>(140) | 并州刺史部 | 太原郡(晋阳) | 榆次、阳邑、祁县、京陵、中都、邬县、界休、兹氏、平陶、大陵 |
| | | 西河郡 | 平周 |
| 三国<br>(262) | 并州 | 太原国(晋阳) | 榆次、阳邑、祁县、京陵、中都、邬县、平陶、大陵 |
| | | 西河郡(兹氏) | 中阳、界休 |
| 西晋<br>(280) | 并州 | 太原国(晋阳) | 榆次、阳邑、祁县、京陵、中都、邬县、平陶、大陵 |
| | | 西河国(隰城) | 中阳、界休 |
| 南北朝<br>(北魏)<br>(529) | 并州 | 并州(太原郡) | |
| | | 云州 | 受阳 |
| | | 蔚州 | 榆次、阳邑、祁县、平遥、邬县 |
| | 汾州 | 汾州(西河郡) | 永安 |
| | | 显州(建平郡) | 定阳 |
| | 肆州 | 肆州 | 阳曲 |

续表

| 时代 | 刺史部、州 | 郡级(国)治所 | 县级治所 |
| --- | --- | --- | --- |
| 南北朝(北周)(579) | 并州 | 太原郡(晋阳) | 阳邑、中都、平遥、受阳 |
| | 介州 | 介休郡 | 平昌、永安 |
| | | 西河郡 | 隰城 |
| | 肆州 | 雁门郡 | 阳曲 |

来源:作者根据《山西省历史地图集》《中国历史地图集》《中国文物地图集(山西分册)》整理绘制

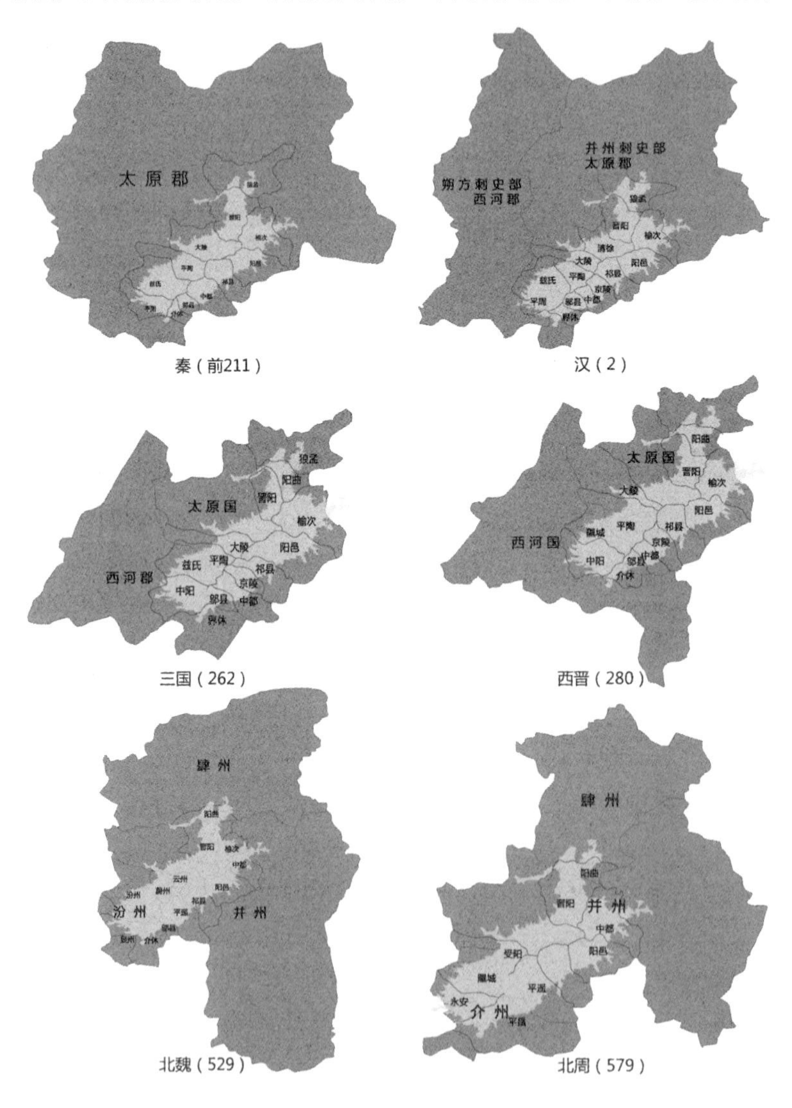


图 3-2 行政区划(秦—北周)图

资料来源:作者根据《山西省历史地图集》第20页、22页、27页、28页、44页、50页绘制

### 3.1.2 隋唐两宋时期

隋(581—618)初为隋政权稳定和经济繁荣发展时期,此时为大一统的王朝,设为郡、县二级行政区划。隋政权在山西地域设置13个郡,晋中盆地属太原郡和西河郡。太原郡,北周时为并州,郡治设于晋阳,其中晋中盆地内包含太原、榆次、太谷、祁县、文水5个县级治所;西河郡,北周时为汾州,郡治设于隰州,晋中盆地内包含平遥、介休、永安3个县级治所。唐(639)行政区划沿袭隋制,实行州、县两级制。唐高祖受命之初,改郡为州,在山西增设45州。晋中盆地属并州和汾州。并州,州治设于太原,晋中盆地内包含榆次、太谷、祁县、文水、清源5个县;汾州,州治设于隰城,晋中盆地内包含平遥、介休、孝义3个县级治所。唐贞观(627—642)初年,全国分为10道,河东道即10道之一;开元二十一年(733),将原10道增至15道,"道"成为地方一级政权机构。行政区划由唐初的州、县两级制变为道、州、县三级。河东道有二府,太原府和河中府。晋中盆地内的城市均属于太原府,其中,榆次、太谷、祁县、文水、交城、清源6个县城属于太原郡,平遥、介休、孝义3个县城属于西河郡。

北宋初期,沿袭唐制,分天下为10道,山西属于河东道,至道二年(996)始分天下州军为15路。晋中盆地属于北宋河东路,其中榆次、太谷、祁县、文水、交城、清源6县属于太原府治,平遥、介休、西河3县属汾州府治。金(1189)灭辽以后,南下攻击北宋。靖康元年(1126)秋,金兵攻克太原。接着又攻开封,至1127年的"靖康之难"挟宋徽、钦二帝撤出开封北去。北宋灭亡,金与南宋南北对峙的局面形成。金政权刚建立时,统治者在行政制度方面也进行了改革。仿照辽、宋制度建立了一套从中央到地方的封建统治机构。行政区更加细化,在中央设尚书省,下设六部。在地方上沿袭宋朝的路、府、州、县制度。晋中盆地属于河东北路,其中平晋、榆次、徐沟、太谷、祁县、文水、交城、清源8县属于太原府治,平遥、介休、孝义、西河4县属汾州府治(表3-2,图3-3)。

**表3-2 隋至金晋中盆地区划与建制表**

| 时代 | 陪都、路、道级治所 | 郡、州、军级治所 | 县级治所 |
|---|---|---|---|
| 隋(609) | | 太原郡(晋阳) | 太原、榆次、太谷、祁县、文水 |
| | | 西河郡(隰州) | 平遥、介休、永安 |
| 唐(639) | | 并州(太原) | 榆次、太谷、祁县、文水、清源 |
| | | 汾州(隰城) | 平遥、介休、孝义 |
| 唐(742) | 河东道 | 太原郡(太原) | 榆次、太谷、祁县、文水、交城、清源 |
| | | 西河郡(西河) | 平遥、介休、孝义 |

续表

| 时代 | 陪都、路、道级治所 | 郡、州、军级治所 | 县级治所 |
|---|---|---|---|
| 北宋(1085) | 河东路 | 太原府 | 榆次、太谷、祁县、文水、交城、清源 |
| | | 汾州 | 平遥、介休、西河 |
| 金(1189) | 河东北路 | 太原府 | 平晋、榆次、徐沟、太谷、祁县、文水、交城、清源 |
| | | 汾州 | 平遥、介休、孝义、西河 |

来源:作者自绘,根据《山西省历史地图集》《中国历史地图集》等资料整理

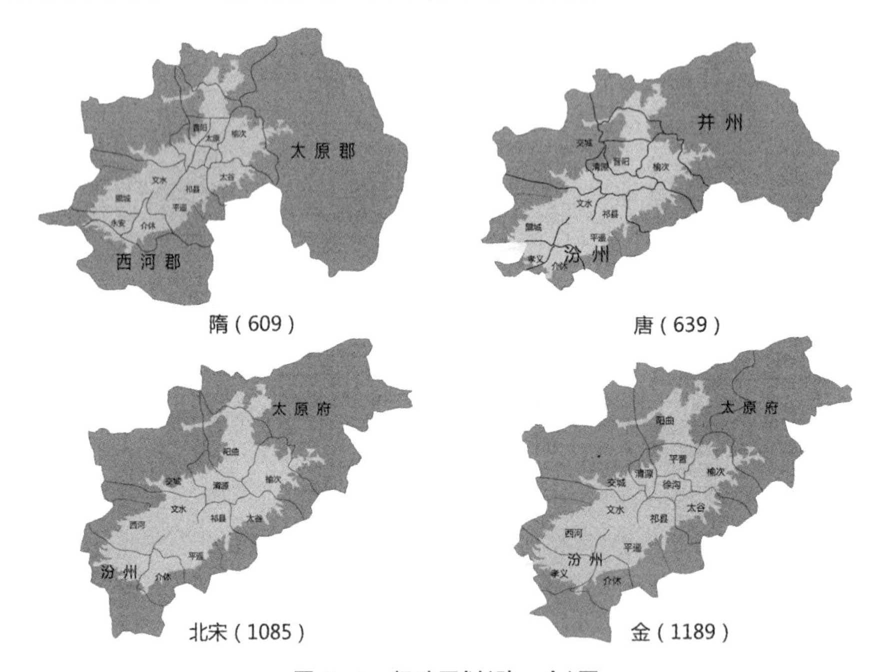


**图 3-3 行政区划(隋—金)图**

资料来源:作者根据《山西省历史地图集》第 52-73 页整理绘制

### 3.1.3 元明清时期

元代是我国省级行政区划的开始,形成“中书省(大都)—省中书省(中央直接管辖的其他地方)—路、府—州—县”的行政体系。以府改路。元代中书省河东山西道宣慰司辖 3 路(大同路、冀宁路、晋宁路),晋中盆地全部属于冀宁路治所。辖 13 个县,分别是阳曲、祁县、太谷、徐沟、榆次、平晋、清源、古交、文水、平遥、介休、孝义、西河。明清两代政治统一,行政中心网络区域完善,继承了宋元时期的城镇结构体系。明代简化为“布政司(省)——府(直隶州)——县”三级(少数地区为布政使司、府、州、县四级),明清的省已逐渐演变为地方行政区划。山西布政司下辖

3 府 5 直隶州，晋中盆地全部属于太原府治所。同元代，辖 13 个县：阳曲、太原、榆次、徐沟、太谷、祁县、文水、交城、清源、平遥、介休、孝义、汾阳。清代政权是我国最后一个封建王朝，经历了历代沿革变迁，统治机构和制度经过不断的改进完善，到清朝已经形成了一套比较系统和完整的机构制度。清朝统治机构基本是沿袭明制。行政区划为“省—府(州、厅)—县”三级，晋中盆地位于山西省中部，其中太原、榆次、徐沟、太谷、祁县、文水、交城、清徐 8 县归太原府，平遥、介休、孝义、汾阳 4 个县归汾州府(图 3-4，表 3-3)。

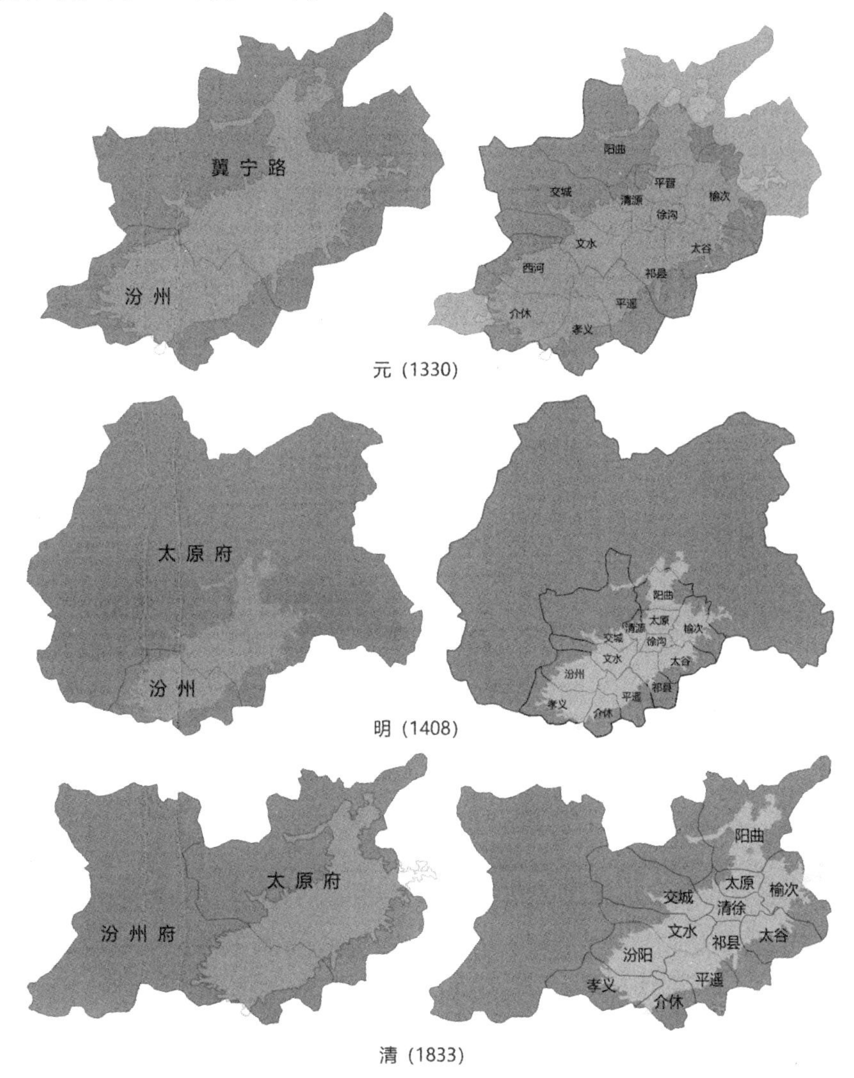


**图 3-4　行政区划(元明清)图**

资料来源：作者根据《山西省历史地图集》第 74-83 页整理绘制

表 3-3 元明清晋中盆地行政区划及建制表

| 时代 | 省级治所 | 路、府级治所 | 州、县级治所 | 州、县级治所 |
|---|---|---|---|---|
| 元(1330) | 中书省河东山西道宣慰司 | 冀宁路 | — | 阳曲、祁县、太谷、徐沟、榆次、平晋、清源、古交、文水 |
| | | | 汾州 | 平遥、介休、孝义、西河 |
| 明(1408) | 山西布政司 | 太原府 | — | 阳曲、太原、榆次、徐沟、太谷、祁县、文水、交城、清源 |
| | | | 汾州 | 平遥、介休、孝义、汾州 |
| 清(1730) | 山西省 | — | 太原府 | 太原、榆次、徐沟、太谷、祁县、文水、交城、清徐 |
| | | | 汾州府 | 平遥、介休、孝义、汾阳 |

来源:作者根据《山西省历史地图集》《中国历史地图集》等资料整理总结

## 3.2 晋中盆地历史城市形成特点

本节将根据主要影响晋中盆地历史城市形成的三大因素,对盆地内的城市结构进行重新组合。第一是中心性特点,该特点通过筑城、修城和历史事件的对照,明确在晋中盆地区域中最能体现中心性特点的城市群是太原及周边的城市;第二是近水性特点,该特点将对城市与水系的距离、城市应对水患的修筑进行分析,并结合第 2 章分析中区域内水患的分布,得出在晋中盆地区域内最能体现近水性特点的城市群是文峪河流域城市带;第三是流通性特点,该特点将对区域内不同时期道路的长度及票号的分布进行汇总,得出晋中盆地区域内最能体现流通性的城市群是太谷、祁县、平遥、介休。因此可以得出晋中盆地"一环两带"的城市空间结构。

### 3.2.1 以防御为主线——中心性

以地方志记载的晋中盆地历史城市的城池修筑记录为基础,将城池史料、战事等历史信息数字化,将历史事件与城池修筑事件进行对照,通过数据的分析,探讨历史信息背后的城市变迁规律,并说明在不同时期的防御视角下城池的修筑情况,通过分析,找到晋中盆地内主要以防御为主线的城市群。

图 3-5 为晋中盆地筑城、修城年代频率图,制图的数据来源于地方志等资料记载的创建城池和修筑城池的记录,从公元前 802—1900 年内,共有 167 次记录。图中的横轴表示的是筑城、修城的年代,纵轴表示工程的次数,黑色与白色交界线则表示工程的频率,斜率高则表示单位时间内工程多,斜率平缓则表示单位时间内工程量少。由图 3-5 可知,城池修筑的频率是快慢交替的,分为五个阶段,分别是

公元前 802—公元 580 年、581—1367 年、1368—1566 年、1567—1643 年和公元 1644—1900 年。表 3－4 展示了五个时间段对应的事件，以及事件发生的主要城市。第一阶段是春秋至魏晋南北朝，该阶段主要是城池的创建阶段。创建的原因是基于军事防御的需要。第二阶段是隋唐至宋金时期，该阶段战乱频繁，主要是城池的增建，城墙的加高和加厚，大部分集中于太原及太原南周边的城市。第三阶段是明初，主要是砖筑城墙、瓮城以及增筑关城，是防御体系的进一步完善，城池的修筑与蒙古族俺答率部南下的路线范围大致相同。第四阶段是明后期，主要是增加敌楼、敌台和角楼，范围涉及晋中盆地所有的城池，至此，城池的防御体系完备。第五阶段是清时期，该阶段主要是城池的局部维修和功能的改建，并没有大范围的增建。可见，战乱频繁的时期，也是城池修筑的频繁时期。

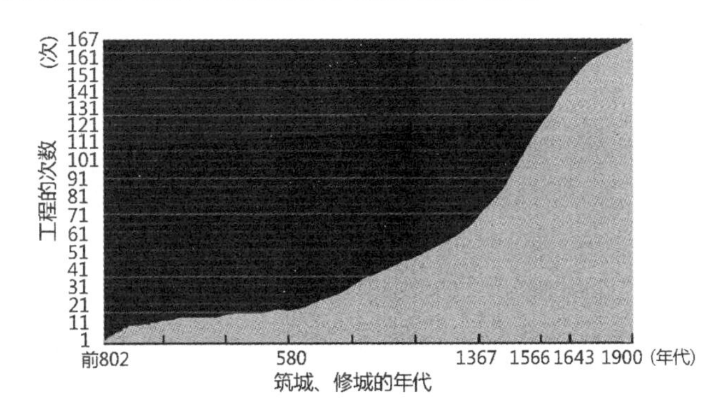


**图 3－5　筑城、修城年代频率图**

资料来源：作者自绘

**表 3－4　城池修筑阶段与主要历史事件对照表**

| 阶段 | 朝代 | 年代 | 主要战场 | 事件概要 |
| --- | --- | --- | --- | --- |
| 1 | 先秦 | 前 802—前 220 | 晋阳、榆次 | 韩、赵、魏三家分晋 |
|  | 秦汉 | 前 221—公元 220 | 晋阳 | 匈奴、赤眉、高句丽、鲜卑、赤眉军入侵 |
|  | 魏晋南北朝 | 234—580 | 晋阳 | 突厥入侵 |
| 2 | 隋唐 | 581—907 | 晋阳、清徐、榆次、太谷 | 突厥入侵 |
|  |  |  |  | 义宁元年(617)，李渊起兵 |
|  | 宋金 | 960—1234 | 晋阳、榆次 | 天宝十四年(755)，安史之乱 |
|  |  |  |  | 宋军进攻、金将围攻、蒙古兵围攻 |

续表

| 阶段 | 朝代 | 年代 | 主要战场 | 事件概要 |
| --- | --- | --- | --- | --- |
| 3 | 明 | 1368—1541 | 太原、交城、太谷、孝义 | 景泰六年(1455),鞑靼入侵 |
|  |  | 1542—1566 | 太原、榆次 | 嘉靖二十一年(1542),蒙古族俺答率部南下,进攻太原后南下 |
| 4 |  | 1567—1644 | 汾州、孝义、介休、文水、太谷、交城 | 隆庆元年(1567),俺答入侵 |
| 5 | 清 | 1644—1731 | 太原、清徐、太谷、榆次 | 顺治元年(1644),李自成率军入侵;顺治六年(1649),增建满洲城 |
|  |  | 1732—1900 | 太原 | 雍正十年(1732),驻扎绿营兵 |

资料来源:作者根据《山西省历史地图集》《山西通志》《山西通史》等资料整理绘制

综上所述,城池的创建和修筑是在出于防御的需要,并在变迁中不断完善发展的。根据城池修筑的内容将晋中盆地历史城市城池的修筑工程分为五类(表3-5)。五种工程分别对应不同的阶段和地域。由以上分析可知,太原及其以南周边的城池的变迁,是受战事影响最明显的区域,在战争的影响下,城池的修建和完善次数最多,也是晋中盆地区域内战事发生频率最高的区域。通过对晋中盆地历史城市变迁的分析,发现该区域城市形成和变迁的特点之一是以防御作为主线,即在战事的推动下,对城池及内部的结构不断完善。战事的频繁,也说明区域的重要性,因此区域的第一个特点是中心性。此外,万历《太原府志》对太原及周边城市的记载有:"榆次县,罕山北峙,涂水南潆,左枕太行之麓,右跨汾水之滨。重以深沟巨涧,极其险阻,而曲寨悬窑又足为避兵之所。""徐沟县,北望晋藩,南跨嵺峪,东倚太行,西临汾水""清源县,左挹清汾,右枕白石。地势平夷,土性泻卤。"《徐沟县志》中也有对徐沟的描述,"自汉以来,西北距晋阳不过三十里""凡争晋阳者,无论自何方来,必战于此"①。《山西通志》中对于榆次的记载有:"大河横其前,诸峰叠其后,深沟巨涧,为险阻之塞,悬窑名寨,为避兵之所"②;阳曲则是"汾流右绕而拖带,晋山西倚以张屏"③,是太原通往内蒙古、晋北的重要军事通道。由此可见该区域山水环绕,可攻可守,榆次、徐沟、清源、阳曲作为太原府城的军事屏障,发挥着极其重要的作用。因此,从城市地理的角度来看,太原府城及周边的县城榆次、太原、清源、徐沟县城同样是最能体现中心性的城市群。

① 刘文炳.徐沟县志[M].太原:山西人民出版社,1992:76.

② (明)李侃修,(明)胡谧.山西通志[M].山西省史志研究院,整理.北京:中华书局,1998:135.

③ 太原市地方志编纂委员会.太原古县志集全(上、中、下)[M].太原:三晋出版社,2012:35.

**表 3-5 防御视角下晋中盆地城池修筑工程分类表**

| 分类 | 修筑名称 | 修筑概要 |
| --- | --- | --- |
| 1 | 创建新城、移城 | 出于防御目的创建新城和城址的迁移。此类工程时间分布集中于第一阶段,比如,春秋晋阳城(今太原)、春秋大陵城(今古交),地域上则分布于太原城及周边,以及古湖昭余祁沿岸 |
| 2 | 城墙增高、加厚 | 该类工程主要是加强城池的防御目的,是出现频率最高的工程。工程时间分布主要集中于战乱频繁的第一、二、三阶段,地域上则分布于整个晋中盆地历史城市,明代后期至清,城墙的增高和加厚工程再没有出现过 |
| 3 | 砖砌城墙、城门 | 该类工程包括砖砌城墙、城门、关城、垛口,是对城池的加固,是工程量最大的工程。时间主要分布于第三、四阶段,地域上包括整个晋中盆地内的历史城市。砖的广泛使用,大大增强了城墙的防御性能 |
| 4 | 增筑关城、瓮城,增开城门 | 增筑关城是对原有城池范围的拓展,增筑瓮城是对城池防御性能的提高,增开城门是对城池交通功能的完善。关城和瓮城的增筑主要集中于第三、四阶段,主要包括太原及周边城市、汾州府城。增开城门主要集中于第二、三、四阶段,地域则集中于驿道连通的城市 |
| 5 | 增建敌台、敌楼、角楼 | 此类工程是增强城墙的防御能力,时间主要集中于第三阶段。工程分部区域涉及整个晋中盆地城市 |

资料来源:作者自绘

### 3.2.2 以防洪为主线——近水性

晋中盆地城市的起源和发展都以水系为基础,虽现在区域内的水体不充分,但从先秦至清代,水系促进了交通、经济的发展,从而促进了城市的发展。由图 3-6 可知,晋中盆地城市与水系的距离从商周时期起,得益于区域内的“九泽”,50%的城市都在距离水系 1 km 的范围内,但随着区域中主要水系汾河沿晋中盆地西侧和东侧频繁的迁移,以及人类改造自然能力的提升,到清光绪五年(1879),仅有 30%的城市在距离水系 1 km 的范围内。而汾河的频繁改道,受其影响最大的是文峪河支流,文峪河的频繁改道,使得该区域水患频繁,从而导致文峪河流域沿线的交城、文水、汾阳、孝义四个城市的近水性特点更为突出。

此外,由于洪水对于城池的破坏,除了城外防洪堤防设施外,历代都有针对防洪的城池改善,经过改善,增强其防洪能力。表 3-6 汇总的是志书等资料记载的城池针对水患的修筑记载。由表 3-7 可见,发现主要改进的方式有七种:一是城址的重新选择,迁城;二是城墙的改善,土城墙包砖;三是护城河的疏通;四是城门外增筑瓮城;五是增建水门、水洞;六是疏通街道沟道;七是开挖坑塘、城湖。这七种方式主要起到防御外部洪水侵入城内、把城内的渍水排除城外的作用。

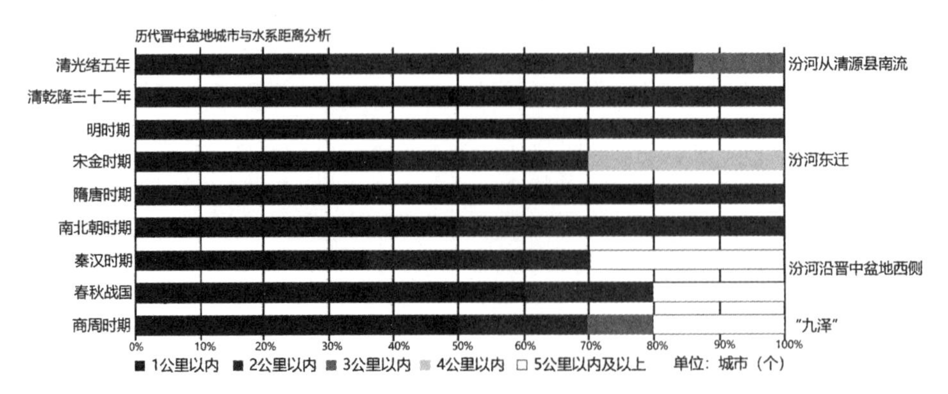


**图 3-6　各时期晋中盆地城市与水系关系分析图**

资料来源：作者根据《山西省历史地图集》《水经注》等资料整理绘制

**表 3-6　晋中盆地各城市城池防洪改进汇总表**

| 城市 | 城池改进描述 | 资料来源 |
| --- | --- | --- |
| 介休 | “明景泰元年，四门砖砌” | 康熙《介休县志》① |
| | “明，嘉靖元年，邑民董裳等砖甃北关门，树铁栅以泄水。”<br>“万历三年，知县康民砖甃东北关门，增筑圈墙。”<br>“崇祯十三年，邑人御史张煊奏准，外面易土为砖，知县徐擢、李若星董成之。”<br>“明，隆庆二年，知县刘旁重浚之。”<br>“国朝，乾隆三十四年，知县王谋文因河道久淤，自城南村疏至西濠达韩屯村，长二千七百二十二丈。”<br>“乾隆五十八年，知县徐大纬复浚濠两千余丈”<br>“嘉庆二十四年，修各堵水溜，重甃北关出水门；南门外炭渣堆积，起移以浚城壕；疏通城内东大街沟道，掘水洞深六尺，长五十丈，上下周围各砌以石。又买比邻董族之地三十亩，开挖池塘，备霖雨积水归焉。” | 嘉庆《介休县志》② |
| 清源 | “崇祯十四年，知县岳维桢增修，砖包一百一十丈。” | 顺治《清源县志》③ |
| | “万历十九年，又重开东门，建东关厢，挑壕深阔以资防御，西修白石堰，以防山水之冲。”<br>“乾隆十八年，知县高登陛修西北两门瓮城，西瓮城长十七丈，北瓮城十二丈，壬防白石水患。”<br>“西关旧城西近白石河，防以石坝，遇水涨即下木板堵之。” | 光绪《清源乡志》④ |

① （清）王埴，纂修. 介休县志[M]. 康熙版. 太原：山西人民出版社，2012：22.

② （清）陆元鏸，纂修. 介休县志[M]. 嘉庆版. 太原：山西人民出版社，2012：8-10.

③ （清）和羹，（清）王灏儒. 清源县志[M]. 顺治版. 王保玉，点校；清徐县地方志办公室，整理. 太原：山西人民出版社，1998：7-8.

④ （清）王勋祥，（清）王效尊. 清源乡志[M]. 光绪版. 谢琛香，郭维忠，李海峰，等点校，清徐县地方志办公室，整理. 太原：山西人民出版社，1998：65.

续表

| 城市 | 城池改进描述 | 资料来源 |
| --- | --- | --- |
| 徐沟 | "护城无池，但挖渠以防水患而已。"<br>"至国朝宣德八年，金水河泛涨，夜半从东门入，庙宇民舍淹没倾颓，止有北门尚存。景泰三年，知县李维新督工修治，至嘉靖十三年知县王怀礼重修，更加高厚，复凿隍限，内外顽固。且于城壕周匝并四门外官道两旁栽植柳树万有余株。"<br>"隆庆二年，创建东西南瓮城三座。万历元年，知县刘选于城外创筑堤堰，自社稷坛起至南坛止。"<br>"城内外俱有马道、水道、池堰。" | 万历《徐沟县志》① |
| | "城已固矣，仍无池也，光绪五年，勋祥莅任，当即督同绅民凿池于外，极深阔，栽柳数百株，严戒剪伐。金、嵺二水再涨，由池导之西流，达清源界入汾，庶永无水患哉。" | 光绪《徐沟县志》② |
| 汾阳 | "汾之城前创建后重筑，崇其墉，包其砖，池则引涧引泉，各从所便。"<br>"明景泰二年重修，加以池堑。"<br>"池，环四关曲折者，遇涧引涧，遇泉引泉。东北环汾，深广各数丈许。关际城处池宽七八尺，而仞深倍之，即垒浚土为之长堤。"<br>"至明万历元年(1573)，汾阳城墙外侧及顶面完成包砖，内侧为夯土结构，为防止雨水冲刷设置砖砌排水沟。" | 康熙《汾阳县志》③ |
| 平遥 | "明神宗三年，知县孟一脉用砖包城四面。"<br>"明神宗二十二年，知县周之度申请抚按动本县民壮，修筑东西瓮城者三，皆以砖石，自是金汤巩固。" | 康熙《平遥县志》④ |
| 太谷 | "国朝甲申己丑间……知县郝应第于城西北隅开水门一座。"<br>"乾隆二十八年，于四门城濠重加梳。" | 乾隆三十年《太谷县志》⑤ |

① (明)杨国桢，(明)王敖学. 徐沟县志[M]. 孙安邦，乔淑萍，袁建民，等点校，清徐县地方志办公室，整理. 太原：山西人民出版社，1998：162－163.

② (明)王勋祥，(明)李训昭，(明)戴鸿恩，等. 徐沟县志[M]. 石凌，陈应梅，焦树志，等点校，清徐县地方志办公室，整理. 太原：山西人民出版社，1998：284.

③ (清)周超，(清)贾若瑚，(清)樊之楷. 汾阳县志[M]. 张立新，贾平，点注. 北京：中国文史出版社，2006：53－58.

④ (清)王夷典. 平遥县志[M]. 康熙四十六年八券本. 太原：山西经济出版社，2008：71－72.

⑤ (清)高继允修，(清)姚孔硕，(清)涂逢豫. 太古县志・罕见中国地方志汇刊(第四册)[M]. 中国科学院图书馆选编. 北京：中国书店，1992：981－982.

续表

| 城市 | 城池改进描述 | 资料来源 |
| --- | --- | --- |
| 文水 | “宋元丰间，因水患徙置南沱村高阜处，即今治。” | 万历《太原府志》 |
| 文水 | “万历三年，知县郭宗贤暨县丞韩登始砌砖石。”<br>“壕深三丈，阔四丈”<br>“四门筑瓮城及重门” | 乾隆十二年《文水县志》① |
| 孝义 | “县城距汾河二十里远近，本地爽垲，独以无沟渠宣泄，每春夏淫潦，城中多淹浸，或于东南最低处穿城为水门，可无积水之患。” | 乾隆三十五年《孝义县志》② |
| 榆次 | “成化二十三年知县梁琮重修，始瓮以砖石，铁裹其门，于沿池堤上植柳以护之。” | 同治《榆次县志》③ |
| 太原 | “洪武九年永平侯谢成展东南北三面，周围二十四里……外包以砖，池深三丈。” | 道光《阳曲县志》④ |
| 祁县 | “万历五年，知县王牧始用砖瓮围广如旧，高又增之，计高三丈三尺，底阔三丈四尺，顶阔二丈二尺。八年，知县张應举撤东南二门楼，加建屑阁月城警铺诸舍，咸用增饰汭壕四面各深一丈，阔三丈，内墙一道高六尺，外堤一道高七尺，阔一丈，壕下植柳树两千余珠。” | 光绪《祁县志》⑤ |
| 交城 | 旧城被汾河、牛栏河冲毁，居民全部迁移，重选城址 | 乾隆《重修古交千佛寺》碑文 |
| 交城 | “嘉靖二十六年(1547)新开西门，挖护城池；崇祯十三年(1640)砖包城。……其城垣为避水患，西门南曲。北门东曲，城形似牛身，关形似牛首。” | 《交城县志》⑥ |

资料来源：作者自绘

① (清)傅星，(清)郑立功，等纂修. 文水县志(全二册)[M]//华北地区·第433号. 清康熙十二年刊本. 台北：成文出版社，1976：112-116.

② (清)邓必安. 孝义县志[M].(清乾隆三十五年)武国屏，马夏民，点注；王有名，审定. 北京：中国书店，1996：26-28.

③ (清)金福增，(清)张兆魁，(清)金锺彦. 同治河曲县志、同治榆次县志、光绪榆次县续志[M]//中国地方志集成·山西府县志辑(16). 南京：凤凰出版社，2005：67-70.

④ (清)费淳，(清)沈樹聲. 乾隆太原府志(二)、道光阳曲县志、道光太原县志[M]//中国地方志集成·山西府县志辑(2). 南京：凤凰出版社，2005：183.

⑤ (清)李芬，(清)刘发岏. 光绪祁县志[M]//中国地方志集成·山西府县志辑. 南京：凤凰出版社，2005：154.

⑥ (清)夏肇庸. 交城县志[M]//华北地区·第398号. 清光绪八年刊本. 台北：成文出版社，1976：121.

表 3-7 防洪视角下晋中盆地城池修筑工程分类表

| 分类 | 修筑名称 | 修筑概要 |
|---|---|---|
| 1 | 城址的重新选择 | 旧城彻底被洪水销毁后的异地重建 |
| 2 | 城墙的改善 | 该类工程是出现频率最高的工程，主要是对城墙进行加高和加厚，以及砖筑城墙。城墙又是紧急避险的高地 |
| 3 | 护城河的疏通 | 护城河一般与城市外的自然河流相通，该工程包括对护城河的疏通和加深 |
| 4 | 增筑瓮城 | 该工程虽是以提高城池的防御性能为目的，但同时也增强了防洪性能 |
| 5 | 增建水门、水洞 | 该工程也包括增开水洞 |
| 6 | 疏通街道沟道 | 因地制宜的街道沟道的开挖和梳理，有助于积水有组织地排出城外 |
| 7 | 开挖坑塘、城湖 | 用于不易将积水排除城池的低洼地带，起调蓄作用 |

资料来源：作者绘制

综上所述，通过对各县志书上城池部分内容的梳理和分析，可见城池的防洪系统是由碍水系统、排水系统和调蓄系统三部分组成。碍水系统是指防止水患注入城池，相对应的工程是第 2、4 类；排水系统是将城池内的积水有组织地排泄到城外水渠或河道中，相对应的工程是第 3、5、6 类；调蓄系统是对于洪水的储备和调节，相对应的工程是第 7 类。通过第 2 章的分析可知文水（今文峪河）流域的水患次数最多。因此，晋中盆地区域内最能体现近水性特点的是文峪河流域城市群，即交城、文水、汾阳、孝义这四座城市。

### 3.2.3 以交通为主线——流通性

由图 3-7 可知，晋中盆地区域中的主路从先秦时期便形成，而主路的规模有两个较大发展的时期：一是南北朝时期，主要服务于战事而进行的道路的增建；二是清时期，主要服务于政权和商业的道路的增建。最早的和最主要的驿道所经的城市位于晋中盆地的东缘，即太谷、祁县、平遥、介休四座城市，该驿道是晋中盆地连接南北的主要动脉，也是明清以来，晋商的主要商路和“万里茶路”的必经之路。虽然驿站主要是传达中央政府政令的邮传之路，但也成为重要的商旅之路，同时也成为连接各省府州县的交通干道。至清代以北京为中心的驿站网络，连通四面八方，每一驿站均备有夫、马、车、船。驿站网络的连通，促进了沿途商业的发展，商业依赖于城市的发展，而城市的发展也需要以商业为条件，晋商从事数百年的商品交易活动，对于沿途城镇的兴起和繁荣起到了积极的推动作用。

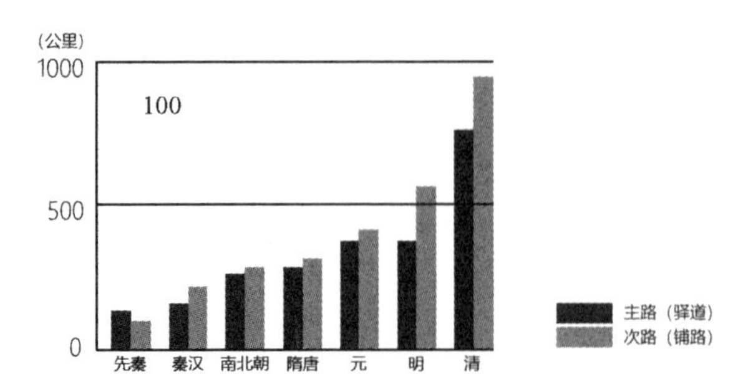


**图 3-7　晋中盆地不同历史时期不同等级道路长度图**

资料来源：作者根据《山西省历史地图集》《山西交通史》等资料整理绘制

山西商人在商品经营资本中，发展了货币经营资本，最早的经营资本形式是当铺，以后又有印局、账局、钱庄、票号。票号的出现，是晋商发展的巅峰阶段，道光四年(1824)，为了适应各地商号和个人之间兑换银两的需要，平遥商人雷履泰建立了全国第一家票号日升昌。清代时，山西票号的分布情况，由多到少，依次为平遥最多，有 24 家，祁县 21 家、太谷 21 家、太原 12 家、介休 9 家、曲沃 6 家、忻州 5 家、绛州 5 家、解州 5 家、大同 4 家、运城 4 家、汾阳 3 家、文水 1 家、交城 1 家等[①]。晋中盆地的太谷、祁县、平遥、介休，由于票号的兴起，也成为清代著名的金融城市。其中，太谷县，随着票号业的兴起，城内东街铺面林立，路面全用条石铺地，城中央是鼓楼，沿街均为深院大宅，这里“商贾辐辏，甲于晋阳”[②]。而祁县，至宣统二年(1910)，全县有各类商铺 1000 多家，其中县城 236 家，贾令镇 167 家，东观镇 114 家，子洪镇 42 家，来远镇 23 家，其余散布在各乡村[③]。平遥城内因集市贸易而筑市楼。这种市楼在当时十分罕见，由宏伟高大的市楼可见商业的繁盛，市楼有对联，“五行气正民生遂百尺楼高物象新，朝晨午夕街三市赞风桥台井上楼”。介休县则是“挟资走四方，山陬海澨皆有邑人，固繁庶之地也”[④]。因此，最能体现该区域流通性的城市是最早的驿道城市群，即太谷、祁县、平遥和介休四座城市。

① 黄鉴晖. 山西票号史[M]. 太原：山西经济出版社，1992：71-72.

② (清)郭晋，(清)管粤秀. 山西省太谷县志(全三册)[M]//华北地区·第 432 号. 清乾隆六十年刊本. 台北：成文出版社，1976：145.

③ 祁县地方志编纂委员会. 祁县志[M]. 北京：中华书局，1999：134.

④ 张赓麟，董重. 山西省介休县志(全三册)[M]//华北地区·第 399 号. 民国十九年铅印本. 台北：成文出版社，1976：190.

### 3.2.4 晋中盆地"一环两带"的城市空间结构

通过以上对于影响区域内城市变迁的主要因素,可对晋中盆地内的城市结构进行重组,由图 3-8 所示,是晋中盆地"一环两带"的城市空间结构,是以每个小区域中表现出影响城市变迁的最突出因素进行划分。其中,"一环"指的是太原、阳曲、榆次、清源和徐沟,该区域最突出的影响因素是战事,是整个晋中盆地区域中最重要的军事区,是战事最集中的区域;"两带"指的是晋中盆地西缘的文峪河流域城市带和东缘的驿道城市带。文峪河流域是整个晋中盆地区域中水患最频繁的区域,城市的发展和变迁受水系的影响最明显。而东缘的太谷、祁县、平遥、介休则是晋商的商路和整个晋中盆地区域商业最繁荣的区域。因而,以此为分组依据,将对晋中盆地历史城市结构进行重组分析。

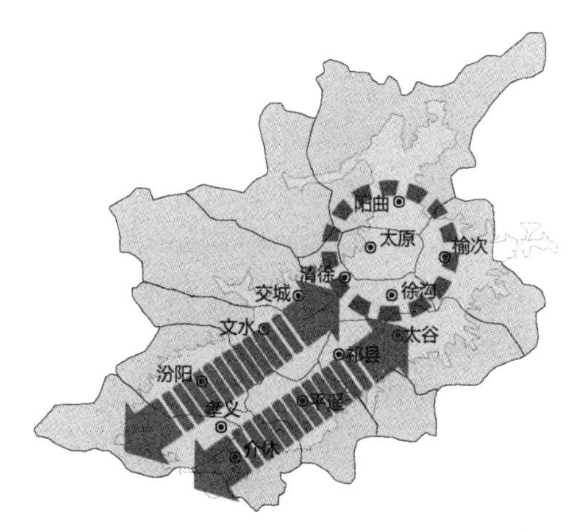


**图 3-8 晋中盆地城市空间结构示意图**

资料来源:作者自绘

## 3.3 防御视角下的城市变迁——太原及周边军事屏障

防御视角下的城市变迁,以太原及周边阳曲、榆次、清源、徐沟县为例进行分析,这五个县均属于太原府。首先以时间顺序,根据军事防御空间主导要素的不同,从先秦到清时期对城市防御空间的演变进行梳理,得出五个时期防御空间的不同特点;其次对明清时期该区域寨堡按行政区划进行变迁梳理,得出明、清时期不同行政单位寨堡分布的不同特点,进而分析其原因。

### 3.3.1 城市的防御空间演变

太原及周边城市的军事防御空间要素的构成，在历史发展的变迁中，逐步形成了独特的防御空间体系，根据空间的不同，由外到内可分为六点：第一，是自然的山水要素，包括山体、湖泊、河流、河谷等地形地貌，是军事防御的天然屏障，山水要素在各个历史时期都发挥重要的作用，尤其是春秋战国时期。第二，是关隘，即利用自然地理的优势，设置守卫所。“关，往来必由之要处；隘，险要之处”[①]，关也叫作岭、堡、陉、径、寨、峪、壁等，是以自然条件为基础的人造防御要素，包括城池、寨堡等。第三是防御中的军事传递要素，包括水陆交通、驿铺，作用是物资的运输和信息的传递。第四是城池防御要素，即城门、护城河、城墙，作用是阻碍和延缓入侵，城门可通过增建瓮城和关城的方式增强防御性能，而位于城墙外围的护城河，是城池防御的第一道防线。第五是城内防御建筑，根据城的不同级别进行设置，包括城守营、总督署、千户所、百户所等军事管理建筑。第六是城内街巷防御，即避免“十字形”的街道。这六种防御空间要素，共同构成了太原及其周边城市的防御空间，但这六个要素不是在同一时期形成的，而是在发展变迁中逐步完善的。根据军事防御空间主导要素的不同，将太原及周边防御空间的演变分为五个阶段：

1）春秋战国时期——山水防御空间为主“一核两带三线”

西周至春秋中叶之前，作为汾河谷地连接南北的必经之地，太原地区成为诸戎群狄游牧之地，他们和华夏族的晋国，保持着时战时和的关系。周景王四年（前541），诸戎群狄向晋国发动进攻，此次战役因为地势艰险而采用步战，至此，太原地区成为晋国疆域[②]。公元前500年—前497年之间，在汾河谷地，晋水北侧创建晋阳城。这是该区域最早的城池。该时期防御空间的特点是“一核两带三线”（图3-9），其中，一核指以晋阳城为核心；两带指晋阳城东西两边的山带，西山带包括蒙山、龙山等，东山带包括尖山、卧虎山、驼山、牢山等；三线指以晋阳为中心通往三个方向的三条路，往北的道路通往大同和塞外方向，往西南的道路通往汾阳和陕西方向，往东南的道路通往榆次和河北方向。由此可见，春秋战国时期，借助于河谷和山脉的地理环境优势，该区域就形成了“一核两带三线”的严密防御体系。其中“三线”体系，是下一阶段“三城”体系形成的基础。

---

① 王怀中，马书岐．山西关隘大关[M]．济南：山东画报出版社，2012：11．

② 山西省史志研究院．山西通志（第三十六卷）·军事志[M]．北京：中华书局，1993：65．

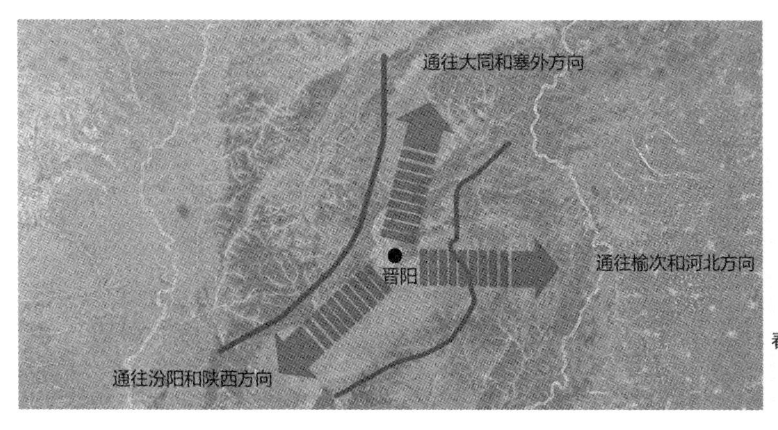


**图 3-9 春秋战国时期太原及周边防御设施图**

资料来源:作者自绘

2) 秦汉南北朝——“三城联合”防御空间的形成

公元前 221 年,秦统一天下,此时北方匈奴势力渐强,晋阳成为北方抗击匈奴的边防重镇。公元前 201 年,为防止匈奴南下,汉高祖以太原郡 21 县和雁门郡辖县改置为韩国,以晋阳为都城,同年,匈奴占领晋阳城,次年,汉高祖率军夺回晋阳。该时期太原地区得益于道路交通的优势,形成“三城联合”的防御空间(图 3-10),三城指的是晋阳城、榆次城、梗阳城(今清徐县),三者鼎足而立,晋阳城位于汾水上游及南北交通的必经之路上。榆次城位于太原东南处,东至井陉进入河北。东汉建武十四年(38),为防匈奴、乌桓南下,将军马成在太原至井陉一线沿途修堡垒。梗阳城则顺着汾河河谷南下,位于晋阳城的西南处。新形成的“两城”则是晋阳通往西南、东南两个方向上的主要防守点。

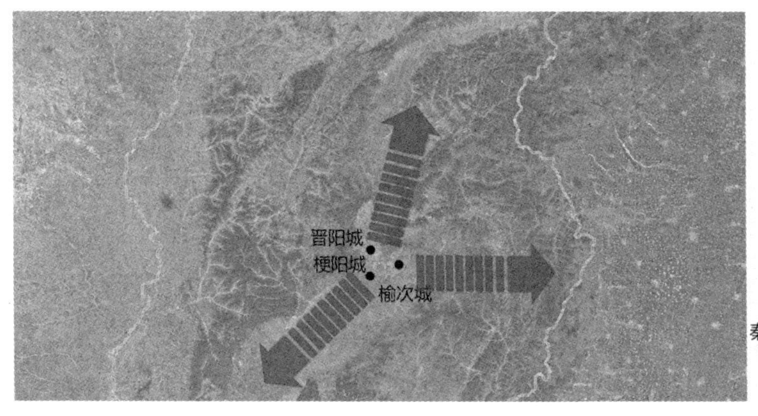


**图 3-10 秦汉南北朝时期太原及周边防御设施图**

资料来源:作者自绘

3) 隋唐时期——晋阳城池防御空间的鼎盛、“防御城市环”的形成

隋开皇十六年(596),在晋阳、榆次两县的部分地区新置清源县,县治设在梗阳旧城(今山西清徐县清源镇)。隋大业十三年(617),李渊在晋阳设大将军府,并在军门前竖起白旗誓师,宣布讨隋,率长子李建成、次子李世民向关中进发,攻克长安。周天授元年(690),武则天称帝,该国号为周,晋阳被称为北都。此时的晋阳城,经过历代的扩建和加固,异常坚固,北宋在围攻南方诸国时,都是一次成功,只有在围攻晋阳城时,损失惨重,久攻不破。而此时的晋阳城周边,形成了以晋阳城为中心的“环状”防御城市空间格局(图 3-11)。“防御环”中的城市分别有古交、阳曲、榆次、清源、交城。

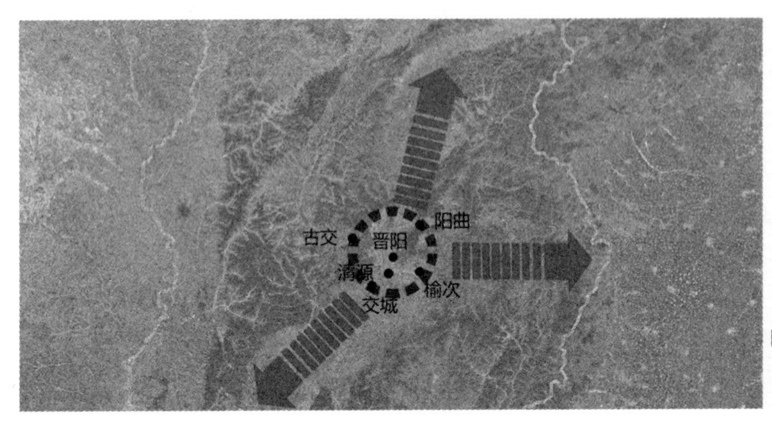


**图 3-11　隋唐时期太原及周边防御设施图**

资料来源:作者自绘

4) 宋金时期——“一城三寨”,太原新城与代州寨堡联合防御

北宋经过长达十年的进攻,终于夺取太原,收复太原后,为了防止日后再次依靠北边的少数民族的势力形成格局,便对易守难攻的太原府城进行大火焚烧,这是防止前朝分裂势力卷土重来的政策。“毁太原旧城,改为平晋县。以榆次县为并州。”①,可见,晋阳城被毁之后,该区域设为平晋县,而并州治所则移至榆次。榆次在太原府城东南六十里,因此,对于北宋来说还是失去了这一军事缓冲和守卫的重地,榆次不足以代替晋阳城的地理位置。在宋辽对峙中,直接受到了辽的威胁。为了防御的需要,也出于地理条件的优势,晋阳城又被规划到城池建设中。新城名为太原城,在旧城以北约四十里的汾河东岸重建后,公元 1059 年,恢复成为府城。又在府城以北、雁门关以南修建寨堡,府城与寨堡相互配合,此时的太原府,作为军需后方,形成联合防御体系,共同应对雁门关外的北方少数民族的入侵。公元 1125 年,金军南下,太原又作为都城开封的军事屏障,对中央政权的稳定起决定作用。而此

① 徐松.宋会要辑稿[M].北京:中华书局,1957:7407.

时的太原新城周边，针对该时期应对北方少数民族入侵的防御需求，形成了以太原府城为核心，与北边代州寨堡联合防御的区域空间格局(图 3-12)，代州的寨堡有雁门寨、西陉寨、胡峪寨①。可见府城太原的防御范围已增至代州。

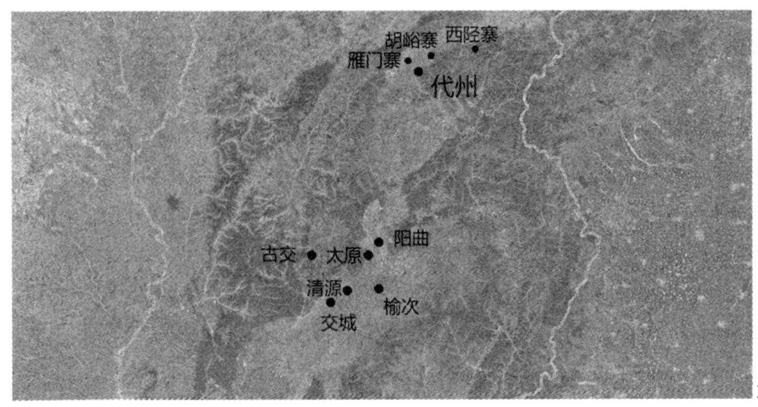


**图 3-12 宋金时期太原及周边防御设施图**

资料来源：作者自绘

5) 明清时期——都司卫所制度设立，城堡寨防御设施完善

明初，明太祖朱元璋在统一全国的过程中，“度要害之地，系一郡者设所，连郡者设卫所”②，即在军事要害之地，设立卫所。都司卫所制度是明代的基本军事制度。明朝为抵御蒙元势力南下侵扰，除在北方设置了九边重镇，太原府还设置了太原前卫、太原左卫、太原右卫等军事卫所，同时又在重要防御和交通节点处设立寨堡，例如明万历三年(1575)，太原北部的新城村和新店村，其地理位置平坦，不利于防御，作为防御体系的补充，修建了永安堡和永宁堡，两堡相互呼应，以备战时共同夹击来犯之敌。而位于阳曲县黄寨镇城晋驿村的成晋驿堡，是太原北部的出口，重要的交通节点，同时也是驿铺和集镇的所在地。该时期城寨堡的修建，是防御空间格局的完善。而都司卫所制度的设立，是军事制度的完善。如图 3-13，此时的太原府城，位于阳曲县治，县治内有太原三卫，府城与边镇形成联合防御空间，其中包括太原府城以南的文水县、交城县、清源县、太原县、祁县、徐沟县、太谷县、榆次县、榆社县、和顺县、寿阳县、乐平县。太原府城以北的平定州、代州、忻州、岢岚州、宝德州，县级治所有盂县、五台县、定襄县、岚县、静乐县、兴县和河曲县，军事防御寨堡则集中于边境处(图 3-14)，有平型堡、利民堡、马站堡、罗卷堡、五岔堡等。由此可见，明万历时期的太原府城，已具有完善的“城寨堡”军事设施体系，太原府城，不仅仅是太原府的指挥中心，也与边镇形成完整的防御体系。

---

① (清)吴重光. 代州志[M]. 台北：台湾中华书局，1968：205.

② (清)张廷玉，等. 明史[M]. 北京：中华书局，1974：2193.

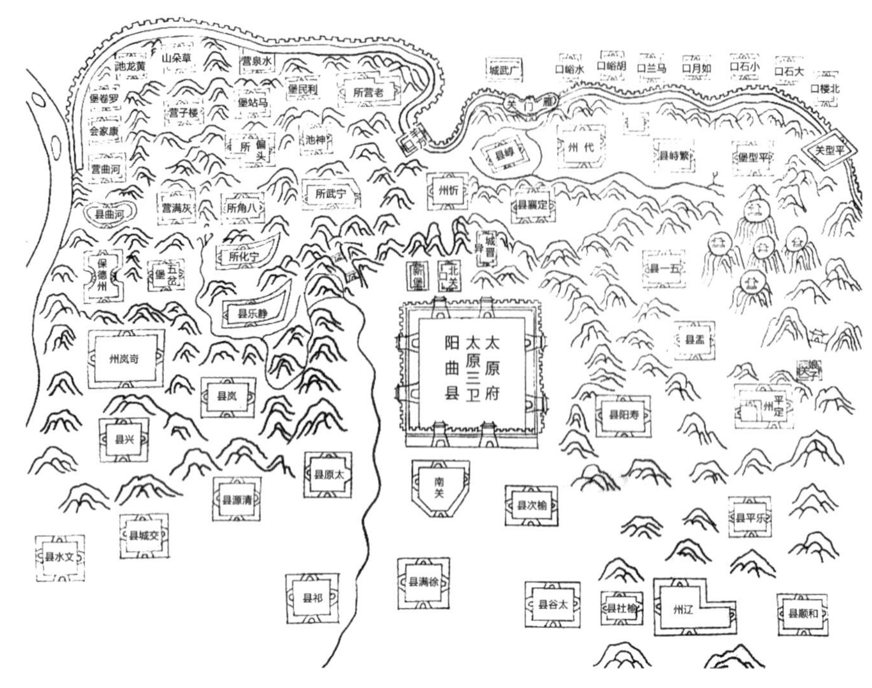


图 3－13　太原“三卫”图

资料来源：万历《太原府志》

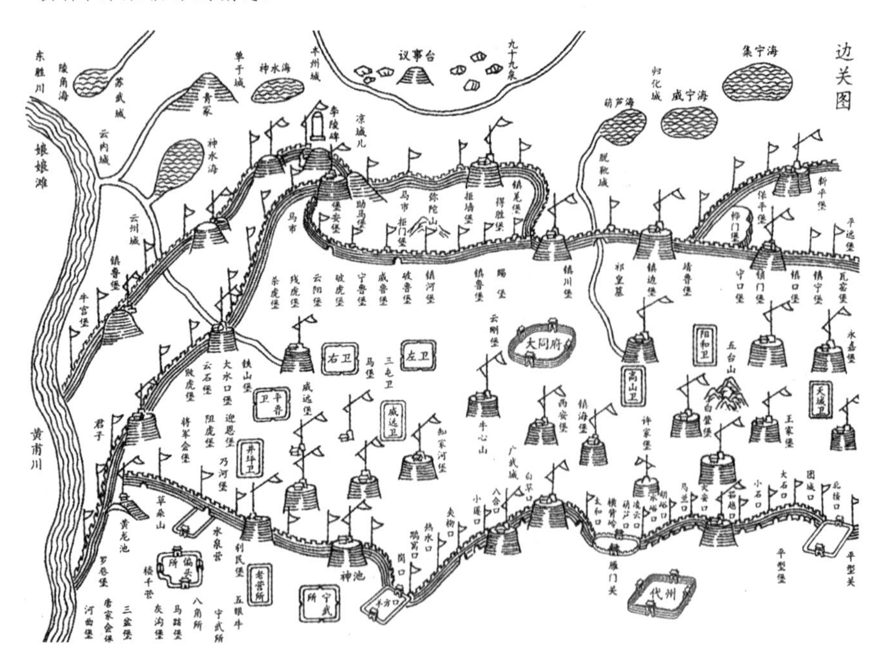


图 3－14　山西边关图

资料来源：雍正《山西通志》

该区域城、寨、堡以及关隘、渡口、驿站等军事防御设施的分布特点有以下三点：一是利用高地势，充分利用山体和险崖，例如阳曲县的天门关，位于县西北六十里乾烛谷，山崖险峻；二是对于交通要道的控制，如太原县境内的小店堡、董茹堡、西寨堡均位于驿道所在之处，而太原县境内的王郭村堡、姚邵堡则位于河谷之处，这些地方地势较为平坦(图 3－15)；三是对于水源的控制，由榆次、徐沟、清源三县的县境图可见(图 3－16，图 3－17)，寨堡的选址均靠近水源。

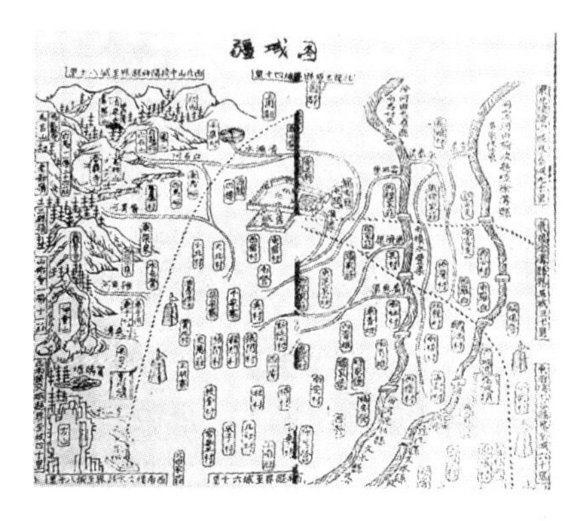

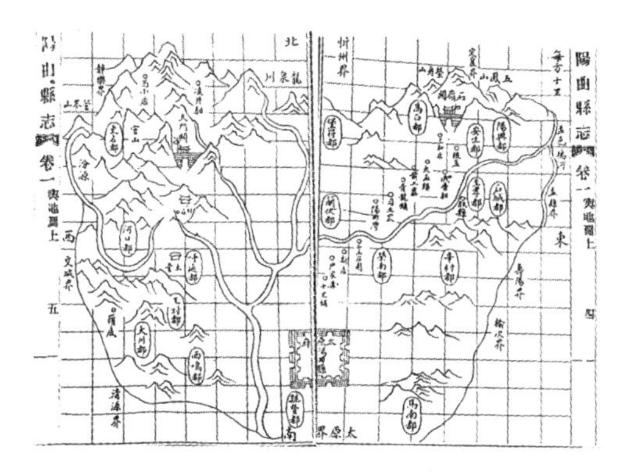

**图 3－15 清源县疆域图、阳曲县疆域图(寨堡示意)**

资料来源：光绪《清源乡志》、道光《阳曲县志》

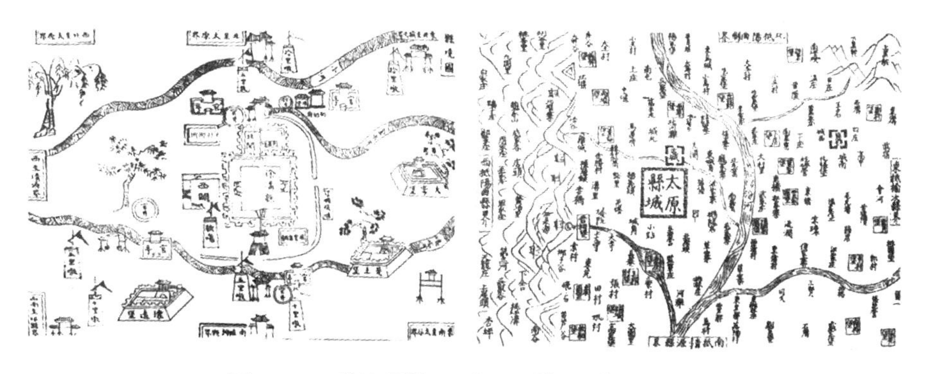

**图 3－16 徐沟县境图、太原县境图(寨堡示意)**

资料来源：明万历四十年《徐沟县志》、明嘉靖三十年《太原县志》

根据统计和分析，由表 3－8，可知，明清时期太原(图 3－18)、榆次(图 3－19)、徐沟(图 3－20)、清源(图 3－21)和阳曲五县的寨堡，是逐步增加的。其中寨堡最集中、增加最明显的是阳曲县(图 3－22)。阳曲县的防御设施中，最重要的是天门关和石岭关，为晋中盆地北出口处的防守要地，“天门关，西北六十里乾烛谷，路通旧

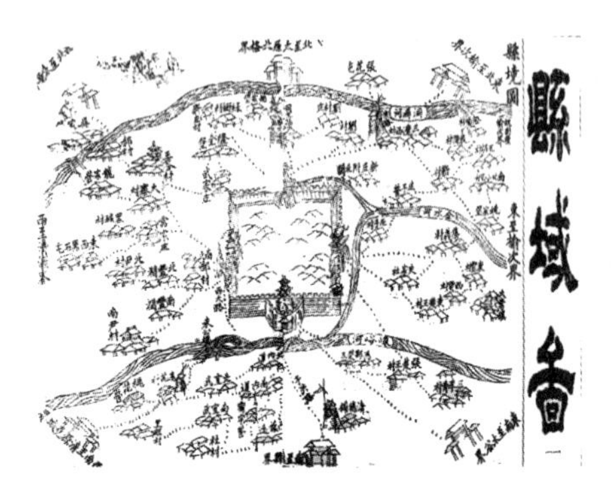

**图 3-17　徐沟县境图、榆次县境图(寨堡示意)**

资料来源:清光绪七年《徐沟县志》、同治《榆次县志》

岚、管州"①,天门关处有全民堡、西山石寨等寨堡作为辅助防守点。又根据《金史·地理志》记载:"阳曲镇五:阳曲、百井、赤塘关、天门关、凌井驿。"而石岭关是并、代、云、朔州要冲之路,"旧有戍兵,金置酒官,后废,置巡查司。明万历二十一年,巡抚魏允贞以关岁久倾颓,修筑砌石。"自唐起,"并州大总管长史窦静请断石岭以为障塞,便于固守。"而位于府城西北出口处的太原县,其主要防御要素有位于县治西北的晋祠堡,"高一丈七尺周三百丈。宋太平兴国四年,曹翰从征太原,军中乏水。城西十余里谷中有娘子庙,往祈之,穿渠得水,人马以给。顺治六年五月,姜建勋围太原城。王师自大同府南援……退保晋祠堡。"还有位于县治以北的东庄水堡、以东的小店堡、以西的北堰寨等,这些寨堡均建于明时期。榆次、徐沟、清源的寨堡,在明时期已经形成了基本格局,即位于县治的四个方向均有防守,明后期至清,寨堡数量明显增加。到清时期(1730),该区域的城、寨、堡至少有 222 座,大多数集中在太原府城以北的交通要道处(图 3-23),原因是北宋时期防御少数民族入侵的需要。这五个城市中,最靠北的是阳曲县,堡的数量占 55%,寨的数量高达 90%,该区域是北宋政府北伐的战场,因此寨堡的分布比较密集,形成严密的防御体系。而榆次作为府城太原的东南大门,堡寨的数量分别占 15%和 6%,徐沟和清源则位于太原府城的西南,基本无战事,因此寨堡数量也较少,且分布不集中(表 3-9)。

① 太原市地方志编纂委员会. 太原府志集全[M]. 太原:山西人民出版社,2005:244.

表 3-8 清时期太原、榆次、徐沟、清源、阳曲的防御要素汇总表

| 城市 | 分类 | 名称 |
| --- | --- | --- |
| 阳曲 | 关隘 | 天门关、赤塘关、石岭关 |
|  | 渡口 | 汾河渡 |
|  | 驿站 | 凌井驿 |
|  | 寨堡 | 东北(69):南窊寨、古坛寨、槽闯寨、席子寨、神脑寨、贾家脑寨、瓮窑头寨、下岭寨、井沟寨、李家脑寨、凤头寨、土怀沟寨、会沟寨、北山寨、西黄水寨、成晋寨、直峪二寨、古寨、黄土东堡、黄土西堡、黄土北堡、凌云寨、小寨、小冈头寨、南留堡、南潘围堡、北潘围堡、中潘围堡、保安堡、莎沟堡、清水寨、王家堡、东沟寨、莲花寨、大汉寨、常峪寨、范家寨、丽泽堡、郑家寨、段家寨、张家寨、燕翼堡、般盂堡、清泉寨、百家寨、兵家堡、实心堡、李家堡、智家堡、永宁寨、长屏堡、辛庄堡、武家寨、永宁堡、西沟寨、河庄堡、万家寨、万安堡、安生堡、磐石堡、六郎寨、温川堡、杨庄寨、平里村寨、鄯都村寨、天王寨、常平堡、贾庄寨、生民堡<br>西北路(24):保宁寨、保安堡、太平堡、合成堡、固碾堡、翟村堡、兰村堡、石堡、计安堡、下温堡、西村堡、上薛堡、朝阳寨、丹凤寨、镇城村堡、永安堡、西山石寨、全民堡、安民堡、扫峪寨、西小店堡、官庄堡、柳林寨、永安寨<br>东南(7):高阳寨、南山寨、大兴寨、旧保德寨、新保德寨、蛟龙寨、永宁寨<br>西(14):三给堡、摄乐堡、芮城堡、永安堡、隆盛堡、军实堡、义勇堡、安宁寨、极乐寨、石窑寨、石槽寨、河口寨、小峪寨、白道堡<br>北(39):永宁堡、永安堡、西留堡、东留堡、南留堡、东高庄寨、西高庄寨、皇后园寨、马家寨、蔡家寨、蒲佗寨、永昌堡、双龙寨、祥和堡、碧天寨、卧龙寨、乾健寨、坤贞寨、崇德堡、宝善堡、周家堡、东堡、西堡、思西堡、清凝寨、傅家窑寨、茄东寨、南路堡、北路堡、石堡、权家寨、岔上寨、西营寨、龙泉寨、归朝寨、哆啰寨、百家堡、张家堡、孟家寨 |
| 太原 | 渡口 | 南屯渡 |
|  | 寨堡 | 晋祠堡、东庄水堡、老军营堡、义井堡、南堰堡、小店堡、董茹堡、西寨堡、王郭村堡、姚邵堡、永安堡、永宁堡、孙家寨堡、故驿堡、枣庄堡、南格堡、辛村堡、西贾堡、贾家寨堡、张花堡、枣园头堡、巩家堡、郑村堡、嘉节堡、许东堡、北偃寨 |
| 榆次 | 驿站 | 鸣谦驿 |
|  | 寨堡 | 怀仁堡、什贴堡、马村堡、长寿堡、东阳堡、张庆堡、使赵堡、使赵北堡、使赵南堡、郭家堡、上营堡、永康堡、开白堡、陈胡堡、胡乔堡、杨盘堡、源涡堡、东郝堡、砖井堡、圣贤寨、麓台寨、杨壁寨、训谷寨、谷头寨、六台寨 |
| 徐沟 | 驿站 | 同戈驿 |
|  | 寨堡 | 北关土堡、大常堡、楚王堡、怀远堡、高花堡、辽西堡、集义堡、靳村堡、小王堡、隆全堡 |
| 清源 | 寨堡 | 西南:油房堡、柴家寨、牛家寨、王明寨<br>东南:西堡、师家堡、杨家堡<br>南:新堡 |

资料来源:作者根据《晋中市志》《太原府志》《山西通志》《清源乡志》《阳曲县志》《徐沟县志》等资料整理绘制

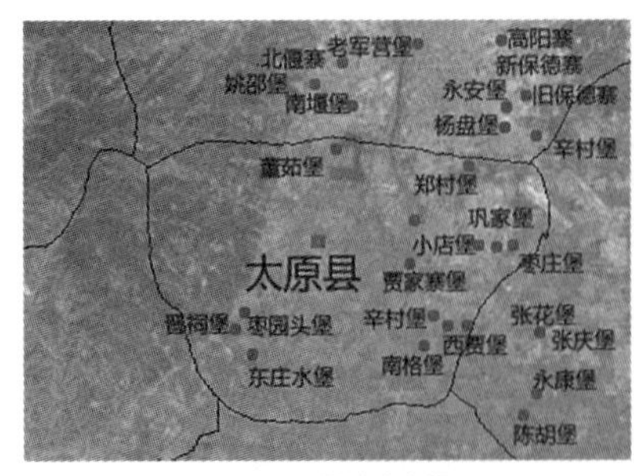


太原县明代（1408）防御要素分布图

太原县清代（1730）防御要素分布图

**图 3－18　太原县明清时期防御要素变迁图**

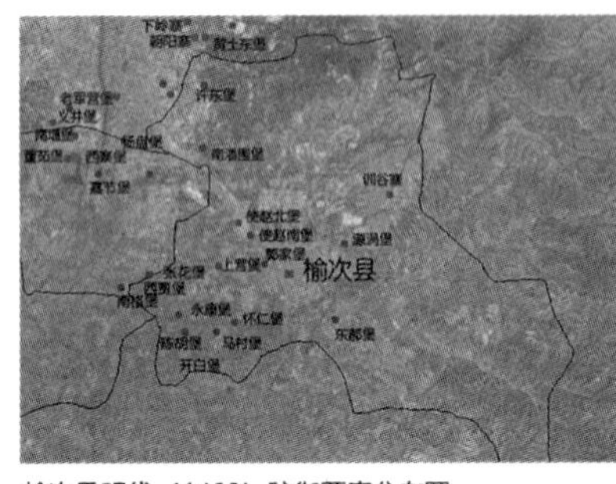


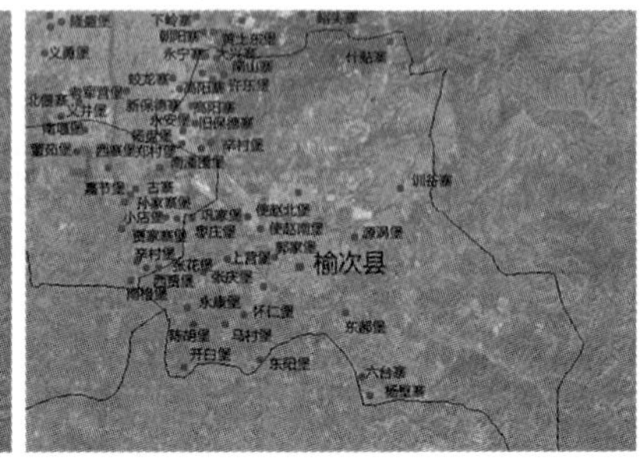


榆次县明代（1408）防御要素分布图

榆次县清代（1730）防御要素分布图

**图 3－19　榆次县明清时期防御要素变迁图**

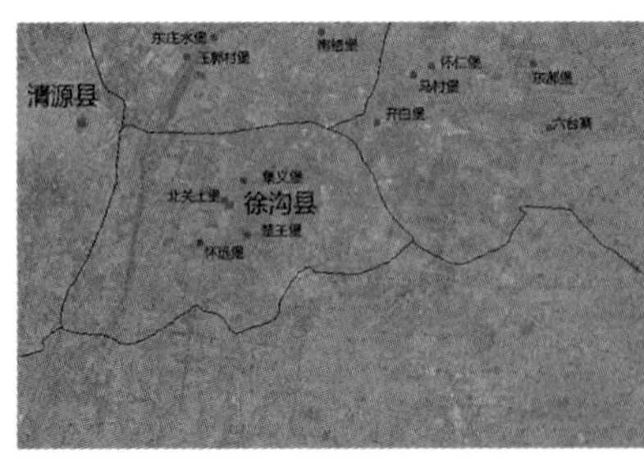


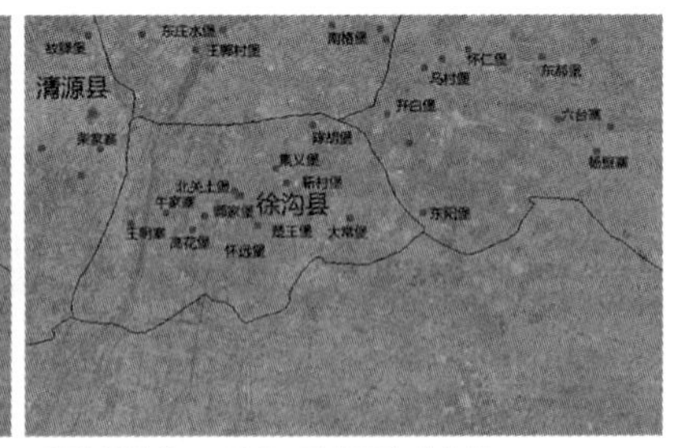


徐沟县明代（1408）防御要素分布图

徐沟县清代（1730）防御要素分布图

**图 3－20　徐沟县明清时期防御要素变迁图**

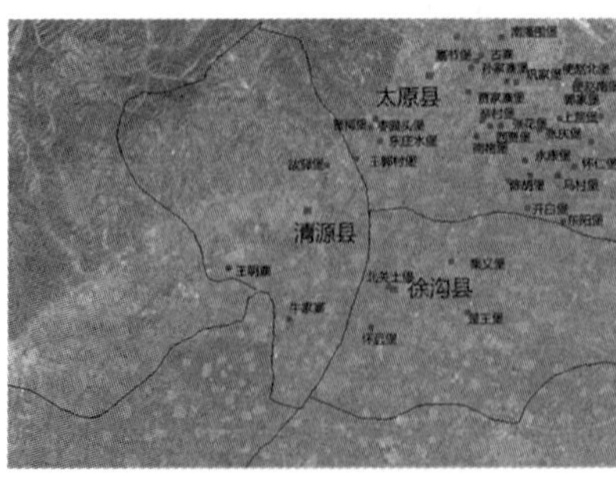


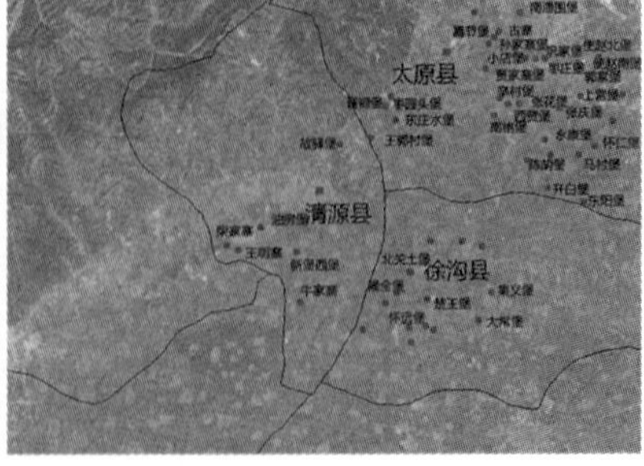


清源县明代（1408）防御要素分布图

清源县清代（1730）防御要素分布图

**图 3－21　清源县明清时期防御要素变迁图**

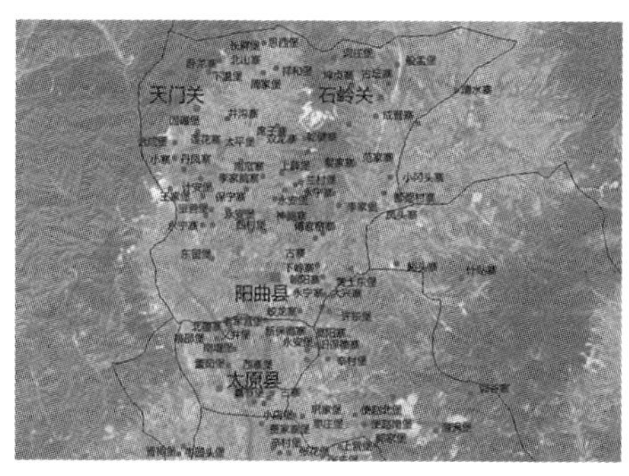


阳曲县明代（1408）防御要素分布图

阳曲县清代（1730）防御要素分布图

**图 3-22　阳曲县明清时期防御要素变迁图**

资料来源：作者根据《晋中市志》《太原府志》《山西通志》《清源乡志》《阳曲县志》《徐沟县志》等资料整理绘制

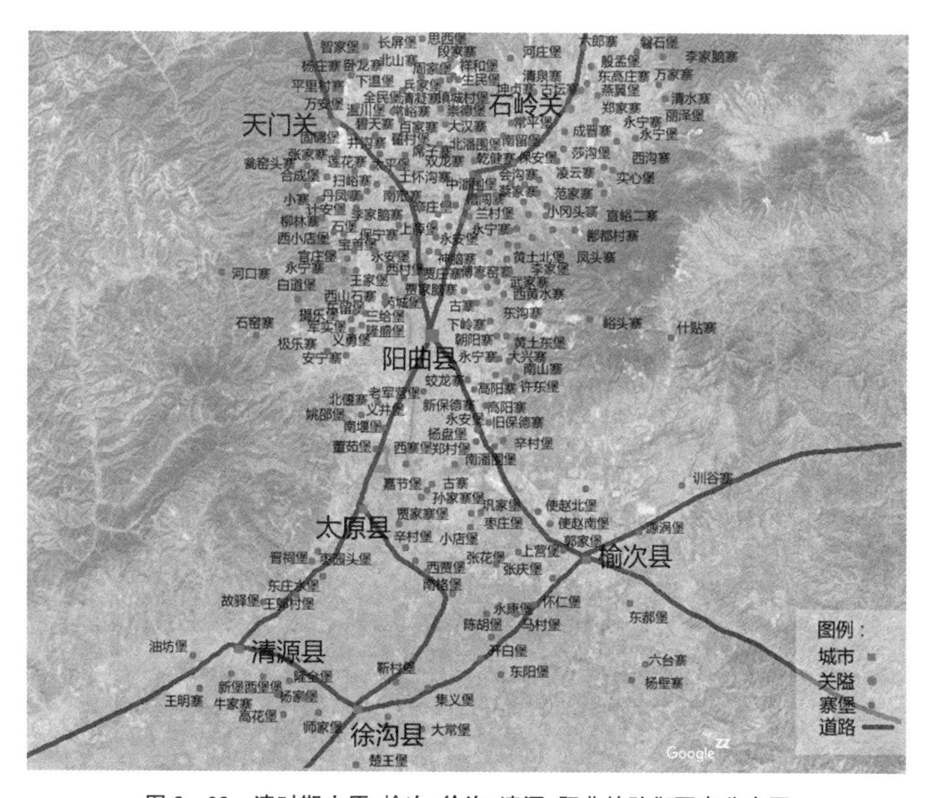


**图 3-23　清时期太原、榆次、徐沟、清源、阳曲的防御要素分布图**

资料来源：作者以 BIGEMAP 作为资源，参考《晋中市志》《太原府志》《山西通志》《清源乡志》《阳曲县志》《徐沟县志》等资料整理绘制

**表 3-9 清时期太原、榆次、徐沟、清源、阳曲城寨堡空间分布表**

| 城市 | 城 | | 堡 | | 寨 | | 合计(个) |
|---|---|---|---|---|---|---|---|
| | 数目(个) | 比例(%) | 数目(个) | 比例(%) | 数目(个) | 比例(%) | |
| 阳曲 | 1 | 20 | 67 | 55 | 86 | 90 | 154 |
| 太原 | 1 | 20 | 21 | 18 | 1 | 1 | 23 |
| 榆次 | 1 | 20 | 18 | 15 | 6 | 6 | 25 |
| 徐沟 | 1 | 20 | 10 | 8 | 0 | 0 | 11 |
| 清源 | 1 | 20 | 5 | 4 | 3 | 3 | 9 |
| 合计(个) | 5 | 100 | 121 | 100 | 96 | 100 | 222 |

资料来源:作者根据《晋中市志》《太原府志》《山西通志》《清源乡志》《阳曲县志》《徐沟县志》等资料整理绘制

总之,凭借自然山水的地理优势,太原周边城市的防御空间在演变的过程中逐步完善,地区特点突出。军事防御设施演变的特点:一是区域城池的布局以自然山水、道路为依托,主要体现在春秋战国时期和南北朝时期,春秋战国时期,首先,区域内最早的城市是晋阳城,"地处参墟,城临晋水。作固同于西蜀,设险类于东秦"①,由于自然山水优势而形成晋阳城。其次,在晋阳城与外界连通的东南和西南两个方向,分别形成榆次和梗阳两个城市,榆次则远以寿阳、太谷、和顺三县为屏障,"连山拱峙乎东北,二水流润以交萦"②,而梗阳则是后来的清源和徐沟二县。二是区域内的城池与周边寨堡的联合防御,主要体现在宋金时期的太原新城与代州寨堡防御体系,即该区域的防御,不仅仅防御区域内的阳曲、太原、榆次、清源、徐沟这五个城市本身,而逐步作为防御的指挥中心,控制更大的区域。三是太原周边城市的寨堡等防御要素分布在交通要道、地势险要或地势平坦、有丰富水源的地方。综上所述,太原及周边城市的防御空间是在地理的优势下逐步扩大防御范围,而形成"城寨堡—关渡驿"相互配合的严密的防御体系。

### 3.3.2 军事卫所设置演变

卫所制度是明朝的兵制,以卫所作为军队基层组织。5600 人为一卫,长官为"卫指挥使";1120 人为一千户所,长官为"千户";112 人为百户所,长官为"百户"。每卫有前、后、左、右、中 5 个千户所,1 个千户所有 10 个百户所。百户所下设 2 个总旗,各有小旗 5 个,小旗是最小的军官,领军士 10 人。"凡卫所皆隶都司,而都司

① 太原市地方志编纂委员会. 太原府志集全[M]. 太原:山西人民出版社,2005:673.

② 清徐县地方志编纂委员会. 清徐县志[M]. 太原:山西古籍出版社,1999:34.

又分隶五军都督府"①，可见卫所隶属于都指挥司，都指挥司分属于中央五军都督府。另设有守御千户所，"其守御千户所，不隶卫，而自达于都司"②，可见守御千户所，不隶属于卫指挥使，而是直属于都指挥司（图 3－24）。明代山西的军事管理分为两个区域，洪武八年（1375）前，是以太原、大同都卫来统辖卫所，之后称为山西都司和山西行都司，两者以偏关—宁武—雁门一线的长城为界，山西都司离边防较远，主要维护当地的治安，而山西行都司处于北方前线，主要职责是防御蒙古各部的侵扰。

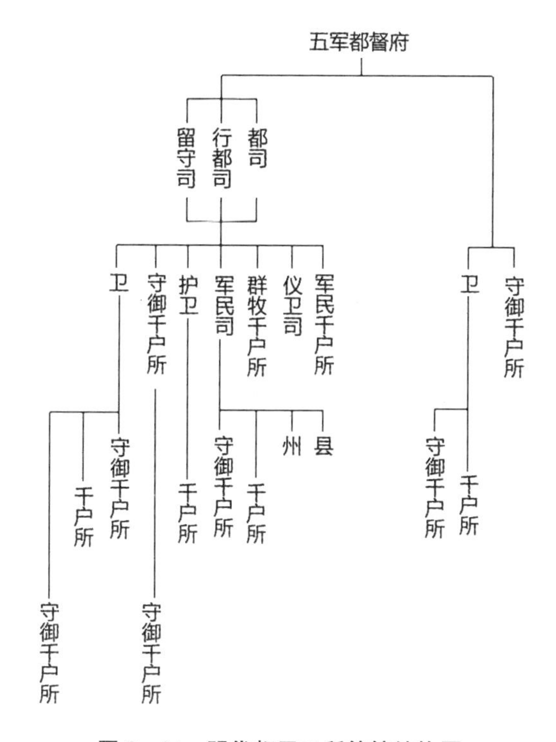


**图 3－24 明代都司卫所管辖结构图**

资料来源：《中国行政区划通史（明代篇）》③

山西都司是太原都卫的前身，其所辖卫所分布特点：一是重边防；二是与交通线路有关，以晋中盆地内的太原为中心，沿汾河南下，是通往关陕、河洛的要道。洪武元年（1368）在攻占潞州后，设立潞州卫和泽州守御千户所，控制了河南与太原间的交通。此外，薄州守御千户所、平阳卫分别位于晋南盆地的南端及汾河谷地，是

① （清）张廷玉，等．明史［M］．北京：中华书局，1974：1874．

② （清）张廷玉，等．明史［M］．北京：中华书局，1974：1875．

③ 郭红，靳润成．中国行政区划通史（明代卷）［M］．上海：复旦大学出版社，2005：255．

山西、陕西、河南联系的孔道。其中太原府是山西面积最大的府级政区，洪武三年(1370)设立了太原左、右、前三卫。洪武四年(1371)太原都卫成立，下辖太原左、右、前卫、潞州卫、泽州卫、平阳卫和薄州守御千户所。到洪武八年(1375)，太原都卫改为太原都司，由于不断有元将南下侵扰宁武和雁门一带，因此在北边又增设了振武卫和镇西卫以控制雁门一带。从洪武九年(1376)到明末，又增设晋府护卫、沈府护卫和汾州卫。该时期，也是都司辖区变化最大的时期，洪武九年(1376)设潼关卫后，在河对岸的薄州守御千户所改归旗下，不再隶属于山西都司，并于永乐六年(1408)改直隶中军都督府；东南部的泽州守御千户所，于洪武十一年(1378)改为宁山卫后，隶属于河南都司，又于永乐七年(1409)直隶后军都督府；洪武二十四年(1391)设置的平定守御千户所也于永乐十七年(1419)改直隶后军都督府。卫所的隶属变化，使得山西都司、河南都司和后军都督府直隶卫所在军事上的相互牵制，而位于各省交界要地的薄州守御千户所和平定守御千户所，在改为直隶中军及后军都督府后，中央对于地方的控制明显增强。这也是卫所制度发展逐步完善的标志。除上述卫所外，洪武后期，山西都司为了地方治安，还增设了宁化守御千户所、沁州守御千户所、雁门守御千户所和汾州守御千户所，其中，沁州守御千户所位于太原至潞安的道路上。至宣德二年(1427)，山西都司共有 7 卫、3 都司辖守御千户所，2 卫辖守御千户所，7 卫分别是太原左卫、太原右卫、太原前卫、潞州卫、平阳卫、振武卫、镇西卫，3 都司辖守御千户所是宁化所、沁州所、汾州所，2 卫辖守御千户所是磁州所和雁门所。弘治七年(1494)，将汾州守御千户所改为汾州卫，为了防止蒙古军的入侵，又增设了保德守御千户所、偏关守御千户所、宁武守御千户所、八角守御千户所和老营堡守御千户所，5 所均分布于内长城一线。与振武卫、雁门守御千户所一起构成了北方防线。另外还有一些卫所，打破了行政区划的界限，虽然设置在山西境内，但不隶属于山西都司，如蔚州卫和广昌千户所隶属宣府万全都司，泽州的宁山卫和薄州千户所、平定千户所隶属于北平都司。

而山西行都司是大同都卫的前身，最早设立的卫所是洪武三年(1370)正月设立的蔚州卫和大同左卫、大同右卫，八月又在朔州设立朔州卫。改名之始，行都司下辖蔚州卫、朔州卫、东胜卫、大同左卫、大同右卫和大同前卫及官山卫、察罕脑儿卫、失宝赤诸守御千户所。洪武八年(1375)至建文初，是山西行都司卫所设置的鼎盛期，大部分卫所都形成于该时期。洪武十二年(1379)起，一直到洪武二十五年(1392)之前，北方不断遭受蒙古人的进攻，频繁战乱的阶段，卫所是主要的军事力量。洪武二十五年(1392)后，在形势区域稳定时，卫所适合于该地的日常防守，因此也开始广置卫所。洪武二十六(1393)年二月，“置大同后卫及东胜左、右、前和云川、镇虏、宣德七卫于大同之西，皆筑城置兵屯守”①，这是行都司设卫最多的一年。此后，洪武三十五年(1402)至洪熙元年(1425)，卫所的迁徙、改隶、废止频繁，行都司辖区缩小。因此，山西行都司演变特点：一是洪武二十六年(1393)起逐步向东延伸；二是位于要冲处，如广昌是通往北平的要冲处设立广昌守御千户所；三是废弃、改隶变化大，洪武三十五年(1402)前，最多时卫所数有 46 个左右，到永乐初年，山西行都司长城以北已无卫所。综上所述，山西都司和山西行都司卫所的演变特点：一是以偏关—宁武—雁门一线的长城为界独立发展；二是逐步增强对于边境的守护，边防卫所逐步增多和完善；三是卫所隶属关系的变化不以行政区划为依据。

### 3.3.3 城市祭祀体系演变

“国之大事，唯祀与戎。”可见军事和祭祀对于国家的重要，以上两小节分析了城市军事空间和卫所制度的变迁，本小节将对城市祭祀体系进行分析。城市中的祭坛与祠庙，以及它们在城市中的位置，是明代城市必不可少的组成要素，而元代有比较详细的记录和规定的庙坛，都是与皇家祭祀活动有关的京师中的坛庙，清代则是基本沿用了明代城市建设中的祭坛与祠庙②。本节将从志书中记载的祭坛、祠庙的构成和分布位置出发，通过汇总发现，府城和县城有着不同等级的祭祀空间。继而探求制度性层面的原因，梳理城市中寺庙与祭坛建筑的组成和等级。首先，对研究区域内的城市坛庙进行汇总，根据《山西通志》《太原府志集全》等地方志书，把府、县出现频率较高的坛庙的名称和位置进行列表，且列表中坛庙的顺序，即在志书中出现的先后顺序(表 3 - 10)。根据列表结果，对其进行分类，王贵祥先生按照坛庙的性质，把明清地方城市祠祀坛庙分为国家祭祀性坛壝、地方保佑性祠庙、防灾驱祸性祠庙、地方教化性祠庙和专业保佑性祠庙。其中国家祭祀性坛壝包含社稷坛、风云雷雨山川坛、先农坛、厉坛，是由地方官吏参与的正统祭祀场所；地方保佑性祠庙是指城隍庙、土地庙、关帝庙、八蜡庙和东岳庙等地方性神庙；防灾驱祸性祠庙是指与灾患有关的祭祀场所，例如火神庙、龙王庙；地方教化性祠庙主要是指各种不同等级的文庙，“文庙，各府州隶运司学俱建”③；专业保佑性祠庙是指有专门某一功能的祠庙，比如，旗纛庙及旗纛祭祀与明代卫所制度密切相关，是在军队出征过程中以求诸神保佑战事顺利；文昌庙是保佑地方学子金榜题名；三皇庙是医疗性的神灵，“三皇庙，前代祀为医师，各府州县俱建，今多废。”④；关帝庙则是

---

① 明太祖实录(卷 225)[M].北京：中华出版社，2005：232.

② 王贵祥.明清地方城市的坛壝与祠庙[J].建筑史，2012(1)：28 - 73.

③ (明)李侃，(明)胡谧.山西通志(明・成化)[M].山西省史志研究院，整理.北京：中华书局，1998：182.

④ (明)李侃，(明)胡谧.山西通志(明・成化)[M].山西省史志研究院，整理.北京：中华书局，1998：183.

忠义和诚信精神的体现。因此，这五种不同性质的坛庙，构成了城市祭祀体系。

表 3-10　太原、榆次、徐沟、清源坛庙汇总表

| 城市 | 坛庙名称 | 位置 |
|---|---|---|
| 太原府城 | 社稷坛 | 在府城西南汾河西 |
| | 风雨雷电山川坛 | 在府城南 |
| | 先农坛 | 东门外，雍正四年设立 |
| | 厉坛 | 北门外新堡北 |
| | 府城隍庙 | 在府治北 |
| | 县城隍庙 | 在府东南隅 |
| | 府文庙 | 在县治西 |
| | 县文庙 | 在县治西 |
| | 三皇庙 | 在府治北 |
| | 关帝庙 | 一在都司街东，一在西校尉营 |
| | 旗纛庙 | 在都司衙街 |
| | 马神庙 | 一在新堡，一在铁匠巷，一在柴市巷，一在半坡街 |
| | 土地祠 | 在府西 |
| | 龙神庙 | 在府治西 |
| | 火神庙 | 在西门外演武亭后 |
| | 八蜡庙 | 在南郭官亭东 |
| | 文昌庙 | 一在贡院西，一在前所街，一在南关顺城门外，一在镇远门瓮城内 |
| | 东岳庙 | 在府治东 |
| | 真武庙 | 位于府城隍庙东 |
| 太原县城 | 社稷坛 | 在县西北 |
| | 风雨雷电山川坛 | 在县南外 |
| | 厉坛 | 在县北八里 |
| | 先农坛 | 东南郊 |
| | 文庙 | 在县治东 |
| | 城隍庙 | 在县治南，南街 |
| | 关帝庙 | 一在北街，一在晋祠 |

续表

| 城市 | 坛庙名称 | 位置 |
| --- | --- | --- |
| 榆次县城 | 社稷坛 | 在县西北 |
| | 风雨雷电山川坛 | 在县南 |
| | 厉坛 | 北门外 |
| | 先农坛 | 城东南半里 |
| | 城隍庙 | 县署东 |
| | 三皇庙 | 在县署东 |
| | 文庙 | 在县署西 |
| 徐沟县城 | 社稷坛 | 在县西北 |
| | 风雨雷电山川坛 | 在县南 |
| | 三皇庙 | 在县东南隅 |
| | 文庙 | 在县西北隅 |
| | 城隍庙 | 在县西北隅 |
| 清源县城 | 社稷坛 | 在县西北 |
| | 风雨雷电山川坛 | 在县南 |
| | 三皇庙 | 在县西北隅 |
| | 文庙 | 在县西北隅 |
| | 城隍庙 | 在县西北隅 |

资料来源：作者根据《山西通志》《太原府志集全》等资料整理绘制

其次，对这些坛庙在这四个城市内的分布特征进行比较，以分析其相互的空间关系。社稷坛，是祭奠国家和国土的信仰空间，除了帝王的社稷坛，地方政府也有不同等级的社稷坛，通过表中坛庙的汇总，发现所有的记录，不论是府城还是县城，都把社稷坛放在首要位置。此外，社稷坛的空间位置都有一个共同的特点，均位于城池外，且均位于西门外，太原府城的社稷坛位于府城西南，太原、榆次、清源、徐沟县城的社稷坛均位于城西北；风雨雷电山川坛也是出现在每个城市中的具有信仰功能的空间，且均位于城南，是综合祭祀自然神的信仰空间，“风雨雷电山川坛，洪武初建，各府州县岁以仲春秋上旬择日祭”[①]；先农坛是对农业神的祭祀，太原府城、太原县城和榆次县城的先农坛均位于城东；厉坛是祭祀鬼神的信仰空间，均位

① （明）李景元，（明）樊东谟，（明）李维桢，等修纂. 山西通志（明・万历）[M]. 山西省地方志办公室，整理. 北京：中华书局，2012：161.

于城北门外;城隍庙在城市中的方位,都设在城郭内,太原府城的城隍庙位于东南隅,而太原县城的城隍庙位于县治南,榆次县城的城隍庙位于县署东,因此,该地区城隍庙通常设置在府署和县署附近;关帝庙在太原府城和太原县城的设置均为两座,太原府城的两座关帝庙均位于城郭内,而太原县城的关帝庙,一座位于城郭内,一座位于城郭外,也有的县城不设关帝庙;旗纛庙是与战争有关的祭祀空间,"旗纛庙,军牙六纛之神,都司、行都司及各卫所偏头关俱建"①,因此,仅见于太原府城,位于城内都司衙街;"八蜡庙,蜡之为祭,所以报本反始,息老送终也。岁以二月合聚万物而索享之。其神有八。"八蜡庙也是仅有府城才有设置;火神庙是对火神的祭祀,同样是只见于府城内;马神庙在府城内有四座,位于不同的方位;土地祠位于府城西的公署旁。由此可见,府城内不同性质的坛庙,明显多于县城。其中,社稷坛、风雨雷电山川坛、文庙和城隍庙是每个县城都有的信仰空间。

最后,从城市主要信仰空间演变的角度,对城市信仰空间分布的原因进行分析。由表 3-11 可见,大规模的祭坛建设是从明代开始,明代是对礼仪制度进行重建的时期。明之前,城市祭祀空间的早期,是从祭祀仪式开始,而祭祀坛庙等建筑作为祭祀活动的载体,出现的时间较祭祀活动晚。西周时期,便有社稷祭、风雨雷电山川祭和火神祭等仪式,该时期出现的祭祀仪式的特点是对自然神的崇拜;到春秋时期,祭祀的内容进一步丰富,出现旗纛祭和蜡祭,而隋唐时期出现先农祭祀、三皇祭祀和水神祭祀,辽开始有对马神的记载,元代是在都城设置城隍庙。到明代,对坛庙制度进行重建,将社坛和稷坛合并为社稷坛,置于城西;将风、雨、雷、电、山、川坛进行合并,置于城南;先农坛置于城东;厉坛置于城北。此外,在明代被纳入国家正规祭祀体系的还有城隍庙、旗纛庙、火神庙、龙王庙、马神庙、八蜡庙、龙王庙、文庙、文昌庙和三皇庙。城市信仰空间分布变迁的原因,一是中国古代规划思想的影响,置于城西的社稷坛,是王城规划中"左祖右社"思想和方位格局的体现;二是古代城市主要功能的体现,城池的修筑以防御为主要目的,因此,作为精神防御的祭祀空间城隍庙、关帝庙和旗纛庙则位于城郭内的核心空间,即县署或府署附近;三是明代之后,随着战略环境的变迁,卫所城镇的军事防御功能逐渐弱化,旗纛庙逐渐废弃,城市的军事功能被弱化,信仰空间的分布逐步体现"均质化",即火神庙、龙王庙、马神庙、八蜡庙、文庙、文昌庙和三皇庙等祭祀空间的分布不限于城郭内,信仰内容也趋于多元化和平民化。

---

① (明)李景元,(明)樊东谟,(明)李维桢,等修纂.山西通志(明·万历)[M].山西省地方志办公室,整理.北京:中华书局,2012:161.

表 3-11 城市主要信仰空间变迁表

| 信仰空间 | 明代以前 | 明代 |
| --- | --- | --- |
| 社稷坛 | 社坛和稷坛分别设立 | 社稷坛合并为一坛 |
| 风雨雷电山川坛 | 分别祭祀风、雨、雷、电、山川等 | 将自然诸神合为一坛 |
| 先农坛 | 始设于武则天时期 | 地方府、县城市开始设立先农坛 |
| 厉坛 | 无明确设置厉坛记录 | 明洪武三年(1370),先在玄武湖中设坛,后至京城,而后府城开始设厉坛 |
| 城隍庙 | 元在都城设城隍庙 | 将城隍祭祀纳入国家正规祭祀体系,在京城和地方各个不同等级的城市中设立城隍庙 |
| 关帝庙 | 称为"关公庙""关侯庙" | 称为"关帝庙" |
| 旗纛庙 | 春秋时,已有祭祀纛的仪式 | 明洪武九年(1376),在卫所之地,出现祭祀旗纛的庙宇 |
| 火神庙 | 上古时期,已有对火神的祭祀,火神庙的建造始于元代 | 火神庙在州府县城兴建,有的还不止一座 |
| 马神庙 | 辽代,已有帝王对于马神祭祀的记载 | 将马神祭祀纳入国家正规祭祀体系 |
| 土地祠 | 从宋开始,把具体历史人物作为土地神的神体 | 土地祠在州府县城中兴建 |
| 龙王庙 | 最早见于唐代佛道寺观 | 龙王庙在州府县城中兴建,有的还不止一座 |
| 八蜡庙 | 周代已有蜡祭 | 将八蜡的范围进行明确定义,并纳入国家正规祭祀体系 |
| 文昌庙 | 汉代已有"文昌宫"的记载,元代都城内有"文昌祠" | 文昌庙在州府城中兴建 |
| 文庙 | 对孔子的崇拜 | 每一州府县治所都设有文庙或孔庙 |
| 三皇庙 | 始于唐代,元代明确了三皇的对象:伏羲、炎帝、皇帝 | 三皇庙在州府城中兴建,但已成为与医疗活动有关的祭祀场所 |

资料来源:作者根据《尚书》《史记》《明史》《礼记》等资料整理绘制

综上所述,本节列出的祭祀空间,是在明代祭祀制度严格规范的背景下,由地方官员主持的国家正规祭祀空间,包括社稷坛、风雨雷电山川坛、先农坛、厉坛、城隍庙、关帝庙、旗纛庙、火神庙、龙王庙、马神庙、八蜡庙、文庙、文昌庙和三皇庙。关于地方祭祀和民间祭祀祠庙因地区差异较大而不做分析。由于城市功能和规模的不同,府城的祭祀空间明显比县城的祭祀空间丰富。

### 3.3.4 寨堡——市镇:军事空间的演变

明末清初,在军事屯田的推动下,城市寨堡的军事功能开始发生转变。由表 3-12

可知，清时期太原及周边市镇大部分为原来的城、寨、堡、驿站所在地，以下将从两个方面进行分析：第一是清时期市镇的分布与寨堡的关系，即寨堡处多形成市镇，在分布规律上呈现出一致性，并对清时期各城市寨堡密度与市镇密度进行对比；第二将梳理市镇变迁的规律及原因。该小节的目的是分析军事因素对于城市历史环境的影响，此处的历史环境指城市周边的市镇，以及周边市镇与自然水系变迁的关系。

**表 3-12 清时期太原及周边市镇汇总表**

| 城市 | 市镇及与城、堡、寨的关系 | |
|---|---|---|
| 太原 | 晋源镇 | 在太原县城周边，原有太原县城 |
| | 小店镇 | 在县东十五里，原有小店堡，通往榆次 |
| | 晋祠镇 | 在县西十里，原有晋祠堡 |
| | 南格镇 | 在县东南，原有南格堡 |
| 阳曲 | 北小店镇 | 在县西北八十里凌井驿处 |
| | 向阳店镇 | 在县北三十六里处，出天门关的必经之处，距天门关二十四里 |
| | 河口镇 | 在县西北七十六里处 |
| | 青龙镇 | 在县东北二十四里处，出石岭关的必经之处，距石岭关五十六里 |
| | 黄寨镇 | 在县东北六十二里处，原有黄寨，出石岭关的必经之处，距石岭关四十二里 |
| | 大盂镇 | 在县东北八十六里处，出石岭关的必经之处，距石岭关仅十四里 |
| | 泥屯镇 | 在县北六十里处 |
| | 东黄水镇 | 在县东北八十里处 |
| | 凌井店镇 | 在县西北八十里处，原有凌井村寨 |
| 榆次 | 源涡镇 | 在县东八里，原有源涡堡 |
| | 鸣谦镇 | 在县北二十里，原有鸣谦驿，为京省官员来往驿道 |
| | 什贴镇 | 在县东北五十五里寿阳界处，京省官道所经处，每逢阴历九月二十八有庙会，平时逢二、五、七、十赶集 |
| | 长凝镇 | 在县东南四十里处 |
| | 东阳镇 | 在县南三十里处，原有东阳堡 |
| | 北田镇 | 在县南四十里处 |
| | 南要镇 | 在县南二十里处 |
| | 怀仁镇 | 在县西南十五里处，原有怀仁堡 |
| | 要村镇 | 在县西南四十里处 |
| | 永康镇 | 在县南三十里处，原有永康堡，通往徐沟的驿道所经处 |

续表

| 城市 | 市镇及与城、堡、寨的关系 | |
|---|---|---|
| 榆次 | 六堡镇 | 在县西八里处 |
| | 使赵镇 | 在县西北八里处，原有使赵堡和使赵北堡 |
| | 大峪口镇 | 在县北四十里处 |
| | 王胡镇 | 原有王胡驿，通往徐沟的驿道所经处 |
| 徐沟 | 徐沟镇 | 在县城处，原有徐沟县城 |
| | 大常镇 | 在县东南二十里处，原有大常堡、集义堡、楚王堡 |
| | 王答镇 | 在县西北十里处，原有隆全堡 |
| | 徐川镇 | 在县城北，原有北关土堡 |
| 清源 | 高白镇 | 在县西南二十里处，原有油房堡、柴家寨、牛家寨、王明寨 |
| | 清徐镇 | 在县城处 |
| | 尧城镇 | 在县东南三十里处，原有西堡、师家堡、杨家堡 |
| | 故驿镇 | 在县北十里处，原有故驿堡 |

资料来源：作者根据《晋中市志》《太原府志》《山西通志》《清源乡志》《阳曲县志》《徐沟县志》等资料整理绘制

1）寨堡处多形成市镇

太原及周边的阳曲、榆次、清源、徐沟有数量众多的明清时期的寨堡，但随着政局的逐渐平稳，寨堡逐渐失去了其原本的军事意义，演变成人口集聚点和商品集散地，表现出居住功能和商业功能，进而演化为城镇。由图 3－25 和表 3－13 可知，该区域内原寨堡处多形成市镇。市镇沿主要道路分布，且市镇的分布密度与寨堡的分布密度相关，表现出寨堡向市镇演化的特点，原因有以下三点：一是寨堡的选址是以军事战略为前提，利用地理的优势，选择交通便利处，交通的“扼要”处也是重要的军事防御点，其中，驿站、递铺是交通节点，因而此处多形成寨堡，例如位于阳曲县的成晋驿堡①是驿站形成的寨堡，位于阳曲县的永宁堡是递铺（新店铺）形成的寨堡②。二是地处交通要道的寨堡促使人口集中，边防寨堡内衙、仓、庙、棠齐全，生活的需要又促进商品的流通。三是由于这里地处晋中腹地，物产丰富，为商品的流通提供物质基础。

① （清）刘梅，（清）温敞，（清）穆尔赛，等修纂. 山西通志（清・康熙）[M]. 山西省地方志办公室，编. 北京：中华书局，2012：1299.

② 阳曲县驿铺有，南路二铺：老军营、亲贤村；北路二铺：三交、新店。

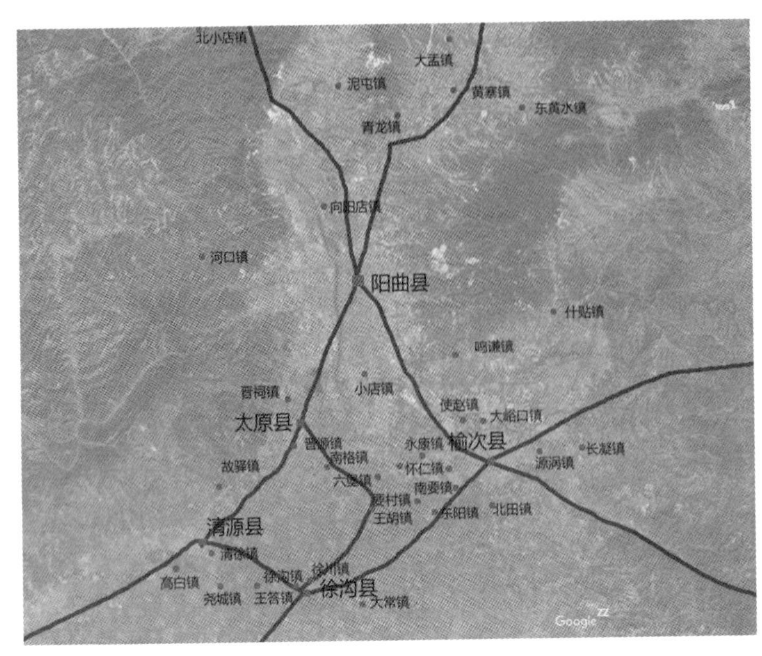


图 3-25　清时期(1892)太原、榆次、徐沟、清源、阳曲市镇分布图

资料来源:作者以 BIGEMAP 作为资源,参考《山西省历史地图集》《晋中市志》《太原府志》《山西通志》《清源乡志》《阳曲县志》《徐沟县志》等资料整理绘制

表 3-13　清时期寨堡密度与市镇密度汇总表

| 城市 | 寨堡分布及密度 | 市镇分布及密度 |
|---|---|---|
| 太原 | 寨堡密度:0.5×$10^{-1}$个/$km^2$ | 市镇密度:0.9×$10^{-2}$个/$km^2$ |
| 阳曲 | 寨堡密度:0.1 个/$km^2$ | 市镇密度:0.5×$10^{-2}$个/$km^2$ |

续表

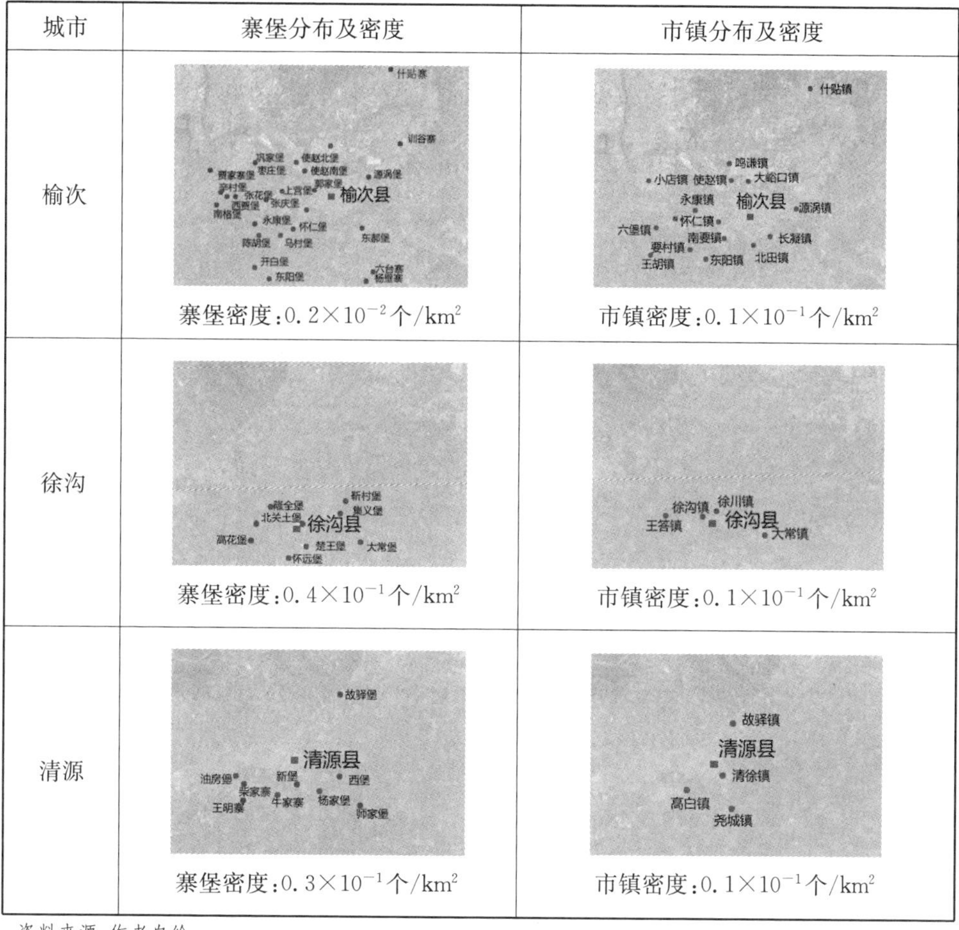


| 城市 | 寨堡分布及密度 | 市镇分布及密度 |
| --- | --- | --- |
| 榆次 | 寨堡密度：0.2×10$^{-2}$个/km$^2$ | 市镇密度：0.1×10$^{-1}$个/km$^2$ |
| 徐沟 | 寨堡密度：0.4×10$^{-1}$个/km$^2$ | 市镇密度：0.1×10$^{-1}$个/km$^2$ |
| 清源 | 寨堡密度：0.3×10$^{-1}$个/km$^2$ | 市镇密度：0.1×10$^{-1}$个/km$^2$ |

资料来源：作者自绘

由清时期寨堡密度与市镇密度汇总（表 3－14）可知，寨堡密度最高的是阳曲县，为 0.1 个/km$^2$，其次是太原县，寨堡密度为 0.5×10$^{-1}$个/km$^2$，而寨堡密度较低的是徐沟县和清源县，密度分别是 0.4×10$^{-1}$个/km$^2$和 0.3×10$^{-1}$个/km$^2$，最低榆欧仅为 0.2×10$^{-2}$个/km$^2$，但通过与市镇密度的对比，市镇密度最高的是榆次县、徐沟县和清源县，密度为 0.1×10$^{-1}$个/km$^2$，而寨堡密度高的阳曲县和太原县的市镇密度仅为 0.5×10$^{-2}$个/km$^2$和 0.9×10$^{-2}$个/km$^2$，由此可见，寨堡密度并非与市镇密度呈现完全的正相关，市镇的形成不仅仅与寨堡的分布有关，因此，下文将对市镇的变迁及原因进行进一步分析。

2）市镇的变迁及原因

图 3－26～图 3－28 呈现的是太原府中的太原、榆次、徐沟、清源和阳曲五县中

市镇的分布从金元时期到明清时期的变迁过程。首先,阳曲县的市镇变迁最明显,体现在行政区划变迁的频繁,从金代到明末,每个时期都呈现不同的形态,明末之后趋于稳定,因此该县市镇的变迁也在明末之前最频繁,明末之后,行政区划基本没有变化,但市镇的数量明显增加。其次,榆次县和太原县的行政区划变化不明显,市镇数量从明初开始呈现逐渐增加的趋势。而清源县和徐沟县的市镇数量是从明末开始呈现逐渐增加的趋势。可见,所有城市市镇的数量与上文中分析的寨堡的数量变化一致,都是在明清时期逐步增多的。

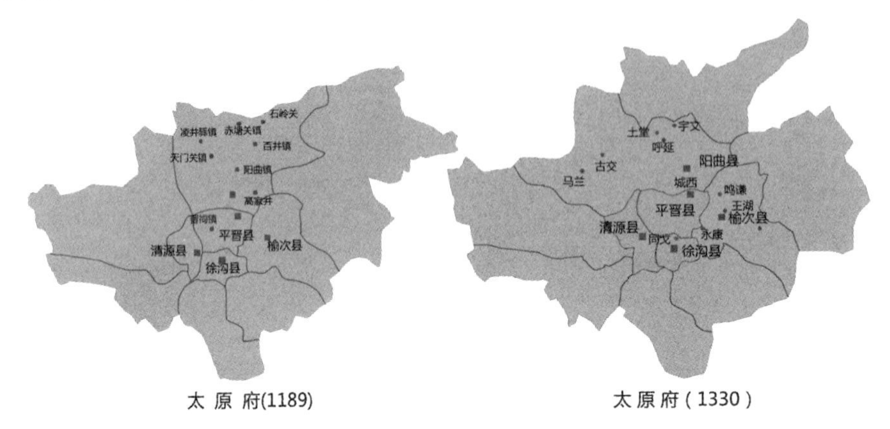


太 原 府(1189)　　太原府(1330)

图 3-26　太原、榆次、徐沟、清源、阳曲金元时期市镇变迁图(1189—1330)

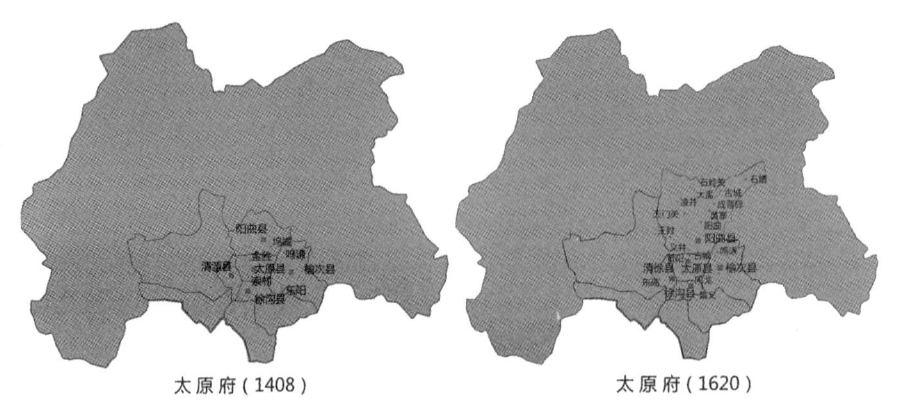


太原府(1408)　　太原府(1620)

图 3-27　太原、榆次、徐沟、清源、阳曲明时期市镇变迁图(1408—1620)

而市镇变迁,除了战争和行政区划的变迁原因外,还与市镇密度及水系密度相关。由不同时期市镇密度和水系密度的对比,可以将市镇密度的变迁分为两个阶段,第一阶段是宋金至元时期,该时期市镇密度较小,由于榆次县和太原县位于水系交汇处,市镇的数量明显增加,而由于水系的变迁,在靠近水源处,徐沟县的市镇密度开始增加。第二阶段是明清时期,该时期则是市镇数量增加最明显的时期,同

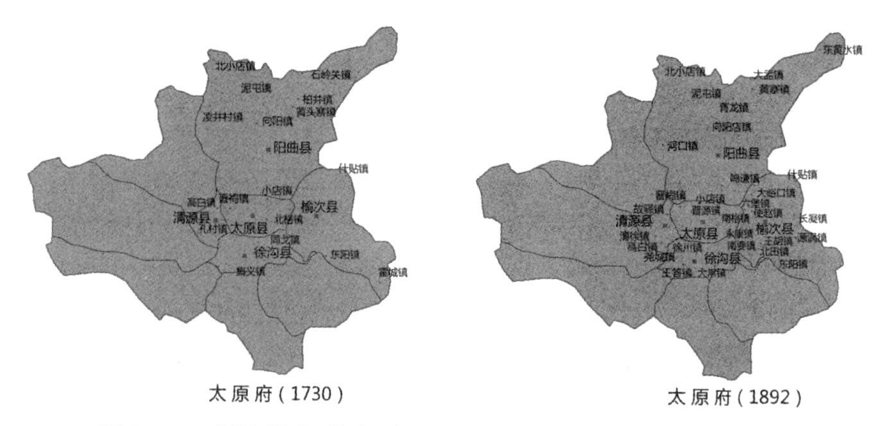


**图 3-28　太原、榆次、徐沟、清源、阳曲清时期市镇变迁图(1730—1892)**

资料来源:作者根据《山西省历史地图集》《晋中市志》《太原府志》《山西通志》《清源乡志》《阳曲县志》《徐沟县志》等资料整理绘制

时也是水系变化最明显的时期,太原、榆次、阳曲、清源和徐沟五县中的市镇密度,均与水系密度的变迁呈现正相关(表 3-14)。可见水系的变迁是市镇发展的影响因素之一。

**表 3-14　市镇密度与水系密度对比表**

| 朝代 | 市镇密度图 | 水系密度图 |
|---|---|---|
| 宋 | | |
| 元 | | |

续表

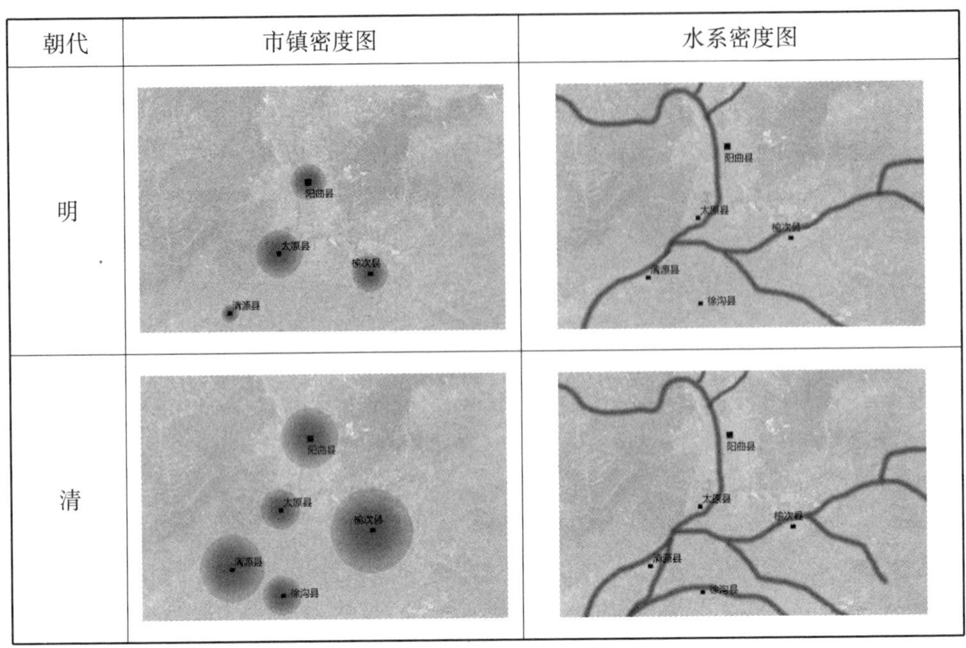


| 朝代 | 市镇密度图 | 水系密度图 |
| --- | --- | --- |
| 明 | | |
| 清 | | |

资料来源：作者自绘

市镇的发展和变迁与军事、水系的变迁相互影响，市镇分布与寨堡的分布相关，而市镇密度与水系密度呈现正相关的关系。由表 3－15 可知寨堡的分布与水系的分布和变迁相关。因此，军事因素的发展，依赖于自然水系和交通，军事同时又对城市历史环境产生影响，即寨堡处多发展成市镇。

## 3.4 防洪视角下的城市变迁——文峪河流域城市带

防洪视角下的城市变迁，以文峪河流域的交城、文水、汾阳和孝义四个城市进行分析，其中，交城和文水县属于太原府，而汾阳和孝义属于汾州府，汾阳为汾州府的府治地。首先，以时间顺序分析文峪河的河道变迁与城市体系变迁的过程，分为汉魏时期、隋唐宋时期和明清时期，进而分析文峪河流域城市形成和变迁的原因、形态分布特点；其次对文峪河流域城市带中精神空间和物质空间分布进行分析，精神空间主要是对水神祭祀空间分布及水神祭祀体系进行分析，进而得出晋中盆地流域城市带的祭祀空间特点。而物质空间主要对寨堡的空间分布进行分析，分析寨堡密度与水系密度的相关性，及发掘晋中盆地流域城市的防御设施分布特点，是水系与军事关系的探讨。

### 3.4.1 文峪河流域城市带空间形态演变

1）河道的变迁与城市体系的变迁

虽不能与同时期江南地区的水系相比，但文峪河流域水资源较为丰富，因此水系交汇处发展为人类长期的聚居地。文峪河上游是交城、文水两县的中高山区，统称为关帝山，随后水系流入晋中盆地西南缘，即交城、文水、汾阳、孝义四城市平川地带，在孝义市南姚村东汇入汾河。文峪河流域上游段是山谷型河道，走向变化不明显，该小节要分析的是中下游河段，中下游河段是平原型河流，受人类活动及汾河的迁徙变化明显，河道的变迁导致了沿文峪河流域城市体系的变迁。

汉魏时期："文水（今文峪河）出大陵县（今交城县西南 5 km）西山文谷，东到其县，屈南到平陶县东北，东入于汾"①，可见在汉末时，文峪河道出大陵县，东流至文谷县（今文水县文倚村），后至平陶县（今文水县西南）东南汇入汾河（图 3－29）。北

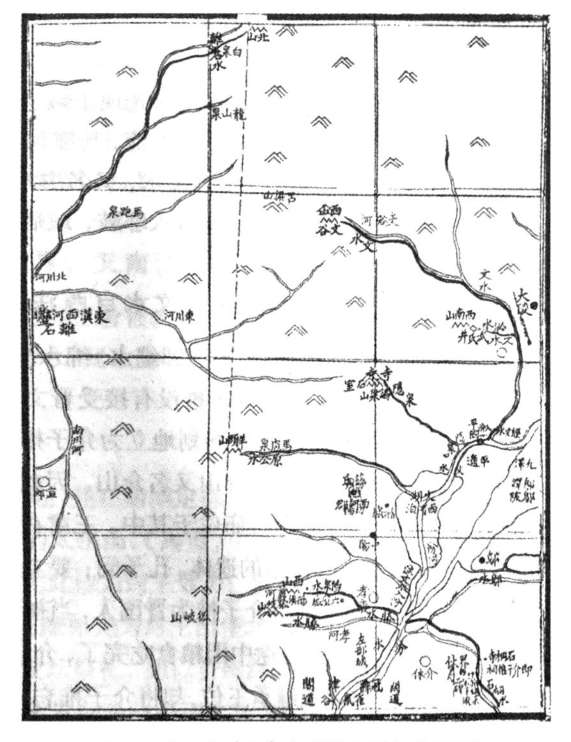

**图 3－29 文水（今文峪河）汇入汾河图**

资料来源：《水经注》②

① （南北朝）郦道元．水经注[M]．刘少影，译注．北京：中华工人出版社，2016：26.

② （南北朝）郦道元．水经注[M]．刘少影，译注．北京：中华工人出版社，2016：26.

魏时期，文峪河延至经过隰城(今汾阳)后，在永安县(今孝义东南)汇入汾河。而且此时有三条河流直接汇入文峪河，一是文水境内的泌水，在龙泉村东北，至东南汇入文峪河，“文水出文谷，东迳大陵县故城西，而南流，有泌水注之”①；二是隐泉水，源出汾阳谒泉山，穿过大陵山间，汇入文峪河，“文水又南，径(平陶)县，右会隐泉口，水出谒泉山之上顶”②；三是胜水(今孝河)，在孝义旧城南向东汇入文峪河，“文水又东南流，与胜水合。水出西狐岐之山”③，由此可见，文峪河流域从汉末到北魏时期，流域延长，且增加了汇入的水源。汉末时流经的城市是大陵和平陶，北魏时流经的城市是栅城、西寿阳、隰城(今汾阳)和永安(今孝义东南)。

隋唐宋时期：近400年间的隋唐时期，文峪河的河道与汇入汾河的位置都与北魏时期基本一致。“文水西北自交城县界流入、经(文水)县西，又南入隰城”④，即文峪河仍然是流经交城、文水、隰城、孝义后汇入汾河。但到了宋代，由于文峪河上游山区林木区的过度采伐而导致生态环境遭到破坏，水旱涝灾害频频发生，汾水和文水也在洪水的影响下频繁改道。此时已有文峪河水患的记载。文峪河流域的城市有两次因重大水患而迁城的记载：一是天授二年(691)，严重水患，导致位于古交镇大川河桥东寨湾滩、汾河湾和水泉寨之间的交城县被冲毁，随后将城址迁移至磁窑河、瓦窑河之间；二是元丰七年(1084)，文水县城遭水患而成为泽国，不得不废弃，县令薛昌于次年迁县城至章沱村南，即今址。至元代，文峪河流经的城市有交城、文水、西河(今汾阳)、孝义。

明清时期：到明代，文峪河在水患的影响下，改道更加频繁，明嘉靖二十九年(1550)，汾河西迁而侵占文峪河河道，明嘉靖三十二年(1553)汾河和文峪河一直混流。到明万历三十九年(1611)，交城和文水县境内的文峪河道基本稳定，但文水、汾阳、孝义段的河段仍然发生了数次的迁徙。顺治十一年(1654)，汾河在文水县西迁二十里，又从平遥境转入汾阳境内，最终汾河和文峪河汇合流至介休境内。随后，在雍正十二年(1734)、乾隆二十三年(1758)、乾隆三十二年(1767)，汾河继续东迁，不经过汾阳县，而文峪河则复其故道，经孝义县汇入汾河。至光绪五年(1879)，汾河再次东迁而形成如今河道，文峪河流经的城市有交城、文水、汾阳、孝义。

2) 文峪河流域城市形成原因及形态空间特点

古代聚落依水而居，文峪河流域水资源较为丰富，其主要支流从南向北，依次

---

① (南北朝)郦道元. 水经注[M]. 易洪川，李伟，译. 重庆：重庆出版社，2008：96.

② (南北朝)郦道元. 水经注[M]. 刘少影，译注. 北京：中华工人出版社，2016：26.

③ (南北朝)郦道元. 水经注[M]. 刘少影，译注. 北京：中华工人出版社，2016：26.

④ (唐)李吉甫. 元和郡县志(卷第十三河东道二)[M]. 北京：中华书局，1983：6.

有峪道河、向阳河、禹门河、董寺河、阳城河、义河、孝河。城市几乎均位于水系的交汇处，交城位于磁窑河和瓦窑河交汇处，文水位于文峪河西岸，汾阳位于向阳河、禹门河、董寺河和峪道河的交汇处，孝义位于孝河和义河之间。此外，文峪河流域，地处秦晋交通要道，商业活动也开发较早。隋唐时期，当地商贾还利用文峪河水发展漕运，把吕梁山的优质木材漕运至长安、洛阳。沿文峪河也是晋中盆地西缘最主要的交通路线，历代均沿文峪河修建官道驿道，沿途驿站有设置于永乐十三年(1415)的汾阳驿，并形成了城市的邮驿空间。

由表 3－15 可知，沿文峪河流域的四座城池是交城、文水、汾阳和孝义，由于距离文峪河的距离不同，因此城市与文峪河也产生了不同的互动关系。沿文峪河流域的城池空间特点为：位于文峪河的西侧或东侧，靠近文峪河或支流，引河水或泉水形成四面环城的护城河。并根据防洪的需要，增建堤堰，开挖城湖、城渠。其中位于孝河和义河之间的孝义，是离水系最近的城市，为防止水患，增强城池的排水能力，则在城内开挖润民渠，河渠连通孝河和文峪河，与孝河和义河平行，也与城池的街巷系统一致。

**表 3－15　文峪河流域城市与水的关系表**

| 城市 | 筑建年代 | 因水患迁城记录 | 与水系的关系 | 主要城池防洪设施 |
|---|---|---|---|---|
| 交城 | 春秋大陵城，隋(596 年)建城于古交镇，唐(692)时迁城建新城 | 天授二年(691)，严重水患，旧城被冲毁而迁址 | 西临瓦窑河，东临磁窑河，西与文峪河平行。护城河引河水 | 卧虹堤(瓦窑河东)<br>水石堰(瓦窑村东)<br>却坡湖(城内东南)<br>静谧堤(磁窑河西) |
| 文水 | 元符年间(1098—1100)初建 | 元丰七年(1084)，县城遭严重水患，旧城被冲毁而迁址 | 东临文峪河，引文峪河水护城 | 映奎湖(城内东南) |
| 汾阳 | 至正十二年(1352)重筑 | 无 | 北临峪道河、向阳河、禹门河交汇处，南临董寺河，东与文峪河平行，护城河引河水、泉水 | 长堤(文峪河西) |
| 孝义 | 北魏太和十七年(493)筑城 | 无 | 北临义河，南临孝河，东与文峪河平行。润民渠穿南关城，连通孝河和文峪河 | 润民渠(穿南关城)<br>西堰(孝河北)<br>南堰(城池南)<br>夹板堤堰(汾河西) |

资料来源：作者整理绘制

### 3.4.2 文峪河流域城市带水神祭祀空间分布

1）水神祭祀建筑分布

由于文峪河流域山、川、泉、池等水系丰富，以及自明清以来水患灾害的频繁高发，使得该区域的城市产生了丰富的水神宗教空间。如表 3－16 所示，这些水神祭祀的宗教建筑，与城池、水系及水源周围的水结合，主要沿文峪河、护城河或城内大面积城湖分布。而水神祭祀祠庙的数量在明代之后明显增加(图 3－30)。

**表 3－16 清时期文峪河流域城市水神祭祀祠庙汇总表**

| 城市 | 寺庙名称 | 概述 |
| --- | --- | --- |
| 交城(7) | 河神庙 | 一在县西门外七月二十三日祀；一在县西北瓦窑河卧虹堤，康熙四十七年知县洪璟建，四月十五日祀 |
| | 龙王庙 | 建于城西门外大路北，明知县薛国柱创建 |
| | 昭济圣母庙 | 在县治东南隅，即晋祠圣母行祠，七月初二日祀 |
| | 水泉圣母庙 | 在县北二十里 |
| | 五龙圣母庙 | 在县东二十里段村 |
| | 百泉寺 | 在县北七十里 |
| 文水(11) | 五龙王庙 | 一在县东二十五里西城村，一在县东二十五里南贤都 |
| | 汤王庙 | 在下曲村 |
| | 圣母庙 | 在开栅镇 |
| | 黑龙王庙 | 在梁家堡 |
| | 青龙庙 | 在章多村 |
| | 九江圣母庙 | 在县南二十五里 |
| | 麻衣仙姑庙 | 县东北桑村 |
| | 文谷神庙 | 在文谷都 |
| | 龙王庙 | 在前庄山 |
| | 水母庙 | 在县北十里 |
| 汾阳(8) | 台骀庙 | 在城东南三里 |
| | 黑龙庙 | 在城南门外，迁西坛巷 |
| | 文湖神庙 | 在潴城村文湖堤上 |
| | 毕宿庙 | 在县西北 |
| | 昭济圣母庙 | 在城北七里闷泉上 |

续表

| 城市 | 寺庙名称 | 概述 |
|---|---|---|
| 汾阳(8) | 润泽侯庙 | 一在白彪山麓马跑泉上,一在府城鼓楼北街西 |
| | 圣仙庙 | 在东郭人美乡 |
| 孝义(10) | 大禹庙 | 在孝义县北司马村,元大德九年建 |
| | 龙天庙 | 一在垣头村东北隅,一在县南吴屯村 |
| | 西河神庙 | 在护城堤内铁匠巷之南西巷 |
| | 东河神庙 | 在城东里许尚家庄南护城堤上南向 |
| | 水母庙 | 在西张家庄 |
| | 河神庙 | 在城南,明嘉靖中建 |
| | 可汗龙王庙 | 在西南马邑村 |
| | 黑龙庙 | 在西南阳村 |
| | 龙王庙 | 在城隍庙东南向东即沙姑巷 |

资料来源:作者根据《孝义县志》《交城县志》《山西通志・祠庙》《山西通志・山川》等资料整理绘制

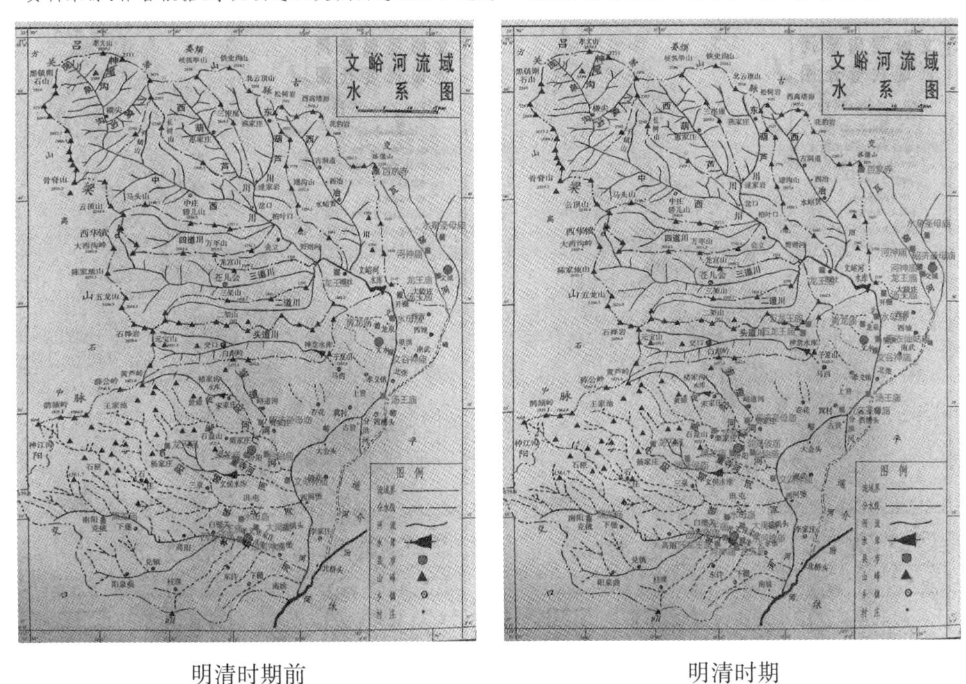


明清时期前　　　　明清时期

**图 3-30　文峪河流域水神祭祀祠庙变迁图**

资料来源:作者以《文峪河志》中的文峪河水系图为底图,根据《交城县志》《山西通志・祠庙》《山西通志・山川》等资料整理绘制进行整理绘制

2）水神祭祀建筑与水患、旱灾成正相关

由表3－17可见，文峪河流域水神祭祀建筑的密度在明清之前为 $2.3\times10^{-3}$ 个/$km^2$，到明清之后，增加到 $2.7\times10^{-3}$ 个/$km^2$，而同时，该区域发生水灾和旱灾的次数也呈现上升的趋势，可见，文峪河流域水神祭祀建筑密度与该区域水患呈现正相关的关系。又由上一小节的梳理可知，至明清时期，在交城县新增的水神祭祀建筑是昭济圣母庙、河神庙，在文水县新增的是五龙王庙、麻衣仙姑庙、九江圣母庙和文谷神庙，汾阳县新增的是黑龙庙、润泽侯庙和毕宿庙，而在孝义县新增的是东河神庙和龙天庙。由此可见，根据水患、旱灾的情况（见第2章），对水神祭祀类的建筑进行增建，进而说明不同的水神祭祀建筑具有不同的祭祀信仰功能，因此，下面将对水神祭祀体系进行研究，目的是探求文峪河流域不同功能的水神祭祀建筑在不同城市中的分布特点，即不同功能的水神祭祀建筑与水系的互动关系。

**表3－17　文峪河流域水神祭祀建筑密度与较大水患、旱灾害发生频率表**

| 朝代 | 水神祭祀建筑密度（个/$km^2$） | 水灾发生次数（次） | 旱灾发生次数（次） |
|---|---|---|---|
| 宋 | $2.3\times10^{-3}$ | 5 | 3 |
| 元 | $2.3\times10^{-3}$ | 8 | 7 |
| 明 | $2.7\times10^{-3}$ | 8 | 10 |
| 清 | $2.7\times10^{-3}$ | 12 | 20 |

资料来源：作者根据《交城县志》《文水县志》《文峪河志》等资料整理绘制

3）水神祭祀体系

水神祭祀体系体现了地域文化与自然环境之间的互动关系，文峪河是汾河最大的支流，而汾河是贯穿山西南北的主要河流，沿文峪河流域的寺庙，根据信仰神体的不同，可以分为四类（表3－18），第一类是以自然水体作为神体的水神，如河神庙、泉神庙、池神庙、文谷神庙等，根据上一节的分析可知此类寺庙通常分布于水源附近，与生活和农业关系密切；第二类是以山川作为神体的动物水神，其中最常见的是龙神，“龙，水物也”①，因此，把龙作为可以呼风唤雨的神物，如龙王庙、五龙王庙、黑龙庙、龙天庙等，此类寺庙通常分布于堤坝附近；第三类是以圣贤、英雄作为神体的人物水神，如汤王庙、大禹庙、润泽侯庙等，其中汤王庙是源于“成汤祈雨于桑林”②的典故，因此，汤王成为人物水神之一；第四类是地方水神，山西境内的地方水神是汾水，汾神庙名为台骀庙，“台骀能业其官，宣汾、洮、障大泽，以处太原。

① （清）阮元，校勘．十三经注疏[M]．上海：上海古籍出版社，1990：924．
② 冯俊杰．山西神庙剧场考[M]．北京：中华书局，2006：54．

帝用嘉之,封诸汾川"[1],文水的麻衣仙姑庙也属于该类型,根据康熙《山西通志》记载:"麻衣仙姑庙,在县东北桑村。姑姓任,为魏氏聘,不愿嫁,随居汾阳之黄庐山石室中,魏氏闻知,诣山请归。姑披麻衣走入洞不见,因名麻衣仙洞。"[2]又乾隆四十年(1775),有记载"岁旱祈雨,甘霖应祈而施,更屡著灵应"[3],因此,麻衣仙姑作为当地祈雨神而存在,麻衣仙姑庙为地方水神庙。

**表 3-18　文峪河流域水神祭祀建筑分类(根据神体不同)表**

| 神体类型 | 神体 | 建筑名称 |
| --- | --- | --- |
| 自然水神 | 河、泉、池 | 河神庙、泉神庙、池神庙、文谷神庙等 |
| 动物水神 | 龙 | 龙王庙、五龙王庙、黑龙庙、龙天庙等 |
| 人物水神 | 圣贤、英雄 | 汤王庙、大禹庙、润泽侯庙等 |
| 地方水神 | 河、泉、池或圣贤、英雄 | 台骀庙等 |

资料来源:作者自绘

而水体存在的形式有三种:泉水、河水、雨水,那么对应的关于水的利用,受到水影响的有三种:水源、水利和水患,因此水神祭祀可分为三种不同的目的(表 3-19):一是对水源进行祭典的水母庙。文峪河流域的水源主要来自西侧吕梁山脉中的山泉水,该区域对于水源祭奠的水母庙,共两个:一个是位于文水县北十里的水母庙,该位置也是今文峪河水库所在的位置;另一个是位于孝义西张家庄的水母庙(见图 3-30),该位置同样在近代设置了水库,由此可见,祭奠水源水母庙的选址,均位于水源集中入河的区域。二是负责流域管理,如圣母庙、圣仙庙。在文峪河流域共有7个:分别位于交城的昭济圣母庙、水泉圣母庙、五龙圣母庙,位于文水的九江圣母庙、圣母庙,位于汾阳的昭济圣母庙、圣仙庙。由《交城县志》记载,"昭济圣母庙即晋祠圣母行祠,七月初二日祀"[4],又有道光《太原县志》记载,位于太原晋祠的圣母殿"明洪武初复加号广惠显灵昭济圣母,四年(1371)改号晋源之神。天顺五年(1461)按院茂彪重修。岁以七月二日致祭"[5],可见交城的圣母庙作为晋祠圣母殿的行祠,同是七月初二日祭祀。该类型的水神祭祀建筑沿流域分布。三是祭奠治

---

① (清)阮元,校勘. 十三经注疏[M]. 上海:上海古籍出版社,1990:706.

② (清)穆尔赛,(清)刘梅,(清)温敞,等修纂. 山西通志(壹、贰、叁)[M]. 山西省地方志办公室,整理. 北京:中华书局,2014:276.

③ (明)李景元,(明)樊东谟,(明)李维桢,等修纂. 山西通志(明·万历)[M]. 山西省地方志办公室,整理. 北京:中华书局,2012:4169.

④ 交城县志编写委员会. 交城县志[M]. 太原:山西古籍出版社,1994:78.

⑤ (清)费淳,(清)沈樹聲. 乾隆太原府志(二)、道光阳曲县志、道光太原县志[M]//中国地方志集成·山西府县志辑(2). 南京:凤凰出版社,2005:377.

水的祖先、英雄，避除水、涝灾害的龙王庙、河神庙等。由于文峪河流域水患频发，因此该类型的庙也较多，总共有 21 个，多位于水系交汇处。文峪河流域以水为中心的水神祭祀信仰体系完善。这些寺庙构成了文峪河流域城市的文化景观空间。

**表 3 - 19　文峪河流域水神祭祀建筑分类(根据祭祀目的不同)表**

| 祭祀目的 | 神体名称 | 建筑名称 | 分布特点 |
| --- | --- | --- | --- |
| 祭奠水源 | 水母 | 水母庙 | 水源汇聚流入大河流区域 |
| 管理流域 | 圣母 | 圣母庙、圣仙庙 | 沿流域分布 |
| 消除水患 | 龙王、河、泉、池 | 龙王庙、五龙王庙、黑龙庙、龙天庙、河神庙、泉神庙、池神庙等 | 水系交汇处 |

资料来源：作者参考周小棣，沈旸，肖凡．一脉泉随天地老——晋水流域水神祭祀类文化景观研究[J]．中国园林，2012，28(5)：25 - 28．整理绘制

综上所述，文峪河流域城市水神祭祀建筑沿水源和水系交汇处分布，且水神祭祀空间的密度与水、旱灾害呈正相关的关系。进而，可对水神祭祀建筑进行分类，根据祭祀神体的不同，可分为自然水神、动物水神和人物水神三种类型；根据祭祀目的的不同，可分为祭奠水源、流域管理和消除水患三种类型。通过分类，形成水神祭祀建筑祭祀类型体系，可作为研究流域城市带水神祭祀空间的理论依据。

### 3.4.3　文峪河流域寨堡的空间分布变迁

以流域作为研究单位，分析寨堡的分布变迁，是探求军事设施与水系关系的研究。随着水系的变迁，寨堡的位置和数量都随之发生变化。由图 3 - 31 可知，文峪河流域寨堡的数量从明代(1408)到清代(1892)年是持续增长的，因此，根据分布特点，可将文峪河流域的寨堡变迁分为三个阶段：第一个阶段是明(1408—1620)，寨堡的初步形成阶段，该阶段明初实施军事屯田制度的阶段，寨堡同时要考虑周边耕作的可能性，因此，虽然寨堡的数量少，但多位于水系交汇处；第二个阶段是明(1621)至清(1730)，寨堡的稳定发展阶段，该阶段明末军事卫所及屯田制废除，寨堡逐渐转向民间聚落的开始，寨堡的数量并没有明显的变化，但功能开始发生转变，此时的水系最明显的变迁是汾河的东迁，使得文峪河道分散，因此，寨堡的布局沿水系分散；第三个阶段是清(1731—1892)，寨堡的快速增长阶段，该阶段政局稳定，驻兵的军堡失去了原本的军事意义，演变成民堡或者村落，而新建的村落也以寨堡的方式营建，以防御民间的冲突及敌患。因此，文峪河流域寨堡的变迁特点是沿水系分布，数量持续增长，功能逐渐民化(表 3 - 20)。

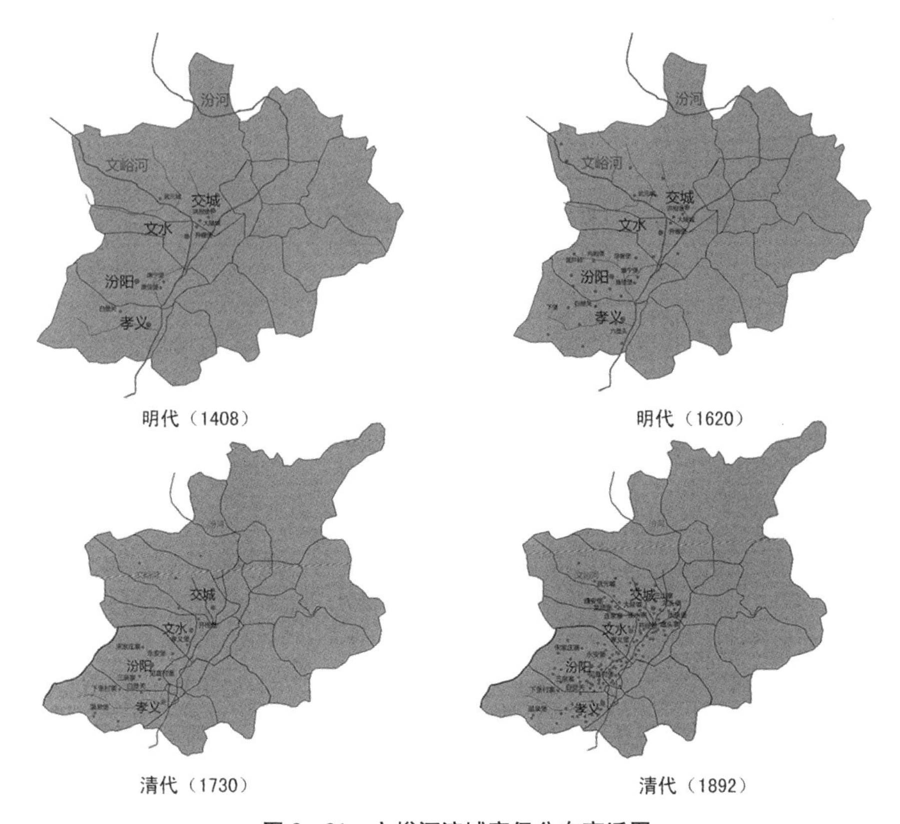


**图 3－31　文峪河流域寨堡分布变迁图**

资料来源：作者根据《山西省历史地图集》《交城县志》《文水县志》《汾州府志》《孝义县志》等资料整理绘制

**表 3－20　清时期(1892)文峪河流域的关隘、寨堡汇总**

| 城市 | 分类 | 名称 |
| --- | --- | --- |
| 交城 | 关隘 | 武元城(在县西 35 里西山口)、大陵城(在县西南 15 里)、下马城(在县北 190 里接静乐县界) |
| | 寨堡 | 靖安堡、龙须寨、龙头寨、水泉寨、盧头寨、拔水寨、三山寨、石壁寨、三層寨、夏家寨、贺家寨、郭家寨、连家寨、贾家寨、王家寨、温家寨 |
| 文水 | 寨堡 | 孝义堡、开栅堡、岳青堡、原东堡、青泉堡、马西堡、文峪堡、东城堡、保贤西堡、保贤东堡、待贤堡、云周东堡、云周西堡、原西堡、仁智堡、思贤堡、贯家堡、白安堡、韩武西堡、独家堡、上贤堡、仁义堡 |
| 汾阳 | 寨堡 | 望春堡、乔东堡、故显堡、太平堡、大相堡、小相西堡、小相东堡、尽善南堡、尽善北堡、罗城堡、董寺堡、黑浮堡、仁岩堡、里仁堡、康家堡、西丰堡、孝臣堡、阳城堡、靳同堡、田同北堡、田同南堡、巩村堡、三泉堡、任家堡、赵家堡、马庄堡、见喜堡、中千堡、田村堡、东马寨、西马寨、暮庄寨、三泉寨、张多寨、赵村寨、靳家寨、向阳寨、文侯村寨、尚文村寨、巩村寨、成家庄寨、刘家庄寨、坡头寨、南源寨、安家庄寨、湘子垣寨、上金庄寨、宋家庄寨 |

续表

| 城市 | 分类 | 名称 |
|---|---|---|
| 孝义 | 关隘 | 白壁关(县城西八公里,今白壁关村)、六壁城(今六壁头村)、板谷关 |
| | 寨堡 | 王才堡、司马堡、仁智堡、西盘粮堡、吴屯堡(今梧桐)、南姚堡、仁道堡、高村堡、下栅寨、六壁头山寨、下堡村寨、兑九峪山寨、三河口山寨 |

资料来源:作者根据《山西省历史地图集》《交城县志》《文水县志》《汾州府志》《孝义县志》等资料整理绘制

综上所述,流域城市带的变迁,是以水系的变迁为主导因素,而与水系相关的两个要素是以沿水系分布的精神信仰空间和物质防御空间。精神信仰空间是水神祭祀空间,分布特点是根据不同功能的祭祀目的分布在水系的不同位置;而物质防御空间是寨堡的空间分布,防御的目的由军事防御逐步演变为民间防御,但分布特点都是靠近水源。

## 3.5 交通视角下的城市变迁——驿道城市带

交通视角下对城市变迁进行研究,是以道路交通发展研究为背景,探求城市变迁的原因。本节将从晋商与驿道城市体系发展研究出发,梳理太谷、祁县、平遥和介休城市带商路起源和发展的过程,进而探求其发展的原因,原因即是对驿道沿线递铺体系变迁的研究,以及递铺的变迁与寨堡的关系,与市镇、集的关系,该研究也是城市交通发展与军事、商业关系的探索,目的是构建从交通视角出发的城市变迁研究框架。

### 3.5.1 晋商与驿道城市体系发展

1) 明清之前——旅蒙商路的出现

春秋时期,晋国为了运销他国的剩余产品,曾采取“轻关、易运、通商、宽农”等政策。晋人开始以晋阳为中心,开展与戎狄部族的贸易。到“丝绸之路”开辟后,山西商人又开始与西域商人进行贸易。汉时期,作为北出塞外直抵蒙俄的交通要道,在我国交通未发达前,山西和塞外部族就进行贸易往来,以山西为枢纽,北越长城,贯穿蒙古,经西伯利亚转至欧洲,形成国际商路,这条从晋中盆地通往当时中俄边界的商路,为旅蒙晋商路,成为“丝绸之路”的延伸。旅蒙商人把草原上的牲畜、皮毛和畜产品运送到内地,把粮食、茶叶、布匹等商品带到草原,使得草原游牧经济与内地农业经济形成了相互依存、互为补充的关系。宋代,山西地处北宋的边防,宋王朝所需要的战马,依靠北方的辽来供应,而辽也需要宋的手工业制品。元朝结束了宋、辽、金的割据局面,山西商人的活动地域更加扩大。该时期,已经形成了以晋中盆地为中心的晋商萌芽,其中,晋中盆地东缘的太谷、祁县、平遥、介休四个城市,由于驿站的完备，为晋商商帮的形成奠定了基础。

2）明时期——晋商商帮的形成

明时期，内部政局安定，商业活动空前活跃，出现了晋商商帮。“富室之称雄者，江南则推新安，江北则推山右；山右或盐，或丝，或转贩，或窑粟，其富甚于新安。”①其中，山右指的就是山西，可见明代的山西，已经是全国最富的省份了。晋商在明代军队加强戍边的活动中，也得到了发展，山西北部地区，为防止外族侵犯，在大同、左云、偏关等地派有军队防守，是重要的军事城市，大批晋商随之而至，供应粮食和军需品，当时临内蒙古的晋西北一些小城镇，已发展成为商业市镇。同样，该时期，太谷、祁县、平遥、介休四城市中的寨堡和关隘等军事设施所在地，由于军事功能的削减，也逐步发展成为商业市镇。

3）清时期——晋商发展的鼎盛和票号的成立

清代，晋中盆地境内有通往北京的京省官道，陕西省通往北京的京陕官道，以及由潞安府、泽州府通往太原的府官道等 3 条大道通过。入清以来，随着明末战乱的结束，晋商的发展达到鼎盛，其中运销蒙俄的茶叶几乎由晋商垄断，茶叶的运输路线是：南方武夷、六安、养楼司等地的茶叶被山西商人销往蒙俄，蒙俄及北方土特产内销江南，以晋中盆地为中心，开拓了自长江、汉水，经河南周口、开封，过山西晋城，至晋中盆地后，北出雁门关，东北出张家口至齐齐哈尔，西经呼伦贝尔，出西口至恰克图、莫斯科等地的国际商路。该时期出现了以行业或同乡为纽带的商业行会。乾隆三十三年（1768），山西 81 家钱商在苏州建全晋会馆。同时，出现了一大批大商业家族，比如，榆次的常家、聂家，太谷的曹家，祁县乔家、渠家，平遥的李家，介休的侯家、翼家等，他们不仅开设绸缎庄、茶庄、布庄、百货商店于各省城市，还设当铺、账局、钱庄、票号于各商埠。道光七年（1827），票号已经在京、津、张家口、开封、西安、苏州和山东设立分号。而清政府也对票号采取了扶植政策，只收少数的营业税，因此到同治年间，又扩展到南京、扬州、汉口、长沙、广州、城东等 27 个城市，同治之后，又向东南沿海和边远城市发展，东至营口、上海，南至香港，西南至昆明，西北至兰州、乌鲁木齐等 85 个城镇设立分号 400 多个，并远渡重洋，设分号于朝鲜、日本等地，完成了商业资本向金融资本的转变，构成了四通八达的金融汇兑网。由图 3-32 可见，晋中盆地内的太原、太谷、祁县、平遥和介休是清代晋商商路所经的主要城市，是“万里茶路”的必经之路，也是最早出现票号的核心商路，由表 3-21 可知，第一家票号于道光三年（1823）在平遥成立的日升昌，随后是道光六年（1826）成立于介休的蔚泰厚票号，以及道光七年（1827）分别成立于太谷和祁县的志成信票号和合盛元票号。

---

① （明）谢肇制．五杂俎[M]．北京：中国书店，2019：377．

图 3-32　清代晋商商路图

资料来源:《晋商史料与研究》①

**表 3-21　平遥、介休、太谷、祁县票号概况表**

| 帮派 | 地点 | 概况 |
|---|---|---|
| 平遥帮票号 | 平遥县西大街路北 | 道光三年(1823),日升昌票号成立,是平遥人雷履泰将西裕成颜料庄改为票号,全国第一家金融商号。总号在平遥县西大街路南。后道光十八年(1838)至道光二十二年(1842)期间,由日升昌票号出资,开办日新中票号 |
| 介休帮票号 | 介休 | 是继平遥日升昌票号后,最早兴起的。其中的蔚泰厚票号,成立于道光六年(1826),是由介休北贾村商贾大户侯家经营的绸缎布庄改成的,但总号设在平遥县城西街 |
| 太谷帮票号 | 太谷 | 最早出现的是道光七年(1827)的志成信票号,前身为志成信绸缎杂货庄。而后相继出现的有协成乾、世义信、锦生润、大德川、大德玉等多家票号 |

① 阳泉市政协文史资料委员会. 晋商史料与研究[M]. 太原:山西人民出版社,1996:32.

续表

| 帮派 | 地点 | 概况 |
| --- | --- | --- |
| 祁县帮票号 | 祁县 | 最早出现的是道光七年(1827)的合盛元票号,前身为祁县合盛元茶庄。而后相继出现的有大德兴、大德通、元丰久、三晋源、存义公、大德恒等票号 |

资料来源:作者由《山西票号综览》[1]、《山西票号史》[2]整理绘制

综上所述,始于春秋时期的晋国贸易,到元代在驿站体系的完善下,为明时期晋商商帮形成奠定了基础。到清代,是该城市体系发展的鼎盛时期,具体表现在晋商商路和票号的鼎盛发展。因此,下文将分析驿道递铺体系的变迁,从交通的视角下,探求城市体系兴盛发展的原因。

### 3.5.2 递铺变迁与寨堡分布

明代设立驿站的同时,又在驿站之间设立递铺,主要负责公文的传递,是国家信息传递的载体,因此各州府县治的总铺,通常设置在治所前或城内,"凡十里一铺,每铺设铺司一名"[3],即在官道上每10里左右设1铺,可见递铺的传递方式是铺与铺之间的接力传递。而递铺与驿站最大的不同在于传递工具的不同,驿站之间的传递是用马匹,而递铺间的传递是靠步行,"一昼夜通一百刻,每三刻行一铺,昼夜需行三百里"[4]。但靠步行的传递方式效率低,因此到明代后期,递铺系统则成为驿站系统的一部分。

而到清时期(表3-22),递铺的作用与明代无异,但递铺之间的距离缩短,体系也更加完善,县域之间的联系更加紧密。如康熙《介休县志》记载:总铺在县门外东,东递宋古铺,西递内封铺,西北递刘屯铺。东路五铺,宋古铺十里接湛泉铺,十里接王里铺,十里接张南铺,十里接田堡铺,十里接平遥县陈村铺[5]。而嘉庆和光绪《介休县志》则记载:总铺,在县治大门外,东十里至宋古铺,又十里至湛泉铺,又十里至王里铺,又十里至南张铺,五里至郝张铺,又五里至田堡铺[6]。对比可知,清时期递铺的数量增加,而递铺之间的距离则缩短,出现了五里的间距。但也有不少递铺之间的间距大于十里,据清乾隆版《祁县志》记载:"白圭铺北界太谷县,十五里至团柏铺,十五里至紫红铺,二十里至盘陀铺,二十里至来远铺,十里至北关,南界

① 黄鉴晖. 山西票号史[M]. 太原:山西经济出版社,1992:78.
② 张巩德. 山西票号综览[M]. 北京:新华出版社,1996:43.
③ 明太祖实录[M]. 上海:上海古籍出版社,1983:1456.
④ 刘广生,赵梅庄. 中国古代邮驿史[M]. 北京:人民邮电出版社,1999:142.
⑤ (清)王埴. 介休县志[M]. 康熙版. 太原:山西人民出版社,2012:32.
⑥ (清)李敦愚. 介休县志[M]. 光绪版. 太原:山西人民出版社,2012:204.

武乡县共八十里”[①]，递铺间的间距为十五里或二十里。《平遥县志》载：“西南路，十里，曰城西铺；又十里，曰陈村铺；又十五里，接介休县田堡铺。西路，十里，曰达蒲铺；又十五里，曰宁固铺；又十五里，曰香乐铺；又十里，曰白石铺，接汾州府。”[②]由此可见，县与县之间交接处递铺的距离，通常较远，有十五里或二十里，在本县内，递铺之间的距离一般都保持在五里至十里之间。这是铺路系统区域性的体现。

**表 3－22　明清时期太谷、祁县、平遥、介休的递铺汇总表**

| 城市 | 时期 | 递铺 |
|---|---|---|
| 太谷 | 明 | 总铺在城内，西路有一铺：洸村；东路七铺：石象、阳邑、回马、庞庄、官寨、阳庄、马岭；北路二铺：登丰、白村；东北路二铺：胡村、小常 |
| | 清 | 同明时期 |
| 祁县 | 明 | 贾令驿有七铺：“左东铺北界清源县，八里至东阳翼铺，五里至贾令铺，十里至丰泽铺，五里至高城铺，十里至东城铺，五里至交界铺，南界平遥县，共四十三里。”盘陀驿有五铺：“白圭铺北界太谷县，十五里至团柏铺，十五里至紫红铺，二十里至盘陀铺，二十里至来远铺，十里至北关，南界武乡县共八十里。” |
| | 清 | 新增盘陀铺、来远铺 |
| 平遥 | 明 | “平遥总铺司在县治前路西。东北路，十里，曰仁内铺；又十里，曰洪善铺，接祁县。西南路，十里，曰城西铺；又十里，曰陈村铺；又十五里，接介休县田堡铺。西路，十里，曰达蒲铺；又十五里，曰宁固铺；又十五里，曰香乐铺；又十里，曰白石铺，接汾州府。” |
| | 清 | 新增东南路，十五里，曰刑屯铺；又十五里，曰辛屯铺；又二十里，曰上店铺，接武乡县 |
| 介休 | 明 | 总铺设在县门外东。城东六铺：宋古铺、湛泉铺、王里铺、南张铺各相距十里，五里至郝张铺，又五里至田堡铺；城西二铺：五里至内封铺、十五里至义棠铺；西北一铺：由义棠铺十里至刘屯铺，又十里至孝义县王屯铺。乾隆时增设郝家堡铺 |
| | 清 | 新增郝家堡铺 |

资料来源：作者根据《晋中市志》《太谷县志》乾隆《祁县志》光绪八年《平遥县志》康熙《介休县志》《平遥县志》等资料整理绘制

此外，由图可知（图 3－33～图 3－36），通过对明、清时期该区域寨堡的汇总后发现，铺路网络的设置，主要利用了明代设置的寨堡，此外，递铺的名称多与寨堡名

① 祁县地方志编纂委员会．祁县志[M]．北京：中华书局，1999：231.
② 平遥县地方志编纂委员会．平遥县志[M]．北京：中华书局，1999：33.

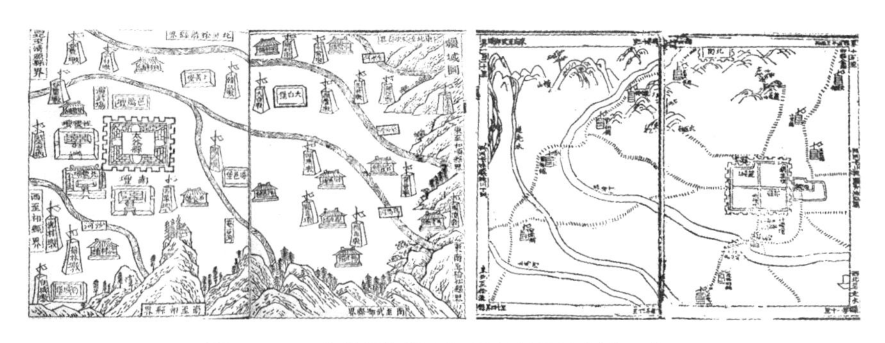

图 3-33 太谷疆域图、祁县县境图(递铺示意)

资料来源:乾隆四年《太谷县志》、光绪《祁县志》

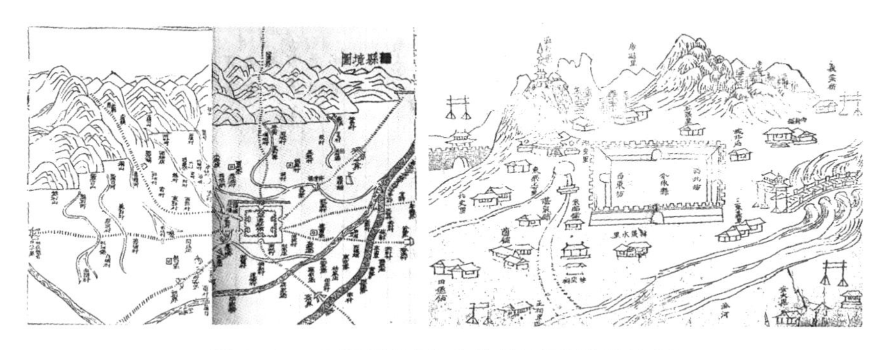

图 3-34 平遥县境图、介休县境图(递铺示意)

资料来源:光绪《平遥县志》、乾隆《介休县志》

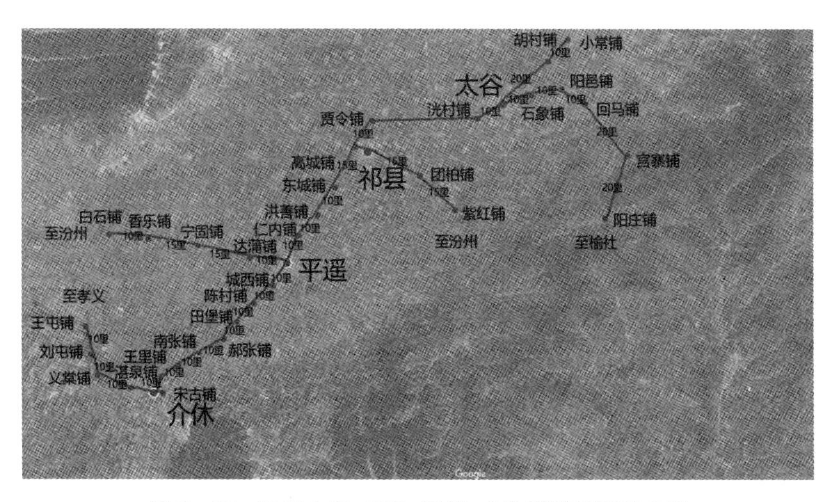


图 3-35 明代太谷、祁县、平遥、介休递铺里程节点图

资料来源:作者以 BIGEMAP 作为资源,参考《晋中市志》、《太谷县志》、乾隆《祁县志》、光绪八年《平遥县志》、康熙《介休县志》等资料整理绘制

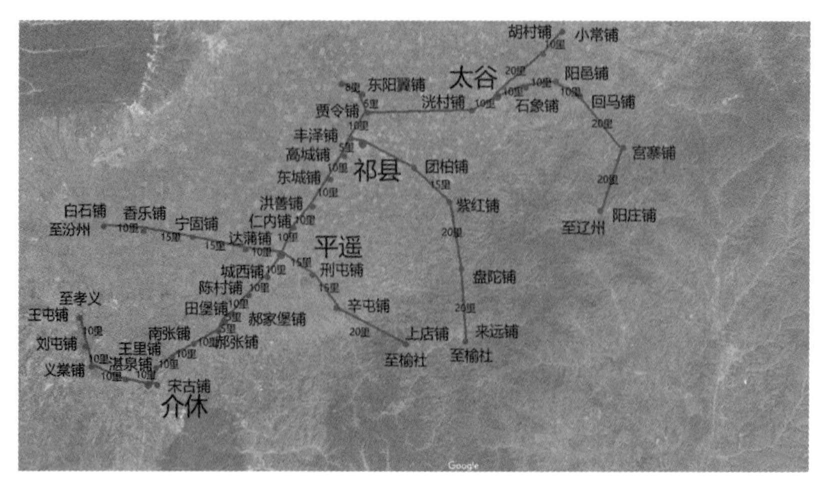


**图 3-36　清代太谷、祁县、平遥、介休递铺里程节点图**

资料来源:作者以 BIGEMAP 作为资源,参考《晋中市志》《太谷县志》、乾隆《祁县志》、光绪八年《平遥县志》、康熙《介休县志》等资料整理绘制

称相同,由此可知递铺是依寨堡而设,这也是军事设施民政化的体现,如平遥的洪善堡有洪善铺、介休的南张堡有南张铺、祁县的来远寨有来远铺、太谷的阳邑堡有阳邑铺等。但从分布的密度来看,并不是递铺密度高的区域为寨堡密度高的区域,递铺分布的密度基本均匀,以 5 里、10 里、15 里或 20 里为一铺,而寨堡的分布特点是太谷和介休两个城市较为密集,说明寨堡的分布与交通有关,但交通并不是决定寨堡分布的唯一因素(表 3-23)。

**表 3-23　明清时期太谷、祁县、平遥、介休的关隘、寨堡汇总表**

| 城市 | 分类 | 名称 |
| --- | --- | --- |
| 太谷 | 关隘 | 副井城(太谷县城西南3.5公里,战国时赵国派兵戍守处。后称副井村,今分北、西副井两村)、马陵关(太谷县阳邑乡马陵关村北约 100 米的堡圪坨山丘上,是榆社通往太谷的重要关口)、黑虎关("在县东一百一十里八赋岭,岭界和顺、太谷之间,深岩仄径。仅容只骑,为辽和往来要道。①")、咸阳城(太谷县城南 2.5 公里,战国时秦伐赵,驻兵处。今分为东、西、南咸阳 3 村)、洛莫城(太谷县城西北 9.5 公里,又名洛莫亭。今名登丰村) |
| | 寨堡 | 武村堡、胡马堡、阳庄堡、张达磨堡、王班堡、上善堡、太白堡、阳邑堡、小常一堡、胡村堡、四卦堡、白城堡、白村堡、郭村堡、敦坊堡、惠安堡、洸村堡、桃园堡、辛村堡、西薄堡、张村堡、韩村堡、回马一堡、任村堡、侯城一堡、登丰堡、团场堡、东里堡、梁平堡、董村堡、石象堡、奄谷寨、牛许寨、阎村寨、朝阳寨、杏林寨、东贾二寨、四棱寨、范村南寨、范村北寨、盘道寨、黑山寨、东咸阳寨、彭温庄寨、王弓村寨 |

① (清)郭晋修,(清)管粤秀. 乾隆太谷县志、民国太谷县志[M]//中国地方志集成·山西府县志辑(19). 南京:凤凰出版社,2005:56.

续表

| 城市 | 分类 | 名称 |
| --- | --- | --- |
| 祁县 | 关隘 | 子洪口(祁县古县镇子洪村东0.5公里处,两山相对,天然关隘。为潞安府通往太原的要道)、团柏镇(位于祁县城东12.5公里。“北周广顺处初,北汉主发兵屯团柏。”今分南、北团柏两村)、秃发城(位于祁县城东北 10 公里,今为大贾村)、赵襄子城(祁县城西北3.5公里。春秋末年,赵襄子所筑。今为城赵村) |
|  | 寨堡 | 南谷丰堡、高村堡、西六支堡、武乡堡、安寨、来远寨、新寨 |
| 平遥 | 关隘 | 京陵城(位于平遥县西北3.5公里。今为京陵村)、普洞关(平遥县南 25 公里,明洪武五年(1372),后移于县北 10 公里洪善镇) |
|  | 寨堡 | 洪善堡、杜村堡、侯翼堡、郝洞堡、达蒲堡、赵壁山寨、西泉山寨 |
| 介休 | 关隘 | 关子岭(介休县城东 35 公里化家窑村南,有路通往沁源县)、张南镇(介休县城东北 20 公里。曾为张难堡。今为张兰镇)、板桥城(介休县城西北 4 公里。西晋末年刘渊击刘琨于此,筑城垣阻水,以板桥为渡。今为韩屯村) |
|  | 寨堡 | 南张堡、郝家堡、田堡、北贾村堡、北张里南堡、北张里中堡、北张里北堡、张原村堡、大甫村堡南堡、曹麻村堡、义安村堡、龙湖堡、两水村堡、温村堡、三佳村堡、史村堡、张家堡、石河南堡、石河北堡、仙台堡、西段村堡、宋安村堡、宋古村堡、下庄堡、义棠堡、马女村堡、孙畅村南堡、孙畅村北堡、大宋曲东堡、大宋曲西堡、湛泉堡、东内封堡、岳家湾堡、南靳屯堡、城南上堡、城南下堡、梁家堡、罗王庄堡、阎家堡、赵家堡、关子岭寨、师屯寨、刘屯寨、龙头寨、湖龙寨、仙台寨、史村寨、兴地东寨、兴地西寨 |

资料来源:作者根据《晋中市志》、《太谷县志》、乾隆《祁县志》、光绪八年《平遥县志》、康熙《介休县志》、嘉庆《介休县志》等资料整理绘制

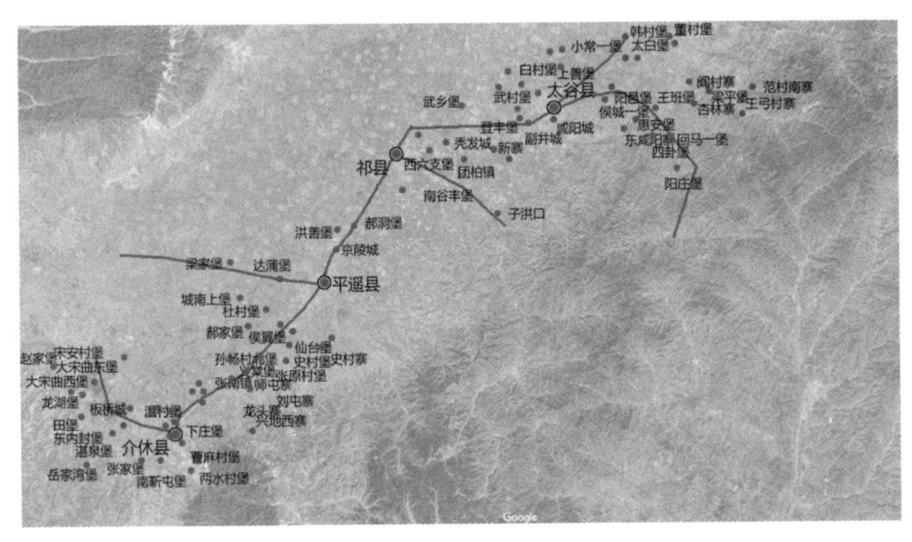


图 3-37　明时期太谷、祁县、平遥、介休递铺沿线寨堡分布图

资料来源:作者以 BIGEMAP 作为资源,参考《晋中市志》《太谷县志》、乾隆《祁县志》、光绪八年《平遥县志》、康熙《介休县志》等资料整理绘制

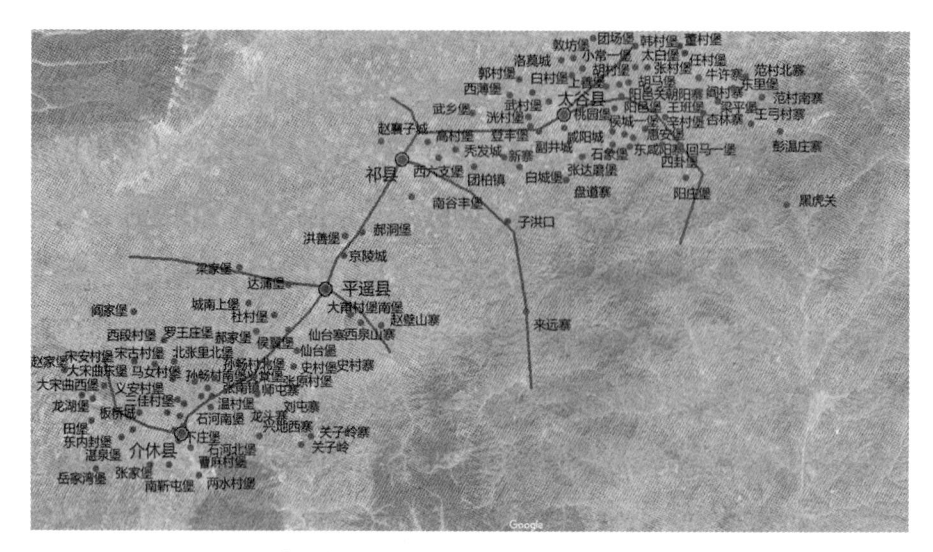


**图 3-38　清时期太谷、祁县、平遥、介休递铺沿线寨堡分布图**

资料来源：作者以 BIGEMAP 作为资源，参考《晋中市志》《太谷县志》、乾隆《祁县志》、光绪八年《平遥县志》、康熙《介休县志》等资料整理绘制

综上，由图 3-37、图 3-38 可见，明时期的递铺路系统是依寨堡而设，清时期的递铺路系统与明时期相比，递铺的数量增加，递铺的间距缩小，递铺间的间距特点是依行政区划，离县城近的递铺间距小，远离县城的递铺间距较大。因此，递铺的设置与军事设施相关，递铺的名称也与市镇的名称相关，如祁县的团柏镇有团柏铺、介休的义棠镇有义棠铺等，下一小节将分析递铺的设置与市镇、集的分布关系。

### 3.5.3　递铺变迁与市镇分布

递铺路网直接影响着城镇的空间布局，明清时期，许多重要的市镇位于驿道、递铺交通网络上，有的市镇本身就设有驿站、递铺，有的还建有驿馆。由表 3-24 可知，宋时期，该区域内有团柏镇和孝义镇；金时期，祁县有团柏镇，介休有洪山镇；明时期(1620)，镇的数量大规模增加，镇的种类可以分为四类：第一类是重要的关口，如介休的关子岭镇、祁县的团柏镇、介休的张兰镇等，其中张兰镇在介休县东 40 km，为"县东屏蔽[①]"，这类市镇是由于所处的地理位置而存在，自然地理因素起重要作用，但到清后期，军事性质逐渐消失；第二类是驿站、递铺所在的交通要道，主要有祁县的来远镇、北关镇、贾令镇，介休的湛泉镇；第三类是交通要道中以商品的流通为主要职能的，如平遥的洪善镇、上店镇，太谷的阳邑镇、范村镇、白城镇，祁

① (清)陆光鑢，纂修. 介休县志[M]. 清嘉庆版. 太原：山西人民出版社，2012：14.

县的紫红镇；第四类是由寨堡演化而来，如张兰镇即张兰堡、义棠镇就是义棠堡。由图 3－39、图 3－40 可知，明时期，该区域铺路交通网串联市镇带，递铺的间隔也为城镇的间隔，到清时期，以铺路交通网络为基础，市镇数量明显增加，可见递铺网络不仅仅承担了传递公文的作用，传递的过程也催生了沿途经济活动的发生，逐渐成为一条沿太谷、祁县、平遥、介休的商贸纽带。

**表 3－24　太谷、祁县、平遥、介休市镇变迁表**

| 城市 | 时期 | | | | |
|---|---|---|---|---|---|
| | 宋 | 金 | 明(1620) | 清(1730) | 清(1892) |
| 太谷 | | | 范村镇、阳邑镇、侯城镇、咸阳镇 | 范村镇、阳邑镇、胡村镇、侯城镇、北洸镇、白城镇 | 范村镇、阳邑镇、胡村镇、侯城镇、北洸镇、白城镇、白村镇 |
| 祁县 | 团柏镇 | 团柏镇 | 东观镇、团柏镇、古县镇、子洪镇、盘陀镇、贾令镇 | 北关镇、来远镇、盘陀镇、团柏镇、贾令镇 | 东关镇、故县镇、紫红镇、盘陀镇、贾令镇、晓义镇、里村镇、城赵镇、上段镇、涧村镇、北关镇、来远镇 |
| 平遥 | | | 洪善镇、上店镇、石门镇 | 洪善镇、上店镇、甯固镇 | 洪善镇、上店镇 |
| 介休 | 孝义镇 | 洪山镇 | 张兰镇、义棠镇、关子岭镇 | 张兰镇、洪相镇、义棠镇、湛泉镇 | 张兰镇、洪相镇、义棠镇、湛泉镇 |

资料来源：作者根据《元丰九域志》《晋中市志》《太谷县志》、乾隆《祁县志》、光绪《祁县志》、光绪八年《平遥县志》、康熙《介休县志》《山西省历史地图集》等资料整理绘制

交通网络不仅促进了市镇的兴起，也使得沿线的集市繁荣，根据康熙四十六年(1707)《平遥县志》记载，集市有范洛集(城西北三十里)、朱坑集(城东二十里)、长寿集(城东北三十里)、梁官集(城东三十里)，以及县城内八处街市，分别是衙巷市、十字街市、市楼街市、西街市、东街市、大西城市、小西城市、南门街市①。而康熙《介休县志》中记载的集市有张兰镇(每逢单日集，三月初一至初十日会，九月二十一至三十日会)、义棠镇(三月十七日会，九月十七日会)、湛泉镇(在县城东二十里，十月十五至十七日会)、西市(每逢四八日集，二月初六至十五日会，七月十六至二十五日会)、西段屯(正月十五日会，十月初七至初九日会)、孔家堡(二月初一至初三日会，十月初一至初三日会)、板峪村(三月十五日会)②。以上记载的集市地点，均位于递铺路沿线(图 3－39、图 3－40)。因此，交通视角下的城市变迁，是在递铺路系统中，对寨堡和市镇、集进行的对比分析，也是在交通背景下，探求军事与经济的关系。寨堡处设立递铺，是军事设施为交通的发展提供基础，递铺路沿线经济繁

① (清)王夷典. 平遥县志[M]. 康熙四十六年八卷本. 太原：山西经济出版社，2008：81－82.
② (清)王埴，纂修. 介休县志[M]. 康熙版. 太原：山西人民出版社，2012：41－42.

荣，是交通的发展促进经济的发展。交通的发展，使得清时期，太谷、祁县、平遥、介休成为晋商的必经之路和票号的起源地，本小节也为交通视角下研究商业城市的变迁提供理论框架。

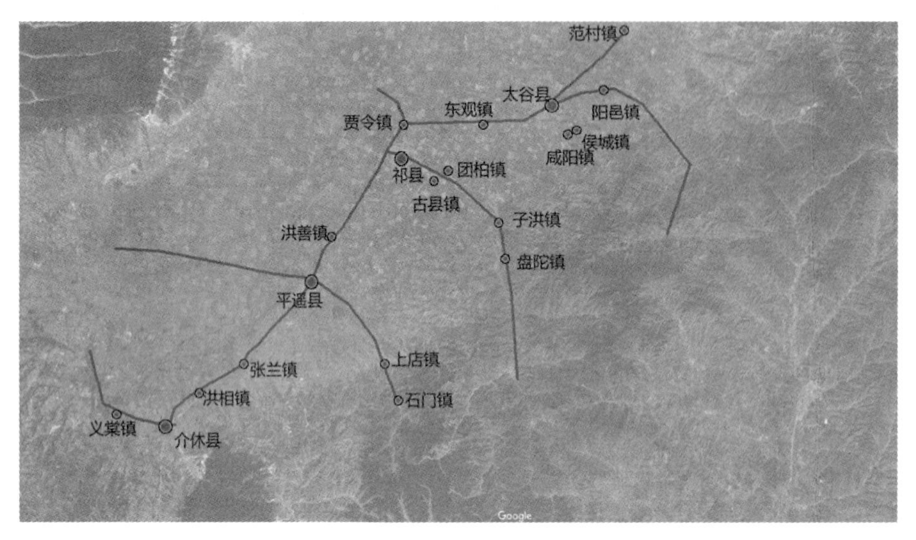


图 3－39　明时期(1620)太谷、祁县、平遥、介休递铺沿线市镇、集分布图

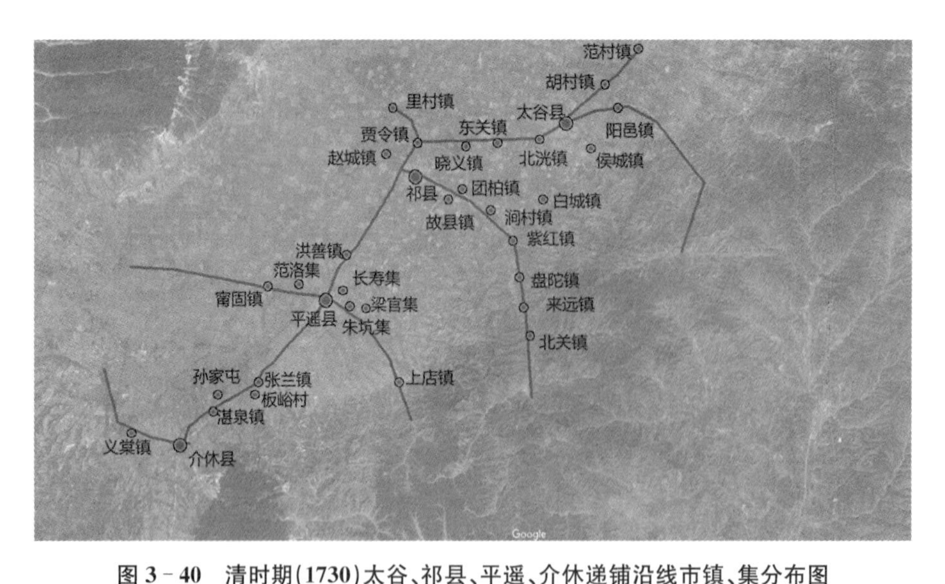


图 3－40　清时期(1730)太谷、祁县、平遥、介休递铺沿线市镇、集分布图

资料来源：作者以 BIGEMAP 作为资源，参考《晋中市志》《太谷县志》、乾隆《祁县志》、光绪八年《平遥县志》康熙《介休县志》等资料整理绘制

## 3.6 历史城市空间要素

行政区划和建制是中国城市特有的等级体系，不同等级的城市具有不同级别的空间要素，这是中国城市特有的空间结构、文化结构和社会结构。本节将以晋中盆地区域内涉及的府城和县城为例，分析这两级行政建制的变迁特点，明确城市空间要素在府城、县城中的表达内容，为下一章城市层面的"历史地图转译"提供素材，进而为总结晋中盆地区域历史城市变迁特点提供依据。

### 3.6.1 城市空间要素划分

城市空间是一个复杂的系统，因此，需要以要素的方式进行梳理，要素是构成历史城市空间形式的基本单元，指历史城市在发展的过程中，体现出的历史特征、文化特征和社会特征以物质的形式，在空间中表现的总和。笔者发现，在以往的研究和保护案例中，通常只重视城墙内的研究，把城墙内的空间作为城市历史空间，而忽略了城墙外部的历史环境。因此，笔者认为，中国古代城市的空间要素不仅指城墙内的空间，应以城墙作为物质界限，分为内部空间和外部空间。这种分类的方式，强调了中国历史城市的整体环境(图 3－41)。其中，外部空间可分为物质要素和物质化要素，物质要素指的是客观存在的物质，包括自然、军事和交通三个主要因素，自然要素不仅指地形地貌、山川河流自然存在的状态以及它们变迁的过程，还包括人工建设的运河和堤坝等设施；军事要素包括关隘、城池、寨堡、渡口、卫所等防御设施所形成的防御体系，以及防御体系变迁为市镇、村落等，都作为城市的历史空间进行研究；交通要素包含驿站、驿道、递铺等组成的驿道、铺路体系，是历史环境的基本骨架，这三点物质要素相互影响和促进，是城市产生和发展的必要因素。而物质化要素指要素本身是非物质的，但最终以物质的形式进行表达，可分为制度要素和信仰要素，制度要素指中国城市特有的各级行政区划和建制，物质的表现方式是各级管理治所和各管理机构；信仰要素指风俗信仰活动，物质的表现方式是坛庙、寺观、陵墓等祭祀载体，通常可分为国家祭祀体系、地方祭祀体系和民间祭祀体系。而城市内部的空间要素同样可分为物质要素和物质化要素，物质要素具有显性的特征，是指城墙、城门、护城河、道路、民居、园林、桥梁、公署、寺庙、陵墓等城内各功能空间载体，也包括功能分区，例如公署区、居民区、商业区等。物质化要素则具有隐形的特征，为风俗祭祀等文化活动、集市等商业活动等，最终物质的表现形式同样是寺庙、街道、商铺或广场等建筑空间。城市的外部空间要素和内部空间要素，都是城市历史环境中重要的组成部分，是中国历史城市研究中不可忽略的部分。

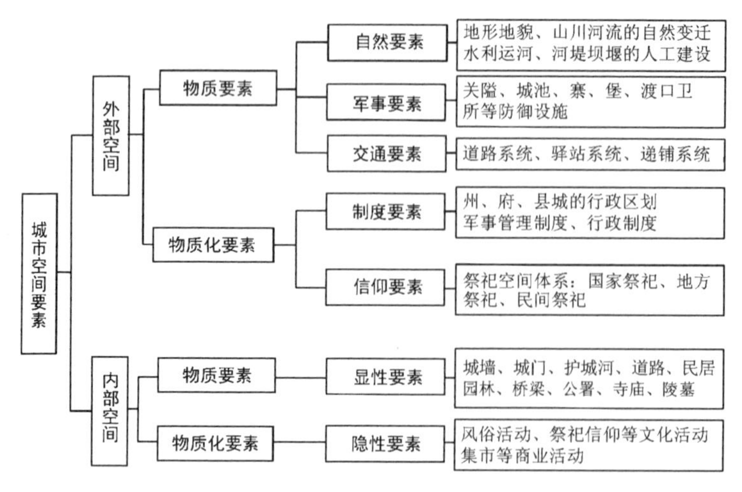


**图 3-41　城市空间要素划分图**

资料来源：作者自绘

而外部空间要素和内部空间要素，并不是独立存在和发展的，它们之间是相互关联和影响的，如外部的河流与护城河、城河、城湖、城内排水道相连；军事防御设施中的关隘、寨堡和城墙、城楼相互配合进行防御；驿道系统、铺路系统连通城内道路；行政区划及建制决定城池的规模及城内公署建筑的规模和等级；祭祀建筑也同样分布于城内和城外。因此，外部空间要素和内部空间要素是在结构和功能上相互依存的关系，在二者的共同作用下表达出城市的空间变迁特点。

### 3.6.2　府城、县城的空间要素

通过对城市空间要素的分析，可知明清时期府城空间要素的变迁，主要指制度要素的变迁。而制度的变迁是一个复杂而庞大的体系，如表 3-25 所示，仅以晋中盆地区域内的府城和县城为例，总结其变迁特点。最大的变迁有三点，分别是宗藩、公署和兵备。第一，明时期，宗藩是"自古帝王建封同姓，所以树藩屏而与之天下也"[①]，具体的表现形式是王府，例如在太原府城内有晋王府、在平阳府城内有高平王府、在汾州府城内有庆成王府和永和王府等，而在清代，王府全部废弃，改为驻军处或民宅。第二，公署，"设官莅事，必有常所"，是主要的制度制定和管理机构，与行政建制相关，在明时期，府城的公署设有察院、布政司治、按察使司、翼宁道、府治、县治，而清时期，有总督府（即明时期的察院）、总兵府、巡抚都察院、武公署（城

① （清）穆尔赛，（清）刘梅，（清）温敞，等修纂. 山西通志（壹、贰、叁）[M]. 山西省地方志办公室，整理. 北京：中华书局，2014：465.

守尉)、府治、县治。第三点不同是兵备素,明时期是以卫所制进行驻军,清时期卫所制废除,出现省总兵处和满兵守尉的满洲城,例如太原府城内的武公署(城守尉)则位于满洲城内。而明清时期县城空间要素的变迁,也同样指制度要素的变迁,如表 3-26 所示,最明显的变迁是公署机构的不同,明时期有布政分司、按察分司、翼宁道、县治,到清时期,则只有县治,行政管理趋于简化。县城制度要素的另一个特点是等级低,例如仓场,"仓以储粟,场以积刍,官禄兵饷之所给也。"作为储存粮食的场所,在府城为府仓,在县城为县仓、预备仓,学校在府城为府学,在县城为县学。因此,明清时期府城、县城的空间要素变迁主要为制度要素的变迁,县城的制度要素比府城的制度要素简单且级别低,府、县两级的制度要素均趋于简化。

**表 3-25 明、清府城制度要素对比表**

| 制度要素 | 明代 | 清代 |
|---|---|---|
| 行政区划 | 布政使司(省)—府(直隶州)—县 | 省—府(州、厅)—县 |
| 宗藩 | 王府 | 无 |
| 公署 | 察院、布政司治、按察使司、翼宁道、府治、县治 | 总督府、总兵府、巡抚都察院、武公署(城守尉)、府治、县治 |
| 官宇 | 贡院、演武场、公馆、钟楼、鼓楼 | 贡院、演武场、公馆、钟楼、鼓楼 |
| 仓场 | 有 | 有 |
| 庙坛 | 社稷坛、风雨雷电山川坛、先农坛、厉坛、府城隍庙、县城隍庙、府文庙、县文庙、三皇庙、关帝庙、旗纛庙、马神庙、土地祠、龙神庙、火神庙、八蜡庙、文昌庙、东岳庙、真武庙等 | 社稷坛、风雨雷电山川坛、先农坛、厉坛、府城隍庙、县城隍庙、府文庙、县文庙、三皇庙、关帝庙、马神庙、土地祠、龙神庙、火神庙、八蜡庙、文昌庙、东岳庙、真武庙等 |
| 陵墓 | 有 | 有 |
| 寺观 | 崇善寺、弥陀寺、寿宁寺、开化寺、圆通寺等 | 崇善寺、弥陀寺、寿宁寺、开化寺等 |
| 兵备 | 卫所、守御千户所、千户所、百户所 | 省总兵处、满兵守尉 |
| 驿递铺 | 有 | 有 |
| 学校 | 府学、县学、书院 | 府学、县学、书院 |

资料来源:作者根据成化《山西通志》、万历《山西通志》、康熙《山西通志》等资料整理绘制

表 3-26 明、清县城制度要素对比表

| 制度要素 | 明代 | 清代 |
| --- | --- | --- |
| 公署 | 布政分司、翼宁道、县治 | 县治 |
| 官宇 | 钟楼、公馆、鼓楼 | 钟楼、公馆、鼓楼 |
| 仓场 | 县仓、预备仓 | 县仓、预备仓 |
| 庙坛 | 社稷坛、风雨雷电山川坛、邑厉坛、先农坛、文庙、城隍庙、关帝庙 | 社稷坛、风雨雷电山川坛、邑厉坛、先农坛、文庙、城隍庙、关帝庙 |
| 陵墓 | 有 | 有 |
| 寺观 | 观音寺、龙泉寺、洪福寺等 | 观音寺、龙泉寺、洪福寺等 |
| 驿递铺 | 有 | 有 |
| 学校 | 县学、书院 | 县学、书院 |

资料来源:作者根据成化《山西通志》、万历《山西通志》、康熙《山西通志》等资料整理绘制

## 3.7 本章小结

本章是对晋中盆地历史城市结构的重新梳理,以中心性、近水性和流通性三个特点作为结构梳理的依据,从而形成了晋中盆地“一环两带”的城市空间结构,在对三个城市系统进行分析的同时,构建从防御视角、防洪视角和交通视角进行历史城市研究的结构框架。该框架也是研究区域城市系统向城市形态层面研究过度的连接纽带,城市群的研究,同时也是突出中国历史城市特点、中国历史文化特点的视角。由图 3-42 可知,三个研究视角都围绕寨堡这一物质空间进行,防御视角中得出的结论是市镇在原寨堡处形成、寨堡密度和市镇密度呈正相关;防洪视角中得出的结论是寨堡密度与水系密度呈正相关;交通视角得出的结论是寨堡密度与递铺密度呈正相关、递铺密度与市镇密度呈正相关。

通过对晋中盆地历史城市进行重新分组分析,即是对城市外部历史环境的梳理和体系建构,因此,将城市空间要素分为外部空间要素和内部空间要素,并梳理府城和县城明、清时期不同的空间要素,二者在明、清时期城市空间要素主要的不同在于制度空间的差别。该章节对于府城、县城的空间要素的梳理,将作为下一章节城市尺度研究的基础。

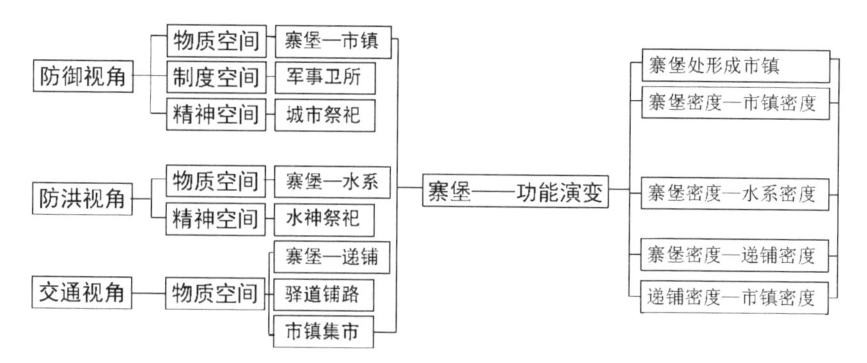


**图 3-42　从防御视角、防洪视角和交通视角进行历史城市研究的结构框架图**

资料来源:作者自绘

# 4 晋中盆地历史城市变迁——“历史地图转译”

本章将从城市层面分析晋中盆地历史城市的变迁特点，分组逻辑为上一章节对于盆地内城市结构的梳理，即“一环两带”，因此本章将分为三个小节进行城市形态的研究，分别是军事中心区城市形态变迁、文峪河流域城市形态变迁和驿道城市带的城市形态变迁。研究方法是“历史地图转译”，通过对城市空间要素的梳理和分析，总结每个城市的空间形态特征，得出城市变迁的动力机制，最后为整个晋中盆地历史城市变迁的规律总结提供依据。

## 4.1 军事中心区的城市形态变迁

军事中心区的城市形态变迁包括五个城市，分别是明清时期太原府的府治阳曲，太原府的太原、榆次、清源和徐沟四座县城。而府治阳曲经历了由春秋时期的晋阳城、宋时期“内外二重城”的太原城到明清时期以军事为主导的形态变迁的过程。太原、榆次、清源和徐沟四座县城在形态变迁的过程中同样体现出对于府城的辅助军事作用，即军事为主导，并在水系、商业、交通作用的影响下逐步完善的变迁过程。

### 4.1.1 春秋至唐时期的晋阳城

在晋中盆地区域内，自隋代开始，包含的县级城市有晋阳、太原、榆次、太谷、祁县、文水。唐代，新增交城和清源。金代，新增平晋和徐沟。明代，在晋中盆地即形成阳曲、榆次、徐沟、太谷、祁县、文水、交城、清源、太原九个县级城市，其中阳曲为府治所在地。府治所在地，地处山西高原中心，雄踞晋中盆地腹地。作为连接中原和塞外的交通要道，在相当长的历史时期中处于政治区域的交接地带，是汉民族与游牧民族频繁交往和冲突之地，也是不同政权和民族之间争夺的焦点。从春秋战国到隋唐五代，先后有群狄诸戎、匈奴、鲜卑、羯、氐、突厥、回纥、沙陀、吐谷浑在此与汉民族斗争融合[①]，随着政权的不断交替，晋阳城（今山西太原南郊古城营一带）

① 康玉庆，靳生禾. 试论古都晋阳的战略地位[C]//中国古都研究（第十二辑）——中国古都学会第十二届年会论文集，1994:245.

的重要性日益凸显，是少数民族纷纷建立割据政权、各族政权角逐争夺的中心（表4-1）。如表4-2所示，晋阳先后作为都城，经历了战国时期赵国的都城、西汉韩国的都城、代国的都城、太原国的国都、东汉至东晋太原国国都、北齐时的别都、唐时的北都、北汉时的都城，虽然建都的时间相对较短，又或是仅仅作为陪都、别都，但由此也充分体现出晋阳城主要的战略地位。由图可知（图4-1），太原城址的变迁主要经历了四个阶段：一是春秋时期的晋阳城，位于汾河以西；二是唐时期的晋阳城，规模宏大，跨汾河而建；三是城址迁移后的宋太原城，位于汾河以东，原晋阳城北；四是明清时期在宋太原城址的基础上进行的扩建。

**表4-1 晋阳城、太原城主要攻城战汇总表**

| 时间 | 战事 | 结果 |
|---|---|---|
| 春秋（前497） | 中行氏、范氏和邯郸赵氏围攻晋阳城 | 未攻破 |
| 战国（前454） | 智、韩、魏联军包围晋阳城，苦战一年 | 未攻破 |
| 战国（前453） | 智伯开渠引晋水灌晋阳城 | “三家分晋” |
| 汉（前201） | 匈奴入侵 | 占领晋阳城 |
| 东汉（188） | 匈奴入侵 | 杀死并州刺史张懿 |
| 西晋（309） | 汉国楚王刘聪攻晋阳 | 未攻破 |
| 西晋（312） | 汉国昭武帝刘聪继续进攻并州，包围晋阳 | 未攻破 |
| | 晋代公拓跋猗卢攻晋阳 | 晋阳城池残破，军民流散 |
| 东晋十六国（358） | 前秦皇帝攻打晋阳 | 未攻破 |
| 东晋十六国（370） | 前秦皇帝派将军王猛攻晋阳，城外挖地道，潜奇兵入城 | 攻占晋阳城 |
| 东晋十六国（394） | 后燕皇帝派将军攻晋阳 | 攻占晋阳城 |
| 东晋十六国（396） | 北魏攻晋阳 | 占领晋阳城 |
| 北齐（575） | 北周军队攻晋阳 | 占领晋阳城 |
| 隋（604） | 隋炀帝派杨素围晋阳 | 占领晋阳城 |
| 隋（617） | 突厥攻晋阳 | 未攻破 |
| 唐（619） | 刘武周攻晋阳 | 李元吉弃城 |
| 唐（621） | 突厥数次攻并州 | 未攻破 |
| 后唐（936） | 张敬达筑长城围攻晋阳 | 未攻破 |
| 后周（954） | 后周世宗柴荣攻晋阳 | 未攻破 |
| 宋（969） | 宋太祖水灌晋阳城 | 未攻破 |

续表

| 时间 | 战事 | 结果 |
| --- | --- | --- |
| 宋(979) | 宋军对晋阳城发起猛烈进攻,烧晋阳城 | 城毁 |
| 宋(980) | 宋太祖引汾水、晋水灌晋阳城废墟 | 晋阳城不复存在 |
| 金天会四年(1126) | 金将完颜宗翰以30座石炮轰击太原城,用洞子车填护城壕,又使用鹅车、云梯、火梯等器械攻城。仍未攻下太原城,遂在城外大筑堡垒,将太原城围住 | 城被攻破,太原纳入金国版图,太原城被围9个月 |
| 金贞祐四年(1216) | 蒙古兵围攻太原城 | 未攻克,再攻太原城周边 |
| 金兴定元年(1217) | 蒙古兵再次进攻太原城,粮道阻断 | 未攻破 |
| 金兴定二年(1218) | 蒙古军将领穆呼哩围攻太原城 | 城被攻破,太原归属蒙古族政权统治 |
| 金兴定五年(1221) | 金晋阳公郭文振围攻太原城。不久,金将赵权府再次围攻太原城 | 未攻破 |
| 金哀宗正大四年(1227) | 金恒山公武仙领兵袭击蒙古军占据太原城,城中百姓夜开东门内应,武仙带兵而入 | 蒙古元帅战死 |
| 元至正十八年(1358) | 刘福通领导的红巾军攻克临川、高平、潞州后,进攻太原 | 攻破 |
| 元至正二十年(1360) | 红巾军再次进攻太原 | 攻破 |
| 元至正二十一年至二十五年(1361—1365) | 孛罗帖木儿多次攻太原 | 未攻破 |
| 明嘉靖二十一年(1542) | 蒙古族俺答再次率部南下,进攻太原 | 未攻破,俺答继续攻祁县、清源等地 |
| 清顺治元年(1644) | 李自成率百万农民军攻太原城 | 攻破 |
| | 清将叶臣用"西洋神炮"轰击太原城,城墙西南角被轰塌数十丈 | 太原城被清军占领 |

资料来源:作者根据《太原市志第八册》第55-108页、《山西省历史地图集》第344-383页整理绘制

**表4-2 晋阳都城地位变迁汇总表**

| 时期 | 级别 | 建都时间 |
| --- | --- | --- |
| 战国(前453) | 赵国都城,赵襄子为国君 | 70余年 |
| 西汉(前201) | 韩国都城,韩王信为王 | 5年 |
| 西汉(前196) | 代国都城,刘恒为王 | 1年 |
| 西汉(前178) | 太原国都城,刘参为王 | 1年 |

续表

| 时期 | 级别 | 建都时间 |
|---|---|---|
| 西汉(前176) | 代国都城,刘参为王 | 90余年 |
| 东汉(31) | 太原国都城,刘章为王 | 不详 |
| 三国(220) | 太原国都城 | 不详 |
| 西晋(265) | 太原国都城,司马瓌为王 | 不详 |
| 东晋十六国(319) | 太原国都城 | 不详 |
| 东晋十六国(385) | 都城,苻丕为帝 | 2年 |
| 北齐(550) | 邺城为都城,晋阳为别都 | 不详 |
| 唐(690) | 北都,兼都督府 | 不详 |
| 唐(723) | 复置北都,改都督府为太原府 | 不详 |
| 唐(880) | 沙陀酋长李克用、李存勖父子在此称王;石敬瑭、刘知远在此称帝 | 17年 |
| 北汉(951) | 都城,刘崇为帝 | 29年 |

资料来源:作者根据《太原市志第五卷》《山西省历史地图集》等资料整理绘制

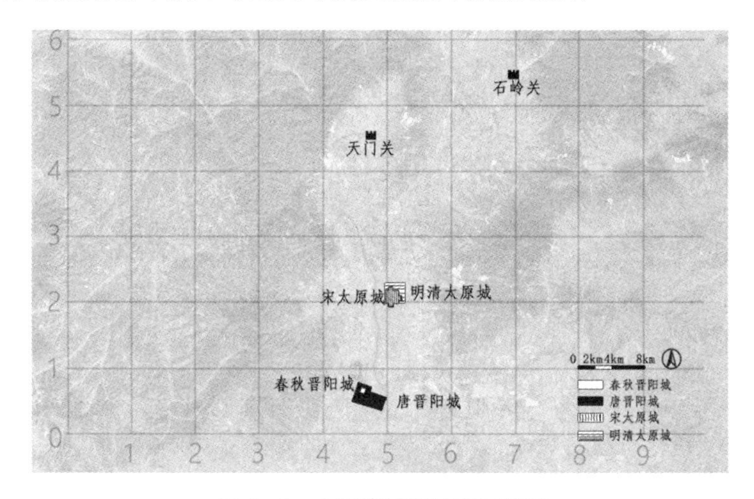


**图 4-1 太原府城城址变迁简图**

资料来源:作者以BIGEMAP作为资源,根据《山西通志》等资料分析绘制

春秋末年,建立晋阳城。首先是军事的需求,春秋时期晋国大夫赵简子的家臣董安于受命建造晋阳城,赵氏家族是春秋末期晋国新兴地主阶级的典型代表,是晋国最活跃最富有朝气的一支力量。晋中盆地是春秋时期赵氏家族的领地,远离其他五卿势力,历来受到晋国统治者的重视。该区域可以依托地理,南控诸卿,北控

诸戎，东控河北，具有重要的战略意义[①]。而晋阳城具体的城址选择，则是依据优越的自然环境，山水环绕，有蒙山、悬瓮山、卧虎山、系舟山，选在汾水、晋水两水交汇的三角区域内，处于两河冲积扇的高处，不仅可以利用汾、晋两水灌溉农业，土地肥沃，方便生活，且渔业捕捞业较为发达，而且可以起到调节气候、净化空气的作用。群山布满茂密的森林，蕴藏丰厚的铜矿资源，又是理想的牧场。据《后汉书》记载："东带名关，北逼胡强，年谷独熟，人庶多资，斯四战之地、攻守之场也"[②]，可见，此地不仅具有优越的宜居环境，而且易守难攻，可进可退，是控制和开发整个晋中盆地的最佳地点。晋阳城始建于春秋中晚期，公元前 497 年，历经汉晋、南北朝、隋唐、五代。1961 年 6 月的晋阳古城遗址勘察，确定了东周时期古城的范围，古城北偏东 18°，在现在山西太原市西南原晋阳县[③]，为"城高四丈，周回四里"[④]的正方形。因此，对晋阳城池的推测如下：四边长约为 500 m，面积约为 0.25 $km^2$，长宽比为 1。城池东依汾水，西南邻晋水，西靠蒙山，自然环境优越。这一时期的晋阳城址奠定了晋阳城主城区发展的位置（图 4－2）。

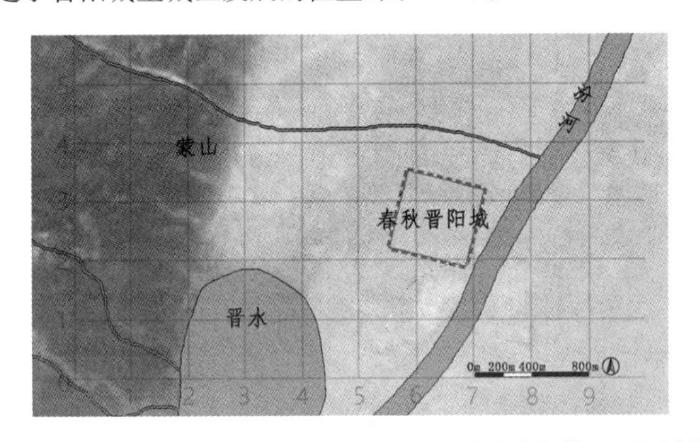


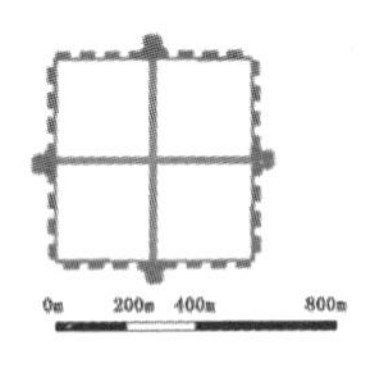


**图 4－2　春秋时期晋阳城市空间转译图及城邑推测图**

资料来源：作者以 BIGEMAP 作为资源，根据《元和郡县志》等资料分析绘制

从西晋到唐的近 400 年间，在春秋晋阳城的基础上进行逐步的扩建，由表（表 4－3）可知，晋阳城的变迁包括七座城，分别是故唐城、古晋阳城（大明城）、州城（西城）、东城、新城（宫城）、仓城、中城（连城）。以上七座城在盛唐时期合称为"北都城"，"北都城"其实是由三部分组成，即西城、东城和中城。

① 邵秀英. 古晋阳的区位条件与地缘价值浅析[C]//中国古都研究（第二十辑）——中国古都学会 2003 年年会暨纪念太原建成 2500 年学术研讨会论文集，2003：15.

② （南朝）范晔. 后汉书・郡国志[M]. 北京：中华书局，2007：754.

③ 谢元璐，张颔. 晋阳古城勘察记[J]. 文物，1962(Z1)：56.

④ （唐）李吉甫. 元和郡县志（卷第十三河东道二）[M]. 北京：中华书局，1983：25.

**表 4-3　晋阳城变迁汇总表**

| 名称 | 时间 | 变迁描述 | 资料来源 |
|---|---|---|---|
| 故唐城 | 上古时期 | 唐叔虞子燮父徙都之所，其东南隅在州城中，西北存者 500 步 | 《元和郡县志》 |
| 古晋阳城（大明城） | 春秋末年，鲁定公十三年（公元前 499 年）之前 | 晋国大夫赵简子家臣董安于筑。“城高四丈，周回四里。”“公宫之垣，皆以狄篙苫楚廧之，其高至丈余。” | 《元和郡县志》<br>《战国策·赵策一》 |
|  | 公元前 496 年 | 晋阳令尹铎，城周修筑防御工事，加固增高晋阳城堡垒，成为“府库足用，仓廪实”的战略城邑 | 《国语·晋语九》 |
|  |  | 筑徒人城，以安置罪犯，墙仅三面墙，称为三角城 | 《太原市志·第八卷》 |
| 州城（西城） | 西晋永嘉元年到六年（307—312） | 扩建城垣：高四丈，城周 4320 丈，合 27 里 | 《元和郡县志》 |
|  | 南北朝（533 年） | 高欢在晋阳建大丞相府 | 《太原市志·第八卷》 |
|  | 北齐（550） | 建晋阳宫 | 《新唐书·地理志》<br>《元和郡县志》 |
|  | 北齐 | 造宫殿，在晋祠、西山建离宫别墅，石窟寺庙 | 《太原市志·第八卷》 |
|  | 北齐（552） | 自并州至离石督修自黄栌岭至社干成共 400 余里长城，守护晋阳 | 《太原市志·第八卷》 |
| 东城 | 北齐（565） | 东城始建 | 《太原市志·第八卷》<br>《新唐书·地理志》 |
|  | 北齐（567） | 晋阳大明殿建成 | 《太原市志·第八卷》 |
|  | 唐（637） | 扩筑东城，东城距西城（州城）东二里二百六十步 | 《太原市志·第八卷》 |
| 新城（宫城） | 隋（589） | 晋阳宫外筑城垣，即晋阳宫城，也称新城，城高四丈、周回七里，隋文帝赐名为新城 | 《太原市志·第八卷》 |
|  | 隋（602） | 在晋阳城内建惠明寺（也称无量寿寺） | 《太原市志·第八卷》 |
| 仓城 | 隋（596） | 东面连新城，西面、北面因周城，高四丈，周回八里 | 《元和郡县志》 |
| 中城（连城） | 周长寿元年（692） | 并州刺史崔神庆跨汾所筑 | 《新·旧唐书》<br>《永乐大典·太原府》 |

西城——晋永兴元年（304），“八王之乱”开始，并州刺史马腾从晋阳出兵，讨伐成都王司马颖，参加混战。此期间，并州发生大饥荒，晋阳百姓四散，府衙焚毁，僵尸蔽地。并州刺史刘琨到任后，铲除荆棘，建造府衙，到永嘉元年（307），为抵御匈

奴进攻，刘琨扩建晋阳城。“太原旧城，晋并州刺史刘琨筑，高四丈，周二十七里。城中又有三城，一曰大明城，古晋阳城也，左氏谓董安于所筑……高齐于此置大明宫，因名大明城……。晋阳宫西南有小城，内有殿，号大明宫。又一城南面因大明城，西面连仓城，北面因州城，东魏孝静帝武定三年(545)于此置晋阳宫，隋又更名新城。又一城，东南连新城，西北面因州城，隋开皇十六年(596)筑，今名仓城，高四丈，周八里……。”[①]由此可见，其中西城是刘琨所筑的州城(包括古晋阳城、宫城、仓城)，内有太原府治及晋阳县治之所，为城市核心区[②]。而东周时期的城市中心在西城墙北段城墙以东，到汉晋时期城市向南北两侧拓展[③]。公元550年，高欢之子高洋创建北齐，作为北齐的创始之地，北齐的历代皇帝多住在此地，晋阳作为“别都”，是北齐的政治、军事、经济、文化中心，因而北齐的统治者在晋阳大兴土木，造宫殿，在晋祠和西山修筑离宫别墅和石窟寺庙，规模超过了首都邺城。公元581年隋朝建立，由于当时突厥称雄北方，为了抵御少数民族的侵扰，晋阳城成为北方军事重镇。隋文帝封他的次子杨广为晋王，驻守晋阳。公元605年，杨广即位，史称隋炀帝。他把晋阳作为他的“龙兴”之地，在北齐晋阳宫外，又筑起了高13 m、周长3.5 km的城墙，叫做新城。隋开皇十六年(596)，并州总管、秦王杨俊在晋阳城内建仓城储备粮饷等军用物资，仓城高13 m，周围4 km。综上，西城是“北都城”最先建成的部分，其基本形态为：东西长约3000 m，南北长约3500 m，周长约为13 500 m，呈矩形。西城内包含有仓城、晋阳宫城和大明宫城。

东城——隋唐建立后，隋文帝以晋阳为重镇，来防御北边突厥族的入侵，封其子杨广为晋王驻守晋阳，公元617年，太原留守李渊及其子李世民，从晋阳西城起兵，以晋阳形势险要、库府殷实、户丁雄盛为依托，起兵南下，攻入长安，夺取了隋朝政权，于618年建立了唐朝。由于李唐王朝对他们起兵夺取天下的发祥地十分重视，也为了继续防范突厥，对晋阳城不断扩建，原来的晋阳城主要在汾河西岸，称为“都城”或“西城”。据《新唐书·地理志》记载：“汾东曰东城，贞观十一年长史李绩筑”[④]，可见唐太宗李世民在唐贞观十一年(637)派李绩在汾河东岸筑起了东城。东城现无地面遗迹可考，只据《晋阳记》记载：“兴国玄坛，隋开皇二年置，在潜丘上，唐为开元观，在尚信坊”[⑤]，可见开元观位于东城内。综上，东城是建立唐朝后为防

---

① (清)顾祖禹，(清)施和金，(清)贺次君. 读史方舆纪要[M]//中国古代地理总志丛刊. 北京：中华书局，2005：44.

② 裴静蓉. 晋阳古城遗址2009年考古调查新发现[J]. 文物世界，2014(5)：77.

③ 韩炳华. 晋阳古城遗址考古新发现(2011—2014)[J]. 文物世界，2014(5)：23.

④ 新唐书·地理志[M]. 北京：中华书局，2007：264.

⑤ (清)费淳，(清)沈樹聲. 乾隆太原府志(二)、道光阳曲县志、道光太原县志[M]//中国地方志集成·山西府县志辑(2). 南京：凤凰出版社，2005：332.

止突厥侵扰而建，其基本形态为：边长约 2500 m 的正方形，周长约为 10 000 m，约是西城面积的四分之三(图 4－3)。

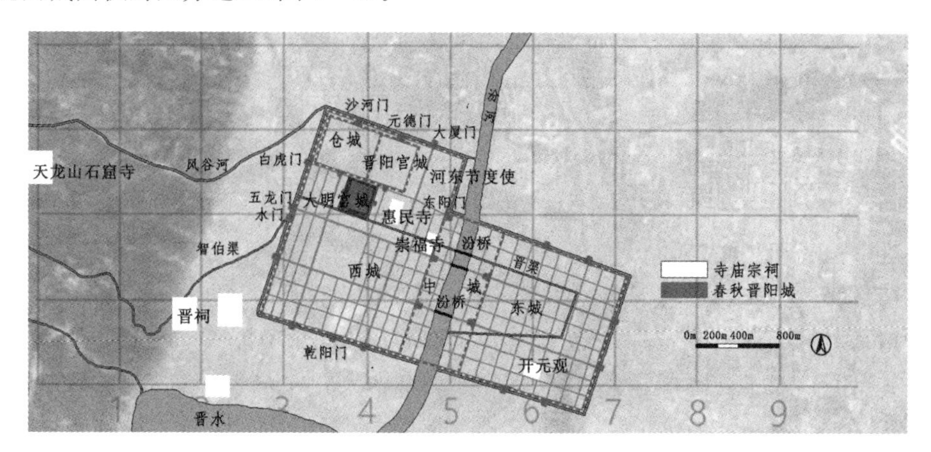


**图 4－3　唐代晋阳城空间转译图**

资料来源：作者以 BIGEMAP 作为资源，根据《元和郡县志》《太原市志》《山西通志》等资料分析绘制

中城——根据《永乐大典·太原府》的记载，中城是并州刺史崔神庆跨汾水所筑[①]。中城跨汾水，为连接东西两城的连城，是为军事目的所修筑于汾河上的，由数座桥梁构成，并修筑城墙，桥头筑有矮墙，与东西二城相连接，以便战时汾河东、西岸的相互声援。

"北都城"——天宝元年(742)，改晋阳为北京，在晋阳设置"北都"。据《永乐大典》引《晋阳记》载："都城，周四十二里，东西十二里，南北八里二百三十二步，门二十四，盖兼东西二城言之……"《太原府志》记载："水门，今城西晋水所入之道，尚名水窗门"，可知 24 个城门中有一个是水门，并与智伯渠、护城河相连，护城河也规模宏大[②]，护城河东距城墙外侧 8 m 左右，开口距地表以下 1.2～1.5 m。宽度 28～39 m，深度 8～9 m[③]。《新唐书·地理志》中关于"北都城"的记载有："都城，左汾右晋，潜丘在中，长四千三百二十一步，广三千一百二十二步，周万五千一百五十三步"[④]。综上所述，当时"北都城"的宏大，由西城、中城和东城三部分组成，跨汾水而建，东西约 6000 m，南北约 4000 m，周长约为 21 000 m，共有 24 个城门。全国城市的规模大小，除西都长安和东都洛阳外，即数北都晋阳，晋阳城是当时北方重要的军事屏障。

---

① 永乐大典·太原府[M]. 北京：中华书局，2001：376.

② 沈鸿雁，袁炳强，肖忠祥，等. 晋阳古城遗址考古地球物理特征[J]. 地球物理学进展，2008(8)：1297.

③ 常一民，裴静蓉，冯钢，等. 晋阳古城遗址 2002—2010 年考古工作简报[J]. 文物世界，2014(5)：15.

④ 新唐书·地理志[M]. 北京：中华书局，2007：267.

### 4.1.2 宋时期"内外二重城"的太原城

公元979年，宋太宗赵光义，经19年"三下河东"，终于平灭北汉，鉴于晋阳的重要军事战略地位，痛恨晋阳城的"山川险固，城垒高深"，也担心有人利用晋阳再度割据，因而下令焚毁晋阳城，次年又引晋水、汾水倒灌晋阳废墟，毁城灭迹。据《续资治通鉴长编》卷二十记载："丙申，幸太原城北，御沙河门楼，遣使分部徙居民于新并州，尽焚其庐舍，民老幼趋城门不及，焚死者甚众"，2009年的晋阳古城考古调查报告也验证了文献中火烧晋阳城的史实。但晋阳城被毁后，太原作为防御北方民族南下屏障的军事战略地位并没有改变，于是，宋太平兴国七年(982)，以唐明镇为基础，修建新太原城，宋太原城位于原晋阳城北30多里的汾河东岸，据《宋史·地理志》记载："七年移治唐明监"①，乾隆《太原府志》中也有新建宋太原城的记载："又三年，复迁于唐明镇"②，而宋新城的选址，则依然考虑其战略优势，新城址三面环山，在此建成，更能控制北边的石岭关和天门关。宋代太原府城的建设奠定了明清太原城的整体空间结构。

宋太原城的形态大体呈正方形，由子城、外城和东、南、北三座关城组成(图4-4)。其中，子城为内城，也称衙城，是城市的政治核心，几乎占去整个宋太原城的一半之地。《永乐大典·太原府》记载了子城的规模："子城周五里一百五十七步。宋太平兴国七年，筑四门"③，其范围约为今府西街以南、水西门街以北、新建路以东的位置。有四座城门，南门有"河东军"字样的城匾，其余三门分别命名为"子东、子西、子北"。子城内为公署、仓库和监狱等政权中心。《永乐大典·太原府》中记载了子城的布局，子城的正中是传达皇帝诏书的宣诏厅，从四个城门均可达到。南门入子城，街东为大备仓和次仓，几乎占去整个子城的三分之一，街西为司录厅、士营厅、仪曹厅、士曹厅、作院、刑曹厅、刑椽厅、右狱、户曹厅、通判北厅、通判南厅、机宜文字厅、拣马厅和谯楼；东门入城，街南为大备仓，街北为府狱、毬场路、毬场厅、都作院；西门入子城，街南为作院，街北为太原府衙和军货库；北门入子城，街西为太原府衙的后门，街东为草场。外城为罗城，"罗城周一十里二百七十步。宋太平兴国七年，筑四门：东曰朝曦，南曰开远，西曰金肃，北曰怀德"。其范围约为今迎泽大街以北、胜利街以南、新建路以东、五一路以西。而城中的街巷，则沿用了"里坊"制度，共有24坊，每坊独自管理，并通过小巷相互连接。但各坊的具体位置，并无详

---

① 宋史·地理志[M].北京：中华书局，2003：232.

② (清)费淳，(清)沈樹聲.乾隆太原府志(二)、道光阳曲县志、道光太原县志[M]//中国地方志集成·山西府县志辑(2).南京：凤凰出版社，2005：310.

③ 永乐大典·太原府[M].北京：中华书局，2001：377.

细记载。城内的主要街道,根据洪武十三年(1380)《太原府志》记载有:"北门正街、南门正街、西门正街和东门正街"[①],但四条街道并没有相互垂直并与四门相对,而是四门互相错开,前后左右并未对齐[②],南门正街偏东,西门正街偏南,东门正街和北门正街分别与东门和北门相对。其中,最繁华的是开远门(南门)附近,是太原城的商贸中心,开远门是通往河北、山东、河南等地区的交通枢纽,因而集中了大量人流物流。金肃门(西门)外,则是一处与子城几乎大小相同的柳溪,是宋天禧(1017—1021)初年,因汾河洪水屡涨危机太原城池,并州知州陈佐还主持在汾河东岸修筑长堤一道,名为柳堤,堤外引水围成周五里的湖泊,作为城市水系的调蓄系统。而东、南、北三座关城则建于淳化三年(992),目的是加强军事防卫,用于驻军(图 4-4)。

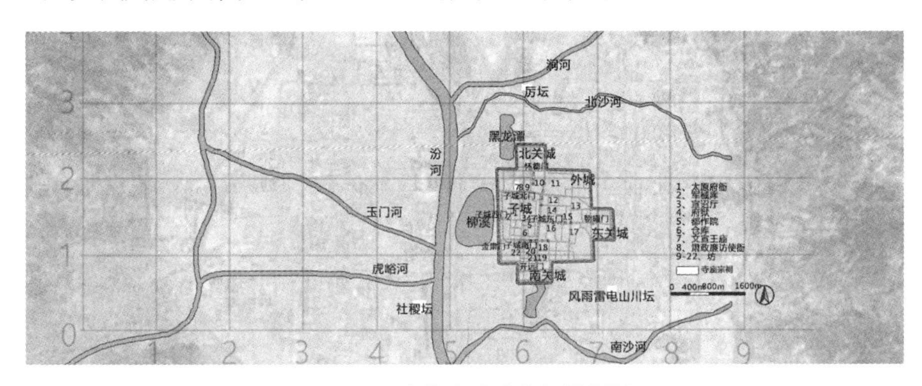


**图 4-4 宋代太原城空间转译图**

资料来源:作者以 BIGEMAP 作为资源,根据《元和郡县志》《太原市志》《山西通志》《永乐大典》《太原府志》等资料分析绘制

综上所述,宋太原城是在汾河东岸的唐明镇的基础上修建,基本形态为:"五城体系",分别是子城、罗城、北关城、东关城和南关城(图 4-5)。其中,子城周长为 2500 m,平面为南宽北窄的梯形,是太原城的城市政治中心。位置北至后小河,东至上肖墙、柳巷,南至棉花巷(今云路街西段),西至旧城墙。南城门约在棉花巷西口,西门即水西门位置,东门约在柳巷桥头街西口,北门约在三桥街北口。而罗城周长为 5000 m,内外二重城的格局,既强化了衙署的完全性,也增强了城市整体的军事防御功能,同时也突出了城市政治中心。

---

① (清)费淳,(清)沈樹聲.乾隆太原府志(二)、道光阳曲县志、道光太原县志[M]//中国地方志集成·山西府县志辑(2).南京:凤凰出版社,2005:312.

② 臧筱珊.宋、明、清代太原城的形成和布局[J].城市规划,1983(6):18.

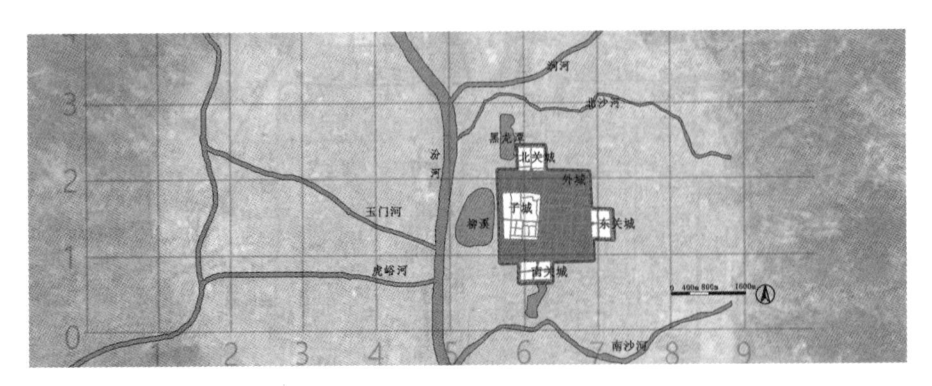


**图 4-5　宋太原城空间“五城体系”图**

资料来源：作者自绘

### 4.1.3　明清府治阳曲以军事为主导的形态变迁

明代对于太原城的扩建与发展，是基于宋太原城的基础，由于金元两朝继续沿用宋太原城，对城市内部的空间格局也并未进行大的调整，只是根据现实需要进行适当改建。直到元初，太原旧城只是诸门名称变更而已，西门更为保德，南门更为太平，北门更为怀仁。到明初对城市进行大规模的扩建，洪武三年(1370)设立了太原左、右、前三卫，十二月置太原都卫，隶于大都督府。洪武八年(1375)十月改太原都卫为山西省指挥使司。洪武十五年(1382)晋王府的太原左、右、前三卫改为山西都司监管，至宣德二年(1427)被废除。相对狭小的宋太原旧城已不能满足其政治军事需求，太原历经战乱已残破不堪，太原城作为明代北方重要的政治、经济中心和军事重镇，它的安全与否直接关系到明都城北京侧翼以及中原腹地的安全，同时也作为明军进攻或防御蒙古的后方基地和后勤补给的重要中转基地。因此，洪武年间朱元璋为巩固全国统治并确保北部边防，实行“固守疆土”“设险以守其国、封王以镇其边”的原则。“许修武事以备外侮”[①]以“藩屏帝室”，封诸子至各军政重镇为藩王，形成“外卫边陲、内资夹辅”之势，封其第三子朱棡为晋王，坐镇太原。然而宋元太原旧城空间相对狭小，城中已无空地来兴建规模宏大、规格较高的晋王府，所以决定对太原城进行扩建。明初太原城是在宋金太原府城的基础上扩建东、南、北三面而成，“永平侯谢成因旧城筑东、南、北三面，周围二十四里，高三丈五尺，外包以砖，壕深三丈，门八：北曰镇朔、次北曰拱辰；南曰太平、次南曰朝天；东曰来春、次东曰迎辉；西曰通汾、次西曰阅武。外各建月城，上各建楼，角楼四座，小楼九十二

---

① 明太祖实录(卷225)[M].北京：中华出版社，2005：1732.

座，敌台三十二座”①。如图 4 - 6 所示，并将规模宏大、城高池深的晋王府城囊括在内。晋王府及其附属建筑占地约为明太原城四分之一，洪武九年(1376)，晋王宫外环筑晋王府城，“高二丈九尺五寸，下阔六丈，上阔二丈，女墙高五尺五寸；城河阔十五丈，深三丈”②。晋王府城与太原城又一次形成了内外重城格局，因而此时的太原城呈现“三重城”的形态特征，即晋王府内城、晋王府外城和太原城。

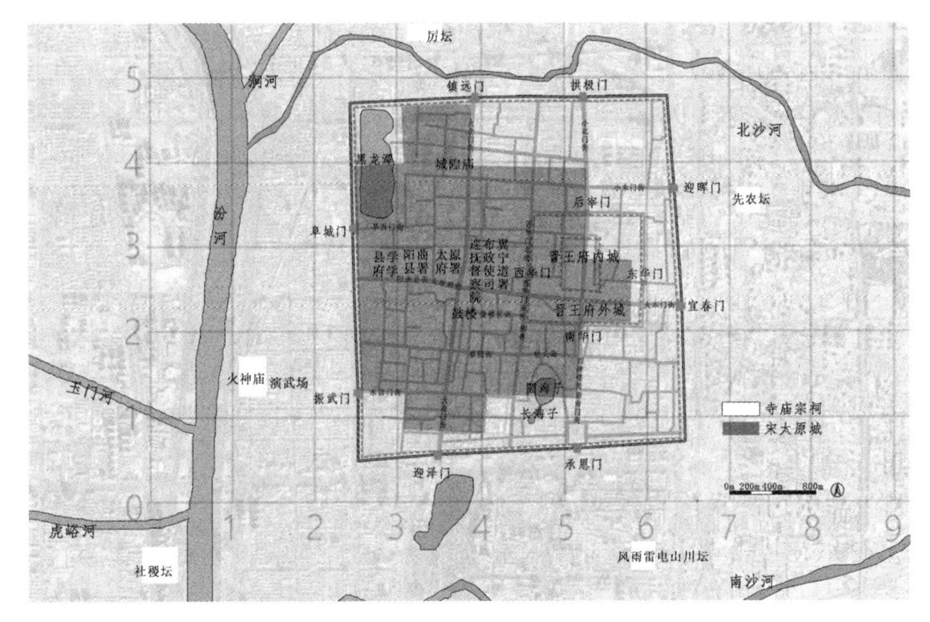


**图 4 - 6　明代初期太原城空间转译图**

资料来源：作者根据万历《山西通志》、康熙《山西通志》《永乐大典》《太原府志》《太原府志集全》《太原历史文献辑要》等资料分析绘制

明末太原城格局的变化，如图 4 - 7 所示，主要表现在商业中心的转移和关城的增建。商业区的变迁是随着城市空间布局的调整以及政治核心空间的形成而变化，宋金元及明初的商贸活动主要集中在旧城南部开远门附近。而随着城市空间布局的调整，为满足宗室成员、行政官员、达官显贵及其服务人员的经常性消费需求，商贸活动范围逐渐向东靠近，最终在大南门街和柳巷之间，形成了商业区域。而随着商业的繁荣和政治的稳定，市民居住形式也逐渐由封闭里坊演变为街巷。

① (清)佚名纂修. 太原府志集全[M]. 杨淮，点校；太原市地方志编纂委员会，整理. 太原：山西人民出版社，2005：522.

② (清)佚名纂修. 太原府志集全[M]. 杨淮，点校；太原市地方志编纂委员会，整理. 太原：山西人民出版社，2005：523.

居住区大多位于城市的西南部，同商贸中心结合在一起。也有部分位于城市的东北部，或在城北与寺庙混杂在一起。到景泰初年(1450)，增建南关城，“周围五里，高二丈五尺。门五，东居其二。嘉靖十九年，布政吴瀚重修，四十四年，巡抚万恭砖包并建连城，捍卫永赖。”同年，增建北关城，“周围二里，高二丈四尺，惟有南北二门”①，至嘉靖四十四年(1565)，北关城西增建关城，“城西复连一土城，为新堡，嘉靖四十四年，巡抚万恭筑，居太原营士卒。”综上，明末太原城的格局，在明初的基础上，又增建四座关城，分别是镇远门(北门)外的新堡和北关城，以及迎泽门(南门)以南的大南关城和小南关城，四座关城的作用都是用于驻军。由此可见，虽然明时期的太原城池经过数次修葺，但城内的道路骨架和府州县各级治所均沿袭前代，只是根据不同的制度和政治的需求有所增加，在明后期，总督及太原各级衙署置于太原城内后，也没有对城市进行大规模的改建，体现出在继承中以政治为主导的变迁轨迹。

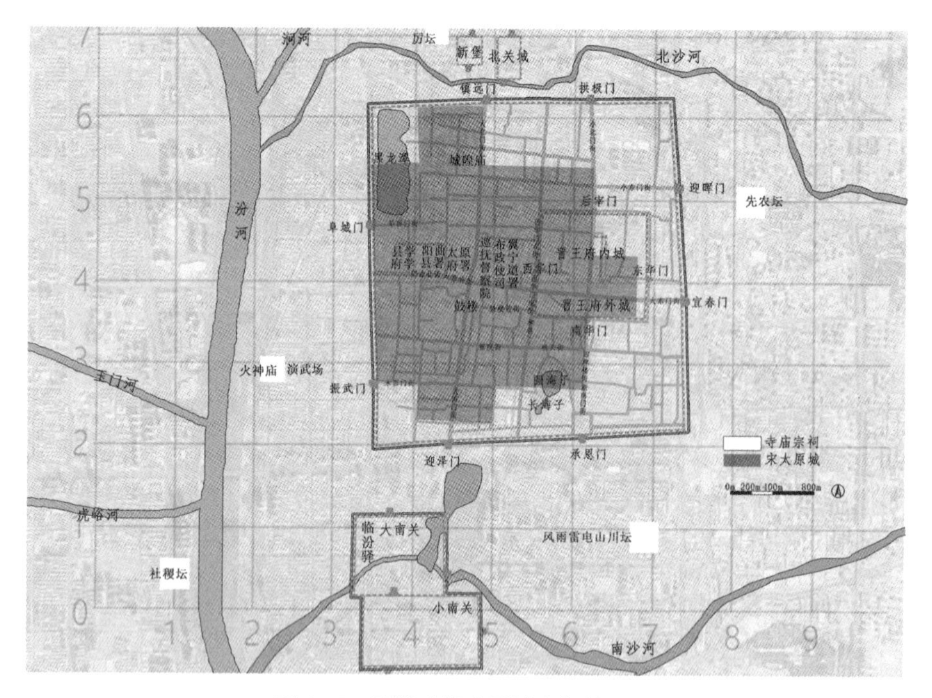


**图 4-7 明代晚期太原城空间转译图**

资料来源：作者根据万历《山西通志》、康熙《山西通志》《永乐大典》《太原府志》《太原府志集全》《太原历史文献辑要》等资料分析绘制

① (清)费淳，(清)沈樹聲. 乾隆太原府志(二)、道光阳曲县志、道光太原县志[M]//中国地方志集成·山西府县志辑(2). 南京：凤凰出版社，2005：332.

明代是横向展开的城市空间序列。明太原城的扩建遵循以政治为主导的原则，城市核心空间王府区和官署区决定了城市的基本框架和街巷脉络(图 4－8)，一是强调以晋王宫室为主体的城市轴线的作用(拱极门至承恩门轴线)，二是强调以宋元旧城官署衙门来作为行政职能区的城市轴线(镇远门至迎泽门轴线)，从而呈现出不规则的街道、园囿与规则的王府宫室相结合的城市布局特点。晋王府南门(南华门)正对承恩门，它在明代专用来迎接皇帝诏书和钦差大臣，晋王宗亲在这条轴线两侧纷纷设府，如宁化府、方山府等，而各府宅及其相关服务设施的布局，则直接决定了新扩建区域中城门的位置和数量，其中，拱极门至承恩门轴线以东的街区及道路，则主要直接为宗室成员服务。而以镇远门至迎泽门为轴线的官署区则大部分沿袭旧有街巷(表 4－4)。综上，明初的太原城，周长约为 12 000 m，呈现四条轴线的"三重城"格局。

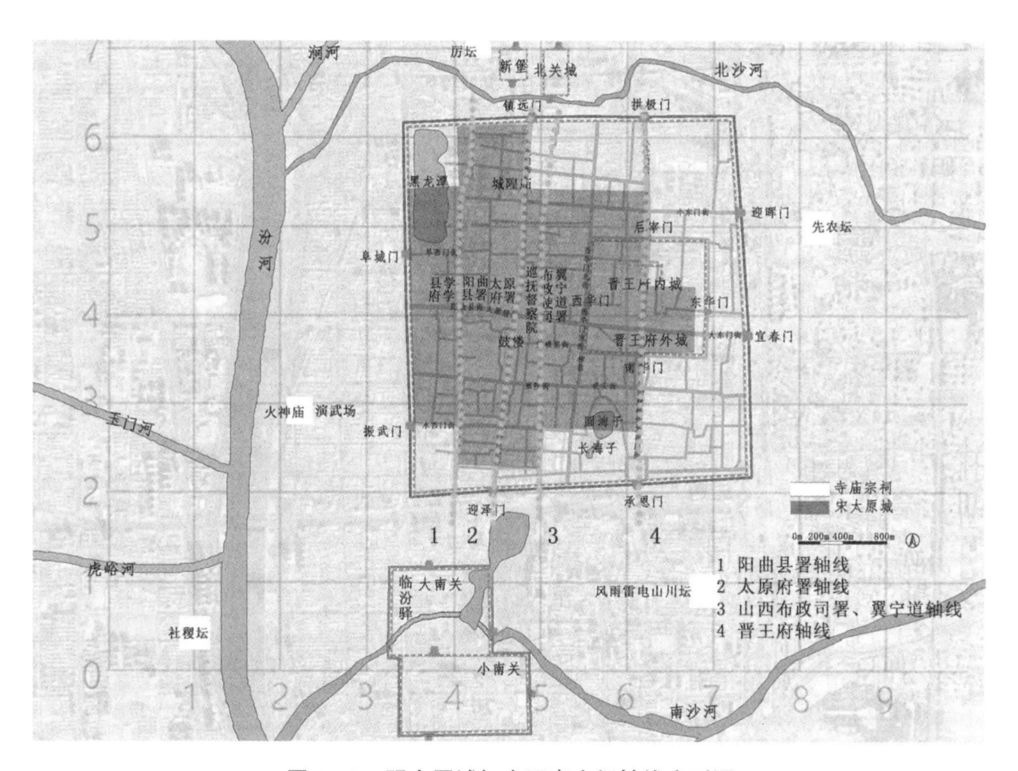


**图 4－8　明太原城权力军事空间轴线序列图**

资料来源：作者自绘

**表 4-4　明时期太原城池变迁汇总表**

| 年份 | 变迁描述 | 资料来源 |
| --- | --- | --- |
| 明洪武三年（1370） | 重建太原府儒学，阳曲县儒学 | 雍正《山西通志》 |
| 明洪武四年（1371） | 晋王府，在太原府城内东南（北） | 成化《山西通志》 |
|  | 建社稷坛，在晋王府城内西南隅 | 成化《山西通志》 |
|  | 建风雨雷电山川坛，在晋王府城内社稷坛南 |  |
|  | 立社稷山川坛于王城内之西南、宗庙于王城内之东南，诏诸王国山川、社稷坛俱建于端礼门外之西南 | 《明太祖实录》 |
| 明洪武五年（1372） | 太原知府胡惟贤建太原府衙。内设清军厅、管粮厅、收粮厅、理刑厅、税课司、经历司、照磨所、知事厅、检校厅、司狱司。在府衙东侧设大盈仓 | 道光《阳曲县志》 |
|  | 甲辰初，将营治晋王宫城 | 《明太祖实录》 |
| 明洪武八年（1375） | 洪武八年七月展量作二十里，与城东北筑晋王宫城 | 《永乐大典方志辑佚》 |
| 明洪武九年（1376） | 晋王府及附属建筑基本建成，晋王宫外环筑晋王府城 | 《山西通志》①明万历《太原府志》 |
|  | 永平侯谢成因旧城筑东、南、北三面 |  |
|  | 建金刚堰，北起沙河口，南至小南关，陆续修筑长十公里，高丈二，顶宽近丈的坚固土堤 | 道光《阳曲县志》 |
|  | 建成钟楼、鼓楼、城隍庙 | 道光《阳曲县志》 |
| 明洪武十四年（1381） | 晋王为纪念其母，在太原延寿寺原址上进行扩建，名为崇善寺 | 道光《阳曲县志》 |
| 明正统十年（1445） | 建贡院，在太原府城内南隅，周围二百一十三步，地为亩四十七有奇 | 成化《山西通志》 |
| 明景泰初年（1450） | 增建南关城 | 道光《阳曲县志》 |
|  | 增建北关土城 | 道光《阳曲县志》 |
| 明嘉靖七年（1528） | 重修风峪沟石堰，南北长五丈有余，高三丈，宽三丈 | 道光《阳曲县志》 |
| 明嘉靖十九年（1540） | 布政吴瀚重修南关城。北关为土城，周围二里，高二丈四尺，惟有南北二门 | 道光《阳曲县志》 |

① （明）李侃，（明）胡谧. 成化山西通志[M]//四库全书存目丛书・史部・地理类. 济南：齐鲁书社出版社，1996：60.

续表

| 年份 | 变迁描述 | 资料来源 |
| --- | --- | --- |
| 明嘉靖四十四年(1565) | 巡抚万恭重修大城城楼及敌台① | 道光《阳曲县志》万历《太原府志》 |
| | 建新堡 | |
| | 巡抚万恭砖包南关城,并建连城 | |
| | 北关小城为土城,周围二里,高二丈,惟有南、北二门 | |
| 明万历三十四年(1606) | 太原城西自把儿沟起至旧校场沿汾河筑石坝,共七道、长一百四十五丈,筑土坝九道、长一百六十五丈 | 道光《阳曲县志》 |
| 万历三十五年(1607) | 巡抚李景元又修东南角楼 | 道光《阳曲县志》 |
| 明万历三十七年(1609) | 左布政刘鲁重修唱经楼 | 道光《阳曲县志》 |

资料来源:作者自绘

清早期的太原城池没有扩建,由图可知(图 4-9),城内的道路体系及其内所设郡府州各级治所也无变化,只是在不同时期根据政治、军事的需求而进行调整,体现出了以军事为主导、在继承中发展的城市发展轨迹。清太原城与明太原府城最大的变化是城内的布局。明太原府城最巍峨壮观的地方是位于城内东北隅的晋王府,而清初这里却因火灾被焚毁殆尽,长期荒芜。从康熙《阳曲县志》中的太原府城图中可见晋王府,而从雍正《山西通志》中的太原府城图来看,晋王府的位置则改为兵营(图 4-10),到乾隆《太原府志》上的府城图,该区域已经标注为演武场(图 4-11)。可见,雍正、乾隆年间开始在此修建房舍,驻扎绿营兵,成了兵营所在。利用晋府废基修筑兵营,既可以减少营造工程量、节约财政支出和省军民之累,同时驻军兵营选址于此,也有利于守卫其西面的各级官署衙门。正因如此,遂在晋府废址的基础上修筑绿营兵营。但从《山西志辑要》中的太原府城图来看,该区域标注为“外宾房四十间”(图 4-12),可见,废除兵营后,该区域改为政要接待处。此外,清代初期,为强化驻防八旗兵镇压反清势力的军事进攻能力以及增强自身的军事防御能力,清廷又在各大驻防地普遍建有供八旗兵及其家属奴仆屯驻生活的满城或驻防城,形成“城中之城”。清代太原城中的满城建于西南角,“南北二百六十丈,东西一百六十丈七尺,周围共八百四十三丈四尺。东门二,北正蓝旗,南镶蓝旗。北门一”②,利用了府城西、南两面旧有的城墙,同时,西南隅又临近汾河,

① (明)关廷访,(明)张慎言.万历太原府志(卷六)[M].杨淮,点校;太原市地方志编纂委员会,整理.太原:山西人民出版社,2005:173.

② (清)费淳,(清)沈樹聲.乾隆太原府志(二)、道光阳曲县志、道光太原县志[M]//中国地方志集成・山西府县志辑(2).南京:凤凰出版社,2005:123.

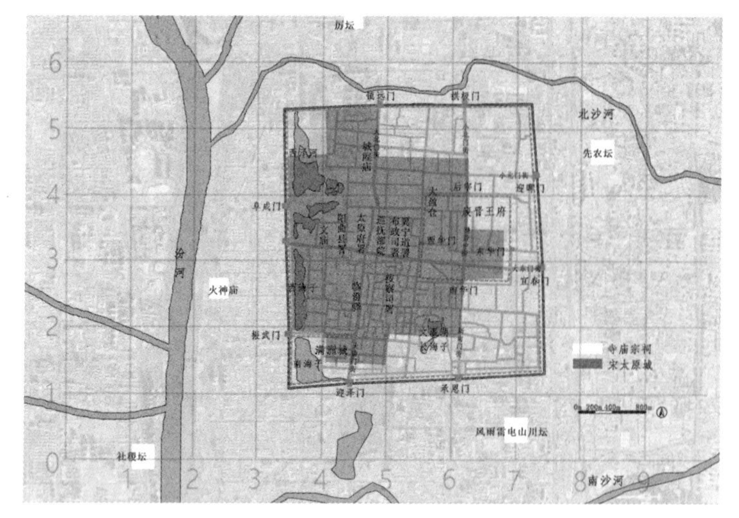


图 4-9　清代早期太原城空间转译图

资料来源：作者根据万历《山西通志》、康熙《山西通志》、乾隆《太原府志》《太原府志集全》《太原历史文献辑要》、道光《阳曲县志》等资料分析绘制

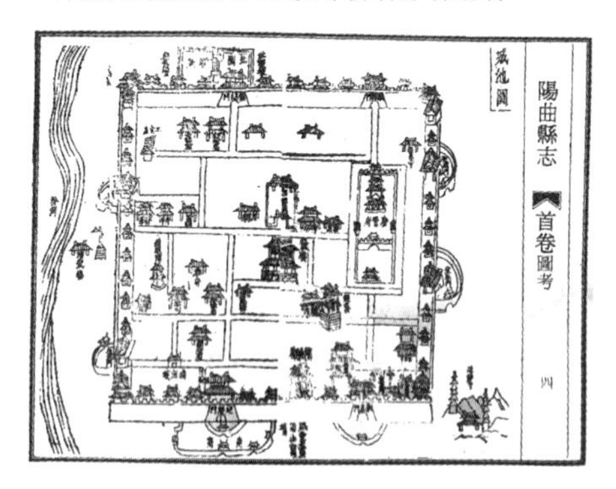


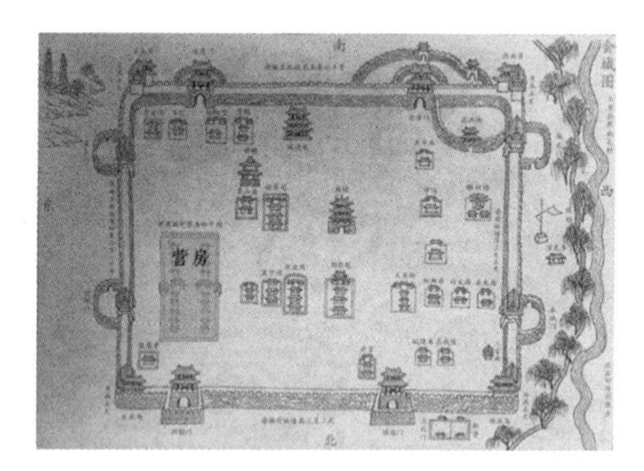


图 4-10　太原府城图

资料来源：康熙《阳曲县志》、雍正《山西通志》

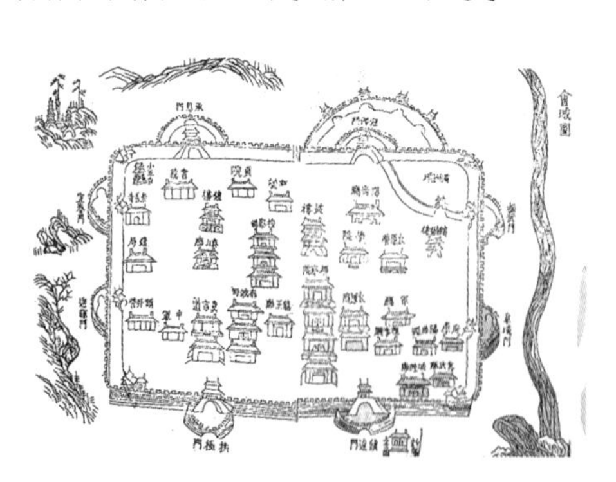

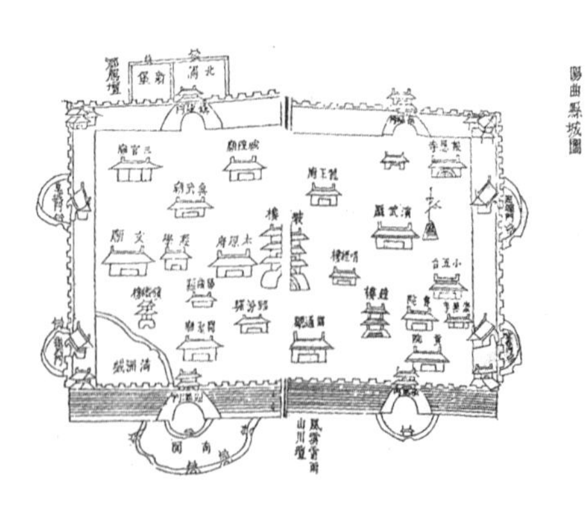


图 4-11　太原府城图、阳曲县城图

资料来源：乾隆《太原府志》

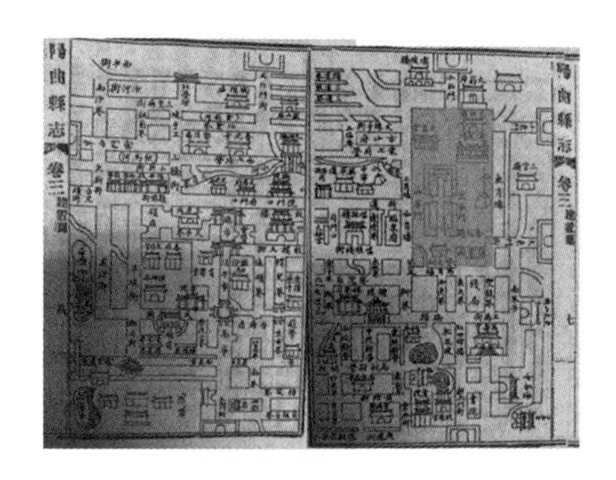

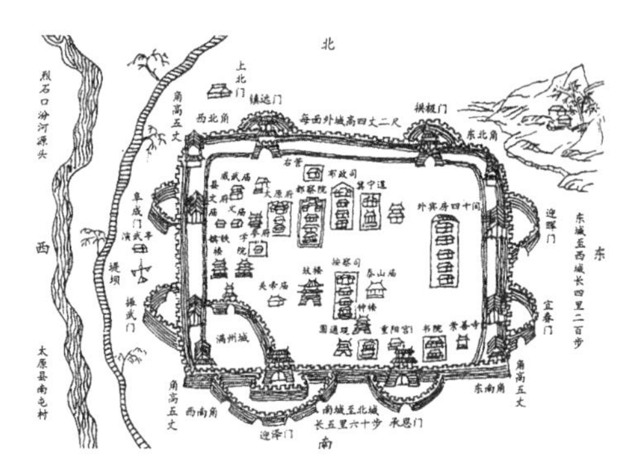


**图 4-12　太原府城街道图、太原府城图**

资料来源：道光《阳曲县志》《山西志辑要》

则便于驻防官兵及其家属就近取水。此外，清初顺治数年间太原城市经济仍较萧条，“周城四隅，强半丘墟，惟中央市会之区，牙侩陈椽，差不落莫”①。至康熙前期太原城市经济已经得到一定程度的恢复。据康熙《阳曲县志》卷3《市镇》记载，该时期太原城内街市有“牛市、羊市、新马市、旧马市、驴市、草市、柴市、炭市、麻市、布市、棉花市、米市、聚宝市”；南关街市有“小市、米市、擦子市、猪羊市”等②。结合城市历史地图，可见街道由集市命名，例如棉花巷、炒米巷、西米市街、柴市巷、鸡鹅巷等，位于太原城内西南处。综上，清初太原城主要的变迁是晋王府先后被改建为兵营、外宾接待处，西南隅增建满洲城，以及街市、商业区的扩大。

清末，如图4-13、表4-5，太原城的变迁首先体现在商业方面，清代中后期太原城区街巷的商贸经济活动进一步繁荣，尤其是在寿宁寺（即今大中市场附近），“寺内及东西街，货列五都，商贾云集，踞街巷之胜”③。而随着清末太原近代铁路的快速发展以及城市交通重心的向东转移，车站设在承恩门（新南门）外，城区的商业活动也向城市东南部转移，柳巷至新南门车站之间及其附近街道快速成为商业市场和繁华地段。柳巷一带凭借着其优越的地理位置和潜在的消费市场，得以进一步发展成为各地商贾云集、商品种类丰富、商业功能齐备的商业中心④。同时，太原城市与联系外界的交通重心也从大南门向东转移到了靠近火车站的承恩门（新南门）一带。其次，太原城池依汾河而建，城北距兰村汾河出口不过20 km，同

① （清）佚名纂修．太原府志集全·顺治太原府志［M］．杨淮，点校；太原市地方志编纂委员会，整理．太原：山西人民出版社，2005：547.

② （清）戴梦熊，（清）李方蓁，等．太原古县志集全·阳曲县志［M］．太原市地方志编纂委员会，编．太原：三晋出版社，2012：74-75.

③ （清）戴梦熊，（清）李方蓁，等．太原古县志集全·阳曲县志［M］．太原市地方志编纂委员会，编．太原：三晋出版社，2012：382.

④ 康玉庆．太原柳巷商业街区的形成与发展［J］．太原大学学报，2013(2)：55.

时又处于东西两山沙河出口，汾河和东西两山的洪水对城市的安全造成了极大的威胁。由于清末水患频繁，满洲城在光绪十二年(1886)毁于洪水迁建于府城东南隅。为应对频繁的水患，因而自清光绪元年(1875)至光绪十八年(1892)，陆续修筑堤堰，构筑城市的碍水系统①。碍水系统的作用是防御洪水的入侵，太原城外的碍水系统指的是河堤，有记载的是从宋天禧年间(1017—1021)起，汾河东岸便修筑长堤，不仅有东西向与汾河平行的长堤，洪武九年(1376)还在沙河口至小南关修筑了南北向的金刚堰，但当时还是土堤。到清光绪元年(1875)，修筑了八条堤堰，仍为土质结构。直至清光绪十八年(1892)，兰村堤堰中的第一段海子堰已经开始用干砌石护坡。而排水系统指的是池深三丈(约 9.99 m)的护城河，与自然河流相同起到为城池排水的作用。调蓄系统是排水系统的组成部分，具有调蓄能力，宋天禧年间(1017—1021)，并州知州陈佐主持引水围成周 5 里(2.5 km)的湖泊，作为城市水系的调蓄系统。综上，清末太原城的变迁主要体现在商业中心变迁和防洪设施的增建。太原城城外的防洪系统的特点有三个：一是防洪系统完善，由碍水系统、排水系统和调蓄系统三部分组成，三者互相补充，共同发挥作用；二是堤堰的建设逐渐增加，这与明清时期水灾发生频率的增加规律一致；三是堤堰的修筑技术由土堰改进为土堰加干砌石护坡。

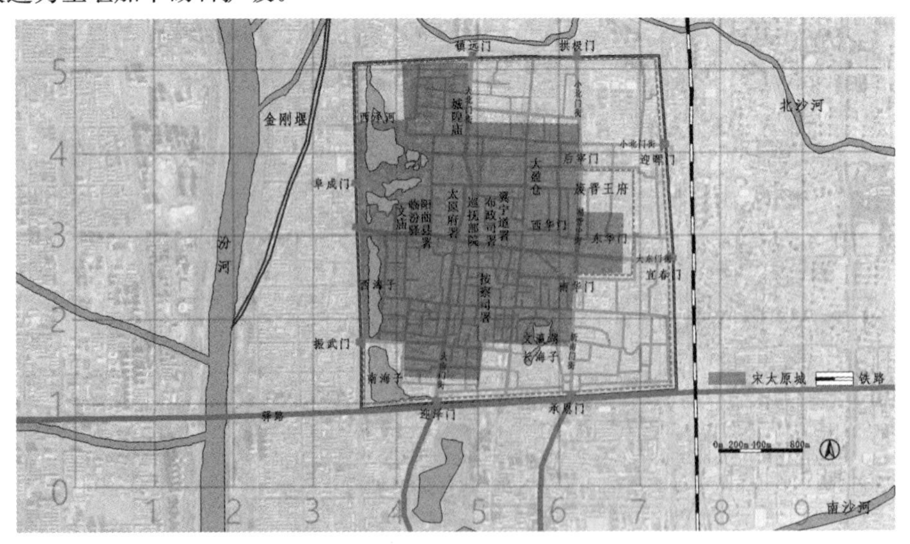


**图 4-13　清代晚期太原城空间转译图**

资料来源：作者根据康熙《山西通志》、乾隆《太原府志》《太原府志集全》《太原历史文献辑要》、道光《阳曲县志》等资料分析绘制

① 吴庆洲. 中国古城防洪研究[M]. 北京：中国建筑工业出版社，2009：486.

表 4-5 清时期太原城变迁汇总表

| 年份 | 变迁描述 | 资料来源 |
|---|---|---|
| 顺治六年(1649) | 增建满洲城 | 道光《阳曲县志》 |
| 顺治十七年(1660) | 巡抚白如梅重修大小楼,嗣巡抚噶礼念楼多修葺维艰所费不赀只存城门大楼八座,南月城大楼一座四面小楼各一座,角楼四座,满兵四铺绿营兵二十铺,敌台二十六座 | 道光《阳曲县志》 |
| 雍正八年(1730) | 巡抚觉罗石麟加筑汉兵十二铺,合计东面满兵三铺,绿官兵五铺,敌台六座,自东南角至东北角共茅八百丈有奇;北面满兵三铺,绿营兵五铺,敌台六座,自东北角至西北角共茅八百丈;西面满兵三铺,绿营兵五铺,敌台七座,自西北角至西南角共茅八百七十六丈有奇;南面满兵三铺,绿营兵五铺,敌台七座,自西南至东南角共茅八百四丈,垛口四千三百二十 | 道光《阳曲县志》 |
| 雍正十年(1732) | 在明晋王府废墟上修建兵营以驻扎绿营兵 | 道光《阳曲县志》 |
| 光绪元年(1875) | 在太原城以上河段修筑堤堰八条,分别取名为长字堰、堤字堰、永字堰、固字堰、汾字堰、泽字堰、安字堰、澜字堰,堤身均为土质结构 | 《山西通志》 |
| 光绪十三年(1887) | 府城东南隅重新迁筑新满城 | 光绪《山西通志》① |
| 清光绪十八年(1892) | 汾河水涨,冲毁堤堰,官府拨银两千两修正,上兰村起,共修 4 段,海子堰、龙湾堰、金刚堰、苗家堰,第一段海子堰为干砌石护坡,其余均为土堰,总长 2500 m | 乾隆《太原府志》 |
| 光绪三十三年(1907) | 正太铁路通车 | 道光《阳曲县志》 |

资料来源:作者自绘

综上所述,至清末,太原城的基本格局为:基本呈现正方形,周长约为 12 000 m,城池共开 8 个城门,北为镇远门、拱极门,南为迎泽门、承恩门,西为阜成门、振武门,东为迎晖门、宜春门。每个城门上均建有城楼。城墙高 11.6 m,宽 8.6 m,4 座角楼及城墙垛口均设炮防守,总共有垛口 4548 个、炮位 2094 个②。城池西临汾河,四面挖深 10 m、宽 6.7 m 的护城河,并引入汾水。经过明清两代的发展,太原城经

① (清)曾国荃,张煦,王轩,等. 光绪山西通志[M]//修四库全书·史部·地理类. 上海:上海古籍出版社,2002:297.

② 太原市地方志编纂委员会. 太原市志(第五册)[M]. 太原:山西古籍出版社,2001:985.

历了从明初"内外三重城"格局到明末"一城四关",又至清"内外双重城"的格局变化,表现出从以军事政权为主导的城市轴线,发展中同时体现以交通商业引导城内格局的变迁特点。

### 4.1.4 太原县城、榆次县城、清源县城、徐沟县城的形态变迁

1) 太原县城

太原县城"距府城西南四十里"①。宋太平兴国四年(979),"太原平,废晋阳县,置平晋县于故城东"②,到洪武四年(1371),"移县治于汾河之西故唐城基之南"。洪武八年(1375),平晋县改为太原县,治所晋源镇。根据《重修太原县城记》③记载:"太原,古晋阳也,自景泰初年大尹刘公始筑城,至正德年间颓废甚矣。"由此可见,太原县城所在地即晋阳城旧址(图 4-14)。明景泰元年(1450),太原知县刘敏在晋阳城南关旧址再建新城,即太原县城。"城墙周七里,高三丈,壕深一丈,门四,东曰观澜,南曰进贤,西曰望翠,北曰奉宣",这是最初的太原县城。"大尹梅公修筑粗备,大尹吴公易埤以砖,然犹不足以御虏也",但随后,"嘉靖已未,邑侯

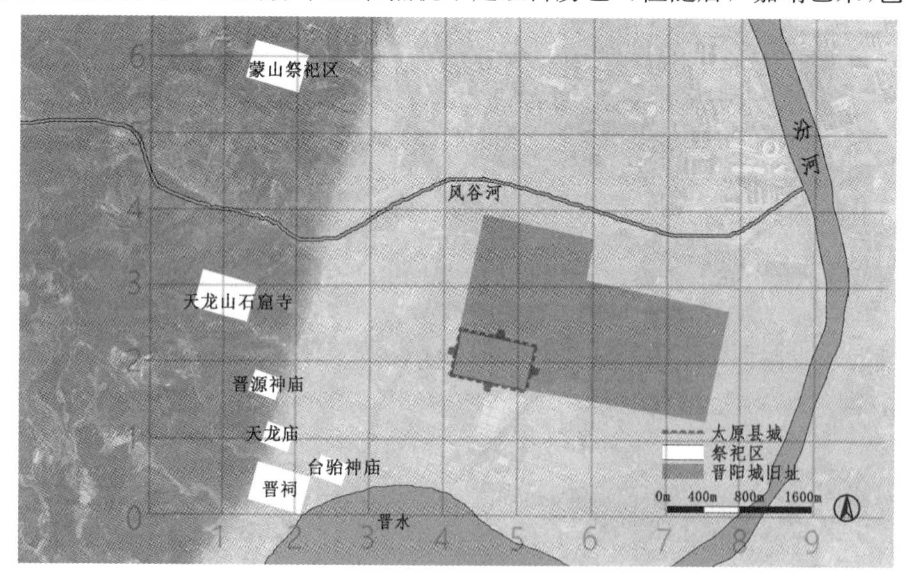


**图 4-14 太原县城与晋阳城旧址空间示意图**

资料来源:作者根据康熙《山西通志》、乾隆《太原府志》、嘉靖《太原县志》、道光《太原县志》等资料分析绘制

① 太原市地方志编纂委员会.太原府志集全[M].太原:山西人民出版社,2005:177.

② (清)费淳,(清)沈樹聲.乾隆太原府志(二)、道光阳曲县志、道光太原县志[M]//中国地方志集成·山西府县志辑(2).南京:凤凰出版社,2005:143.

③ 太原市地方志编纂委员会.太原府志集全[M].太原:山西人民出版社,2005:431.

曹公来守是邑，叹曰：城以卫民。城不能守，民何所恃而不恐？下令曰：城四面，卑宜增高，薄宜增厚”。增建后的太原县城，“共高三丈五尺，厚十丈，阔三丈。外又增筑敌台三十二座”。又万历十六年（1588），“墙外复浚壕，阔二丈，深三丈，赖以守险”，而城内的街道以贯穿南北、东西的十字街为主，“县治城十字街东北”①，四条主街道与四门相对，分别为东街、南街、西街和北街，其中，察院、县治、布政分司、按察分司等公署机构位于城东北隅，“儒学，县治东街北，旧汾河东，故平晋县城内”②，可见整个城池东北隅为公署机构区和学校区。而城西南隅主要是预备仓，还有五个义仓，分别位于县西街、小店镇、北格镇、晋祠镇和南堰镇，三个社仓，分别位于东街、小店镇、北格镇。城东南隅为公署的公馆区，有城隍庙和湖水（图 4－15、表 4－6）。

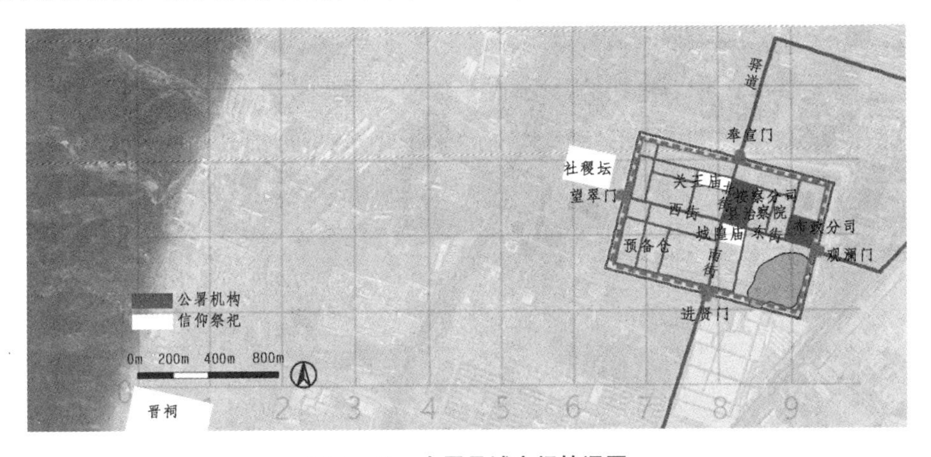


**图 4－15 太原县城空间转译图**

资料来源：作者根据康熙《山西通志》、乾隆《太原府志》、嘉靖《太原县志》等资料分析绘制

**表 4－6 太原县城变迁汇总表**

| 年份 | 变迁描述 |
| --- | --- |
| 正德七年(1512) | 邑人少师《王恭襄琼》始倡，知县白晟重修，上各建城楼、角楼 |
| 正德十二年(1517) | 琼又倡督，知县梅宁崇广之 |
| 嘉靖二十一年(1542) | 知县曹来宴倡议增修，邑人王朝立、高汝行等赞其事。卑者高之，薄者厚之 |
| 隆庆二年(1568) | 知县王世业增城一丈 |
| 万历十六年(1588) | 知县陈增美于旧壕外加筑女墙 |
| 顺治五年(1648) | 知县部焕元继修 |

① 太原市地方志编纂委员会．太原府志集全[M]．太原：山西人民出版社，2005：177．

② 太原市地方志编纂委员会．太原府志集全[M]．太原：山西人民出版社，2005：181．

续表

| 年份 | 变迁描述 |
| --- | --- |
| 康熙十七年(1678) | 北城毁,知县孙闳达重修 |
| 康熙二十年(1681) | 西城毁,孙闳达复修 |
| 康熙四十七年(1708) | 知县胡凤翥又修十五丈有奇,浚壕植柳,屹然称保障焉 |

资料来源:作者根据:乾隆《太原府志》、道光《太原县志》、嘉靖《太原县志》进行整理绘制

此外,作为古晋阳城所在地,祭祀空间丰富,"东岳庙,县治东北。九龙庙,县北三里。晋源神庙,县西南十里。唐叔虞祠,县西南十里。天龙庙,县西南三十里。台骀神庙,在县晋泽南……"太原县城内的重要建筑物也与周边的山水空间、祭祀空间格局相联系,将太原县南的蒙山、丰谷山、晋水进行了有机的组织。清时期的太原县城,是完全继承明时期的格局,在东街增建了鼓楼,县东南隅增建了奎兴楼,而此时,东南隅的城湖已消失(图 4-16)。综上所述,晋阳城旧址重建的太原县城,最大的特点是继承了晋阳城的山水空间和祭祀空间,体现了以制度为主导的变迁特点。

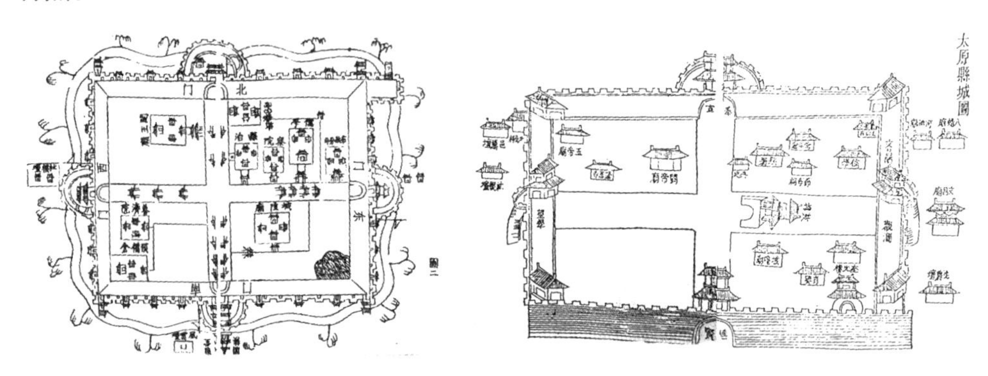


**图 4-16　明太原县城图(左)与清太原县城图(右)**

资料来源:明嘉靖《太原县志》、乾隆《太原府志》

2) 榆次县城

榆次地处晋中盆地东北边缘,"距府东南六十里"①,东倚太行山,西俯汾河谷,北枕罕山,是府城太原的南大门,地理位置重要,欲攻取太原,必先攻下榆次,从春秋末的智伯率韩魏围攻晋阳、东汉(122 年)辽西鲜卑族入侵、西晋(305 年)时匈奴刘聪派兵攻晋阳、唐(619 年)时刘武周勾结突厥率军二万攻晋阳、北宋(1125 年)金宗翰围攻太原、金(1218)时蒙古大将木华黎占榆次到明(1541 年)时鞑靼部蒙古族

① 太原市地方志编纂委员会. 太原府志集全[M]. 太原:山西人民出版社,2005:177.

首领率兵攻榆次，无不如此。公元 979 年，宋太宗灭北汉，毁晋阳城，新置并州军事，移治于榆次。又“榆次之城，战国时已有之省志谓城，自汉筑盖未考耳”[①]，可见从战国时期起，榆次县便存在，是晋中盆地的交通枢纽和军事重镇。

同治三年《榆次县志》记载：“北齐中都县仍为榆次县，今县城所由始也，乃徒县于汉故城东南隅，更为新城，则今县城所由始也”[②]，由此可见，北齐时期的中都县指的就是榆次县，但榆次县和中都县并不是同一个城池，榆次县位于中都县的东南隅，是在汉城旧址上修筑起来的(表 4-7)。隋开皇二年(582)建土城，周五里，高三丈，有三门，门上建用于防御的橹台，“唐宋元史思明、仆固玚、李克用及女真蒙古攻围者数，然旧制具存”。可见，经历了唐宋元明朝代的战争，城池依旧存在，但已破败不堪，于是“明景泰元年，增筑周围五里，加扩十三步，高与旧城等，池深八尺，仍为三门，东曰迎曦，南曰观澜，北曰望岳”。这次的修筑，周长仅仅增加了十三步，与旧城的周长基本相同，门的数量也没有变化，还是三门。之后，于成化十九年(1483)和成化二十三年(1487)继续增筑(表 4-7)，并开始用砖石建造瓮城，并用铁包裹城门，大大增加了城池的军事防御能力。嘉靖二十年(1541)由于鞑靼部蒙古族首领俺答率兵入侵，旧城继续增高五尺，增宽一尺，同时增建了敌台、角楼、警铺等军事建筑。到隆庆元年(1567)，又一次对于敌台、角楼、警铺等军事建筑进行增建，城池的防御能力进一步增强。综上所述，明代早期榆次城市基本形态为(图 4-17)：城池东西长约 650 m，南北长约 550 m，城邑周长约 2500 m，呈矩形。城内主要交通干道由连接东西方向的东大街和连接南、北门的主街(北大街、南大街)组成，城内西门在明代早期不存在，直到万历三十二年(1604)才开，但两条主街处于军事防御的考虑，并不是规整的相互垂直的关系。此时，县署等行政建筑位于城市中心附近的东北边，钟楼则位于南城墙边。由此可见，明早期的榆次出于军事防御的需求并没有采取最常见的“十字”形街巷，而是兼顾了军事防御与城内交通的需求。同时，榆次城的防御设施也较为完备。城墙四角均有敌台、角楼，在东南城墙处还有两座敌楼，虽然只有三门，但三门都设有瓮城。

**表 4-7　清之前榆次县城变迁汇总表**

| 年份 | 变迁描述 |
| --- | --- |
| 隋开皇二年(582) | 初建土城 |
| 景泰元年(1450) | 增筑周围五里，加扩十三步，仍为三门 |

① (清)王平格. 榆次县志[M]. 清同治三年刊本//山西方志之六. 台北：台湾学生书局，1968：141.

② (清)王平格. 榆次县志[M]. 清同治三年刊本//山西方志之六. 台北：台湾学生书局，1968：142.

续表

| 年份 | 变迁描述 |
| --- | --- |
| 成化十九年(1483) | 知县赵缙继续增筑 |
| 成化二十三年(1487) | 知县梁琮重修,始甃以砖石,铁裹其门,于沿池堤上植柳以护之。并在县西建涂川书院 |
| 嘉靖二十年(1541) | 旧城增高五尺,增宽一尺。土墙修为砖墙。增置敌台二十,角楼四,警铺十六,池外复列垣为蔽 |
| 嘉靖二十一年(1542) | 知县李鹏修建南关土城。城西十八村各建堡 |
| 嘉靖二十五年(1546) | 知县俞鸶毁淫祠撤其材,以重建焉,仍其三门 |
| 隆庆元年(1567) | 知县董三迁重修,增置敌楼一十有六,警铺十有二三,门各建楼于上 |
| 万历二十一年(1593) | 南关城修为砖城 |
| 万历三十二年(1604) | 知县史记事开城西门,并筑甃城 |
| 崇祯十三年(1640) | 知县韩如愈重修各门城楼 |

资料来源:作者根据:同治三年《榆次县志》①、《榆次市志》进行整理绘制

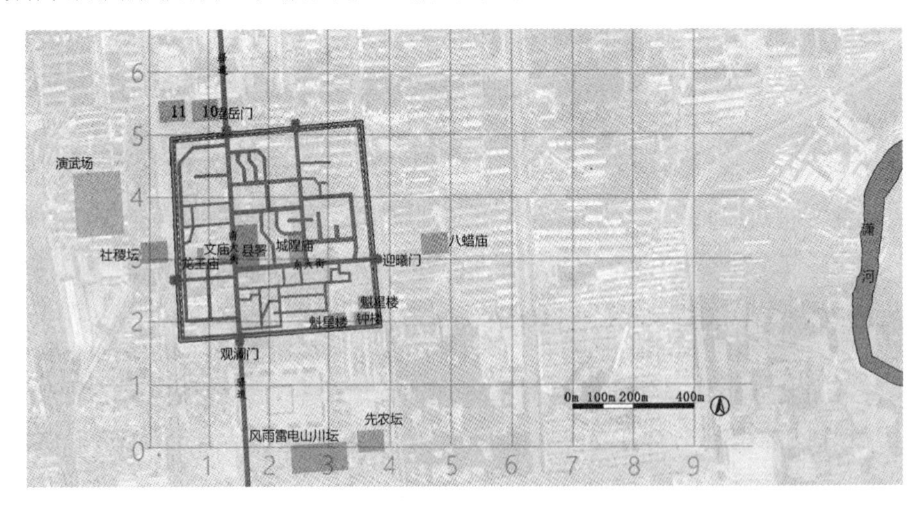


图 4-17 明初榆次城空间转译图

资料来源:作者根据康熙《山西通志》、乾隆《太原府志》、同治《榆次县志》《榆次市志》等资料分析绘制

而南关城的修建始于嘉靖二十一年(1542),由于“俺答至城下,大掠十日,关民数千家,半被焚戮”,因而知县李鹏修建南关城。南关城起初为土城,“周五百四十七丈,高一丈九尺,广一丈二尺,池阔二丈深,开三门,东门、小西门、郭门”,之后土

① (清)金福增,(清)张兆魁,(清)金锺彦.同治河曲县志、同治榆次县志、光绪榆次县续志[M]//中国地方志集成·山西府县志辑(16).南京:凤凰出版社,2005:76.

城在万历二十一年(1593)修为砖城,“以砖周六百五十三丈,高三丈,基阔二丈五尺,上阔一丈八尺”,并在南关城增建敌台,又在城外修筑高为五尺的墙,并为三个城门增建城楼,“南曰万春、左曰东作、右曰西成”,至此,南关城的军事防御能力也得到了进一步的增强。榆次境内的军事设施不仅仅是城池和周边十八村堡,根据明万历《榆次县志》记载,境内还有 6 处寨①。除此之外,设置于洪武三年(1370)的鸣谦驿站,在景泰年间,出于军事防御的考虑还修建了驿城。至此,榆次境内形成了“一城一驿城十八堡六寨”的军事防御设置体系。

由表 4-8、图 4-18 可知清时期的榆次县城是对于明时期榆次城的延续与发展,西门自万历三十二年(1604)开通后,西门内形成了以凤鸣书院、考院、文庙为主的城市教育空间。晚清之前榆次城市形制基本继承了明代榆次“一城一郭”的空间格局,城池由于军事原因的增建只发生在咸丰三年(1853)八月,太平军林凤祥、李开芳侵入山西,此时城东南、西南二隅与关城,各增高八尺。之后也并没有进行过城墙的增建。只是在光绪三十三年(1907)正太铁路全线通车后,借助便捷的交通条件,城市逐渐开始以商业为轴心在原有城墙范围内进行新的城市建设。除了便捷的铁路,明清两代榆次共有三条驿道,可谓通京陕、连四方。而榆次城内现有的老街巷多半是在这一时期形成的。城池虽然修葺多次,但内城道路骨架并没有大的改变。商业街位于城池内的南北大街,商业的类型多样,以茶庄(聚兴顺)、杂货店(得新成)、票号(协和信)、钱庄(吉履谦)、账庄(中兴和)为主。由此可见,清时期城市的格局并没有进行大规模的改变,体现出以商业为主导、在继承中发展的变迁特点(图 4-19)。

**表 4-8 清时期榆次县城变迁汇总表**

| 年份 | 变迁描述 |
| --- | --- |
| 康熙二十二年(1683) | 淫雨坏东城数十丈,知县刘星修葺 |
| 康熙四十年(1701) | 知县王亦宣修城东门瓮城六丈 |
| 雍正六年(1728) | 知县邹双修城楼与角楼 |
| 乾隆十四年(1749) | 知县钱之青修西城坏墙四丈三尺有奇 |
| 乾隆三十一年(1766) | 知县史湛建凤鸣书院 |
| 嘉庆十九年(1814) | 知县杨栋秀修文庙、南城垣十数丈 |
| 道光元年(1821) | 重修各门谯楼 |

① (清)王平格. 榆次县志[M]. 清同治三年刊本//山西方志之六. 台北:台湾学生书局,1968:144.

续表

| 年份 | 变迁描述 |
|---|---|
| 咸丰三年(1853) | 榆次知县急办防务,增高城墙 |
| 光绪五年(1879) | 建考院 |
| 光绪三十三年(1907) | 正太铁路榆次站建成,正太铁路全线通车 |

资料来源:作者根据同治三年《榆次县志》《榆次市志》等资料整理绘制

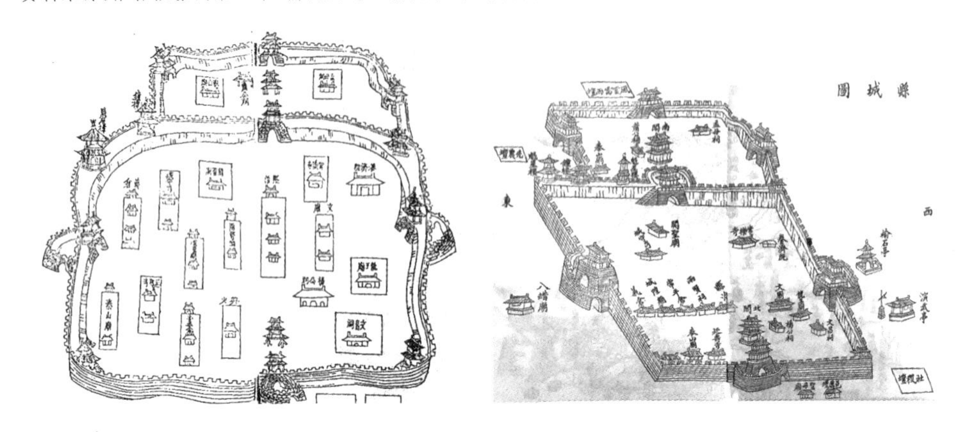


**图 4-18　清早期(左)、清晚期(右)榆次县城图**

资料来源:乾隆《太原府志》、同治《榆次县志》

**图 4-19　清榆次城空间转译图**

资料来源:作者根据康熙《山西通志》、乾隆《太原府志》、同治《榆次县志》《榆次市志》等资料分析绘制

3) 清源县城

清源县,在太原市西南 35 km 处,今清徐县境内。“左挹汾河,右枕白石,地势

平夷，土性泄卤”。“开皇十六年筑。因梗阳城故址筑清源县城。”[①]可见，先有梗阳城，而后建清源城。关于梗阳城的记载，还有“梗阳城，在清源县南一百二十步，周六里。隋置清源县，今废。”[②]“南关为梗阳旧城，北连县城，南东西三面共四百九十九丈三尺，门四。”[③]“南关为梗阳城，门有四：东北曰延昌；东南曰青阳，俗名小东门；西南曰永定，俗名小南门；西门废，只留石坝，仍曰小西门。”由此可见，清源县即为梗阳故城址。而清源城建成后，梗阳城便成了清源城的南关。

清源城位于汾河和白石河之间地势平坦的区域，而整个城池并非正南正北，而是与白石河平行而建。当时的清源城：“周六里二百步，高一丈八尺，厚一丈，基倍之，壕深一丈二尺，阔一丈五尺，西南北三门上建戎楼，周以女墙”[④]。隋大业三年(607)又废除清源县，到唐武德元年(618)，恢复清源县，此后，唐、五代至金均为清源县。金兴定四年(1220)，于清源县置晋州，下辖徐沟、太谷、祁县三县。元代开始，废除州，元、明、清均为清源县，与徐沟县同隶属于翼宁路。乾隆二十九年(1764)清源降为乡，隶属徐沟县管辖。由明、清两代清源县城图可见(图4-20)，两个时期城池内的格局最大的不同在于东湖，根据顺治《清源县志》记载：“县故无湖，湖所占者悉平壤。”可见，城中的东湖，原来全是“平壤”。此后，又《东湖记》记载，“白石水涨，不以时疏导，悉归城东低下处，外障于垣墙内溢出泉水，故水日增月盛，汪洋浩瀚而积成巨浸者，数十年于兹矣。”又光绪《清源乡志》中有多次水患的记载，日积月累，使东城成为东湖。但起初的东湖，只是分布于城东南隅和东北隅的两片小湖。而由于东湖的存在，城内主要的街道只有贯穿南北的北门大街、南门街，以及正对西门的西门街和水桥街。其中北门大街是城内最长的街道之一，北起北城门，南至水桥街东口，明清时期，街上店铺林立。南门街北起衙门街南段，南至南城门，也是主要的商业街。西门街和水桥街则是从西门起，东西向穿越城池的街道，街北有察院、布政司、按察司等行政机构，街南有城隍庙、儒学、文昌庙。除主城外，还有四个方向的四座关城：南关所在的位置即为梗阳故城，在县南一百二十步，周围六里，还有八座敌台，顺治十七年(1660)，知县和羹增筑砌垛，申请南关城改名为新城，南关内的街道整齐宽阔，商号和民居都一字排开，街道以南北向的四条路为主干，即出县城南门的南关大街、延昌街、永定街和菜市街。而东西走向的多为

① (清)和羹，(清)王灏儒. 顺治清源县志[M]. 王保玉，点校；清徐县地方志办公室，整理. 太原：山西人民出版社，1998：6.

② (清)费淳，(清)沈樹聲. 乾隆太原府志(二)、道光阳曲县志、道光太原县志[M]//中国地方志集成·山西府县志辑(2). 南京：凤凰出版社，2005：123.

③ 和羹，王灏儒. 顺治清源县志[M]. 王保玉，点校；清徐县地方志办公室，整理. 太原：山西人民出版社，1998：7.

④ 和羹，王灏儒. 顺治清源县志[M]. 王保玉，点校；清徐县地方志办公室，整理. 太原：山西人民出版社，1998：7.

不太宽的街道或巷子；西关城，“周围三百四十丈，门三，敌台六”[①]，西关还是太原至汾阳官道路径之一的西官道，关城内街道以市楼为中心，设东、西、南、北四条街道；北关城周围二百八十丈，门二，敌台六；东关城，“明万历十九年重修东门，上置戍楼，内填污池，外置东关厢，内设东关街，并募招多民居住”[②]。综上，明时期的清源城基本格局为：主城周长约 3000 m，开东、西、南、北四门，每个城门外均连关城，虽然东城地势低，但此时只有两片小湖，总体格局是“一城四关”(图 4－21)。

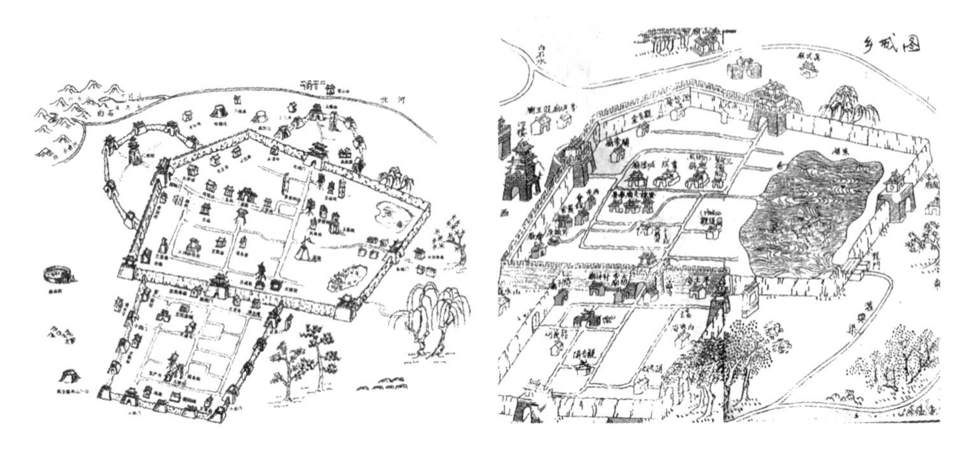


**图 4－20　清源县城图**

资料来源：《清源古城》[③]、光绪《清源乡志》

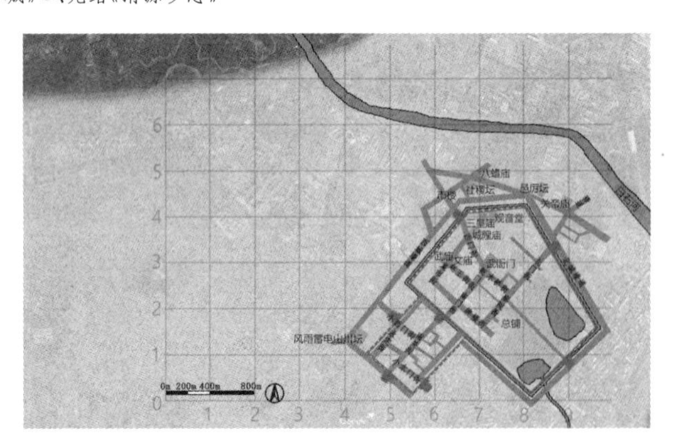


**图 4－21　明时期清源城空间转译图**

资料来源：作者根据康熙《山西通志》、乾隆《太原府志》、光绪《清源乡志》等资料分析绘制

① (清)和羹，王灏儒. 顺治清源县志[M]. 王保玉，点校；清徐县地方志办公室，整理. 太原：山西人民出版社，1998：18.

② (清)和羹，王灏儒. 顺治清源县志[M]. 王保玉，点校；清徐县地方志办公室，整理. 太原：山西人民出版社，1998：7.

③ 清徐县政协文史委. 清源古城[M]//清徐历史文化丛书. 太原：北岳文艺出版社，2008：11.

清时期的清源城，知县于资、曾光、卢宾彦、李景先等先后增筑过城墙，将城墙增高至四丈，厚度增加至二丈。而由于清源县所处的位置是白石河和汾河的交汇处，由第2章的统计分析可知，该区域清时期发生水患的频率最高。因此，针对水患做出的城市建设也较多。根据顺治《清源县志》记载，最主要的是建于洪武二十四年(1391)，位于城西五里处的白石堰，“东西长二里，阔二丈五尺，高一丈五尺”。白石堰主要是防止白石河水的漫溢，“白石河，在城西三里，源出白石峪，夏秋遇雨即涨奔腾，顷刻直冲西城城外，各园圃并受其害，因修石坝以障之”①，又由于城中频繁水患，到顺治十八年(1661)，知县和羹又重新修筑，长二百八十丈。除坝堰之外，清源县境内还有五条渠，用来泄城中渍水，分别是位于东城外城隅下的灌稼渠，位于县东三里的广济渠，位于城东北二里的分水渠，位于城东十二里的永济渠，位于城西南七里的救荒渠。其中，与城池直接相连的是灌稼渠，“以泄东湖水，闸口名龙门，上建奎楼”。可见，灌稼渠与东湖相连，可排泄东湖水，东湖位于城内的东边，是由白石河的洪水涌入城东而形成的，后作为应对水患时重要的调蓄系统，“凡城内芹馥诸泉，靡不灌注其中，故四时不涸，蓄久汇深”②，此时的东湖占整个城市几乎近一半的面积。决定了整个城池的格局。“若雨潦盛涨，城中受害亦无底。赖东城外灌稼渠以泄之而水势稍杀。”“近来汾水弯远，城外地高，浚泄实难。”又可见，由于汾河的改道，离清源城渐远，加之城外地高，排水越来越困难。因而，在光绪《清源乡志》中记载的水渠，由原来的五条，增加为二十七条。除了灌溉的作用外，多半用于缓解水患。可见，清源县城池的整体格局明时期是“一城四关”，但由于西关、东关、北关受频繁水患的影响，此时的城池图只为“一城一南关”(图4-22)。

综上所述，清源城内的变迁主要受水患的影响，体现在东湖的从无到有。而由于水患而进行的变迁还体现在城池内，根据光绪《清源乡志》中记载，一是门的数量，由于清源城的东边为东湖，因而只有“西南北三门”，弘治二年(1489)，知县胡显宗创开东门，但因汾河水涨，倒灌东湖，于弘治十四年(1501)堵塞东门。直到万历十九年(1591)又重开东门，因为此时修筑了白石堰，“可防山水之冲”。二是瓮城的修建，由第2章的分析可知，白石水患逐渐频繁，因而在乾隆十八年(1753)知县高登陛修西北两门瓮城，“西瓮城长十七丈，北瓮城十二丈，防白石水患。”可见，此次西、北两瓮城的修建，同样是为了防止水患。三是石坝的修筑，石坝分别位于南关的西门处和西关，都是由于“西近白石河”。因此，清源县城变迁的过程是在继承旧城的基础上，以预防水患作为主导(表4-9)。

---

① (清)和羹，王灏儒. 顺治清源县志[M]. 王保玉，点校；清徐县地方志办公室，整理. 太原：山西人民出版社，1998：43.

② (清)和羹，王灏儒. 顺治清源县志[M]. 王保玉，点校；清徐县地方志办公室，整理. 太原：山西人民出版社，1998：44.

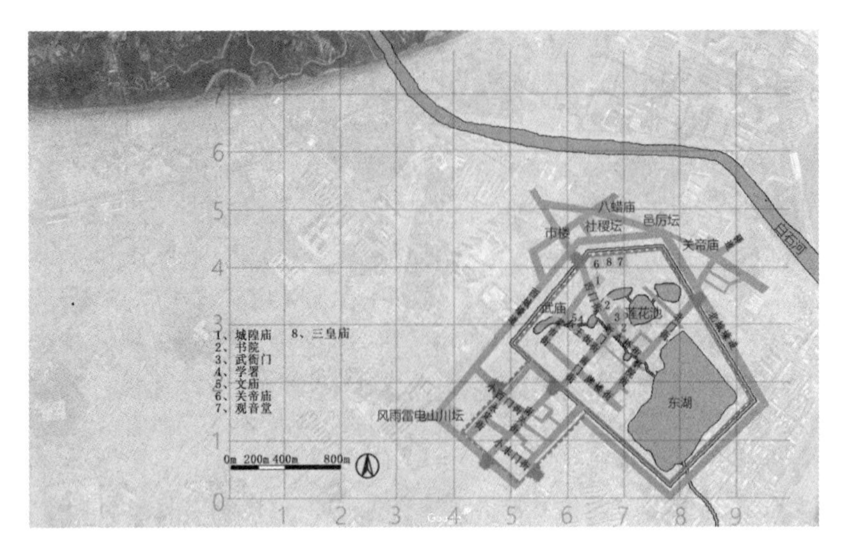


图 4－22　清时期清源城空间转译图

资料来源：作者根据康熙《山西通志》、乾隆《太原府志》、光绪《清源乡志》《清源市志》等资料分析绘制

表 4－9　清源县城变迁汇总表

| 年份 | 变迁描述 |
| --- | --- |
| 开皇十六年(596) | 筑清源县城 |
| 泰和三年(1203) | 始建清源文庙 |
| 洪武二十年(1387) | 修建县学 |
| 洪武二十四年(1391) | 城西北筑白石河堰 |
| 景泰二年(1451) | 重修 |
| 弘治二年(1489) | 开东门 |
| 弘治十四年(1501) | 塞东门 |
| 嘉靖年间 | 增筑，高至四丈，厚至三丈 |
| 万历十年(1582) | 建武庙 |
| 万历十九年(1591) | 知县邵莅在南面与关城接连处各建敌楼一座。又重开东门，创建门楼，建东关厢，挑壕深阔以资防御，西修白石堰，以防山水之冲 |
| 崇祯十六年(1643) | 知县郑经续修，砌砖一百丈自西门迤北至北门止 |
| 顺治十七年(1660) | 知县和羹增南关梗阳旧城，北连县城 |
| 顺治十八年(1661) | 建西关市楼，名镇楼，高数 10 丈 |
| 康熙五十三年(1714) | 知县李璠重修西门 |

续表

| 年份 | 变迁描述 |
| --- | --- |
| 雍正十三年(1735) | 知县石彬重修南门 |
| 乾隆十八年(1753) | 修西北两门瓮城 |
| 同治元年(1862) | 在文庙东建梗阳书院 |

资料来源:作者根据顺治《清源县志》①、光绪《清源乡志》②、《清徐县志》③等资料整理绘制

4) 徐沟县城

徐沟,现为太原市清徐县的一个重镇,是太原市的南大门。曾为帝尧旧都,三晋时期属于赵,唐时属于翼州,至金大定二十九年(1189)置徐沟县。“其地因金、嵰二河会流,徐徐而下,冲涨为沟”,因此称为徐沟。又“国朝仍编户一十九坊里路通四省,实咽喉要冲之地④。”由此可见,由于其位于金水河、嵰峪两河的交汇处,而嵰峪河又由距离县南十里,改道为距离县南五里,又由第2章的分析所得,徐沟县频繁受到水患的影响,同时,徐沟是路通四省的要冲之地,具有重要的军事地位。

明代,万历《徐沟县志》记载:“城之规制,旧为土垣。周五里十步,护城无池,但挖渠以防外患而已”⑤,始筑于金大定二十九年(1189)(表4-10),可见最初的城墙为土墙,并且没有护城河,仅仅是以挖渠的方式来预防水患。因而在明朝宣德八年(1433),金水河泛涨时,整个城池内的庙宇和民舍全部淹没倾颓,在这次水患灾害中,只有北门尚存。而后在景泰三年(1452)至嘉靖十三年(1534)陆续对城池进行修筑,其中,出于防洪的考虑,在城壕周匝四门外官道两旁栽植万株柳树。由于水患继续频繁,到万历元年(1573),知县刘选在城外建造护城堤堰,从社稷坛起,到南坛止。为了进一步防止水患,自万历五年(1577)起至万历七年(1579),知县吴三省用砖修筑城墙,并在城内外均修筑马道、水道和池堰。此时,虽有护城堤坝的保护,还是在万历三十三年(1605),嵰峪河水骤涨,将南关堤堰冲塌,知县柳捷芳修筑了堤堰。关于防御方面城市变迁的体现是:嘉靖二十二年(1543),“知县周诰睹城上

① (清)和羹,王灏儒.顺治清源县志[M].王保玉,点校;清徐县地方志办公室,整理.太原:山西人民出版社,1998:7-8.

② (清)王勋祥,王效尊.光绪清源乡志[M].谢琛香,郭维忠,李海峰,等点校;清徐县地方志办公室,整理.太原:山西人民出版社,1998:65.

③ 清徐县地方志编纂委员会.清徐县志[M].太原:山西古籍出版社,1999:267.

④ (明)杨国桢,(明)王敖学.徐沟县志[M].孙安邦,乔淑萍,袁建民,等点校;清徐县地方志办公室,整理.太原:山西人民出版社,1998:162-163.

⑤ (明)杨国桢,(明)王敖学.徐沟县志[M].孙安邦,乔淑萍,袁建民,等点校;清徐县地方志办公室,整理.太原:山西人民出版社,1998:163.

女墙倾圮，并值辛丑壬寅二岁，北虏入寇，遂易以砖堞，又创角楼四座”[①]，可见，当时有北方的少数民族入侵，处于防御的考虑，垛口重新用砖砌筑，又增建了四角角楼。又嘉靖四十二年(1563)，知县王邦宪在每座敌台增盖小亭，提升防御功能。至隆庆元年(1567)八月，北方少数民族继续入侵，因而在隆庆二年(1568)，知县钟爵加厚城墙，又增建了东西南三座瓮城。此时，城池的防御功能得到了进一步的提升。万历五年(1577)，知县吴三省用砖包筑城池，“其垒石厚曰五尺许，自基至堞顶，高四丈余，底阔三丈，上阔一丈五尺，周围一千一百五十三丈。自五年起，七年秋晚。”这次历时两年多的扩建，全部堞道改为砖砌，万历八年(1580)，知县金一凤又在四城门上分别建门楼，“知县于彦英扁四门楼，东曰融和，西曰丰乐，南曰迎熏，北曰拱极。”此时的徐沟城，有四座角楼，四座门楼，四座瓮城，“巍峨壮丽，俨然有金汤之固矣”。防御体系逐步完善。综上，该时期徐沟城的变迁，是在防洪和防御的需求下逐步完善的，徐沟城市基本形态为：城池东西长约 800 m、南北长约 1000 m 的四边形，城内是以十字街为中心，把城池分为四块，分别是西北坊、东北坊、东南坊和西南坊。县治等行政功能的建筑在城西北隅，由金人创建。察院公署、布政司在县治西，按察司在县治西路南。演武场则在县西南路东，文庙在县治西。四门之外有北关、南关、东关、西关，其中北关最大，且有土堡围之，开小北门、小东门和小西门为通道。虽然没有护城河，但此时已经具备完备的城防体系(图 4－23)。

**表 4－10　徐沟县城变迁汇总表**

| 年份 | 变迁描述 |
| --- | --- |
| 金大定二十九年(1189) | 筑城 |
| 景泰三年(1452)<br>嘉靖十三年(1534) | 知县王怀礼重修，更加高厚，复凿隍限，内外顽固 |
| 嘉靖二十年(1541) | 筑北关城 |
| 嘉靖二十二年(1543) | 建砖垛口，建角楼四座 |
| 嘉靖四十二年(1563) | 每敌台增盖小亭一间 |
| 隆庆二年(1568) | 加厚城墙 |
| 隆庆三年(1569) | 建东西南瓮城三座 |
| 万历元年(1573) | 建堤堰 |
| 万历五年(1577) | 徐沟知县吴三省奉上级文，令太原、榆次、太谷、清源四县协济砖灰，包修徐沟城 |

① (明)杨国桢，(明)王敖学．徐沟县志[M]．孙安邦，乔淑萍，袁建民，等点校；清徐县地方志办公室，整理．太原：山西人民出版社，1998：163.

续表

| 年份 | 变迁描述 |
| --- | --- |
| 万历七年(1579) | 城上俱用砖砌墙,城内外俱有马道、水道、池堰 |
| 万历八年(1580) | 知县金一凤于四城门上创建门楼四座 |
| 万历十年(1582) | 知县于彦英扁四门楼 |
| 万历三十三年(1605) | 修堤堰 |
| 万历三十九年(1611) | 改南瓮门东向,北关门增瓮圈门 |
| 同治元年(1862) | 在城东南一里处的文昌阁北建金河书院 |

资料来源:作者根据《万历徐沟县志》《康熙徐沟县志》《光绪徐沟县志》《清徐县志》等资料整理绘制

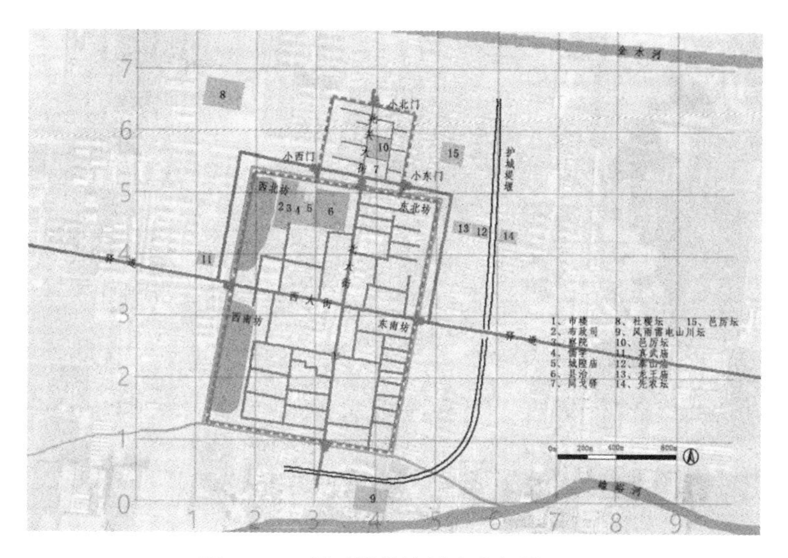


**图 4 - 23　明时期徐沟城市空间转译图**

资料来源:作者根据康熙《山西通志》、乾隆《太原府志》、万历《徐沟县志》等资料分析绘制

清代,徐沟县内的布局和街巷系统并无大的改变(图 4 - 24～图 4 - 26)。同治元年(1862),河水又一次大规模涨发,浸塌西北城垣数丈,仅存四门城楼,此后,虽已维修完好,但仍然没有护城河,直到光绪五年(1879),知县勋祥在城外凿池,“池极深阔,栽柳树百株。”之后,金水河和嵻峪水再涨水,便由池导入汾河,“庶永无水患哉。”而徐沟县交通的便利,促进其商业的发展,作为京官道(北京至西安)和府官道(太原至临汾、运城、长治、晋城)的交汇地,南大街商铺林立,街市热闹,万历《徐沟县志》中记载:“县南街:初二、十二、二十二;西街:初四、十四、二十四;北街:初

六、十六、二十六；正街：初八、十八、二十八；东街：初十、二十、三十”①，可见商贸活动的频繁。综上，清代徐沟城的基本形态仍是东西长约 800 m、南北长约 1000 m 的四边形，但此时增设了护城河，与嵺峪河连通。

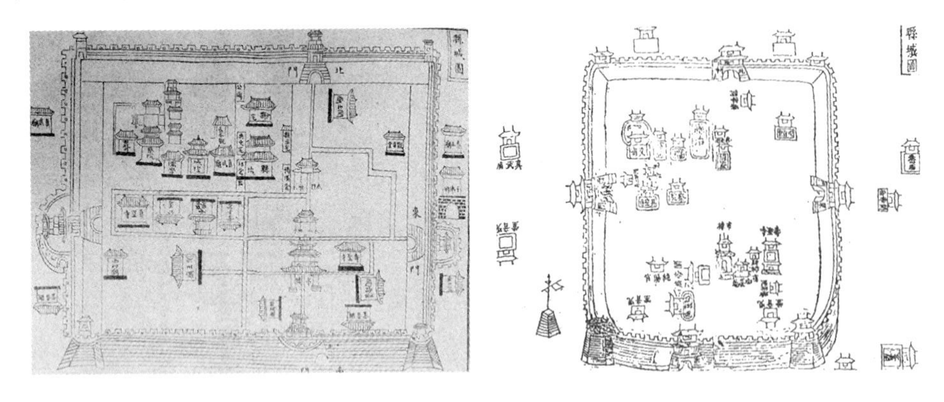

**图 4－24　徐沟县城图 1**

资料来源：明万历四十年《徐沟县志》(左)、康熙五十一年《徐沟县志》(右)

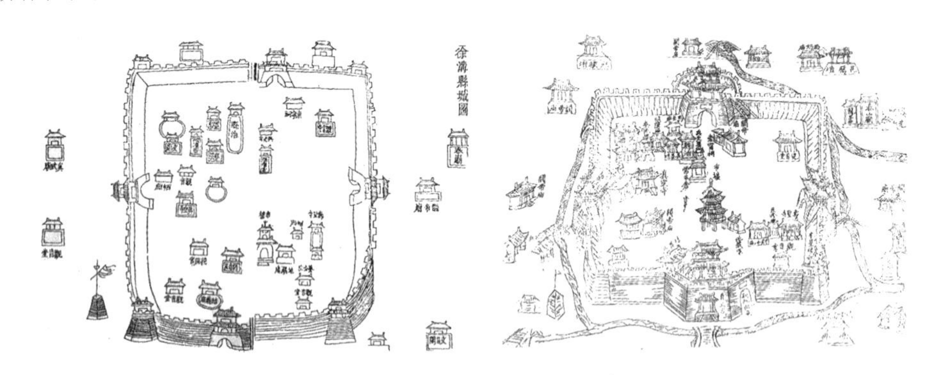

**图 4－25　徐沟县城图 2**

资料来源：乾隆《太原府志》(左)、光绪七年《徐沟县志》(右)

综上所述，太原、榆次、清源、徐沟四县作为太原府城的“南大门”，最重要的是为府城的军事防御提供保障，由上一章的分析可知，四座县城分别位于太原南下的三条官道上，交通的便捷也为商品贸易的繁荣提供了条件，因此，四座县城商业的发展也为府城太原提供重要的物质支持，同时也成为进出太原城的货物集散地。其中，清雍正至光绪年间，徐沟作为中俄贸易的中转站，商品经济非常繁荣。通过分析可知，战事是促使城市变迁的最根本动力，军事中心区的城市建置和发展在以

① (明)杨国桢，(明)王敩学. 徐沟县志[M]. 孙安邦，乔淑萍，袁建民，等点校；清徐县地方志办公室，整理. 太原：山西人民出版社，1998：163.

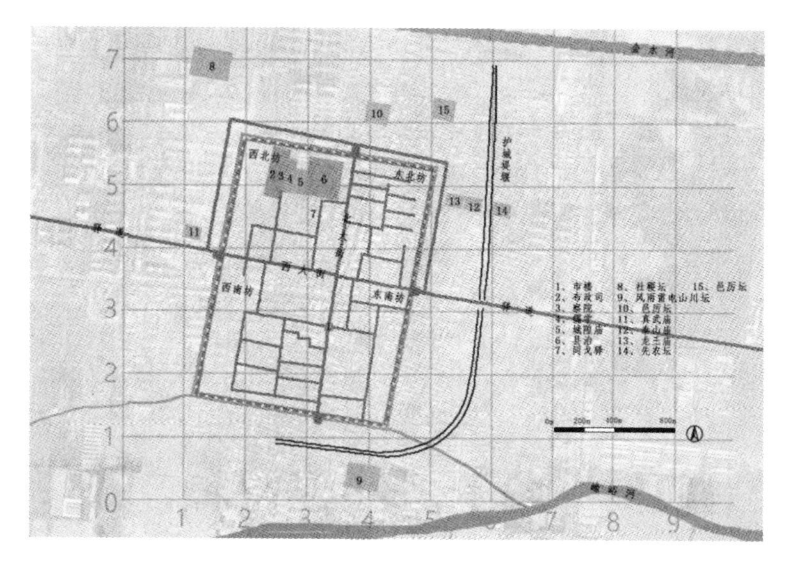


**图 4－26　清时期徐沟城市空间转译图**

资料来源：作者根据康熙《山西通志》、乾隆《太原府志》、康熙《徐沟县志》、光绪《徐沟县志》等资料分析绘制

防御为目的的背景下逐步完善，由于每个城市均处于道路的交汇处，因此战争又促进了交通的发展，而交通的便捷又促进城市商业的繁荣。四座县城为府城提供辅助军事作用的同时，又促进彼此间的经济发展。

## 4.2　文峪河流域的城市形态变迁

文峪河流域包含四座城市，分别是交城、文水、汾阳和孝义。通过上一章的分析可知，四座位于文峪河流域的城市，都受到水系变迁的影响，并且是晋中盆地区域内受水患影响最集中的区域，因此，在城市变迁中，充分体现水系对城市具体形态的影响，即具有近水性的特点。根据水系对于城市的影响程度，本节分为三个小节。第一小节是交城和文水两座县城的变迁分析，两座县城的共同特点都是因为水患的影响进行过城址的迁移，迁城之后，在水患的影响下，城内都开挖了城湖，交城县城东南隅为月波湖，文水县城东南隅为映奎湖，但由于与水系的距离不同，而呈现出两种不同的城池形态；第二小节是汾阳城的变迁，汾阳作为明清时期汾州府的府治，由于与水系的距离较远，虽然也表现出城池与水系平行的特点，但在变迁中主要体现政治与军事的主导作用；第三小节是孝义县城的变迁分析，该城市是文峪河流域中离水系最近的城市，在应对水系变迁的过程中，为了防止水患，呈现出水渠穿城而过的形态特点，水渠连通文峪河和孝河。这三组城市体现文峪河流域城市与水系的不同互动关系。

### 4.2.1 交城县城、文水县城形态变迁——因水患而迁城

1) 交城县城

交城地处晋中要道，历来是晋中盆地的战略要地。始建于鲁昭公二十八年(前514)，为春秋时期晋国的平陵县治。战国时期，名为大陵(也称大陆、太陵)。从春秋到北魏太平真君九年(448)，在此置县达962年。初建的大陵城规模宏大，根据《城邑考》的记载，“大陵故城周十里”①。即东城位于大营村东，西城位于大陵村西1 km，北城位于大陵村北0.5 km，南城在文水县武陵村南，四周边长均约1.5 km，城周约6 km。城东南还建有子城、航城，城西南建有洸城。明代，城中尚遗有北城楼一座，清代中叶被毁。直到明清时期，还有关于大陵城的记载，“大陵，每至雨霏，遥望城堞，隐隐如现”②。隋开皇十六年(596)，置交城县，位于今古交市，但到周天授二年(691年)，由于水患严重，便南移县城至却坡村，即今交城县所在地(图4-27、表4-11)。

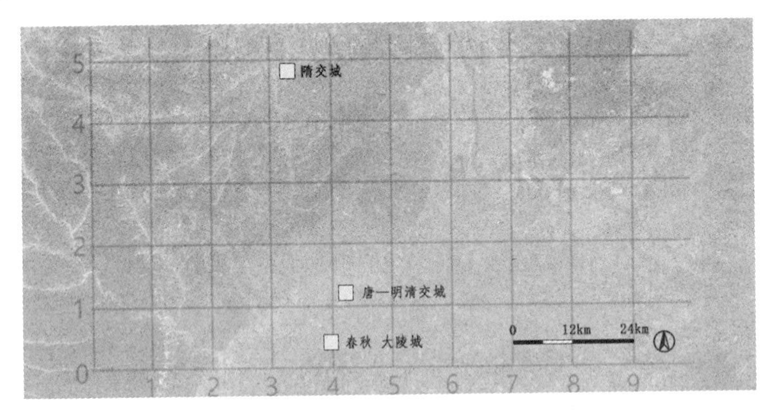


图4-27 交城城址变迁图

资料来源：作者根据康熙《山西通志》、乾隆《太原府志》、光绪《交城县志》《山西省历史地图集》等资料分析绘制

表4-11 交城县城变迁汇总表

| 年份 | 变迁描述 |
| --- | --- |
| 天授二年(691) | 始筑土县城 |
| 至正年间(1341—1368) | 始筑卧虹堤 |
| 洪武三年(1370) | 增修城垣，将金火庙址改为县治所 |

① 文水县志办公室.清代文水县志二种[M].太原：三晋出版社，2011:55.

② 文水县志办公室.清代文水县志二种[M].太原：三晋出版社，2011:54.

续表

| 年份 | 变迁描述 |
| --- | --- |
| 永乐十年(1412) | 于瓦窑村东筑水石堰,曰"官堰" |
| 景泰元年(1450) | 重修城垣 |
| 嘉靖二十一年(1542) | 修城墙,增高5尺,补筑塌陷处。修北门城楼 |
| 嘉靖二十六年(1547) | 知县郑镐修城。新开西门,挖护城池,加敌台 |
| 嘉靖三十八年(1559) | 知县宋珰修城,撤去垛口部分,改为砖砌。四门题匾,东曰据晋,西曰搤秦,南曰带汾,北曰枕山 |
| 隆庆四年(1570) | 修城墙及城楼,挖城壕 |
| 万历二十二年(1594) | 修新渠 |
| 崇祯十三年(1640) | 砖包城 |
| 康熙七年(1668) | 重修卧虹堤 |
| 康熙九年(1670) | 再易门匾,东曰饮光,西曰来爽,南曰丽景,北曰撷翠 |
| 康熙十一年(1672) | 挖却坡湖,筑堤种树 |
| 康熙十二年(1673) | 建营房 |
| 康熙四十七年(1708) | 重筑卧虹堤 |
| 乾隆十九年(1754) | 筑静滥堤 |

资料来源:作者根据光绪《交城县志》①、《交城县志》②等资料绘制

明时期的交城县,即为南迁后的今交城县,初建时为土城,"周五里九十步,高一丈五尺,建东、南、北三门"③,为防止水患,于至正年间(1341—1368),在位于县城西北1.5 km的瓦窑河东岸筑卧虹堤,堤长500 m,高20 m,宽3 m,沿堤植有柳树。又于永乐十年(1412)在瓦窑村东筑水石堰,而西门的建造是在嘉靖二十六年(1547),同年挖护城河,到崇祯十三年(1640),用砖包土城,又将城墙增高至3.33 m。根据《交城县志》记载,"其城垣为避水患,西门南曲。北门东曲,城形似牛身,关形似牛首"④,由图也可见(图4-28),为了避开水患,西门朝南开,北门朝东开。而城外有东、南、北三关,但均无城墙。此时,水患频繁,永乐十二年(1414年),磁窑河、瓦窑河泛滥,冲坏城垣,遂于两河之口筑堤。嘉靖二十一年(1542)也因洪水而造成城墙出现多处的塌陷,又嘉靖三十二年(1553),暴雨成灾,沙河水涨,冲坏

① (清)夏肇庸.交城县志[M]//华北地区·第398号.清光绪八年刊本.台北:成文出版社,1976:64.
② 交城县志编写委员会.交城县志[M].太原:山西古籍出版社,1994:29.
③ (清)夏肇庸.交城县志[M]//华北地区·第398号.清光绪八年刊本.台北:成文出版社,1976:167.
④ 交城县志编写委员会.交城县志[M].太原:山西古籍出版社,1994:77.

东门桥及东城墙,城内水深 3 尺[1]。为了改善城池的防洪功能,在隆庆四年(1570),知县韩廷用重挖城壕,深宽都达 3 丈之多。之后,在万历二十二年(1594),知县周壁在磁瓦河从城东汾河岸修渠,称为新渠,新渠的主要作用之一为城池防洪系统中的排水系统。综上,明时期的交城县城,为了避免水患,建造的防洪设施有城门、堤坝、水渠,但此时,城池还是继续受到洪水的侵扰和破坏。

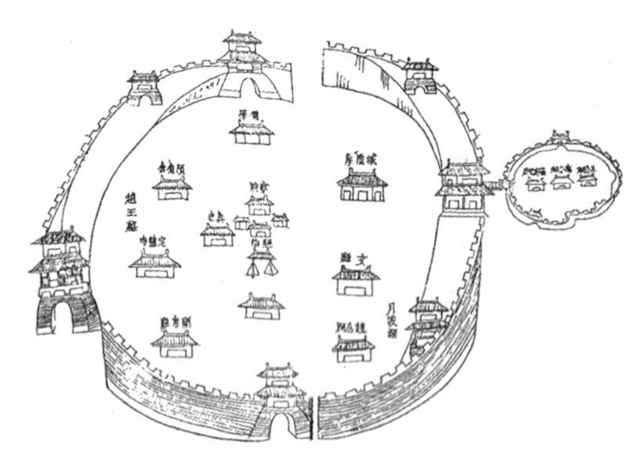

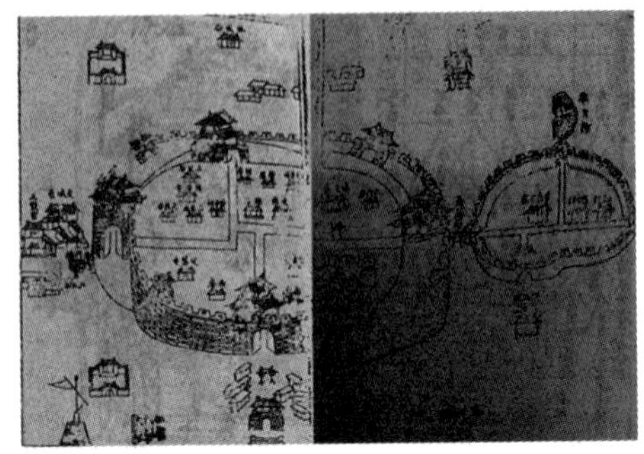

图 4-28　交城县城图

资料来源:乾隆《太原府志》、光绪《交城县志》

因此到清时期的交城县,则继续对防洪体系进行完善,在康熙二年(1663),磁瓦河水又泛滥,北城墙被冲毁百十余丈,北门城楼倾坏,城中水深三尺,于是,在康熙七年(1668)对卧虹堤进行重新修筑,并且在康熙十一年(1672),赵吉士主持在城内挖却坡湖,这是城池内重要的防洪调蓄系统。而后,卧虹堤在康熙四十七年(1708)又一次被重修,新堤长 266 m,高 3 m,底宽 6.3 m,中填灰石,并建河神庙于堤南端。虽然此时城池的防洪系统已经比较完善,但在频繁受到洪水的侵扰时,仍需要继续进行城池和堤坝的筑造,于是在乾隆十九年(1754),知县祁肃在磁瓦河西岸筑静滥堤,长 333 m,顶宽 1.7 m。可见,清时期交城对于城池的改善,都是基于水患的频频发生,城市的变迁主要源于防止水患而进行的建设。

虽以防治水患作为城市变迁的主线,城池的防御系统也同样在变迁中逐步完善,整个城池有四座城楼、四座瓮城、四座角楼,并于嘉靖二十六年(1547)加建 34 座敌台,于康熙十二年(1673)在西门外建造营房。而城内的道路,同样是出于防御的考虑,并没有“十”字形街道。明代城内有东西向正街一条,但街道只连接东门,不连西门,南北向街道由正街通向南、北门。东关内的街道布局,同样考虑防御,东关街道为丁字形布局,东西一条街北通成家街,南连南巷、南河等支街。清

① (清)谢汝霖.康熙《永宁州志》、光绪《交城县志》、乾隆《孝义县志》[M]//中国地方志集成·山西府县志辑(25).南京:凤凰出版社,2005:623.

代，城内主要街道有东正街、北门街、南街、姚家山街、西门街等，关内有东关街、下关街、北河街、南巷、双井巷、麻叶寺巷等。综上所述，清末之前，交城县受水患的影响而进行过两次城址的迁移，在明清时期，为了防止洪水灌入城内，而改变了城门的开启方向，从而在城墙处呈现出圆角的形态特点，又为防止已经灌入城内的洪水不对城池产生破坏，而开挖了月波湖，因此，明清时期的交城，在与水的互动中，形成了特殊的城池形态(图 4-29)。

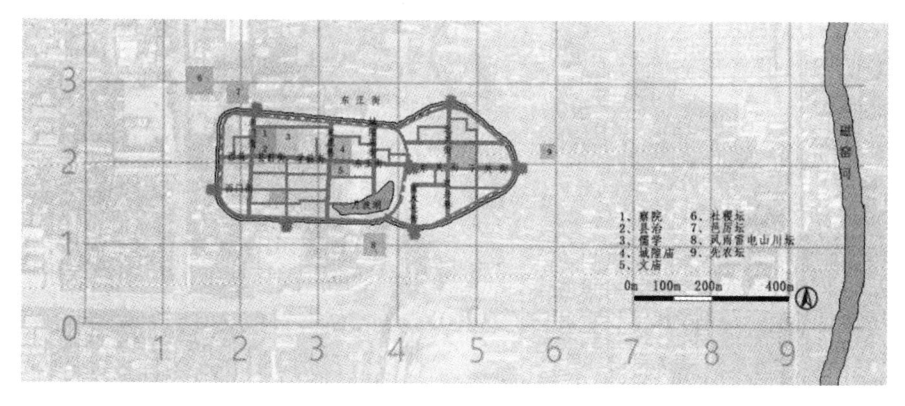


**图 4-29 明清时期交城城市空间转译图**

资料来源：作者根据康熙《山西通志》、乾隆《太原府志》、光绪《交城县志》《山西省历史地图集》等资料分析绘制

2) 文水县城

文水县西侧为大陵山，边山为丘陵区，背倚深山，面向平川，多为 15°左右的缓坡，是山区与平川的过度区。隋初，名为受阳县。开皇十年(590)，因境内有文峪河，更名为文水县。但元丰七年(1084)时，县城遭受水患而不得不废弃，当时的县令薛昌在元符年间(1098—1100)迁县城于现址，并筑土城，土城的规模是“周围九里一十八步，高仅三丈二尺，厚亦如之”①，同时，城门、城壕、马道具备。随后，文水县城屡次受战争影响，遭受入侵。靖康元年(1126)，河东察访使张灏与金人战于文水，同年又有宋都统治张思政等夜袭金人于文水。元太祖十三年(1218)元兵又攻陷文水。因此，受水患影响而迁城后的文水县，首先为增强城池的军事防御能力而进行修建。

明景泰元年(1450)，为增强城池的军事防御能力，守道魏琳对城墙进行了修缮，并将城墙增高四尺，天顺二年(1458)，知县范瑄又增建四座门楼和四座角楼。此外，根据康熙二十(1681)年《文水县志》记载，宋、明两代外患频繁，因此军事设施

① (清)傅星，(清)郑立功，等纂修. 山西省文水县志(全二册)[M]//华北地区 · 第 433 号. 清康熙十二年刊本. 台北：成文出版社，1976：112.

增多，嘉靖四年(1525)，知县李潮在县城北 1 km 处建练兵用的演武场，宽 60 m，长 270 m。而作为军事防御的据点，明时期开始了寨堡的建设，明嘉靖十九年(1540)至二十二年(1543)，为防御塞外兵骚扰，先后修建了孝义堡、马西堡、岳青堡、仁义堡、原东堡、云周东堡、原西堡、贯家堡、上贤堡、清泉堡[①]。同年，鞑靼兵屡次入侵文水，因而嘉靖二十年(1541)，“巡道郭春震檄复修城，加高四尺，建堞台十六座”[②]，此时城墙的高度已经是第二次增建，高度达到四丈。同时，又增加南关土城作为新的防御设施，“城围三里七分，高三丈，基阔三丈，顶阔一丈，城壕深一丈广如之，城堡中央建观音阁一座。县署印检校郑航于城内中心建市楼，挖护城壕”[③]。随后在嘉靖二十一年(1542)至嘉靖二十九年(1550)，又对城西城墙进行加高加宽，“城西面加高三尺，阔一丈”，并增建堞台四十八座，此时文水县的防御设施已十分完备。直到万历三年(1575)，“知县郭宗贤暨县丞韩登始砌砖石[④]”，砖石砌筑的城墙更加坚固。隆庆元年(1567)、隆庆二年(1568)，胡兵又屡次入侵文水，因此在万历五年(1577)，为了防御胡兵的侵扰，“知县郭宗贤将城垣增高加厚，用砖石。围广如旧，高厚增之。计城高四丈五尺，基阔四丈，顶阔二丈五尺。东、西、南、北四门皆修为二重门，堞台增至六十四座，拓宽城壕四丈，深三丈，城外垣墙为蔽高七尺。城防坚实。”此时，是文水县历代最完备的城垣(表 4－12、图 4－30)。

**表 4－12　文水县城变迁汇总表**

| 年份 | 变迁描述 |
| --- | --- |
| 元符年间(1098—1100) | 建土城 |
| 景泰元年(1450) | 增高城墙 |
| 天顺二年(1458) | 建门楼、角楼 |
| 嘉靖四年(1525) | 建演武场 |
| 嘉靖二十年(1541) | 增高城墙、增建堞台、建南关城 |
| 嘉靖二十一年(1542) | 修东、西门 |
| 嘉靖二十三年(1544) | 增建堞台 |
| 嘉靖二十九年(1550) | 西城墙加高加宽 |

① (清)阴步霞，(清)王炜，(清)范启堃. 光绪文水县志[M]//中国地方志集成・山西府县志辑. 南京：凤凰出版社，2005：198.

② 文水县志办公室. 清代文水县志二种[M]. 太原：三晋出版社，2011：127.

③ 文水县志办公室. 清代文水县志二种[M]. 太原：三晋出版社，2011：145.

④ (清)阴步霞，(清)王炜，(清)范启堃. 光绪文水县志[M]//中国地方志集成・山西府县志辑. 南京：凤凰出版社，2005：199.

续表

| 年份 | 变迁描述 |
| --- | --- |
| 万历三年(1575) | 城墙砌砖石 |
| 万历五年(1577) | 增建城池,重修四门,增筑堞台,拓宽城壕 |
| 天启四年(1624) | 重修城门楼堞,拓宽马道 |
| 顺治十二年(1655) | 补修北面雉堞,各门楼悬匾,东曰“汾水环流”,南曰“南风熏阜”,西曰“商峰叠翠”,北曰“北拱紫垣” |
| 顺治十八年(1661) | 修东南角楼和南面雉堞 |
| 康熙十年(1671) | 修南门外浮桥 |
| 光绪九年(1883) | 造映奎湖 |

资料来源:作者根据乾隆《文水县志》①、《文水县志》②、《清代文水县志二种》③等资料绘制

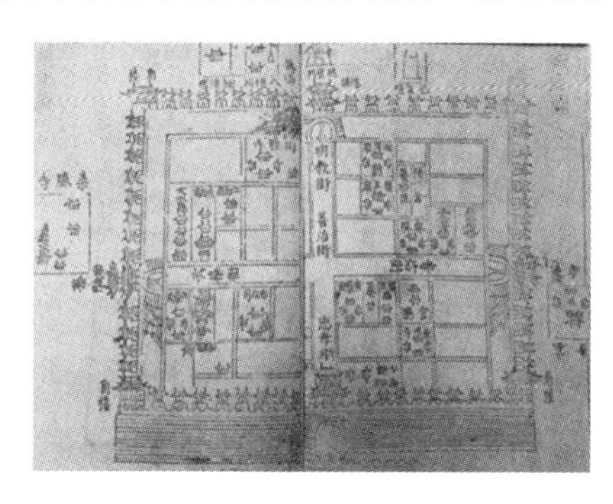

图 4-30　文水县城图、县境图

资料来源:康熙《文水县志》

虽然城池的防御系统完备,但从明代开始,城池屡次遭到水患,原因是汾水频繁的改道,根据《文水县志》记载,明嘉靖二十九年(1550)开始,汾河逐年西迁,到万历三十三年(1605),汾河迁至文水县东,万历三十九年(1611),汾河继续东迁,但到顺治十一年(1654),汾河改为西迁,西迁二十里。从而造成水患频率加快,顺治十八年(1661),“历年大雨,城墙破损,知县王家柱补修东南角楼一座,南面雉堞十余丈。④”又康熙十年(1671),“南门外浮桥水冲。知县傅星修之。”乾隆三十二年(1767),汾河又转为东迁,此时文峪河西迁,道光十五年(1835),汾河迁至本县南

① (清)傅星,(清)郑立功,等纂修.山西省文水县志(全二册)[M]//华北地区・第433号.清康熙十二年刊本.台北:成文出版社,1976:112-116.

② 李培信.文水县志[M].太原:山西人民出版社,1994:34.

③ 文水县志办公室.清代文水县志二种[M].太原:三晋出版社,2011:125.

④ 李培信.文水县志[M].太原:山西人民出版社,1994:76-79.

安村溢，与文峪河汇合。因而在光绪九年(1883)，“知县杨恩溥命民工将城内东南角污水坑疏浚整治、挖深加宽，命名为映奎湖”，映奎湖作为防洪系统中的调蓄系统，有效缓解了水患，道光二十三年(1843)，汾水又继续东迁，但此时，水患的频率明显降低。

综上所述，明时期文水城市基本形态为：城池为边长约 1125 m 的正方形，城邑周长约为 4500 m。出于军事防御的需求，在城池的南边增筑了周长为 1500 m 的南关城，形成“一城一关”的格局。城内街道由连接东、西城门的武修街和贵信街，连接南北城门的善治街和忠孝街构成，将城内分成均匀的四块，每条街又各分四巷[①]。街与巷之间呈“十”字形或“丁”字形垂直相交(图 4－31)。而清时期，由于政局稳定，南关城逐渐废弃，在主城中央建大观楼(市楼)，如县治图所示(图 4－32)，只有在清光绪文水县志中的县城图中才标注出大观楼，此时交通以大观楼为中心，四条街道的名字已改为东、西、南、北四街，仍正对四门，县治在城西街，儒学在县治东，察院在城东街，布政司在城南街西，按察司在城隍庙街，寺庙则均匀分布在城内四隅。城墙四角均设有角楼，四门均为瓮城并建有城楼，“东匾曰瞻太，表曰朝阳；南曰迎熏，表曰带汾；西曰靖陲，表曰环岫；北曰望恒，表曰拱辰”[②](图 4－33)。综上，因水患而迁城后的文水县城，基于防御和防洪双重目的进行城池的完善，因距离文峪河较远，因此城池为正方形，并未出现与水系明显的互动关系，而城内东南隅有映奎湖，用于城内洪水的调蓄，但映奎湖的位置无从考证。

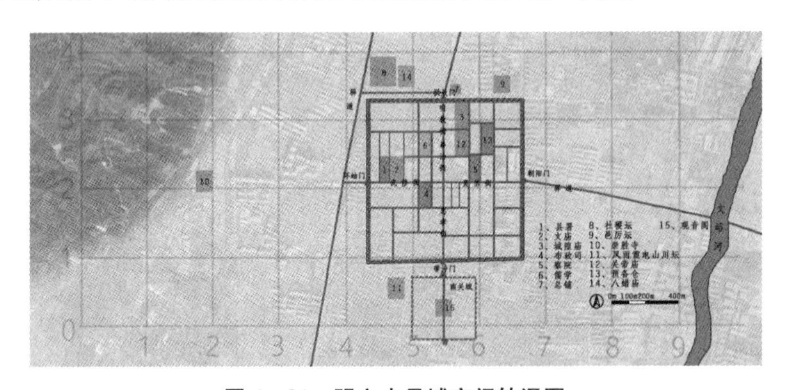


图 4－31　明文水县城空间转译图

---

① 东北隅贵信街巷四：郑家巷、草场巷、关王庙巷、城隍庙巷；东南隅忠孝街巷四：马家巷、高家巷、成家巷、李家巷；西南隅武修街巷四：向家巷、文魁巷、布政司巷、潘家巷；西北隅善治坊明教街巷四：贾家巷、蔚家巷、田家巷、郭家巷。

② 李培信. 文水县志[M]. 太原：山西人民出版社，1994：76.

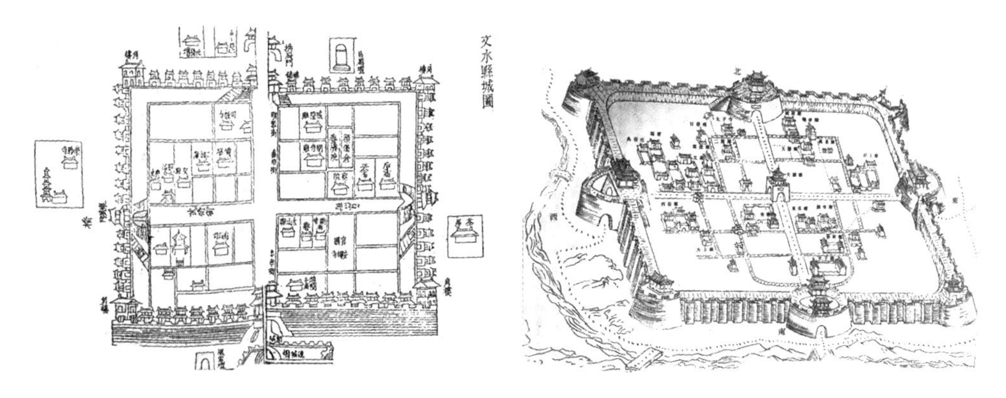


**图 4-32 文水县城示意图**

资料来源：乾隆《太原府志》、光绪《文水县志》

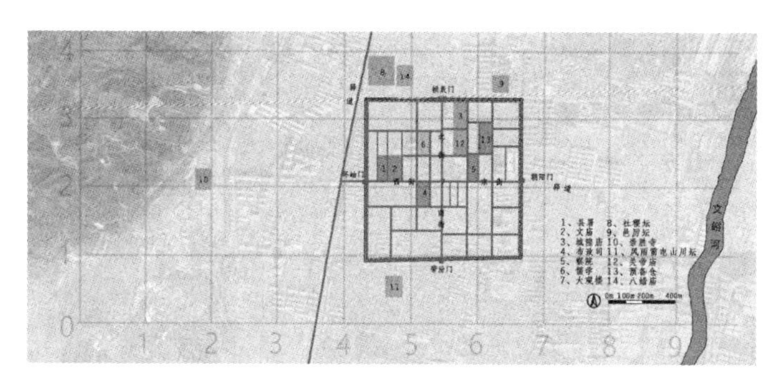

**图 4-33 清文水县城空间转译图**

资料来源：作者根据康熙《山西通志》、乾隆《太原府志》、康熙《文水县志》、光绪《文水县志》等资料分析绘制

### 4.2.2 府治汾阳的"五连城"形态格局——与文峪河平行

汾阳位于晋中盆地西南，吕梁山东麓。汾阳城先后曾是西河郡郡治、汾州州治、汾州府府治所在地。秦时期名为兹氏县，属于太原郡，三国(221)时置西河郡于县城，为西河郡郡治，到唐(618)时期改西河郡为浩州，治隰城县，公元620年改浩州为汾州，汾阳城为汾州州治，到明万历二十三年(1595)升为汾州府。

明初，汾州作为晋中盆地西北区域的交通要道和军事重镇(图4-34)，宋时所修筑的城邑在战争破坏和地震、洪水等自然灾害的双重作用下已经残破。元朝末年，农民起义和反元势力风起云涌，为了更好抵挡反元势力的军事进攻，知州朱赟于至正十二年(1352)在原汾阳县城邑的基础上对城墙进行重新修筑，呈东西略长的正方形，"周围九里十三步，高三丈五尺"①，城池共开四门，北曰永泰、南曰来熏、

---

① 山西省汾阳县志编纂委员会. 汾阳县志[M]. 北京：海潮出版社，1998：122.

东曰泰和、西曰静宁，四个城门均建有城楼，东匾曰“汾水环流”，西匾曰“盘峰耸翠”，南匾曰“秦晋同衢”，北匾曰“锁钥雄镇”。此外，明代自京师到郡县都设立卫、所，分属于各省的都指挥使司。明初，洪武二十四年(1391)置汾州守御千户所①。到弘治七年(1494)，升山西汾州守御千户所为汾州卫，改原设千户所为中所，而以庆成、永和二王府退出群牧二所官军分为左右二所。此时，汾州成为汾州卫的驻地。明初守御千户所布置于城西南隅靠近南门之处。直到嘉靖时期，再没有大的变动。

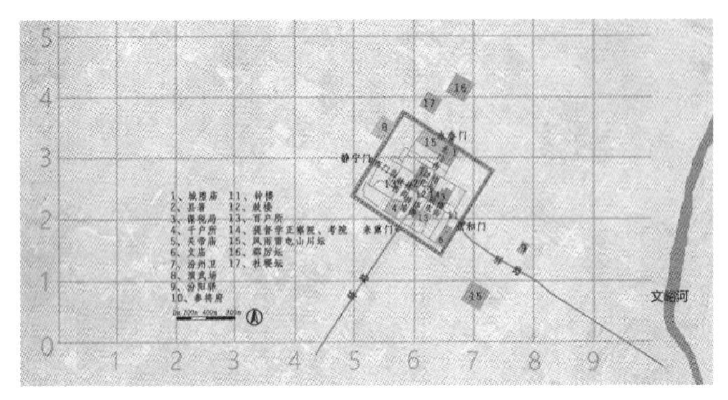


**图 4-34 明初汾阳县城空间转译图**

资料来源：作者根据万历《山西通志》、康熙《汾阳县志》《汾阳县志》等资料分析绘制

至景泰二年(1451)，重修城墙时修筑了护城河，与文峪河连通，“加以池堑”。明成化六年(1470)，知州伍琇在十字街相交之处修建鼓楼，在东门附近的东门街修建钟楼。县署、课税局、察院等官署建筑位于鼓楼附近的城市中心区，明初汾阳城内城的基本格局也由此确立。而随着城市的发展，城门外沿交通线出现了聚落和市场，加之城内用地紧张，因而于嘉靖十九年(1540)起开始修建东关城和南关城，其中南关城“周围五里十三步，高三丈。门四。”嘉靖二十年(1541)②、二十一年(1542)③和隆庆元年(1567)④，鞑靼部俺答三次进攻汾州，并连攻八昼夜，城邑破败，且对敌人的侵犯感到心有余悸，因而在隆庆三年(1569)对城墙进行加固和增高，“底厚四丈二尺，顶阔一丈八尺，高四丈六尺”。同年，知州宁策修建北关城，“周

① (清)孙和相，(清)戴震. 乾隆汾州府志[M]//中国地方志集成・山西府县志辑(27). 南京：凤凰出版社，2005：345.

② 嘉靖二十年(1541)九月辛亥，鞑靼部俺答入寇汾州。

③ 嘉靖二十一年(1542)，俺答入寇，由太原南下，掠汾州等处，列营汾水东西。

④ 隆庆元年(1567)九月，“俺答陷石州，遂由向阳峡分掠孝义、介休、平遥、隰州等处。遣间入汾州，分守冀南道宋岳获之。遂移兵州城下，攻八昼夜，不克，乃引去”。(清光绪)汾阳县志[M]. 张立新，点注. 北京：华夏翰林出版社，2009：275.

围二里五分，高三丈二尺，基广三丈。门四”。此后，在明隆庆五年(1571)至万历元年(1573)对内城外郭进行城墙包砖的军事工程，进一步加强了汾阳城的防御功能(表 4－13)。

**表 4－13 清之前汾州府城变迁汇总表**

| 年份 | 变迁描述 |
| --- | --- |
| 至正十二年(1352) | 重筑城墙 |
| 景泰二年(1451) | 修筑壕沟 |
| 成化六年(1470) | 修建鼓楼，明万历中知州白夏重修，楼额匾题“四阳拱照”四字 |
| | 钟楼，知州伍琇创建，明万历中知州白夏重修，题“五星聚奎”四字匾于楼额 |
| 嘉靖十九年(1540) | 建东关城 |
| 嘉靖二十年(1541) | 建南关城 |
| 隆庆三年(1569) | 隆庆复增高城墙 |
| | 修建北关城 |
| 隆庆五年(1571)至万历元年(1573) | 城垣包砖 |
| 万历十二年(1584) | 修建西关城 |
| 万历十九年(1591) | 在冀南道林一材的主持下汾阳周边泉水被引入城壕，形成了护城河 |
| 万历二十五年(1597) | 汾州府署由原守备署拓建而成“乃建府治，自堂序及廨舍凡四百十楹” |
| 万历三十年(1602) | 扩建汾州府署，府治东侧十丈的空间皆被纳入 |

资料来源：作者根据康熙《汾阳县志》《新设汾州府碑记》等资料整理绘制

综上，明初汾阳县城的基本形态为东西长约 1300 m，南北长约 1000 m，周长约为 4600 m，呈矩形。城内主要交通干线由连接东西城门的主街(分别为西门街、鼓楼西街和鼓楼东街)和连接南北城门的主街(分别为北门街、鼓楼北街和鼓楼南街)构成，但两条主街并不是完全直对城门，这是出于军事防御的考虑。城中心鼓楼的设置也同样避免了相对的两座城门之间形成畅通无阻的大道。同时，明初的汾州作为区域重要的军事指挥中心，城防设施较为完善。城墙四角均设角楼。四门均设瓮城以加强军事防御。其中，东、南、北三面增建关城。至此，汾州“一城三关”的城市格局确定。此外，汾阳县境的军事防御特点还体现在城池和堡寨颇多，以“城”命名的村庄有 12 个，以“堡”命名的村庄有 29 个，以“寨”命名的村庄有19 个。可见汾阳县境内的军事防御体系十分严密。此时的汾阳城，还体现出与水系文峪河平行的形态特征。

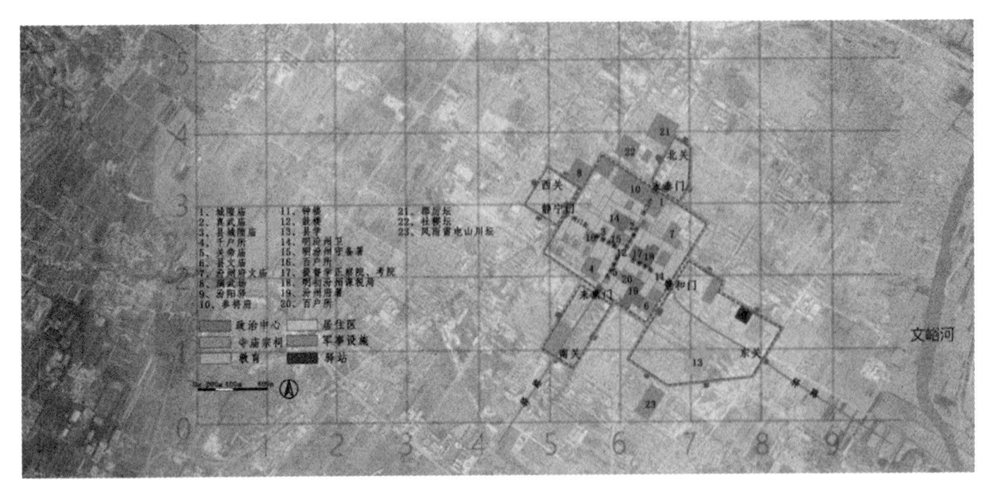


**图 4-35 明末汾州府城空间转译图**

资料来源:作者根据万历《山西通志》、康熙《汾阳县志》等资料分析绘制

汾阳于明万历二十三年(1595)升为汾州府府治。汾阳主城规模未经扩大,但主城周围陆续扩建了四座关城(图 4-35)。其中东关城扩建为“城周九里,高三丈,门六,东曰宾阳、西曰连城、南曰迎熏、曰通介、北曰拱极、曰通陕”[①],且四门都建有城楼,与“城周九里十三步”的主城大小相当。此时的南关城、北关城的大小均无变动,均为“周五里有奇”,西关城则是最晚修建的,建于万历十二年(1584),也是四个关城中面积最小的,为“周三里许,基广二丈八尺,垣高二丈五尺,壕深阔各二丈,门四,东曰联盛、西曰威远、南曰明秀、北曰安固,城楼四”。又万历十九年(1591)引泉水作为护城河,由清顺治《汾阳县志》可知:“东北环汾,深广各数丈许。关际城处,池宽七八尺,而仞深倍之,即垒浚土为之长堤。四关宽深又几三倍内外,庶几称天堑矣。”而由清康熙《汾阳县志》记载:“汾之城,建后重筑,崇其墉,包其砖,池则引涧引泉,各从所便”“池,环四关曲折者,遇涧引涧,遇泉引泉”[②],可知汾州城东北面靠近汾河,护城河围绕四个关城设立,深度和宽度达数丈。城邑的防御功能得到了进一步的增强。至此,汾州府形成了完整的“五连城”独特格局。汾阳升为汾州府府治后,城内主干路除了连接四城门的十字街外,在城墙内距离城墙 10 m 左右按环城方向设置了一条环状路。一般路与主干路、环城路的连接方式多为丁字路口,据张驭寰先生统计,汾阳城中丁字路口有 14 个之多[③]。这种组织方式同样是从军事

① 山西省汾阳县志编纂委员会. 汾阳县志[M]. 北京:海潮出版社,1998:123.

② (清)周超,(清)贾若瑚,(清)樊之楷. 汾阳县志[M]. 张立新,贾平,点注. 北京:中国文史出版社,2007:53-58.

③ 张驭寰. 中国城池史[M]. 北京:中国友谊出版社,2009:360.

防御角度考虑的，丁字路口使敌人进入城中以后兵力不能直通，以便于截击敌军。而此时的汾州府署建筑则由城市中心的位置移至东南角，如图 4-36、图 4-37 所示。万历《汾州府志》中的汾州府城图显示府署位于城市中心，而康熙《汾阳府志》和康熙《山西通志》中的汾州府城图则显示府署位于城东南隅。因此，东南角成为新的行政中心，汾州府署、按察院、分巡冀南道等重要建筑皆布局于此。汾州府署则是在汾州升府后由原守备署拓建而成，并于万历三十年(1602)对府署进行扩建。守御千户所由明初的城西南隅迁至城西北隅。汾阳升为汾州府城前后最大的不同有两点：一是在东南西北四个方向增建了四座关城；二是政治中心由城市中部转移到东南隅。

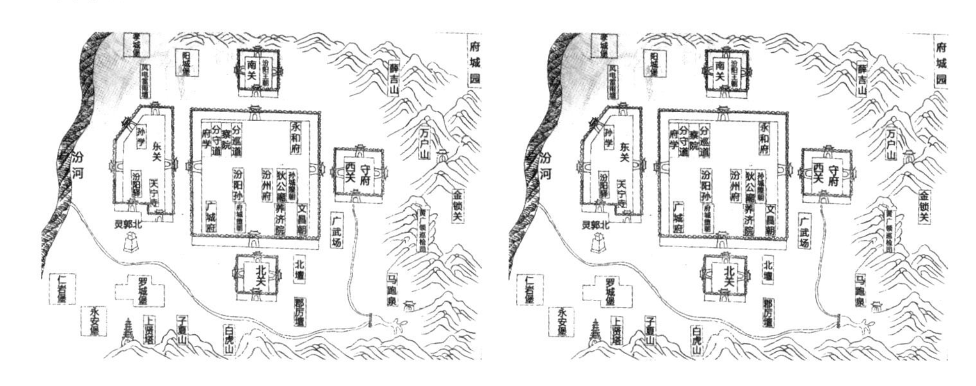


图 4-36　汾州府城图(a)

资料来源：万历《汾州府志》、康熙《汾阳县志》

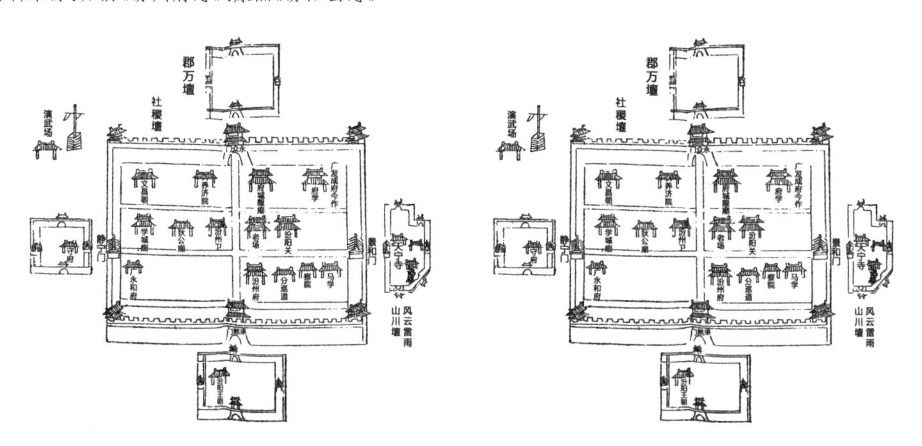


图 4-37　汾州府城图(b)

资料来源：康熙《山西通志》、乾隆《汾州府志》

清代，汾州府城仍沿袭明代的格局(图 4-38)。清初，顺治六年(1649)四月姜

瓌、王显名攻打汾州府城，同年六月，清端重王博洛率兵围汾州府，加之文峪河多次水溢，“道光十年(1830)，县学水深数尺”，汾州城先后在乾隆十七年(1752)、咸丰四年(1854)、同治六年(1867)，由官员集资对其进行修缮(表 4 - 14)。经明清两代发展，城西北隅成为军事建筑的聚集区域，有汾州卫、汾州卫指挥使官邸、参将府等重要建筑，而城东南隅则成为官署建筑区域，有府署等建筑。城市中心的鼓楼附近则分布有县学、考院等教育建筑，而此时的汾阳驿，则由东关城内迁移至主城县署内。“五连城”的形态格局继续沿袭。综上所述，明清时期的汾阳城，作为汾州府的府治，在变迁中主要体现政治与军事的主导作用，由于与水系的距离较远，虽然也表现出城池与水系平行的特点，但流域并没有对城池形态造成明显的影响。

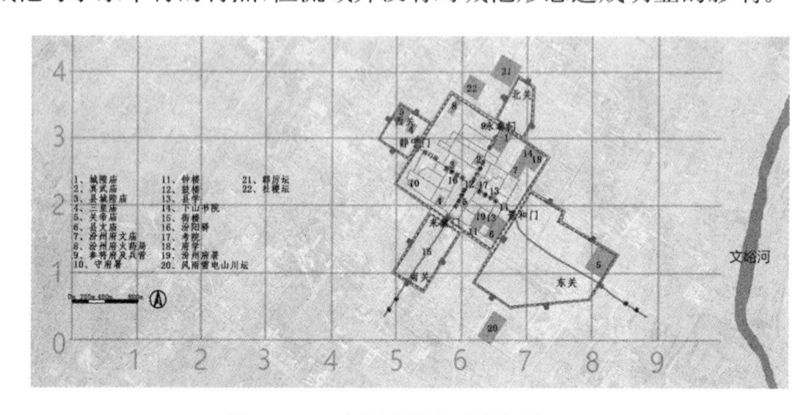


**图 4 - 38　清代汾州府城空间转译图**

资料来源：作者根据万历《山西通志》、康熙《汾州府志》、乾隆《汾州府志》等资料分析绘制

**表 4 - 14　清时期汾州府城变迁汇总表**

| 年份 | 变迁描述 |
| --- | --- |
| 乾隆二十五年(1760)及三十年(1765) | 扩建汾州府署 |
| 乾隆十七年(1752) | 阳县民贾诚等十六人捐资修缮北城三十七丈五尺 |
| 咸丰四年(1854) | 知县周贻缨募资修东北城垣百丈有奇，同时修缮了四围的女墙 |
| 同治六年(1867) | 知县庆文集资修缮东城垣北段八丈，南段十一丈，西北隅三十二丈 |
| 光绪二十四年(1898) | 知县沈士林筹资八千多贯，又蒙知府朱采谕平遥、介休、孝义三县令，协捐银七百七十四两，历时九个月将大城修复一新 |

资料来源：作者根据康熙《汾阳县志》整理绘制

### 4.2.3 孝义县城的形态变迁——水渠穿城而过

孝义县城地处吕梁山东麓山前冲积平原区，处于晋西门户的位置，“自汉唐西河设郡，孝邑为一方重镇，车骑缤纷，商贾麇至。”①，可见孝义作为晋西门户的繁荣。在春秋时期，晋灭虢后，将其移民迁徙至此地，名为瓜衍县。战国贞定王二十三年（前446），在今虢城村东南建城。而明清孝义县城始建于北魏时期。北魏太和十七年（493），设治于永安，筑城：“周四里十八步，高二丈七尺，基二丈九尺，顶二丈二尺，女墙高五尺，垛口千余，角楼四座，东西北筑月城，南为重门，池一丈八尺广如之，吊桥四座，内外马道各宽一丈二尺许。筑四门，额门曰宾赐，南曰响明，西曰秋城，北曰拱极”②，这是最初的孝义县城。又宣和五年（1123），金兵左路军副统帅完颜宗翰部鹘沙虎队攻孝义县城，至正元年（1341），农民起义军入攻孝义。频繁的战事，使得孝义县城继续修建，根据清乾隆三十五年（1770）《孝义县志》记载：“门皆建楼，东西北筑月城，北月城东出，东西皆南出，城上砌女墙，高六尺至八尺馀，为垛口七百五十二。西南、西北及东北隅各建角楼，东南隅建魁星阁。建数步建戎楼，周城戎楼三十三所。城下为驰道，内外各阔一丈馀，城壕深尺馀至七、八尺不等，广丈尺，濠上为桥”③，可见此时的孝义县城，门楼、角楼、敌楼、戎楼的建设完备，军事设施完善。除了城内的防御设施，还有城外的关隘和寨堡，孝义县境内的关隘，以“六壁”最为重要。根据乾隆《孝义县志》记载，北魏时，“于狐岐山之东设军壁六，重兵戍守，以防匈奴五部余众散处离石者”④，六壁包括贾壁、辛壁、白壁、许壁、柳壁和六壁城，六壁形成一线，海拔850 m左右，为平川与山地接壤的地带，向东为晋中盆地，向西地势渐高，遂入丘陵和山地。六壁一线，在战国时期是赵与魏、五代十国时期是后汉与后周的边界线。而寨堡包括七堡五寨，清乾隆《汾州府志》记载，“孝义县堡七，曰：司马堡、仁智堡、西盘粮堡、吴屯堡、南姚堡、仁道堡、高村堡。寨五，曰：下栅寨、六壁头山寨、下堡村寨、兑九岭山寨、三河口山寨”⑤，因此，城池、关隘和寨堡构成了孝义城的军事防御设施。

孝义城具有完备的军事设施，且由于其处于文峪河和孝河的交汇地带，受到历代汾水改道的影响，防洪设施也趋于完善。北魏前，汾河经流汾阳县城东南入孝义

---

① 孝义县地方志编纂委员会. 孝义县志[M]. 北京：海潮出版社，1992：16.

② 孝义县地方志编纂委员会. 孝义县志[M]. 北京：海潮出版社，1992：17.

③ （清）谢汝霖. 康熙永宁州志、光绪交城县志、乾隆孝义县志[M]//中国地方志集成·山西府县志辑（25）. 南京：凤凰出版社，2005：186.

④ （清）邓必安.（清乾隆三十五年）孝义县志[M]. 武国屏，马夏民，点注；王有名，审定. 北京：中国书店，1996：26.

⑤ （清）孙和相，（清）戴震. 乾隆汾州府志[M]//中国地方志集成·山西府县志辑（27）. 南京：凤凰出版社，2005：345.

境内,今孝义境内的文峪河道为汾河道。北魏期间,汾河河道东迁,其河道被文峪河占。北魏太和十七年(493),重开润民渠,水渠穿南关城而过,连通孝河和汾河,东南最低处穿出城,"县城距汾河率二十里远近,本地爽垲,独以无沟渠宣泄,每春夏淫潦,城中多淹浸,或于东南最低处穿城为水门,可无积水之患。①"可见,润民渠的开通,缓解了城内东南隅最低处积水的困扰。隋唐期间,汾河道从文水县城东北占文峪河道,汾河复沿原河道径流孝义。万历三十九年(1611),汾河再次东迁,与文峪河汇入汾阳县境内,经流约为今磁窑河道。清乾隆三十二年(1767),文峪河夺汾河道,由汾阳县境入孝义县。到清光绪五年(1879),汾河东迁至今河道。城池南临孝河,由于长期泥沙淤积,河床逐年抬高,频繁受到水患。根据乾隆《孝义县志》记载:"西廊门外有横堰不知所始,碍水北行使不为城害。"又根据《山西通志》记载:"明成化十七年(1481)六月大水漂没南关及村庐舍三千区。"②"明万历二十三年(1595)大水自东门入城坏庐舍无数"。"明万历三十二(1604)年河水泛滥入城"。"明万历三十三年(1605)夏六月暴雨孝河泛流水入城坏庐舍伤人甚众"。因此万历三十九年(1611),知县孟道溥亲督自西向东绕城廊修护城南堰,"长七里许,高厚不等"。到雍正四年(1726),为了防止水患,又重修城池,增建吊桥,并在驰道两岸植柳树来保护城堤。根据《山西自然灾害史年表》记载,"康熙二十六年(1687)大雨入注河水入城淹没民舍③"。"康熙三十二年(1693)大雨连绵河水入城"。"康熙三十六(1697)年南北河水泛滥相接城内外漂没死尸甚众"。连续的水患,因此在乾隆三十三年(1768),知县邓必安督民重修护城堰,修复西横堰,整修南堰,使河水绕南趋东流,"县西境百馀里,重山复阜,直趋县治,山脊当正西,水尽随山东行,淫雨多暴涨,故以西横堰障水北流。"由乾隆《孝义县志》中的《孝义县城图》可见护城堰和南堰的位置。同时,重修润民渠,由万历《汾州府志》和雍正《孝义县志》中的孝义县城图可见(图 4 - 39、图 4 - 40),润民渠穿城的位置发生改变,南移至桥南厢。然而,尽管有完善的堤堰和排水渠,道光二十年(1840)、同治七年(1868)、同治十年(1871),仍有水患淹城的记录。

孝义城内则"四面方正,西门偏南,东门偏北,南北门当中正对,自北向南为中心大街④"。"入北门数十步,有霍姓升平人瑞坊。坊左右为东西沙姑巷,又前为中阳楼,楼东面俱大街。西街尽城下,依城西南为城隍庙。东街有太子寺,为官员朝贺所。又东三义庙,俱街北面南。又东出城东门。由中阳楼南行数步,为霍姓三世

① 孝义县地方志编纂委员会.孝义县志[M].北京:海潮出版社,1992:24.

② (明)李侃,(明)胡谧.山西通志[M].山西省史志研究院,整理.北京:中华书局,1998:135.

③ 孝义县地方志编纂委员会.孝义县志[M].北京:海潮出版社,1992:75.

④ 孝义县地方志编纂委员会.孝义县志[M].北京:海潮出版社,1992:78.

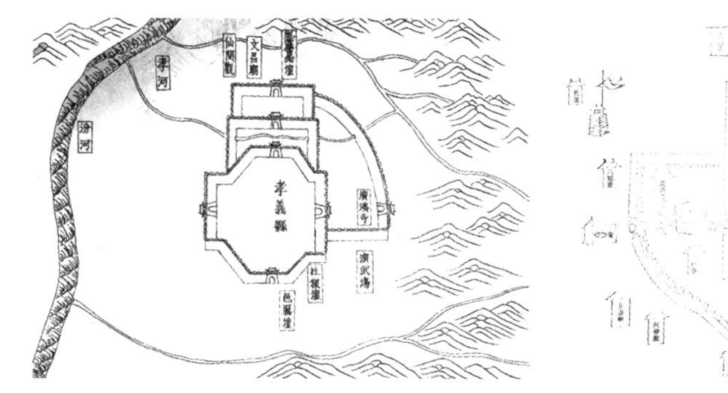


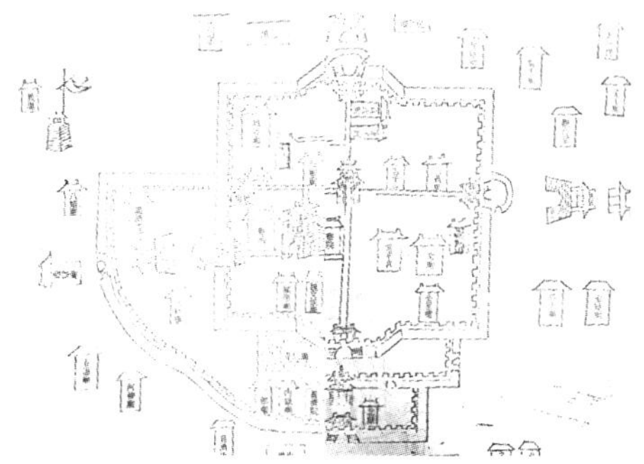

**图 4－39　孝义县城图**

资料来源：万历《汾州府志》、雍正《孝义县志》

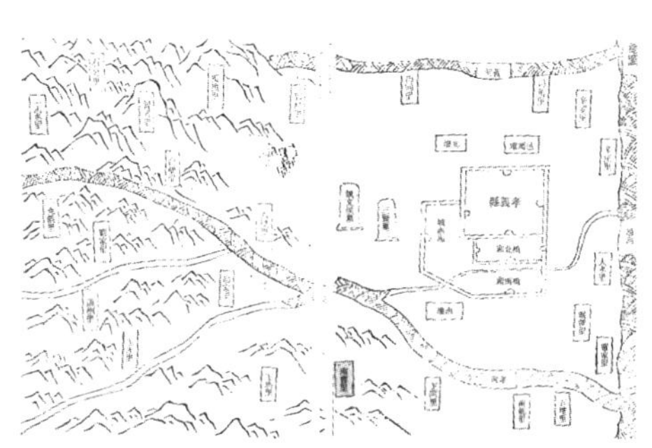

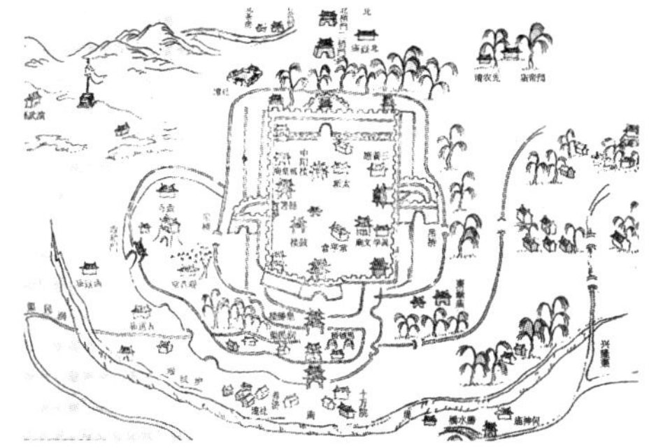

**图 4－40　孝义县境图、孝义县城图**

资料来源：雍正《孝义县志》、乾隆《孝义县志》

尚书坊，又数步有进士坊，又前为县巷口，巷口西折出城门西街。街适中间鼓楼三层，楼南数十步复左旋为四贤祠，楼北通中阳楼之西街城隍庙前，楼西即县治，楼东空基数亩旧察院署故址，今建营房于其北，又东有赵讷进士坊。又县巷口南行数步为仓巷口，巷口东折有梁明翰石坊，又东即常平仓，又东为学宫，西城城上建魁星楼，与学宫内文昌阁正对。由仓口巷南行数十步出城南门。”但对于关城的记载，仅有乾隆《孝义县志》中：“城外半里许俱有郭门，皆建楼，俗为之关。城南附城筑土墙二层，如外城状。前明嘉靖间守道于公因寇警所筑……中为润民渠，所经渠上有桥，桥上建楼，以楼之南北分居民为桥南北厢。城西附城亦周遭筑土墙，起城西门稍北，绕西郭门外，接连城南土墙，不知何时所筑。孝义居民西南城外尤为栉密，乃昔之捍蔽，今皆倾圮过半矣。”对于城外西关和南关的修建记载，并没有详细的时间，只是说明了西关和南关相连的格局（表 4－15）。

表 4-15　孝义县城变迁汇总表

| 年份 | 变迁描述 |
| --- | --- |
| 北魏太平真君五年(444) | 设军壁于胡岐山之东，六壁城为大镇，统领白壁、辛壁、许壁、贾壁和柳壁 |
| 北魏太和十七年(493) | 始建城池 |
| 洪武三年(1370) | 重开润民渠 |
| 万历三十九年(1611) | 修护城南堰 |
| 雍正四年(1726) | 重修城池，增建吊桥 |
| 乾隆二十一年(1756) | 于汾河两岸修筑夹板堤堰 |
| 清乾隆三十三年(1768) | 重修护城堰，修复西横堰，整修南堰 |
| 宣统元年(1909) | 城隍庙乐楼前占地5市亩，建成永安市场，为县城集会贸易中心 |

资料来源：作者根据《山西通志》卷八城池、乾隆《孝义县志》①、《山西自然灾害史年表》《孝义县志》②、清光绪六年《孝义县志》③等资料绘制

综上所述，明清时期孝义城市基本形态为：城池边长约为500 m的近似正方形，城邑周长约2000 m(图4-41)。城内中轴线为贯穿南北门的北门街和南门街，

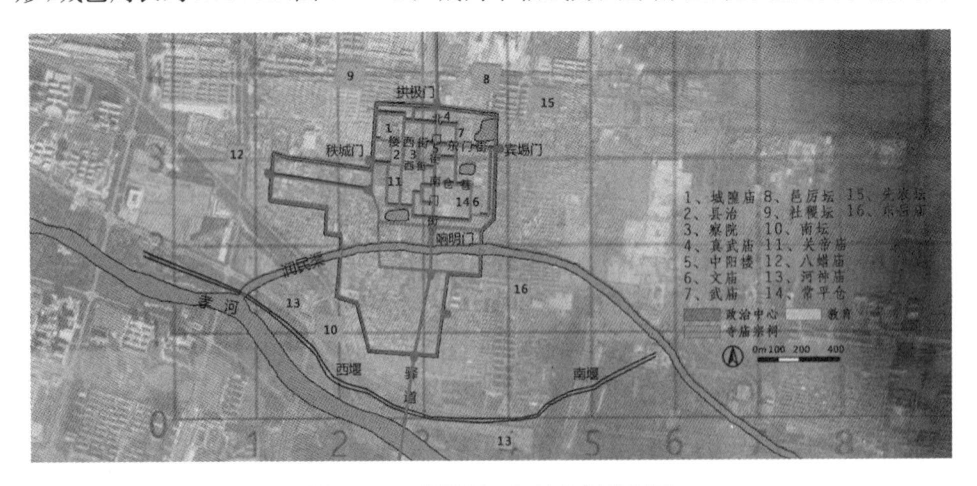


图 4-41　明清孝义县城空间转译图

资料来源：作者根据万历《山西通志》、康熙《汾州府志》、雍正《孝义县志》、乾隆《孝义县志》等资料分析绘制

① (清)邓必安.(清乾隆三十五年)孝义县志[M].武国屏，马夏民，点注；王有名，审定.北京：中国书店，1996：26.

② 孝义县地方志编纂委员会.孝义县志[M].北京：海潮出版社，1992：7.

③ (清)邓必安.(清乾隆三十五年)孝义县志[M].武国屏，马夏民，点注；王有名，审定.北京：中国书店，1996：45.

城池内的主街为“十字”形街道，中心为中阳楼，此处在清末为永安市场，是远近闻名、规模宏大的商品交易市场。县署等城市管理空间主要位于楼西街以南、西街以北，城隍庙则与县署相对，位于楼西街以北的位置。城池内的城防设施也较为完备。城墙西南、西北及东北隅各建角楼，东南隅建魁星阁，四门均为瓮城，引汾水作为护城河，并挖润民渠连通汾水与孝河。主城在原来的西、南两面增筑关城，分别名为城西厢、桥北厢和桥南厢，并连接为不规则城郭，至此形成了独特的“内城外郭”的格局。

## 4.3 驿道城市带的城市形态变迁

驿道城市带包含四座城市，分别是太谷、祁县、平遥和介休。这四座县城是晋中盆地区域内最早的驿道串联的城市，也是明清时期重要的商贸城市，是晋商和“万里茶路”的必经之道，因此，这四座城市在明清时期的变迁过程中均体现出交通和商业对于城市形态所产生的影响。根据驿道和驿站的变迁情况，将它们分为两个小节进行分析：

第一小节是太谷县城的形态变迁，太谷县城没有驿站，但驿道穿城而过同样促进了商业的发展；第二小节是祁县、平遥和介休的城市变迁，这三座县城共同的特点是有驿站，但驿站的变迁轨迹并不相同。祁县城的驿站，移至祁县东南 35 里龙舟谷口子洪镇，呈现远离城池的特点；平遥县城的驿站，在雍正八年(1730)移至平遥县城东门外，光绪年间移至城内县署西，呈现出靠近权力空间的特点；介休县城的驿站在明弘治十二年(1499)，迁于北关，呈现出靠近城池的特点。虽然驿站的变迁轨迹不同，但至清末，得益于交通的发展，城内商业功能空间增加。本节对于驿道城市带的城市形态变迁研究，是探讨交通因素对于城市变迁的影响和作用，但这四座城市的变迁过程，同样表现出军事与水系对其城市形态的影响。

### 4.3.1 明清时期太谷县城形态变迁——驿道穿城而过

太谷位于晋中盆地东部区域，是府城的南端门户区。北临汾河一级支流乌马河，南邻咸阳河，白燕遗址、阳邑遗址的出土，证实早在新石器时代(约 4000 多年前)，人类就在乌马河流域定居。而南部为山脉，城市周边土地相对平旷。商时期，太谷县属于箕国，都城为箕城(太谷县城东 12 km 处)。今太谷白燕村就是箕城的中心。春秋时称为阳邑(太谷县城东 10 km 处)，阳邑为晋国阳处父之封邑，因以为名。至汉代时，阳邑正式被设为县城。北周武帝建德六年(577)，县治从阳邑迁至

白塔村，隋开皇十八年(598)改名为太谷，即今太谷城。因此，太谷城的变迁是沿乌马河由东逐渐往西的轨迹(图 4－42)，此外，太谷城是晋商的发源地之一。清中叶后，太谷县被称为“商贾辐辏，甲于晋阳”，是当时山西重要的商贸城市。

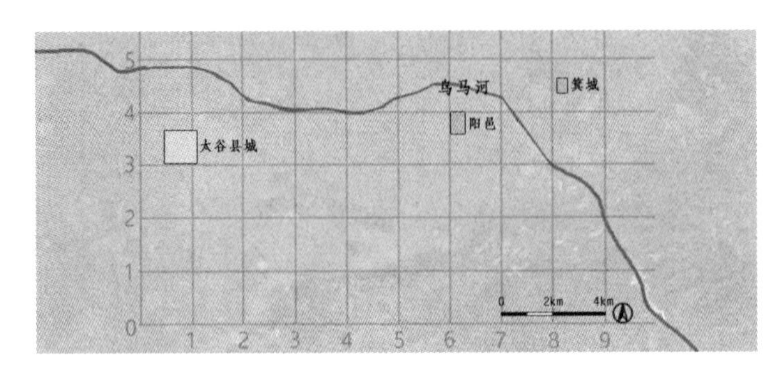


**图 4－42　箕城、阳邑、太谷县城空间转译图**

资料来源：作者根据康熙《山西通志》、乾隆《太原府志》、乾隆《太谷县志》、光绪《太谷县志》等资料分析绘制

根据清光绪十二年《太谷县志》记载，建德六年(577 年)，县治迁至白塔村时，最初修筑的是土城，“周围一十里，高一丈八尺，池阔一丈，深五尺，后南面淤塞，惟三面存焉[①]”。同年，在城正中十字街北，建县署。随后的近 100 年中，并没有进行大规模的城池增建，但也屡次受到战事的破坏。宣和七年(1125)，金兵南下包围太原，攻破榆次、太谷等县。到正德六年(1511)，流寇屡次入城，随后，城墙增高至“二丈五尺”，并且用砖砌城门，“上建重楼，楼额东曰长春、南曰凤仪、西曰望汾、北曰眺燕。四门东曰长乐、南曰永康、西曰登丰、北曰拱辰。”连年的战乱，出于军事防御的需求，正德十年(1515)又在城墙四角建角楼。嘉靖二十年(1541)，俺答入侵县城，大掠十日，城墙损坏严重，对部分损坏的城墙修筑后，又将东、北二门修建为瓮城，将西、南二门改建为重门。还增建了 6 座敌台来增强防御功能，并在临近四乡建堡 27 个，建寨 14 个，建墩台 22 个。到嘉靖三十六年(1557)，主簿赵鹗又增筑四面敌台。隆庆二年(1568)，南门也被改建为瓮城。万历四年(1576)，俺答再次入侵县城，此时全部城墙改为砖砌，城基垒石 1.67 m，自基至堞砌砖。基宽 14 m，高 12.5 m。瓮城上各建楼 3 间，角楼重加修饰，周围建警铺 56 座，“以砖砌堞道，里侧加回垣”，城市规模空前宏大。之后，又在崇祯十五年(1642)，四门外各加建敌台 1 座(表 4－16)。至此太谷城的军事防御体已经十分完善。

① (清)王效尊. 太谷县志[M]. 清光绪十二年刊本//山西方志之七. 台北：台湾学生书局，1968：283.

**表 4-16　太谷县城变迁汇总表**

| 年份 | 变迁描述 |
| --- | --- |
| 建德六年(577) | 县治由阳邑迁至白塔村,建土城,建县署 |
| 崇宁三年(1104) | 初建县学 |
| 正德六年(1511) | 增高城墙 |
| 正德九年(1514) | 以砖砌门,建重楼,题匾四楼、四门 |
| 正德十年(1515) | 建角楼 |
| 嘉靖元年(1522) | 建凤山书院 |
| 嘉靖二十年(1541) | 重修战毁城墙,增建敌台 |
| 嘉靖三十六年(1557) | 增筑敌台 |
| 隆庆二年(1568) | 改南门为瓮城 |
| 万历四年(1576) | 改砌砖城 |
| 崇祯十五年(1642) | 加建敌台 |
| 顺治十一年(1654) | 开水门一座 |

资料来源:作者根据乾隆三十年《太谷县志》①、乾隆六十年《太谷县志》②、光绪十二年《太谷县志》③等资料绘制

而清代,根据民国《太谷县志》记载,"清世祖顺治元年夏五月,李自成自京师败回,以三百余骑薄太谷城下,伪知县周士达拒不纳,自成怒,率兵攻之,陷东北隅已入,屠杀二万七千余人。"可见,清顺治元年(1644),太谷县城遭李自成起义军围攻,又到顺治六年(1649),大同总兵姜瓖返清,派兵攻占太古城,因此,城池受到严重损毁,又屡次修护。而清代太谷城内有记载的城池修建,还有以完善防洪体系为目的的,即顺治十一年(1654),为了城内积水的排泄,在城西北隅开水门 1 座。为了进一步防止水患,乾隆二十八年(1763),又对 4 城门外的城壕进行疏通,"城内始无积水之患"。此外,在太谷城内部,街巷形态以方形轮廓为主,以南街为纵轴线,北街与南街并不连通,东街和西街为横向轴线,主要街道呈丁字和井字。街巷主次分明,市中心为鼓楼,修建于万历四十三年(1615),辐射东、南、西三条大街,是城市中心区的制高点。县署、城守营、署捕、递铺、学校、寺观布局有序,县署、城守营、布政

① (清)高继允,(清)姚孔硕,(清)涂逢豫. 太古县志[M]//罕见中国地方志汇刊(第四册). 中国科学院图书馆,选编. 北京:中国书店,1992:981-982.

② (清)郭晋,(清)管粤秀. 山西省太谷县志(全三册)[M]//华北地区·第 432 号. 清乾隆六十年刊本. 台北:成文出版社,1976:32.

③ (清)王效尊. 太谷县志[M]. 清光绪十二年刊本//山西方志之七. 台北:台湾学生书局,1968:283-289.

分司、按察分司等公署机构位于南大街的北端，察院在县署东门，乾隆二十一年(1756)被更建为凤山书院。东大街的南侧主要为寺庙和学校。整个城市正南北修筑，并不受水系等地理因素的影响(图 4-43、图 4-44)。

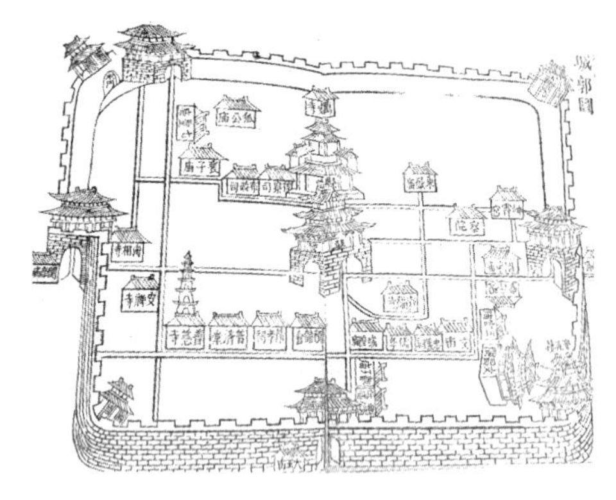

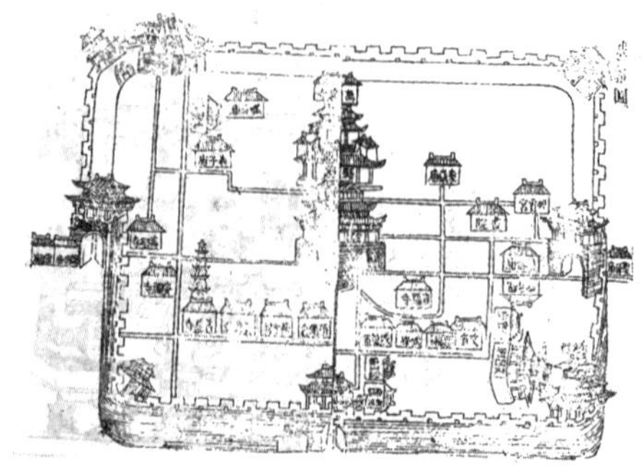

**图 4-43　太谷县城图**

资料来源：乾隆四年《太谷县志》、乾隆三十年《太谷县志》

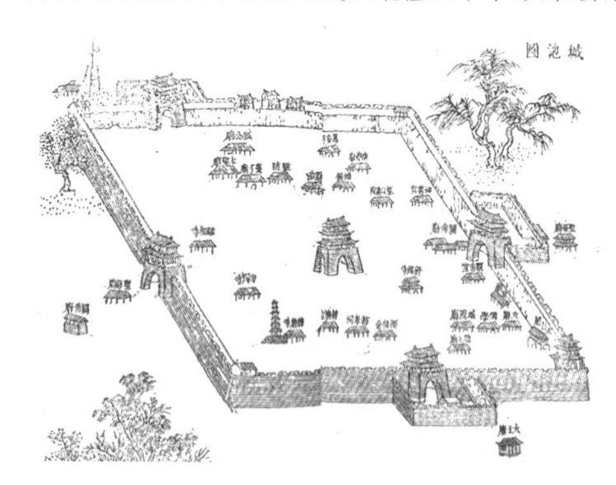

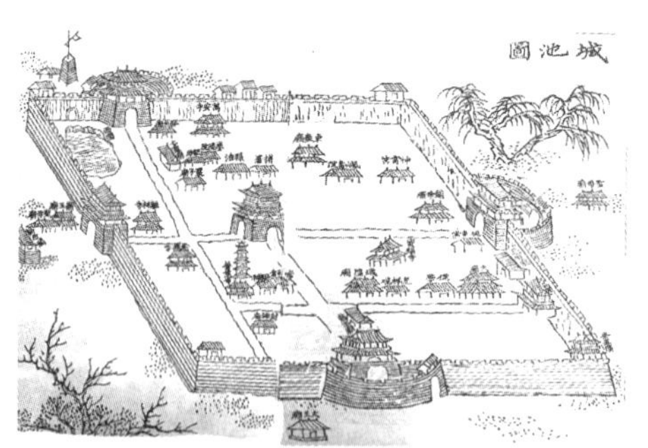

**图 4-44　太谷城池图**

资料来源：乾隆六十年《太谷县志》、光绪《太谷县志》

综上所述，明清太谷城市基本形态为(图 4-45、图 4-46)：城池呈边长为1250 m的正方形，城内主要交通干道由连接东、西城门的主街和垂直于主街但并不连通的南大街、北大街构成，这样的布局方式是出于军事防御的需求。明代和清早期的太谷城，城防设施完备，城墙四角均设有角楼，并引磁窑水作为护城河，四门均设有瓮城或者重门以加强军事防御。城内的驿道穿过东、西大街，因此在东、西大街首先形成商业区。雍正二年(1724)，旅蒙商号大盛魁开业；至清代晚期，光绪元年(1875)，城内已有三家票号，城内建筑功能布局最大的变化是商号约占三分之一，集中于东、西、南、北四大街；民宅约占三分之二，集中于城内四隅，形成重要的商贸城市。

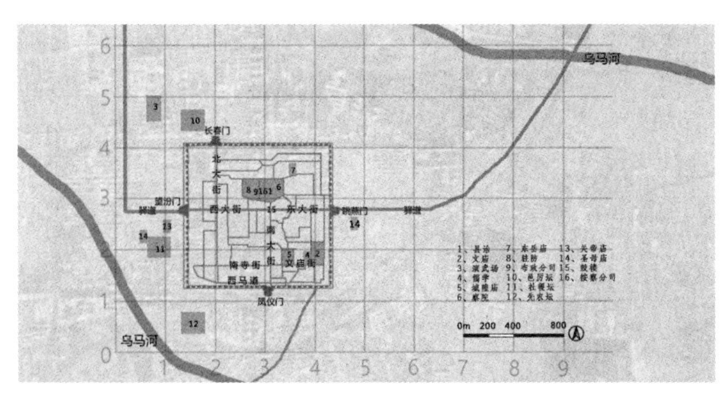


**图 4－45　清早期太谷城市空间转译图**

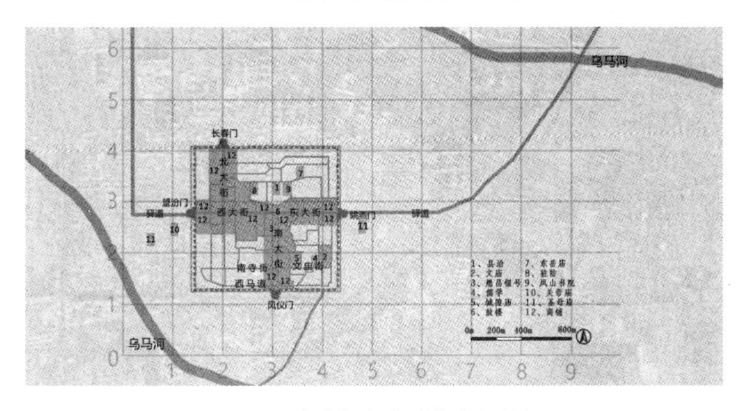


**图 4－46　清晚期太谷城市空间转译图**

资料来源：作者根据康熙《山西通志》、乾隆《太原府志》、乾隆《太谷县志》、光绪《太谷县志》等资料分析绘制

## 4.3.2　祁县城、平遥县城、介休县城——驿站变迁

1）祁县城

祁县位于太原盆地东南部，汾河东岸，地势开阔平坦。东与太谷县相邻，西与平遥县接壤，南与武乡县交界，北与清徐县毗连。全境地形复杂，东南为山区，中部为丘陵，西北部为平原，整个地势由东南向西北倾斜，由山区逐渐过渡到平原。优越的自然环境，使得早在 5000 年以前就有先民在这块土地上繁衍生息。如图 4－47 和图 4－48 所示，春秋时期，祁县是晋国大夫祁奚的食邑，县城在距今县城 7.5 km 处的今古县镇，当时的晋国，政治中心在晋南，食邑是晋国的北方边陲重镇，以北则是“戎狄杂居”。到西汉高祖六年（前 201），汉高祖封缯贺为祁侯，置祁县。晋武帝时（265—290）迁至距今县城 3.5 km 处的祁城村，北魏孝文帝太和年间（477—499），又迁至今县城处。同时，祁县也是山西重要的交通枢纽，明清时期有两条驿道从祁县通过，一条是秦陇等地北上必由之路，另一条是晋中通往晋东南的

孔道，因此，这里也成了历来兵家必争之地。也正是由于这四通八达的交通优势，在明代中期以后，祁县商人便结成了祁县商帮。清代以来，商业发展更快，祁县人开设的商铺遍布全国各大商埠，甚至远至俄国的西伯利亚、莫斯科，日本的东京、神户、大阪，朝鲜的平壤、仁川、汉城（今首尔），以及南洋各地。作为晋商发源地之一，祁县成为重要的商贸城市。

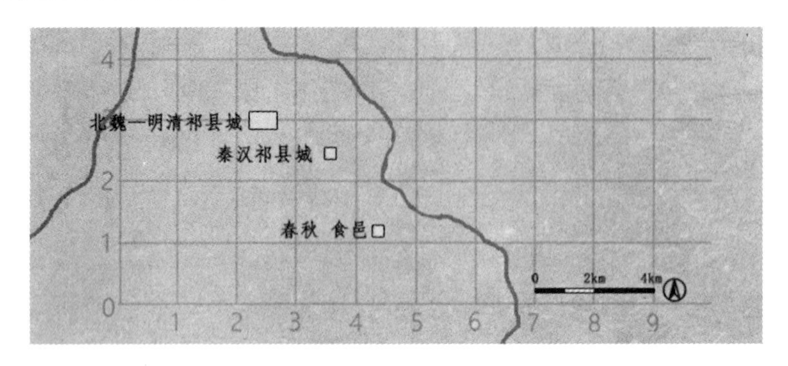


**图 4－47　祁县城址变迁图**

资料来源：作者根据康熙《山西通志》、乾隆《太原府志》、光绪《祁县志》等资料分析绘制

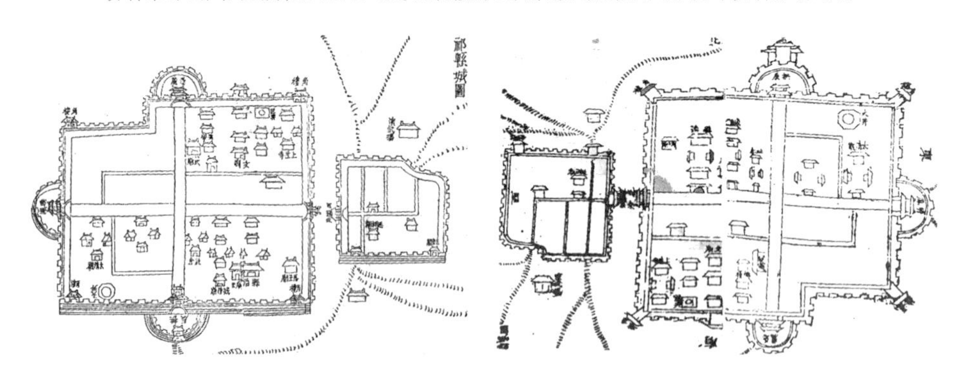

**图 4－48　祁县城图**

资料来源：乾隆《太原府志》、光绪《祁县志》

明时期的祁县城，最初为北魏时，并州别驾分瓒建造的土城，光绪《祁县志》记载土城“周四里馀三十步，高二丈五尺，厚一丈八尺，四周挖护城池，池深一丈”。正德六年（1511），杨虎起义军攻祁县城，出于防御的考虑，到嘉靖二十年（1541），知县王允言创筑西关土城，西关城共有五门，无西门，但是有三座南门。西关城只有西南北三个面有独立的城壕，东边与主城共用壕。嘉靖四十四年（1565），为了增强城池的防御性能，知县岳鲁对城池进行增筑，城墙增加高、厚各五尺，筑东、南、北月城三座，增修敌台 30 座。到隆庆四年（1570），知县胡以祚用砖砌西关土城，砖砌后的西关城仍为五门：“城周长二里，高二丈五尺，底厚二丈，顶宽一丈，女墙高五尺。设

东门一座，北门一座，南门三座，敌台八座。”为了进一步加强防御，万历五年(1577)，知县王牧用砖加固主城，“周长如旧，高、厚增加。计高三丈三尺，底阔三丈四尺，顶阔二丈二尺。”又万历八年(1580)，知县张应举撤东、西二门楼，在四门上各建重楼一座，城四角增设角楼四座(表4-17)。此外，为了提高城池的防洪性能，环城周整修城池，“深一丈，宽三丈。内有护墙一道，高六尺，外敷河堤，高七尺，宽一丈。壕下植柳树两千余株。”并且，“扁四其门，东曰瞻凤，南曰凭麓，西曰挹汾，北曰拱辰。”而城内以方形轮廓为主，以南北街为纵轴线，东西街为横轴线，主要街道呈十字和丁字。城内权力空间与公共空间分布均匀有序，县衙在城内西大街北侧，武衙门在东大街北侧，各类寺庙、学宫也分布于东、西大街的两侧。西关城内则以东西向的西关大街为主，西关城内设有驿站。贾令驿位于京陕官道，是秦陇等地北上的必经之路，也是太原府到平阳府的府官道，洪武三年(1370)，贾令驿在祁县北十五里贾令镇，到嘉靖十二年(1533)移至城西关城内。祁县城在明时期便形成了“一城一关”的形态格局(图4-49)。

**表4-17 祁县城变迁汇总表**

| 年份 | 变迁描述 |
|---|---|
| 北魏太和年间(477—499) | 筑土城 |
| 嘉靖二十年(1541) | 筑西关土城 |
| 嘉靖四十四年(1565) | 增筑城墙、月城、敌台 |
| 隆庆四年(1570) | 砖砌西关土城 |
| 万历五年(1577) | 砖加固主城 |
| 万历八年(1580) | 增设角楼、修城池、命名四门 |

资料来源：作者根据光绪《祁县志》①、《中国地方志集成光绪祁县志》②等资料绘制

而清时期，没有城池修建的记载，城内最大的变化，是由于驿道穿城而过，驿站迁入西关城，而促进了商业的发展，商铺和票号分布于东、西大街两侧，以及西关大街，如聚全棠药店、裕丰堂药局、长裕川茶庄等。清乾隆后，社会稳定而无战事，因此西关城被利用为农田或改建为民宅，至清末已不存在(图4-50)。综上所述，得益于便捷的交通，祁县城的变迁特点由军事为主导转向以商业为主导，在交通要素驿道和驿站的影响下，商号大院占城市面积的三分之一以上，最终形成了山西重要的商贸城市。

① (清)李芬，(清)刘发岏．光绪祁县志[M]//中国地方志集成·山西府县志辑．南京：凤凰出版社，2005：74.
② (清)李芬，(清)刘发岏．光绪祁县志[M]//中国地方志集成·山西府县志辑．南京：凤凰出版社，2005：75.

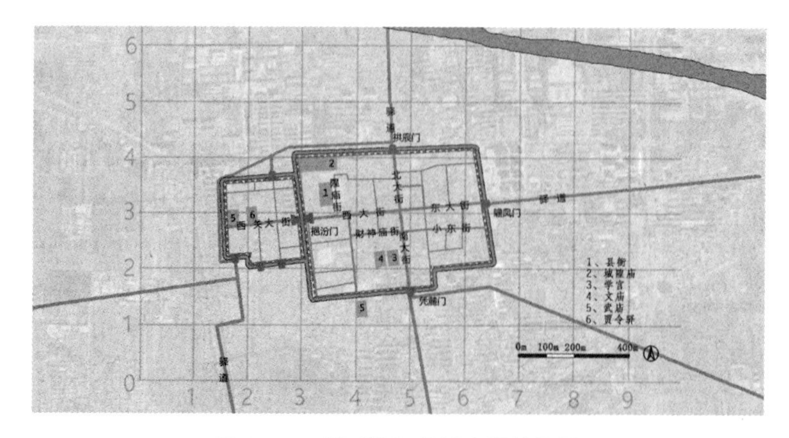


**图 4 - 49　明时期祁县城空间转译图**

资料来源：作者根据康熙《山西通志》、乾隆《太原府志》、光绪《祁县志》《山西省历史地图集》等资料分析绘制

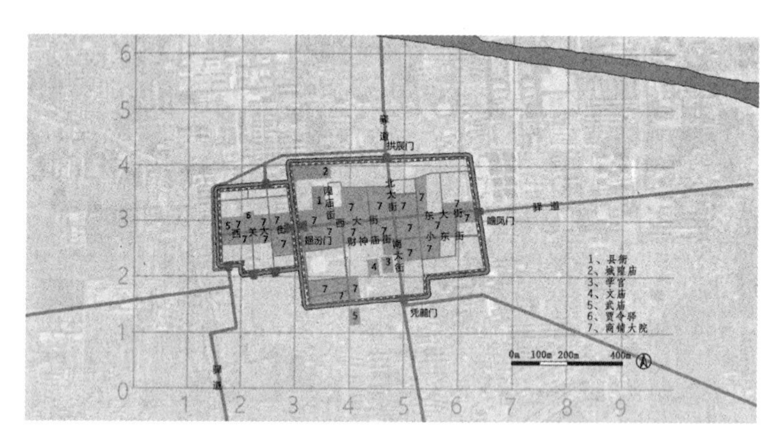


**图 4 - 50　清时期祁县城空间转译图**

资料来源：作者根据康熙《山西通志》、乾隆《太原府志》、光绪《祁县志》《山西省历史地图集》等资料分析绘制

2）平遥县城

平遥城位于晋中平原偏南一侧，西北背靠吕梁山脉，位于北惠济河、柳根河冲积扇尾部区域，山水环绕。关于平遥筑城最早的记载是西周时期，“周宣王姬静派大将尹吉甫北伐猃狁，筑兵于今平遥筑城，时城墙低矮且狭小”①，可见，最初筑城是出于军事目的。秦始皇年间，置平陶县，西汉时，今平遥县境内置京陵（“在东西七里”②）、中都（“在县西十二里③”）二县，也包括邬县、平陶县的部分地区。到北魏

① 平遥县地方志编纂委员会. 平遥县志[M]. 北京：中华书局，1999：134.

② （唐）李吉甫. 元和郡县图志（卷第一三河东道二）[M]. 北京：中华书局，2005：167.

③ （唐）李吉甫. 元和郡县图志（卷第一三河东道二）[M]. 北京：中华书局，2005：167.

始光元年(424),改平陶县为平遥县。唐武德二年(619),刘武周引突厥兵攻陷平遥,又到北宋建隆元年(960),太祖派将李继勋率军进攻北汉,焚烧平遥县城,靖康元年(1126),金军占领太原后进攻平遥,这些是明之前关于平遥城的战事记载,但平遥城的始建年代无考。

明洪武三年(1370),为防少数民族的侵扰,对城池进行了扩建和增高,“周围十二里八分四厘,崇三丈二尺,壕深、广各一丈,门六座,东西各二,南北各一,后建敌台窝铺四十座”。至此,奠定了古城的规模。又在景泰元年(1450),对城墙进行了重修。为了加强军事防御,正德四年(1509),“知县田登修下东门瓮城,又筑府郭关城一面”,随后,在嘉靖二十一年(1542),蒙俺达率部入侵平遥,破堡七处,城池也遭到了严重的破坏,所以在嘉靖三十一年(1552),知县沈振修西北角两面,“厚七尺,高六尺”,又在嘉靖四十年(1561),将南城增高六尺,在嘉靖四十一年(1562),“知县张稽古因寇犯边,急砌砖墙,更新门楼”,同时筑北门瓮城以防止少数民族的入侵。此时的平遥城已经足够坚固,而后隆庆元年(1567),蒙俺答率部再次入侵平遥。隆庆三年(1569),城墙上的敌台全部改为砖筑,并在六门外设吊桥来增强防御能力。又万历三年(1575),知县孟一脉用砖包城四面,至此,平遥城“视往固倍”。两年后,万历五年(1577),对破损的城墙再次进行修复。万历二十二年(1594),知县周之度组织用砖修筑东西城墙上的三座瓮城,使得整个城池“金汤巩固”。至此,平遥城池的防御能力增强。在万历至同治的300多年间,仅仅是对城墙和城门进行过小的修补。此外,城池周边的寨堡,也充分体现了平遥城完备的军事设施(图4-51)。清康熙四十六年《平遥县志》中有“一城五堡二寨”的记载,分别是洪善堡、杜村堡、侯翼堡、郝洞堡、达蒲堡、赵壁山寨、西泉山寨①。由此可见,平遥城的变迁过程,清

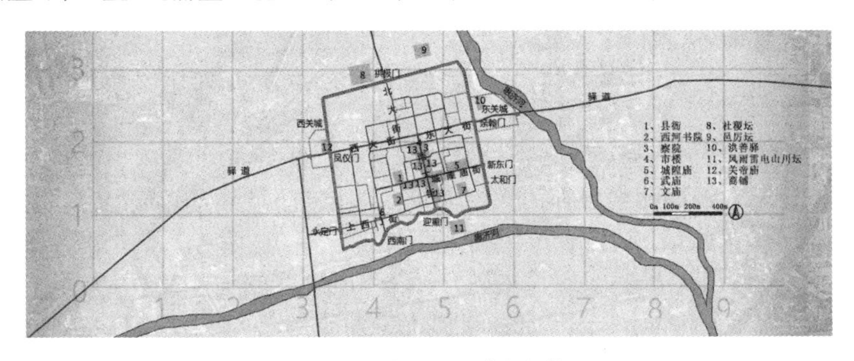


**图4-51 明代平遥县城空间转译图**

资料来源:作者根据万历《山西通志》、康熙《汾州府志》、康熙四十六年《平遥县志》等资料分析绘制

① (清)王夷典.平遥县志[M].康熙四十六年八卷本.太原:山西经济出版社,2008:148.

时期前是以战争作为变迁的主要动因，而清中期开始，城池并没有因为战争而遭到严重破坏，屡次进行小规模的修补，清后期主要是在商业功能空间的增加(表 4-18)。

**表 4-18　明清平遥县城变迁汇总表**

| 年份 | 变迁描述 |
| --- | --- |
| 明洪武三年(1370) | 重筑城墙、城墙增高、加厚 |
| 景泰元年(1450) | 重修城墙 |
| 正德四年(1509) | 修下东门瓮城，筑关城 |
| 嘉靖三十一年(1552) | 修城墙，筑北门瓮城 |
| 嘉靖四十年(1561) | 南城增高 |
| 嘉靖四十一年(1562) | 砌砖墙，修门楼 |
| 隆庆三年(1569) | 砖砌筑敌台，筑吊桥 |
| 万历三年(1575) | 砖包城四面 |
| 万历五年(1577) | 修城墙，植树 |
| 万历二十二年(1594) | 用砖修三瓮城 |
| 康熙二十三年(1684) | 补城墙二十五丈，城垛一百三十二堞 |
| 康熙三十五年(1696) | 补修南门瓮城 |
| 道光三十年(1850) | 重修敌楼，修缮城门，加高南门 |
| 同治六年(1867) | 知县姚景元在六门上增建炮台各 1 座 |
| 同治十二年(1873) | 梳理城壕 |
| 光绪六年(1880) | 梳理城壕 |

资料来源：作者根据康熙《平遥县志》、康熙四十六年《平遥县志》①、《平遥县志》②等资料绘制

综上所述，明清时期的平遥古城城池基本呈正方形，南北轴线偏东南 15°，东、西、北墙方直，南城墙随着中都河蜿蜒而筑。周长 6162.68 m，高 10 m，顶宽 3～6 m。城垣外包砖内夯土，有 6 座城门，南北各一，东西各二。护城河深宽各 3.3 m。城南有一条中都河(今柳根河)，经南郊而汇入汾河。共有 6 座城楼，4 座角楼，敌楼 71 座，魁星楼一座。城池东西四座瓮城，两两相对。城外筑护城河，始为“深广各一丈”，后又“复掘堑深阔三丈”，各城门外壕沟上设吊桥。全城以南大街为中轴，以贯穿南大街南北的市楼为中心，是传统的朝向分明、南北正直、东西对应

① (清)王夷典. 平遥县志[M]. 康熙四十六年八卷本. 太原：山西经济出版社，2008：72.

② 平遥县地方志编纂委员会. 平遥县志[M]. 北京：中华书局，1999：163.

的建造格局。衙署位于城内西南衙道街西端，城隍庙位于城隍庙街北，文庙位于城隍庙街南。城内南大街商号、票号林立，店铺门市相连，明时期的商铺主要集中在南大街和城隍庙街，呈现“十”字形，此时的洪善驿位于平遥县东北 20 里的洪善镇，而清时期，由于驿路的发展，洪善驿移至县城东门外，由介休义棠驿入本县杜村境，到平遥城凤仪门，穿城内东西大街，出亲翰门，过惠济桥，经洪善驿，至曹翼村出境。驿道穿城而过，使得清时期商业街的范围大大增加，已经延续至东、西大街(图 4－52、图 4－53)。

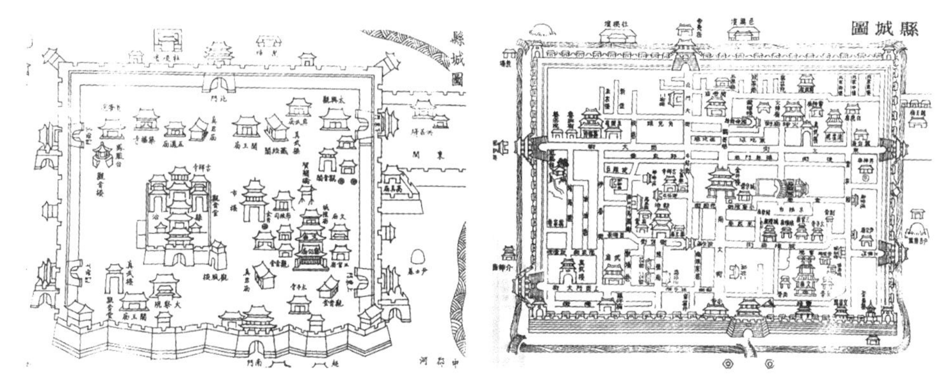


**图 4－52　明平遥县城图、清平遥县城图**

资料来源：康熙《平遥县志》、光绪《平遥县志》

**图 4－53　清代平遥县城空间转译图**

资料来源：作者根据万历《山西通志》、康熙《汾州府志》、康熙四十六年《平遥县志》《平遥县志》等资料分析绘制

3) 介休县城

介休城位于晋中盆地西南端底部，太岳山的北侧，汾河的南畔。康熙《介休县志》记载：“境内有名山大川，堪舆家必称为形胜。东望蚕蔟之山，西距雀鼠之谷，绵山峙其前如玉屏拱照，汾水经其后若神龙围绕，形势故称胜焉。”①介休四境与五县

① (清)王埴. 介休县志[M]. 康熙版. 太原：山西人民出版社，2012：15.

毗邻：东北与平遥、汾阳接壤，西南与灵石相连，西北与孝义相望，东南与沁源界山为邻，因此自古是连接晋中、晋南的交通要道。

明清时期的介休城始于秦时期，秦代始置界休县，西晋时改"界休"为"介休"。由于是连接晋中与晋南的交通要道，因此自古是兵家必争之地，周宣王三十九年(前789)，宣王伐姜戎，大战于千亩(今介休城南)。西晋永安元年(304)，刘渊起兵反晋攻取介休。此后，北方少数民族长期战乱，直到北魏太和八年(484)复置介休县，"城始建之魏静帝，迁朔州军备御外患，筑土为垣"。城垣外砖内土，"周围八里，高三丈五尺，基阔三丈二尺，女墙高五尺。门四，东曰捧晖，西曰临津，南曰迎翠，北曰润济，城外壕深、阔各二丈，门外各有吊桥，西城、南城外有藩门二座，台高二丈三尺，楼高一丈二尺①"。根据乾隆《介休县志》记载，北有关城一座，"关包城东、北二方，长一千一百余丈，门五，水门二"。而出于军事防御的目的，在景泰元年(1450)，知县王俭、彭镛对城池进行过复修，将四门砌砖，并增建城楼。又嘉靖元年(1522)，知县郝檠于角各增建小楼，因此"流贼肆掠，邻城多破，此城独完"。然后，在嘉靖二十一年(1542)、隆庆元年(1567)蒙古人入侵县城，因此"知县刘旁复加高一丈二尺、帮厚八尺，周围浚壕深阔。"此次增建，同样是为了增强城池的防御能力，对城墙加高、加厚的同时，又大规模增建了敌台。此后，在万历三年(1575)，"知县康乂民砖包砌东北关门，外各增筑圈城，以防冲突"。把关城的门进行包砖，并增筑成重门。万历二十六年(1598)，蒙古人继续入侵，"蒙古警甚急，城西门、南门外旧无藩城，知县史记事增筑于各壕之外，东北城上增窝铺十四，垣之巽地建奎楼，四面窑洞上竖楼三丈余，南祀文昌，北祀奎星。自后科第蝉联。因涂按院移檄，环城竖悬楼一十六。"此次是最大规模的增建，大大提升了城池的防御能力。之后对于城池的修补，都是小规模增建，崇祯四年(1631)，"适值流贼肆掠，知县李云鸿捐俸设处，弥月修完，恃以无恐。"崇祯十三年(1640)，又对关城进行了加固，"外面易土为砖，知县徐擢、李若星董成之。"康熙二十五年(1686)，知县李应龙又修四门楼、各角门楼(表4-19)。乾隆三十四年(1769)，知县王谋文又增建角楼三座。可见，明代对于城池的增建是以防御为目的，而清代开始，并没有进行以防御为目的的大规模增建。

**表4-19　明清介休县城变迁汇总表**

| 年份 | 变迁描述 |
| --- | --- |
| 景泰元年(1450) | 四门砖砌，增建城楼 |
| 正德二年(1507) | 增建 |

① (清)陆光鏸.介休县志(清嘉庆版)[M].太原：山西人民出版社，2012：14.

续表

| 年份 | 变迁描述 |
| --- | --- |
| 嘉靖元年(1522) | 关城增砌砖门,加铁栅门 |
| 隆庆元年(1567) | 城墙加高、加厚,增建敌台 |
| 隆庆二年(1568) | 疏通护城河 |
| 万历三年(1575) | 砖包砌东北关门 |
| 万历二十六年(1598) | 西门、南门增筑重门,增建敌楼 |
| 万历三十四年(1606) | 筑防洪堤坝 |
| 崇祯十三年(1640) | 加固关城 |
| 康熙二十五年(1686) | 修门楼、角楼 |
| 乾隆三十四年(1769) | 梳理河道。关城:增建角楼 |
| 乾隆五十八年(1793) | 疏通护城河 |
| 嘉庆二十四年(1819) | 关城开水门,疏通护城河,挖水洞、池塘 |

资料来源:作者根据康熙《介休县志》①、嘉庆《介休县志》、乾隆《介休县志》、光绪《介休县志》《介休市志》②等资料绘制

此外,由于介休城地势较低,长期受到水患的影响,有记载的对城池有严重损害的记录是正德四年(1509),绵山山洪暴发,大水冲入县城南门,山洪涌入③。因此在嘉靖元年(1522),“邑民董裳等因备水患,鸠资于城北门外砌砖门,另加铁栅门一座,以泄暴水,水患始免。”这是在关城内增砌和加铁栅门的记录,便于洪水冲入城后导流出城,有效缓解了水灾对城池带来的损害。隆庆二年(1568),知县刘旁对护城河进行疏通。但万历三十三年(1605),山洪又从迎翠门冲入县城,冲入城池的泥沙,再次拥堵护城河。因此,在万历三十四年(1606),以增筑堤坝的方式来缓解水患灾害,“筑盐场至洪相防洪堤坝二十余里。”此后,崇祯四年(1631)、顺治八年(1651)、康熙三十年(1691),山洪又屡次从迎翠门冲入县城,浸塌城墙,知县王埴对破损的城墙进行修葺。清代开始,水患更加频繁,因此针对水患而进行的修缮也较多,乾隆三十四年(1769),“知县王谋文因河道久淤,邑民时以水溢为患,自城南村水神庙旁疏至四壕达韩屯村,计长二千七百二十二丈。自南壕绕城而北,疏长一千三百五十丈。又从沙河桥滨向北坛后凿河一道,入梁家堡,记长三百五十八丈有奇,合流注汾。”此举是对河道和护城河的疏通。乾隆五十八年(1793),“知县徐大

① (清)王埴.介休县志[M].康熙版.太原:山西人民出版社,2012:22.

② 山西省介休市志编纂委员会.介休市志[M].北京:海潮出版社,1996:267.

③ 山西省介休市志编纂委员会.介休市志[M].北京:海潮出版社,1996:295.

纬复浚壕两千余丈”是对护城河的疏通。嘉庆二十四年(1819),“修各堵水溜,重甃北关出水门;南门外碳渣堆积,起移以浚城壕;疏通城内东大街沟道,掘水洞深六尺,长五十丈,上下周围各砌以石。又买比邻董族之地三十亩,开挖池塘,备霖雨积水归焉”,这是最大规模的一次疏通,不仅在关城增南水门和北水门,而且在城池内挖水洞,挖池塘。至此,护城河、水洞、水门、水渠、池塘、堤坝共同构成了介休城的防洪系统。

可见,明清时期的介休城,是在应对战事和水患中逐步完善的,明清时介休城基本形态为:边长为约 1000 m 的四边形,周长约为 4000 m,关城墙长 3700 m,四门顶各建门楼 1 座,四角均建有角楼,南门、西门有瓮城,瓮城门顶也建有门楼。城垣四周建有敌台 120 多座,悬楼 16 座,东南城墙上建奎楼 1 座。关城共有 5 道门,即文家庄门、东关门、侯家门、师家门、西关门,五门均有门楼。另有排水门两道,南为南水门,北为北水门,两门之间有水渠,垣墙上有角楼 4 座。环城有护城河,深和宽均为 6.6 m 多。城内东西街一条,南北街一条。城内 4 条大街是商业集中的街市。东西大街有 4 座过街楼,即西大街钟楼、三门楼、十字街的十字楼、东大街的三官楼,县署等公署机构位于西街以北。介休城防御设施和防洪设施完善,是“一城一郭”的形态格局(图 4－54、图 4－55)。

综上所述,明清时期,太谷、祁县、平遥和介休四座县城的格局,均是以防御和防洪为主导的变迁。从清中期开始,在驿道穿城而过的影响下,均呈现出城内商业空间增加的特点。太谷县的商业功能位于东西南北四条大街;祁县的商业街随驿道和驿站的位置而位于东西大街、西关街;平遥县的商业街也在驿道的影响下,呈现出由南大街而延伸到东西大街的变迁过程;介休县的商业街也同样受驿道的影响,延伸至东西南北四条街道,并在街道的交会处建十字楼。可见,驿道和驿站对于城市格局的影响是驿道穿城而过之处易形成商业街。这是驿道城市带在城市形态变迁中流通性的体现。

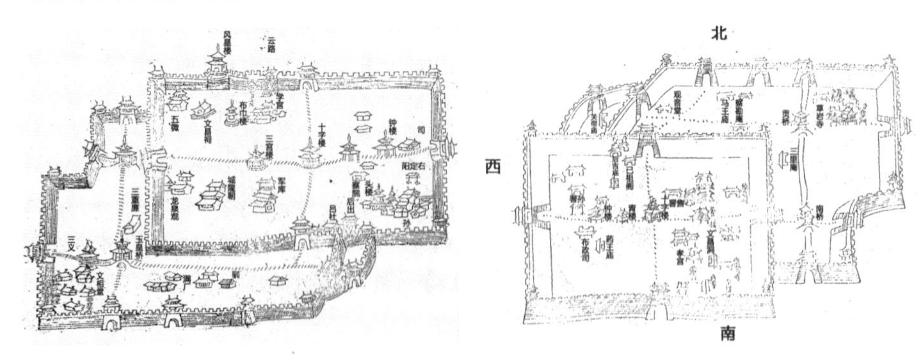


**图 4－54　介休县城图**

资料来源:康熙《介休县志》、乾隆《介休县志》

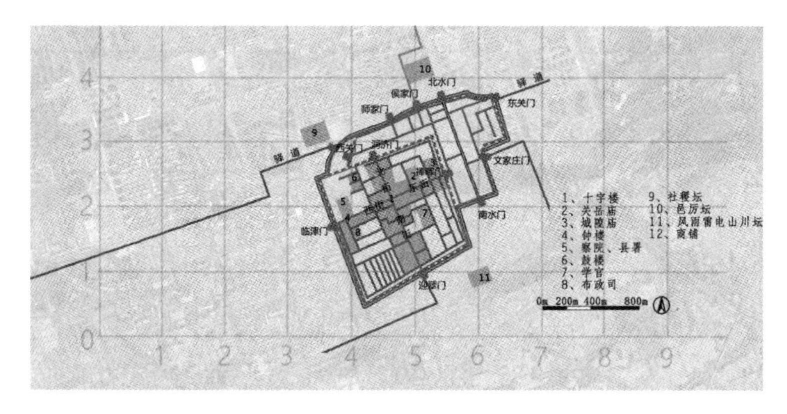


**图 4－55 明清介休城空间转译图**

资料来源：作者根据万历《山西通志》、康熙《汾州府志》、康熙《介休县志》、乾隆《介休县志》等资料分析绘制

## 4.4 明清晋中盆地历史城市形态特征

晋中盆地的历史城市，虽然在不同主导因素的影响下，呈现出中心性、近水性和流通性的特点，即分别对它们进行了分组分析：军事中心区城市、文峪河流域城市和驿道城市。但也同样存在一些共性，以上小节通过对晋中盆地每个历史城市的形态"转译"，可从以下三个方面归纳该区域历史城市的形态特征：

第一，城池方位、轮廓形态、规模和护城河特征（表 4－20）。从城池的方位、轮廓形状分析，晋中盆地的这些府、县城市，体现出符合礼制的城市规划的同时，又表现出顺应自然地势环境的特征。该区域城市的形状呈正方形或长方形或是近似四边形的形状。城市初建时，离河道近的城市，出于防洪的考虑，形状和方位顺应河道，例如清源城与白石河平行、徐沟城与金水河平行、祁县城与汾河平行、汾阳城与文峪河平行、孝义城与孝河平行、平遥城与惠济河平行、交城与磁窑河平行（表 4－21），这些城距离水系都小于 1 km，城池不仅是方位顺应河道，轮廓也与水系特征相结合，例如清源城是五边形，是由于有两个边同时与水系平行，平遥城的南城墙是顺着中都河的蜿蜒而筑。而离河道远的城市的城池则为四边形，方位为正南北，例如榆次城距离潇河 1.7 km、太谷城距离乌马河 1.5 km，这两座城池均为正南北的正方形，方便用水的同时，又不受水系对于城池方位和轮廓的影响。

在城市发展的过程中，持续受到水系变迁和水患的影响，城市在水的影响下出现两种类型：一是排水渠穿城而过，加速城池内的排泄。例如孝义城的润民渠穿城而过，连通汾河与孝河。介休城内也有水渠穿城而过，以北水门和南水门连通。二是城内低洼处积水形成湖泊，例如，清源城东南隅逐渐形成东湖，交城东南隅形成

**表 4-20　晋中盆地历史城市明清时期形态特征表**

| 行政区划 | 城市 | 级别 | 周长 | 倾角(°) | 轮廓 | 轮廓形态特点 | |
|---|---|---|---|---|---|---|---|
| | | | | | | 明 | 清 |
| 太原府 | 阳曲 | 府城 | 24 里 | 0 | 正方形 | 一城四关城，城内西北隅有黑龙潭 | 无关城，西城墙内有湖 |
| | 太原 | 县城 | 7 里 | 15 | 矩形 | 无关城，与汾河平行 | 无关城，城内东南隅有胡 |
| | 榆次 | 县城 | 5 里 3000 步 | 5 | 正方形 | 无关城 | 一城一南关 |
| | 清源 | 县城 | 6 里 200 步 | 45 | 五边形 | 一城一南关，城东南、东北隅各有一片小湖 | 一城一南关，城东南隅有东湖 |
| | 徐沟 | 县城 | 5 里 10 步 | 10 | 矩形 | 一城一北关，与金水河平行，西城墙内有湖 | 无关城 |
| | 太谷 | 县城 | 10 里 | 0 | 正方形 | 无关城 | 无关城 |
| | 祁县 | 县城 | 4 里 30 步 | 5 | 近似矩形 | 一城一西关，与汾河平行 | 一城一西关 |
| | 交城 | 县城 | 5 里 90 步 | 0 | 近似矩形，四角为圆角 | 一城一东关，关城与磁窑河平行 | 一城一东关，城内东南隅有月波湖 |
| | 文水 | 县城 | 9 里 18 步 | 0 | 正方形 | 一城一南关 | 无关城 |
| 汾州府 | 汾阳 | 府城 | 9 里 13 步 | 40 | 正方形 | 无关城 | 一城四关城 |
| | 孝义 | 县城 | 4 里 18 步 | 5 | 近似正方形 | 一城一西关一南关，且两关城相连。城池对角线与孝河平行，润民渠穿桥北厢而过 | 一城一西关一南关，且两关城相连。润民渠穿桥南厢而过 |
| | 平遥 | 县 | 12 里 | 10 | 近似正方形 | 一城一东关一西关，南城墙顺应中都河 | 无关城 |
| | 介休 | 县城 | 8 里 | 45 | 近似正方形 | 一城一北关一东关，且两关城相连。关城内有水渠穿城而过 | 一城一北关一东关，且两关城相连。关城内有水渠穿城而过 |

资料来源：作者根据万历《山西通志》、康熙《山西通志》等地方志资料整理绘制

**表 4－21 晋中盆地历史城市清时期城市护城河规模表**

| 行政区划 | 城市 | 级别 | 池深 | 池宽 | 水系 | 与水系的距离(公里) |
|---|---|---|---|---|---|---|
| 太原府 | 阳曲 | 府城 | 3丈 | 2丈 | 汾河 | 1.1 |
| | 太原 | 县城 | 3丈 | 2丈 | 汾河 | 1.5 |
| | 榆次 | 县城 | 8尺 | 2丈 | 潇河 | 1.7 |
| | 清源 | 县城 | 1丈2尺 | 1丈5尺 | 白石河 | 0.5 |
| | 徐沟 | 县城 | 1丈2尺 | 1丈5尺 | 嵰峪河、金水河 | 0.3 |
| | 太谷 | 县城 | 1丈 | 1丈 | 乌马河 | 1.5 |
| | 祁县 | 县城 | 1丈 | 3丈 | 汾河 | 1.2 |
| | 交城 | 县城 | 1丈 | 1丈 | 磁窑河、文峪河 | 1 |
| | 文水 | 县城 | 3丈 | 1丈 | 文峪河 | 0.25 |
| 汾州府 | 汾阳 | 府城 | 3丈 | 2丈 | 文峪河 | 0.9 |
| | 孝义 | 县城 | 1丈8尺 | 1丈8尺 | 孝河、文峪河 | 0.3 |
| | 平遥 | 县城 | 1丈 | 3丈 | 汾河 | 1.2 |
| | 介休 | 县城 | 2丈 | 2丈 | 汾河 | 2.5 |

资料来源:作者根据万历《山西通志》、康熙《山西通志》等地方志资料整理绘制

月波湖。而在城市发展过程中,持续受到战事的影响,为了驻兵的需求,城市则同样出现两种形态类型:一是“一城一关”;二是“一城多关”且关城相连。关城的大小和数量与实际需求相关,也与主城的大小相关,例如汾阳城升级为府城后,城内功能增加,所以增筑四个方向的四座关城来补充需求。而太谷城周长为10里,是祁县城的二倍还多,因此在发展中能够满足需求,在明清时期没有加建关城。“一城多关”,且关城相连的是孝义城和介休城,该种类则是顺应水系及防洪的需求而形成的,孝义城是西关和南关相连,介休城是北关和东关相连。从城市规模分析,行政等级与城市规模之间存在着一定的联系,但城市的行政等级并不完全决定城市规模,例如平遥城的规模大于汾州府城,而同一级别的城市,也存在规模的差别,例如太谷县城周长10里,而交城的周长只有5里多。从护城河的规模分析,宽度和深度因城而异,但护城河的尺寸与城池地形中水系的尺寸有关,而宽度受到城市规模的影响,出于防御的考虑,府城护城河的深度和宽度,明显大于县城。综上,城池的方位、轮廓形态、规模和护城河在建城之初都受地势环境、行政级别的影响,在城市的发展过程中,出于军事防御的目的,以关城的方式对城池进行增建,关城的轮廓形态同样受到地势环境的影响。至清代,由于政局稳定,因此大部分关城消失或改为民用。整个晋中盆地城市城池的变迁是在不同的时期受不同主导因素的

影响。

第二，街巷结构与形态特征。从街巷结构来分析，可根据结构类型的特点，将晋中盆地区域内的城市分为三类（表 4 - 22）：一是“十字形”结构，即连接东西、南北城门的两条街道相交为“十字”，出于防御的目的，十字街中心通常建跨街楼，这种类型的城池较多。例如，县城文水在十字形街道交会处建有大观楼，县城介休在街道交会处建有十字楼。二是“类十字形”结构，即只有一条街道直接连通相对应方向的两门。例如，县城太谷只有东街和西街连通，北街随北门偏西，南街随南门偏东，县城孝义则是只有南街和北街连通，东街随东门偏北，西街随西门偏南。三是“丁字形”结构，即连通四门的街道都不直接连通，但它们之间两两互成丁字，例如，县城清源，虽然南门街和北门街都与西门街垂直，但南门街与北门街不连通。该种结构的街巷通常出现在受地形影响较大又不规则的城池中。综上，晋中盆地区域内的历史城市的城池街巷结构，是根据地形地势和军事防御需求进行布局，而与城市级别无明显关联。

**表 4 - 22　晋中盆地历史城市街巷结构分类表**

| 结构类型 | 类型特点 | 类型城市 |
| --- | --- | --- |
| 十字形 | 十字形的主街道直接连通四个城门，形成东街、南街、西街和北街，东西街与南北街呈近似90°正交，城池被均匀分为四个区域 | 县城太原、县城徐沟、县城祁县、县城文水、府城汾阳、县城介休 |
| 类十字形 | 类十字形的主街道，出于防御的考虑，是城内唯一一条直接连通东西门或者南北门的街道，避免形成南北或东西两座城门无阻碍的道路 | 府城阳曲、县城太谷、县城榆次、县城孝义 |
| 丁字形 | 丁字形的主街道，是城内唯一一条直接连通东西门或者南北门的街道，连接四个方向城门的街道互成“丁字” | 县城清源、县城交城 |

资料来源：作者自绘

第三，功能区划布局与形态特征。从城市主要功能区划分析，可把城市的主要功能分为五类，分别是公署类、祭祀类、教育类、居住类和商业类。公署类的建筑在上一章做过详细分析，从表 4 - 23 的统计来看，这些公署办公类的建筑通常位于城市的重要位置，大部分会集中布置，组成公署建筑群，方便相互之间的沟通和管理，同时也决定了整个城池内部的空间形态布局。例如，榆次城、太谷城和汾阳城的公署类建筑都位于十字街交会处附近，而旧有城市的格局对于公署类建筑位置也具有决定作用，例如阳曲城明清时期的公署建筑则位于宋时期子城的位置，也就是旧基重建。而晋中盆地内的其他城市，公署类的建筑大多数位于城池的西北隅。祭祀类的建筑在上一章也做过类型和布局的详细分析，城池外的祭祀建筑结合祭祀功能与礼制、自然山水相结合，而城池内的祭祀建筑则主要有城隍庙、武庙和文庙，由于是服务于官方，因此布局多靠近公署建筑。教育类的建筑包括学宫、儒学、县学、府学和书院等，通常也是地方官办学校，因此也布置在城池内的主要位置或靠近公署建筑。居住类的建筑则没有明显的布局特征。商业类的建筑，通常与驿道系统和递铺系统相联系，驿道穿城而过处，则为城池内商业繁荣的区域，例如，榆次城的南大街、文水城的南北大街。而随着交通格局的变化，通常商业区域也会随之发生变化，例如太原府城阳曲的商业区在明时期位于大南门街，但清末随着铁路的使用而移至城市东南隅。

**表 4-23　晋中盆地历史城市主要功能区划表**

| 行政区划 | 城市 | 公署类 | 祭祀类 | 教育类 | 居住类 | 商业类 |
|---|---|---|---|---|---|---|
| | | 府治、县治、察院、布政司治、按察使司等 | 祭坛、庙宇、陵墓、宗祠等 | 学宫、儒学、书院等 | 民居、大院等 | 商铺、票号等 |
| 太原府 | 阳曲 | 城市西北隅，宋时期子城的位置 | 城隍庙、文庙、武庙在城西北隅 | 县学和府学在县署旁，书院在东南隅 | 城市东北和西南隅 | 大南门街，清末移至城市东南隅 |
| | 太原 | 城市东北隅 | 城隍庙在十字街交会处 | 儒学在县署旁 | 城市西南隅 | 南街、北街 |
| | 榆次 | 十字街交会处 | 城隍庙在东街中段 | 儒学在县署旁 | 城市东北隅 | 南大街 |
| | 清源 | 西门街、南门街交会处 | 城隍庙在西北隅，文庙在西南隅 | 书院在县署旁 | 城市西北隅 | 南门街 |
| | 徐沟 | 城市西北隅 | 城隍庙在县署旁 | 书院在县署旁 | 城市东北和西南隅 | 南大街 |
| | 太谷 | 十字街交会处 | 城隍庙、文庙在城东南隅 | 书院在县署旁 | 城市四隅 | 东西南北四大街 |
| | 祁县 | 城市西北隅 | 城隍庙在西北隅，文庙在西南隅；武庙在西关街北 | 学宫在西南隅 | 城市四隅 | 西关大街、西街、东街 |
| | 交城 | 城市西北隅 | 城隍庙在东北隅，文庙在东南隅 | 儒学在县署旁 | 城市四隅 | 东正街、东关街、北门街 |
| | 文水 | 城市西北隅 | 城隍庙在东北隅，文庙在县署旁 | 儒学在西北隅 | 城市四隅 | 南北大街 |

续表

| | | 公署类 | 祭祀类 | 教育类 | 居住类 | 商业类 |
|---|---|---|---|---|---|---|
| 行政区划 | 城市 | 府治、县治、察院、布政司治、按察使司等 | 祭坛、庙宇、陵墓、宗祠等 | 学宫、儒学、书院等 | 民居、大院等 | 商铺、票号等 |
| 汾州府 | 汾阳 | 明时期在十字街交会处，清时期移至城市东南隅 | 城隍庙在东北隅，文庙在东南隅 | 书院在东关 | 城市四隅 | 东西南北四大街 |
| | 孝义 | 城市西北隅 | 城隍庙在西北隅，文庙在东南隅 | 儒学在县署旁 | 城市四隅和关城 | 南北大街 |
| | 平遥 | 城市西南隅 | 城隍庙、文庙、武庙在城东南隅 | 儒学在西南隅 | 城市四隅 | 东西大街、南大街 |
| | 介休 | 城市西南隅 | 城隍庙、文庙、武庙在城东北隅 | 儒学在东南隅 | 城市四隅 | 南北大街 |

资料来源：作者根据万历《山西通志》、康熙《山西通志》等地方志资料整理绘制

## 4.5 本章小结

本章通过对三个不同主导因素影响下的城市历史格局进行分析，发现晋中盆地区域内的城市形态顺应山水地形地势，在礼制、军事、交通、政权和环境变化的综合影响下，显示出历史城市聚集、“两中心”和经济发展显著的特征。历史城市聚集指自然地理因素决定了始于春秋时期起的众多历史城市，虽然在环境变化和军事政权的影响下，城市多数进行迁移或合并，但围绕盆地的山水环境，始终存在城市聚集成群。“两中心”指政权与军事的发展使得同一个盆地区域逐渐出现两个府城，即出现行政区划不同于地理区划的分歧，汾州府城和太原府城，两中心分别位于盆地的南北出入口。经济发展显著指得益于地势和政权的交通发展，促进了沿线城市的经济繁荣，使其成为“万里茶路”的必经之地。因此，下一章节将对晋中盆地历史城市变迁的三个特点进行分析，分别为历史城市聚集、“两中心”的区域特点和“万里茶路”。

# 5 晋中盆地历史城市变迁特征归纳

历史城市的发展变迁，是在不同时期不同的影响因素及人类各种活动的相互作用下表现出的结构。从而决定了晋中盆地历史城市变迁的特征和规律。在影响晋中盆地历史城市形态变迁的众多因素中，自然地理环境是城市产生的形态基础，从史前聚落的产生、商周城邑的出现，到城市的发展和变迁，都离不开盆地独特的自然地理环境，晋中盆地的水系、山川和驿道，以及地区物产使得区域内历史城市聚集；军事、政治因素是城市发展的根本动力，军事和政治因素使盆地的地理区域与行政区域不完全统一，而产生两个府城，即“两个中心”；交通因素是城市变迁的持久动力，交通促进经济发展，经济发展又促进城市的发展和繁荣。这些因素对于盆地内不同的城市系统发挥不同的主导作用，又共同决定了晋中盆地所有历史城市的变迁特点。

## 5.1 晋中盆地历史城市变迁的特点

### 5.1.1 晋中盆地历史城市聚集

晋中盆地仅有约 6000 $km^2$，清代起城市多达 11 个。截止到 2018 年，共有国家历史文化名城三座，分别是太原、祁县和平遥；历史文化名镇和名村共 13 个[①]，分别位于晋中盆地内的介休、平遥、太原、太谷、祁县和榆次。可见该区域国家历史文化名城、名镇、名村聚集。但本书探讨的，不仅仅是被认定的国家历史文化名城、名镇和名村，如表 5 - 1 所示，晋中盆地内的城市多数始于春秋，有晋阳、榆次、阳邑、祁县、大陵、平陶、兹氏、平周、京陵，而太原、徐沟虽作为城市形成较晚，但仍在元代之前便形成。通过第 2 章的分析，春秋之前，该区域内的人类就利用自然环境，以聚落的形式形成聚居点，历史就是人类活动与自然的相互作用，而城市则是人类活动的场所和载体，因此晋中盆地内的城市，都可被称为是历史城市。又通过第 3 章的分析，镇和村的前身是城市功能的一部分，是市集、驿站、递铺或关隘等构成城市的功能要素，因此被作为城市的历史文化环境，也在探讨的范围中。因此晋中盆地城

---

① 汾阳杏花村镇、介休市龙凤镇张壁村、平遥县岳壁乡梁村、汾西县僧念镇师家沟村、太原市晋源区晋源镇店头村、太谷县北洸镇北洸村、祁县贾令镇谷恋村、晋中市榆次区东赵乡后沟村、太谷县范村镇上安村、平遥县段村镇段村、介休市洪山镇洪山村、介休市龙凤镇南庄村、介休市绵山镇大靳村。

市变迁的特点之一是历史城市的聚集。

表 5-1 晋中盆地历史城市变迁汇总表

| 清代行政区划 | 清代 | 明代 | 元代 | 宋代 | 唐代 | 南北朝 | 三国 | 汉 | 秦 | 春秋 |
|---|---|---|---|---|---|---|---|---|---|---|
| 太原府 | 阳曲 | 阳曲 | 阳曲 | 阳曲 | 晋阳 | 晋阳 | 晋阳 | 晋阳 | 晋阳 | 晋阳 |
| | 太原 | 太原 | 平晋 | — | — | — | — | — | — | — |
| | 榆次 | 榆次 | 榆次 | 榆次 | 榆次 | 榆次 | 榆次 | 榆次 | 榆次 | 榆次 |
| | 清徐 | 清源 | 清源 | 清源 | 清源 | 梗阳 | — | — | — | — |
| | 徐沟 | 徐沟 | 徐沟 | — | — | — | — | — | — | — |
| | 太谷 | 太谷 | 太谷 | 太谷 | 太谷 | — | 阳邑 | 阳邑 | 阳邑 | 阳邑 |
| | 祁县 | 祁县 | 祁县 | 祁县 | 祁县 | 祁县 | 祁县 | 祁县 | 祁县 | 祁县 |
| | 交城 | 交城 | 交城 | 交城 | 交城 | 大陵 | 大陵 | 大陵 | 大陵 | 大陵 |
| | 文水 | 文水 | 文水 | 文水 | 文水 | 受阳 | 平陶 | 平陶 | 平陶 | 平陶 |
| 汾州府 | 汾阳 | 汾阳 | 汾阳 | 西河 | 隰城 | 隰城 | 兹氏 | 兹氏 | 兹氏 | 兹氏 |
| | 孝义 | 孝义 | 孝义 | 孝义 | 孝义 | 永安 | 中阳 | — | 平周 | 平周 |
| | 平遥 | 平遥 | 平遥 | 平遥 | 平遥 | 平遥 | 京陵 | 京陵 | 京陵 | 京陵 |
| | 介休 | 介休 | 介休 | 介休 | 介休 | 介休 | 界休 | 界休 | 界休 | — |

资料来源:作者根据万历《山西通志》、康熙《山西通志》《山西省历史地图集》《中国文物地图》等地方志资料整理绘制

回到城市起源的源点,历史城市的形成和聚集最初归因于盆地区域内特有的水系、山川和物产。水是人类生活和生产的必备要素,因此水系的变迁是城市在不同时期聚集的因素之一。水系和山川又是区域内道路形成的基础和限制,得益于山川的天然防线,晋中盆地在隋唐、宋元时期作为中央政权与少数民族的交会区域,因此以道路为导向的发展也是城市在不同时期聚集的因素之一,而道路交会之处,逐渐发展成为驿站、寨堡和市镇等重要节点,构成了城市的功能体系。物产则同样得益于盆地内的自然地理因素,是人类进行一切社会活动的物质基础。因此晋中盆地历史城市的聚集,主要有三种导向方式:一是水系导向下的城市聚集,城市临水而居;二是山川驿道导向下的城市聚集,城市沿驿道而发展;三是产业导向下的城市聚集,城市以产业而经济繁荣。当然,影响城市聚集的方式不仅仅局限于这三点,也受到军事、政治等其他因素的影响,但以盆地区域作为切入点研究城市的变迁,结合地形地势,这三种方式最为突出,始终引导和制约城市的分布和聚集。

1) 水系导向下的城市聚集

晋中盆地早期的聚落和城邑的分布,都依赖于山水,而水系的变迁是影响聚落及城市分布和城市建设的重要因素之一，城市发展初期，城市与水系的关系主要体现在对于城市选址的制约和引导，人类活动依赖于水源，而出于防洪的考虑，又不能离水源太近。在城市发展的过程中，水系的引导性还体现在城市防御体系的布局中，卫所、关隘、寨堡等防御设施的营建，同样以水系作为引导，此外，靠近水源的城池，引河水作为城池四周的护城河，使得水系成为城市防御系统的一部分。因此，水系在晋中盆地城市形成、发展和聚集中起导向作用。晋中盆地区域内水系的变迁主要经历了“昭余祁”存在—“昭余祁”缩减—“昭余祁”消失三个阶段(图 5 - 1)。该区域水系的结构变迁总体呈现从集中到分散、从面到线的特点。“昭余祁”存在：先秦之前，“昭余祁”位于晋中盆地平原内，是一个方圆数百里的大湖，先秦时期，“昭余祁”缩减成为九片小湖，早期的聚落和城邑沿“昭余祁”沿岸分布。“昭余祁”缩减：北魏之后，至宋金以前，“昭余祁”缩小至两片小湖。晋中盆地区域内的城市沿湖和支流汾水（今汾河）、主要支流洞过水（也叫洞涡水，今潇河）、文水（今文峪河）分布。“昭余祁”消失：宋之后，“昭余祁”彻底消失，此时形成了“两纵多横”的区域水网空间格局。而区域内的城市布局则依赖水系的变迁，因此晋中盆地区域内城市的聚集特点是依水系呈现从分散到集中、从环到线的特点。

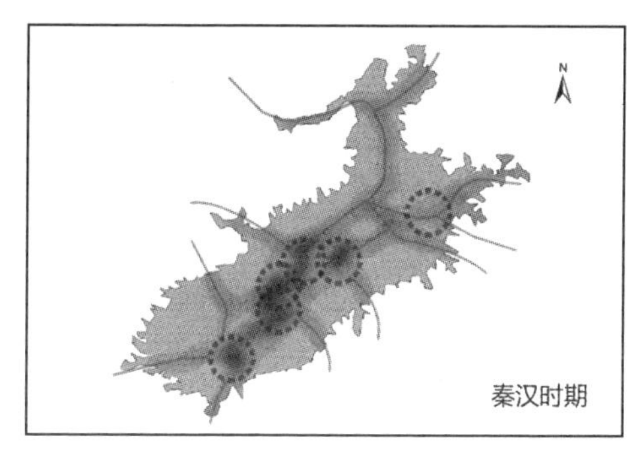


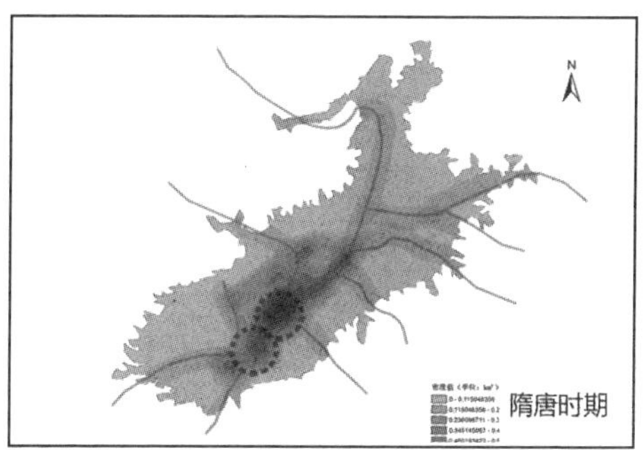


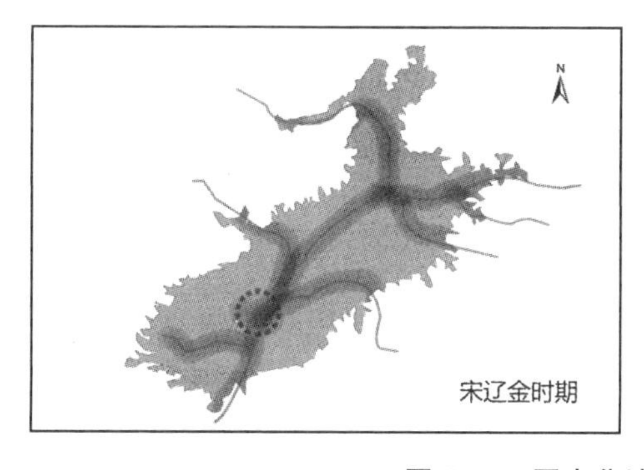


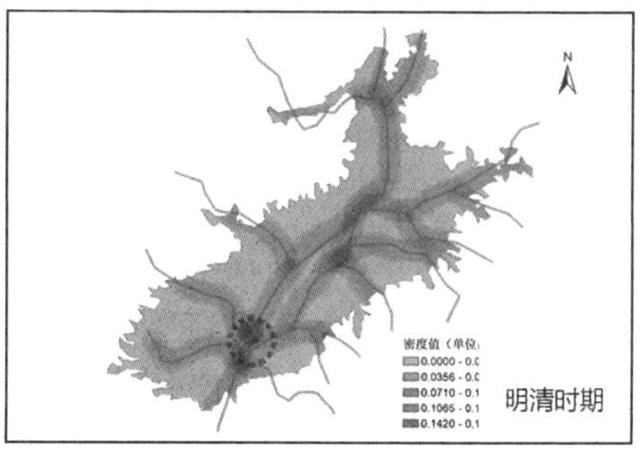


**图 5 - 1　晋中盆地水系密度变迁图**

资料来源：作者参考《山西省历史地图集》，并通过 Arcgis 进行分析自绘

2）山川驿道导向下的城市聚集

山西地形虽然相对封闭，但却保持了良好的内外交通条件，山河相间是山西地貌的基本特征，交通也就沿着河流的走向，将各大盆地联系起来，自春秋战国以来，山西境内就形成了八条主要的自然通道，即著名的“太行八径”。通过对晋中盆地各历史时期的道路密度和结构的研究，可知区域内早在先秦时期，便有贯穿南北的道路。春秋时期，晋文公在位时，开发交通，成就霸业，最显著的开发就是南部太行山一线的交通。春秋后期，晋国的势力渐及今天的晋中。晋顷公时，为了便于联系和统治，在今晋中盆地区域内耿阳、马首、祁、邬、盂、涂水、平陵等县，沿途建道。秦汉时期，山西境内形成了以太原、安邑和长治为中心的道路交通网。西晋时期的“八王之乱”和“五胡乱华”所引发的大规模的难民流动和民族大迁徙，促进了西晋时期山西交通道路的开拓。而东晋十六国时期，山西境内为一些少数民族政权所占据。连年的征战，一方面带来的是道路的修筑和疏通，而另一方面则是人为的阻塞和破坏。北魏王朝统一中国北疆，为山西地区道路的开拓提供了一个相对稳定的社会环境，相继修通了大同至定州的飞狐道、井陉至太原的韩信道、太原至大同的并州大道等重要道路。东魏北齐时期，以今河北临漳县为都，而太原为重镇。太原与邺城之间的大道为此时的重要交通路线。隋唐时期，太原成为山西地区的政治、文化、交通中心，基本上奠定以太原为中心通向四方的道路基础。[①] 宋元时期，是中国历史上战争较为频繁的第二个时期。山西处于宋辽、宋金、宋夏的交界地带，是战争频发之地。为了战争的需要，宋廷不断对山西境内的道路加以修筑和开拓，促进了山西境内道路的发展。在南宋灭亡之后，统一全国的蒙元帝国又十分注意发展交通，完善驿制，形成了覆盖全国的驿路网(图 5－2)。

作为汾河谷地南北交通的必经之地，晋中盆地内的道路交通得益于自然山川，至清代已形成贯穿南北东西的道路交通网。晋中盆地南北两侧的太行山脉、吕梁山脉的格局决定了区域内的交通背景，主要是由东北和西南两条天然通道构成。山川和河流的走向决定道路的走向，而道路的连通，又决定了不同历史时期城市的聚集形态，充分体现了我国城市选址的空间观念以及晋中盆地区域城市聚集的区域特点。山川最初制约、引导道路的发展，而逐步转换为利用道路的发展，道路始终作为影响城市发展的因素而发挥作用，从而在城市变迁的过程中，呈现出历史城市聚集的特点。

---

① 山西省交通厅公路交通史志编审委员会. 山西公路交通史(第一册)[M]. 北京：人民交通出版社，1988：40.

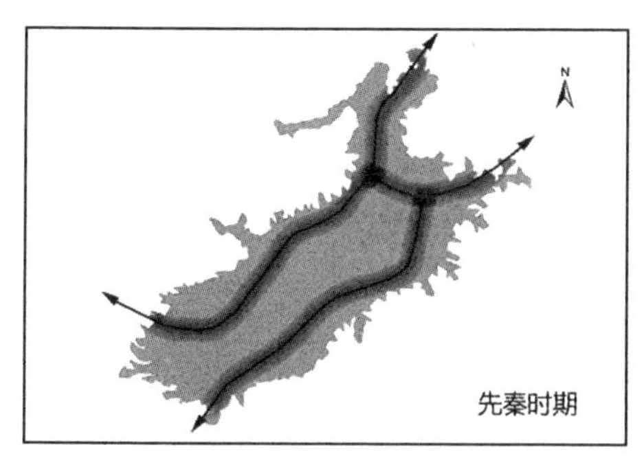


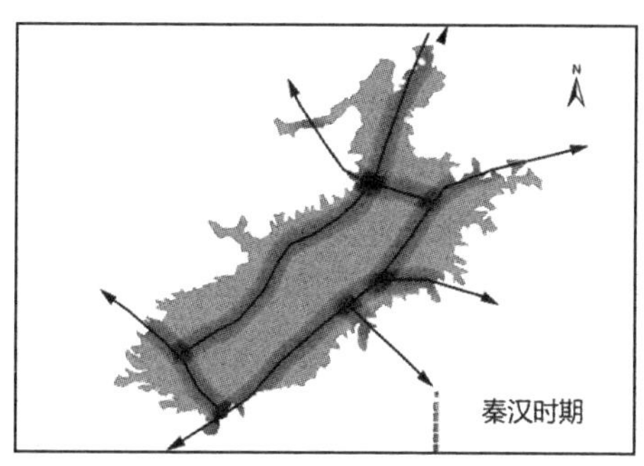


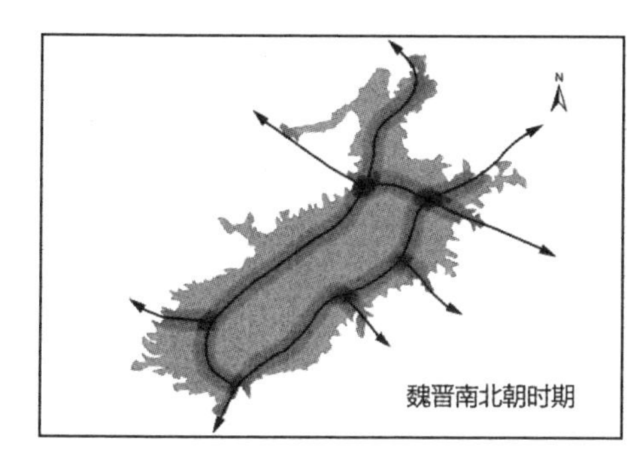


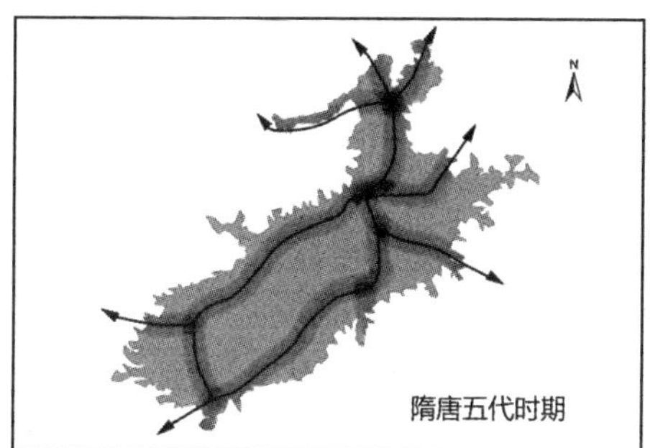


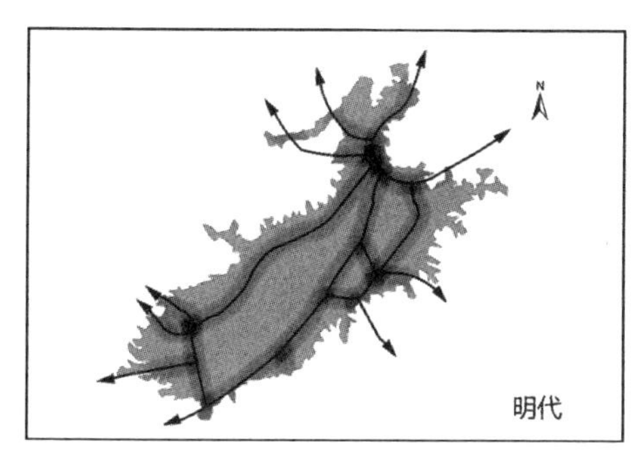


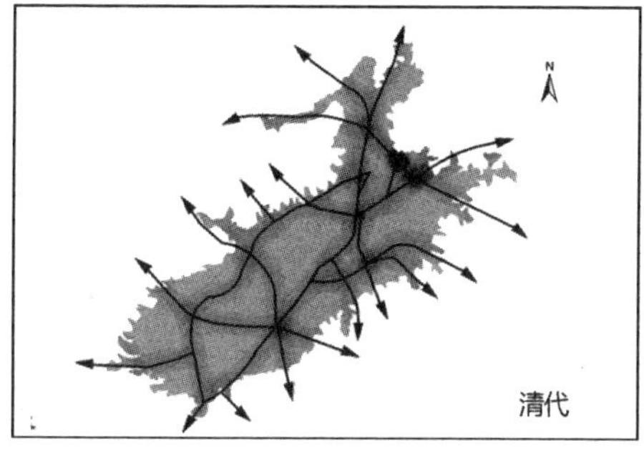


**图 5－2　晋中盆地各历史时期道路结构变化图**

资料来源：作者参考《山西省历史地图集》第 203－209 页，并通过 Arcgis 进行分析自绘

3）产业导向下的城市聚集

晋中盆地内“昭余祁”大湖的衰退，使得盆地内形成了大面积的肥沃的耕地，耕地为城市的发展提供重要的物质基础(表 5－2)。明末起，出现了粮食短缺的情况，至清乾隆年间，晋中盆地的太谷、平遥等县所产的粮食已远远不能满足当地的需求，出现了粮食的输入路线，主要的粮食运输路线有两条：一是来自陕西的关中产粮区；二是来自外蒙古的粮食。《太原府志》也有关于粮食运输的记载：“自北而南运输络绎不

绝，近至省城，运输韩侯岭。”①粮食的运输业则促进了沿线交通及商业的发展。

表 5-2 晋中盆地明清时期耕地变化表

| 城市 | 人口、耕地数 | 明初 | 明末 | 清初 | 清末 |
|---|---|---|---|---|---|
| 阳曲 | 人口数(口) | — | 164 857 | 432 220 | 932 220 |
| | 耕地数(亩) | — | — | 524 596 | 1 086 458 |
| 太原 | 人口数(口) | 34 857 | — | 63 245 | 66 231 |
| | 耕地数(亩) | 234 167 | — | 329 623 | 421 639 |
| 榆次 | 人口数(口) | 41 567 | — | 31 567 | 82 466 |
| | 耕地数(亩) | 784 633 | — | 1 686 534 | 1 775 243 |
| 徐沟 | 人口数(口) | 35 477 | — | 62 321 | 59 643 |
| | 耕地数(亩) | 593 474 | — | 1 835 654 | — |
| 清源 | 人口数(口) | 25 496 | — | 42 364 | 78 536 |
| | 耕地数(亩) | 375 231 | — | — | 675 442 |
| 太谷 | 人口数(口) | 64 857 | — | — | 164 972 |
| | 耕地数(亩) | 586 432 | — | — | 616 299 |
| 祁县 | 人口数(口) | 44 246 | — | — | 176 319 |
| | 耕地数(亩) | 521 609 | — | — | 538 106 |
| 平遥 | 人口数(口) | 65 456 | — | — | 332 220 |
| | 耕地数(亩) | 753 801 | — | — | 1 039 258 |
| 介休 | 人口数(口) | 65 456 | 72 589 | 98 642 | 111 235 |
| | 耕地数(亩) | 534 689 | — | — | 534 357 |
| 交城 | 人口数(口) | 62 369 | 83 335 | 92 568 | 195 326 |
| | 耕地数(亩) | 509 022 | — | — | 876 442 |
| 文水 | 人口数(口) | 48 543 | 63 578 | 80 912 | 178 564 |
| | 耕地数(亩) | 576 543 | — | — | 829 763 |
| 孝义 | 人口数(口) | 30 865 | 51 872 | 73 097 | 178 564 |
| | 耕地数(亩) | — | — | — | 854 321 |
| 汾阳 | 人口数(口) | 42 856 | 73 956 | 70 963 | 324 578 |
| | 耕地数(亩) | 233 327 | — | — | 1 765 234 |

资料来源：作者根据成化《山西通志》、雍正《山西通志》、光绪《山西通志》等资料整理绘制

① 太原市地方志编纂委员会. 太原府志集全[M]. 太原：山西人民出版社，2005：134.

此外，同样是得益于盆地内的自然资源，晋中盆地区域内的产业还有煤炭业、冶炼业、酿造业、纺织业、陶瓷业和皮革业等，这些产业分布于晋中盆地区域内不同的城市，促进了城市的发展和聚集。首先，山西的煤炭业从明时期起就是全国产量最多的省，根据嘉靖《山西通志》及各地方志记载，在晋中盆地内明代产煤的城市有太原、阳曲、榆次、清徐、交城等地，至清代，煤炭产业的区域进一步扩大到平遥、介休、榆次、孝义等地，根据乾隆《孝义县志》的记载，“孝义产煤颇盛，城西六十里外，西北山中，多穿山为穴，深或数丈及数十丈。取者携灯鞠躬而入，背负而处。”①可见当时煤炭资源的丰盛，且便于开采。晋中盆地还拥有丰富的铁、铜、铝等矿产资源，明代山西的冶铁产业发达，是当时中国冶铁业最发达的地区之一。②《明史》中有记载，“山西交城产云子铁，旧贡十万斤，缮治兵器，他处无有。”③由此可见，晋中盆地内的冶铁业不仅满足居民的生产和生活，同时还用于制造兵器，满足军事需求。其次，晋中盆地的酿造业驰名天下也同样得益于区域内的自然资源，一是优质的水源，二是酿醋和酿酒的农作物原材料丰富。康熙《平遥县志》中有记载：“晋地黑壤，多宜植秫，粗而砺不可以食，于是民间不得不以岁收入，烧造为酒。”④而晋中盆地内的纺织业发达不仅得益于纺织原料棉花种植的自然条件，也由于该区域地处华夏族农业文化和北方游牧民族部落文化的交融地带，因此纺织业发达且工艺精良。陶瓷业的发展也是基于盆地内高质量的黏土和煤渣，主要集中于晋中盆地内的交城、介休和榆次，同治《榆次县志》中有记载：“榆次县治之北六十里有乡曰孟家井，居民大率三百家，乃古昔陶器之所。”⑤皮革业的发展也依赖于自然资源，该产业主要位于交城，交城县90%以上是山地，适合畜牧业的发展，同时也为皮革业的兴盛提供物质条件。综上所述，晋中盆地内土地肥沃，耕地丰富，为区域内城市的聚集提供重要的物质基础，但明清时期由于晋中盆地区域内人均耕地的逐渐减少，农业不再是区域内的主要产业，但得益于盆地内的其他自然资源，整个区域呈现出多产业共同发展的局面，不仅促进了区域内城市经济的发展和城市间交通的流量，也同样是造成区域内城市聚集的原因之一。

---

① (清)谢汝霖. 康熙永宁州志、光绪交城县志、乾隆孝义县志[M]//中国地方志集成・山西府县志辑(25). 南京:凤凰出版社,2005:185.

② 黄启臣. 明代山西冶铁业的发展[J]. 晋阳学刊,1987(2):65.

③ (清)张廷玉,等. 明史(事杂志)[M]. 北京:中华书局,1974:1973.

④ (清)王夷典. 平遥县志[M]. 康熙四十六年八卷本. 太原:山西经济出版社,2008:23.

⑤ (清)金福增,(清)张兆魁,(清)金锺彦. 同治《河曲县志》、同治《榆次县志》、光绪《榆次县续志》[M]//中国地方志集成・山西府县志辑(16). 南京:凤凰出版社,2005:335.

### 5.1.2 “两中心”的区域特点

“两中心”的区域特点，指的是晋中盆地一个完整的地理区域单元，在城市的起源和发展的初期，作为一个行政区域整体，即体现出地理区域和行政区域完全统一。但在城市发展的过程中，形成了两个行政区划单元，即行政区划与地理区域不统一，可见行政区划的范围，并不是仅以地理特征作为依据。而在晋中盆地的两个行政区划单元中，又逐渐形成了“两中心”，即太原府的府治阳曲和汾州府的府治汾阳，两个府城分别为晋中盆地南北两端的“门户”。行政区划是我国历史城市的重要特点，城市的构成和发展，并不是一个“点”或者是一个城池的发展，而是一个“区划”的发展和变迁，在不同的历史发展时期，区域中的功能要素各不相同，比如用于祭祀的庙宇、宗祠和祭坛，用于军事防御的关隘、渡口和寨堡等。如表 5 - 3 所示，晋中盆地区域内“两中心”的特点，是一个动态的而且反复的形成过程，即不是形成后就一成不变，而是与各时期的历史事件或政策关系密切。通过表格的梳理，可将“两中心”变迁的过程分为五个阶段：第一阶段是西汉之前，整个晋中盆地都属于西河郡，没有出现行政区划与地理区划不同的格局；第二阶段是西汉至三国时期，由于少数民族的迁徙和侵略，以区域防御为目的，首次出现晋中盆地分属于两个不同的行政区划，但大部分的区域都属于以北的太原郡，以南的西河郡虽然只占有少部分区域，但覆盖了整个晋中盆地的南出口；第三个阶段是南北朝时期中短暂的东魏时期，晋中盆地内的城市又一次都属于同一个行政管理单元；第四个阶段是隋唐至明时期，尤其是明时期实行了卫所的军事管理制度和军事屯田的政策，该阶段晋中盆地又开始分属不同的行政区划，但与之前相比，最大的特点是汾州府的行政区划与晋中盆地南部的地理区划完全统一；第五个阶段是清时期，该时期政局稳定，少有战乱，汾州的行政区划往西扩大，而此时，太原府的行政区划与晋中盆地北部的地理区划完全统一。

综上所述，晋中盆地在大部分的历史时期，都是分属于两个不同的行政区划，因此形成了两个中心城市，晋中盆地以北以太原府城阳曲为中心，扼守在晋中盆地的北端，晋中盆地以南以汾州府城为中心，扼守在晋中盆地的西南端。“两中心”虽然属于不同的行政单元，但却构成了整个晋中盆地完备的管理和防御体系。由此可见，晋中盆地内的历史城市的行政区划，不完全等同于地理区划，在明时期出现了汾州府的行政区划与地理区划统一，清时期出现了太原府的行政区划与地理区划统一，因此盆地的地理区域只是决定行政区划的原因之一。

**表5-3 晋中盆地历史城市区划变迁及事件表**

| 时期 | 行政区划 | 区划中心城市 | 区划特点 | 事件 |
|---|---|---|---|---|
| 秦 | 太原郡 | 晋阳 | 晋中盆地全部属于太原郡 | 秦统一天下，山西境内从南北到南以地理特征分为四郡，分别为雁门、太原、河东和上党郡 |
| 西汉（2） | 太原郡 | 晋阳 | 晋中盆地大部分区域属于太原郡，只有南部平周城（今孝义）属于西河郡 | 封功臣和同姓诸侯形成郡或者国 |
| | 西河郡 | 平定（今陕西境内） | | |
| 东汉（140） | 太原郡 | 晋阳 | 同上，但西河郡的郡治城市发生变化 | 南匈奴反叛而导致西河郡治内迁至离石 |
| | 西河郡 | 离石 | | |
| 三国（262） | 太原国 | 晋阳 | 晋中盆地仍是大部分区域属于太原国，但属于西河郡的区域增加，有中阳、界休，整个西河国由前一时期只包含晋中盆地中的平周城，发展到覆盖了晋中盆地的整个南出口 | 西北部少数民族向塞内迁徙 |
| | 西河国 | 隰城 | | |
| 南北朝（546） | 东魏 | 并州、云州、蔚州、灵州、汾州、显州、定阳郡等 | 整个晋中盆地区域都属于东魏，但区域中出现多个州级治所 | 东、西二魏以黄河作为分界，多年争战 |
| 隋（609） | 太原郡 | 晋阳 | 晋中盆地又被划分为两个行政单位，虽然大部分区域仍然属于太原郡，但西河郡包含的城市增多，新增平遥城 | 北魏置汾州、北周改名为介州，隋改为西河郡 |
| | 西河郡 | 隰城 | | |
| 唐（818） | 太原府 | 晋阳 | 两个行政区划在晋中盆地区域内包含的城市没有变，但汾州府的范围沿汾河流域向南扩大 | “安史之乱” |
| | 汾州府 | 西河 | | |
| 明（1408） | 太原府 | 阳曲 | 太原府在晋中盆地区域内包含的城市没有变，汾州的范围只包含晋中盆地区域内的孝义、介休、平遥和汾阳，即汾州的行政区划与晋中盆地南部地理区域统一 | “卫所制”、军事屯田 |
| | 汾州 | 汾阳 | | |
| 清（1892） | 太原府 | 阳曲 | 太原府的行政区划与北部的晋中盆地地理区划统一，但汾州府的区划范围往西扩大，不仅仅包含晋中盆地南部的区域 | 废弃卫所，升部分州为直隶州 |
| | 汾州府 | 汾阳 | | |

资料来源：作者参考《山西历史地图集》《中国行政区划通史》等资料整理绘制

### 5.1.3 “万里茶路”

“万里茶路”是晋商明末清初开辟的从福建武夷山下梅镇到俄罗斯恰克图的茶叶贸易的国际商路(图 5－3),总长 5000 km 多,贯穿我国南北方,比“丝绸之路”晚一千多年开辟,是继“丝绸之路”之后的又一条国际商路,商品的负载量和沿途的经济意义,都远远超过“丝绸之路”。虽然在 2019 年“万里茶路”正式列入《中国世界文化遗产预备名单》时,这条商路被规范名称为“万里茶路”,但在下梅镇还是立有一块石碑,上面刻着“晋商万里茶路起点”,可见,晋商对于“万里茶路”的贡献功不可没。而晋商的产生和发展,则主要得益于区域内道路交通的发展,“万里茶路”在晋中盆地的走势是贯穿整个晋中盆地东缘,由南向北依次经过介休、平遥、祁县、太谷、太原,继而继续北上,该条道路自春秋后期便形成,起初的目的是便于联络和统治。在北魏成立,迁都平城后,晋中盆地是都城与中原联络的必经之路,便捷的交通,还使其成为西域商人在利用北方草原丝绸之路到达云中、平城后,再到达长安、洛阳等地的重要通道。隋唐两宋时期,交通的便捷,不仅促进商品的交易和经济的发展,同样也使其成为政权争夺的必战之地。到明清时期,交通的便捷给晋商的发展提供了重要条件。而该条道路最初的形成,则是受晋中盆地区域内水系和山川的限制。综上所述,交通道路的形成得益于盆地的自然地理特征,而交通道路的发展则促进了沿途的商业繁荣,晋商开辟的“万里茶路”,是以区域自然地理为基础的商品交易路线,晋中盆地是晋商的起源地,同时也是“万里茶路”的枢纽地。

**图 5－3 “万里茶路”路线图**

资料来源:百度图片(原图存于俄罗斯恰克图博物馆)

## 5.2 晋中盆地历史城市变迁的因素

城市的变迁，是在一定时期内各种影响城市发展要素综合作用的结果，有自然的、经济的、政治的、社会的因素等等。对于晋中盆地来说，在城市的起源和持续发展的过程中，主要的影响因素有三点：一是盆地"两山夹一河"的地形与自然资源是城市起源的基础，盆地决定了城市的最初选址，在自然因素的持续变化中，城市在积极顺应变化的同时呈现出变迁特点；二是盆地被山围合的区域空间形态，使其成为天然的"城池"，呈现出易守难攻的特点，因而成为各个政权争夺的重点，因此军事政治对于城市变迁的影响尤为明显，成为晋中盆地城市发展的主要因素；三是盆地被山围合后形成的南北的天然"城门"，使其形成了贯穿南北的道路，而基于政权统治的需求，道路在不同的历史时期快速发展，至清末，由于交通的便利，促进了晋商的兴盛，因此可以说交通是晋中盆地城市发展的持续动力，不仅仅是服务于战事和政权，更是在时局稳定时期，为商品的流通和贸易的发展提供持续动力。综上，这三个影响城市变迁的主要因素，都是基于盆地的地形与自然资源，因此，这三个因素也是晋中盆地历史城市变迁理论建构的框架。

### 5.2.1 盆地地形——"两山夹一河"

晋中盆地的地形可以概括为"两山夹一河"的河谷盆地(图 5－4)，"两山"指盆地东缘的太行山和西缘的吕梁山，"一河"指的是贯穿盆地的汾河，而"一河"是秦汉之前的"一湖"——昭余祁，在变迁的过程中发展成"一河"。"两山"则基本没有发生明显的变迁。盆地的地形始终作用于区域内城市空间形态发展变迁的全过程。对于城市变迁的影响，主要体现在以下三个方面：

一是城市的形成初期对于城市选址的影响，盆地为其提供物质基础。盆地中心在秦汉之前为大湖，人类早期的聚落沿盆地四周"依山面水"而居，大湖在变迁的过程中逐渐消退，变迁为贯穿盆地南北的河流，曾为湖水的区域土地肥沃，利于耕种，早期城市的选址也随着湖水的逐渐消退而逐渐远离山体，迁至靠近河流的区域，河流不仅为城市提供生活用水，同时也作为运输载体服务于城市。

二是城市的建造阶段对于城池形状和城池内格局的影响。晋中盆地是汾河的中游段，中游段的汾河在自然和人为因素的影响下，河道变迁频繁，其主要的支流有文峪河和潇河，盆地内的城市沿河流交汇处修建，并在每一个交汇处为顺应水系和地势而形成独特的城池形态，有些甚至影响城池内格局，例如交城在文峪河和磁窑河的交汇处，为避免水患、顺应水系和地形呈现出圆角的城池形态；孝义城在文峪河和孝河的交汇处，为顺应水系和地势呈现出南关和西关连通的城池形态；徐沟

城在金水河和嵣峪河之间，城池平行河水而呈现出偏东 10°的夹角；清源城的两边都平行于白石水修建，而呈现出五边形的城池形态，同时受水患的影响，在城内东部逐渐形成了占城池面积近一半的东湖，决定了城池内格局。

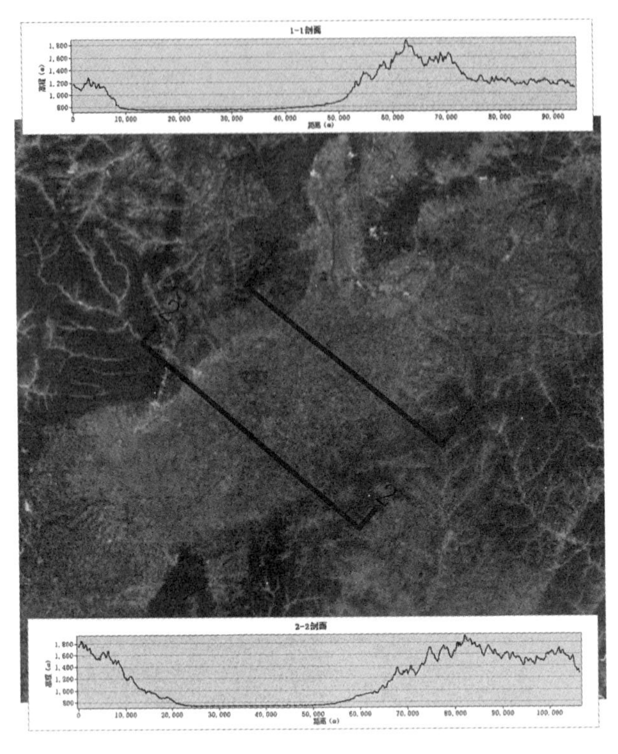


**图 5－4　晋中盆地地形分析图**

资料来源：作者以 BIGEMAP 作为资源，并通过 Arc GIS 进行分析自绘

三是城市的发展阶段，对于城池外围功能空间因素选址的影响。城池并不是一个城市的全部构成要素，加上城池外空间因素，才能构成一个完整有序且功能完整的城市。外围的空间因素通常包括祭祀类的庙坛和宗祠、防御类的关隘和寨堡、运输类的驿站和递铺等，通过第 3 章的分析，这些功能因素的选址和变迁过程，也同样受到盆地地形的影响。祭祀类的庙坛和宗祠通常选址在城池周边的水系旁或者是山体上，是城市中重要的信仰空间，例如太原府城晋阳在城池以西的山脚下修建晋祠、山体上修建天龙山石窟寺等，作为信仰空间的载体，这些建筑与山体、与水系、与城池内的制高点相互呼应，构成独特的中国传统城市的空间轴线而纳入整个城市的布局中。防御类的关隘和寨堡的选址也同样受到盆地的地形和地势的影响，关隘通常位于盆地的出入口通道的山间处，寨堡则位于交通便利、靠近水源又依山体利于隐蔽的位置，这些防御空间是晋中盆地城市特有的军事功能空间，例如

太原府治阳曲的天门关，被称为“二山回合如门，在县之乾方，故曰天门”①。可见，山体被用作天然的“门”而成为关口。介休城的关子岭关，雍正《山西通志》记载为“关子岭关，县东南六十里。路通沁源县。茂林峻岭，地僻人稀”②，同样可见山体对于关隘选址的决定作用。太谷城的马陵关，也同样是“群峰崩云，涧水穿峡，控险扼要”。以上例子都充分说明了关隘的选址与盆地地形的相互关系。运输类的驿站和递铺通常选址也同样受到盆地内山体和水系的影响，驿站沿驿道设置，而驿道则随山势和水系布局，递铺虽然是不同于驿站体系的运输系统，但也依附于驿道，形成比驿站更密集的连接点，在功能的变迁中，多演变成市镇、集。综上所述，盆地的地形从三个方面影响城市的形成和发展，并贯穿于城市变迁的整个阶段。通过对城市选址、城池形态和格局、城池外空间因素三个方面的作用，从而形成了晋中盆地特有的“环状”城市布局特点、顺应水系和地势的城池形态以及与山水结合的祭祀空间、军事功能空间和交通功能空间。

### 5.2.2 军事政治——晋中盆地城市发展的主要因素

山西的西、南环黄河，东边有太行山，北有长城，中部盆地串联。从全境来看，山可为天然的“城墙”，水可作天然的“护城河”，境内多山地丘陵，关塞林立，便于攻守。因而，从地形来看，山西就成为历代统治阶级争夺的地方。此外，山西还地处中原与蒙古高原的接合地带，是华夏族与北方游牧族文化相互碰撞和融合的地方。而晋中盆地位于山西的中部，在不同的历史时期，都具有重要的军事地位，在中原诸侯争斗时期，由于地处中部，区位交通便利，整个晋中盆地便成为“四战之地”，该时期政局不稳定，各政权的争夺决定了区域的行政区划；在中央王朝分裂时期，少数民族乘虚进军中原，晋中盆地的北部大同是战争的最前线，而此时的晋中盆地由于农业发达而作为后勤保障和中转基地，为大同供应粮食和其他物资，该时期在物资运输的同时，促进了商品的流通和交易；在中央王朝重新统一时期，晋中盆地则作为巩固政权的枢纽地带，统治者不敢放松对其的防守，该时期为了防守又增建大量的寨堡，为了信息的传递又增建递铺体系，而这些功能因素在明清时期又逐渐发展成为市镇和乡村。由此可见，军事是晋中盆地城市发展的主要因素，其对于盆地内城市的变迁，主要体现在以下四个方面：

一是各统治阶级的相互争夺影响区域的行政区划和管理方式，也决定了城池内布局和功能轴线。不同时期的行政区划，反映了政权之间的争夺和当时的政策。

---

① 王怀中，马书岐. 山西关隘大关[M]. 济南：山东画报出版社，2012：11.

② (清)觉罗石麟，(清)储大文. 山西通志(壹、贰、叁、肆、伍、陆)[M]. 山西省史志研究院，整理. 北京：中华书局，2006：1132.

战国时期韩、赵、魏三分晋国，晋中盆地全部属于赵国。到秦统一天下时，晋中盆地又全部属于太原郡。西汉时期的地方行政体制沿袭秦朝的郡、县制，同时又封功臣和同姓诸侯，形成郡、国并行的地方建制，并从该时期开始，晋中盆地分属于不同的行政区划。西晋时，结束了三国时期的分裂局面，司马昭由晋公封为晋王，统一后不久就发生了中原地区的大混战，形成了东晋十六国、南朝北朝的长期对立局面。而晋中盆地中的城市也在长期的时局动荡中变迁，北魏时盆地内有 10 个城市，到东魏时增至 21 个，又到北周时减少成 8 个[①]。到隋代，政局稳定。而唐时期的“八王之乱”又导致政权的争夺和战事的频繁。至明代，在卫所制度下，行政管理方式又发生变化，从而导致中心城市的增加，在晋中盆地区域内出现了两个府治，分别为太原府的府治阳曲和汾州府的府治汾阳。清时期，时局虽相对稳定，但又出现了新的军事管理方式，“八旗驻防制度”，即在全国的重要城市建设“满洲城”，“满洲城”是给满人居住的城，城内的旗人负责扩大清廷的统治范围和监视当地的汉人。其中太原城内的满洲城是全国20 座满洲城中最早竣工的，位于明清太原府城的西南隅，满洲城的建设，也决定了城池内的格局和功能轴线。

二是战争的集中，影响了区域人口的结构。而区域人口的结构则对城市的结构产生影响。例如，由于战争的影响，晋中盆地内的人口在明清时期经历了四次骤减，从明代 1368 年、明代 1472 年、清代 1731 年和清代 1883 年这四年的人口密度可以得出，人口密度高的区域战事较少，社会自然环境较安稳。反之，则对应重大的战事，1368 年明代北伐军灭元朝，此时边境的少数民族入侵晋中盆地，主要战场集中在阳曲、孝义及榆次，因此这三处也是当时人口密度最低的区域，而清 1731 年俺答南下攻打晋阳、榆次、交城、文水、孝义等地，同样导致人口密度下降。因此，战乱会使人口密度下降，而人口的结构同时也对城市结构的分布产生影响，在人口集中处，市集等功能因素相对集中，进而呈现出城市周边丰富的市镇空间结构。

三是城市的防御系统，是城市周边村镇形成的基础。此处的防御系统指的是城池以外的寨堡和驿站、递铺。寨堡、驿站、递铺在战时发挥着防御和信息传递的作用，而从清代开始，随着政局的逐步稳定，原来的寨、堡由于本身选址都在交通便捷和靠近水源的区域，因此大部分逐步发展成村、镇，成为人口长期的聚集地。例如榆次的源涡镇(原源涡堡)、平遥的洪善镇(原洪善堡)和介休的张兰镇(原张兰堡)等。而发挥信息传递功能的驿站和递铺，同样大部分逐渐发展成市集和村镇。因此，防御系统逐渐演变为城镇系统。从这个层面来说，也是对广义的“历史城市”

---

① 北魏时的 10 个城市是阳曲、晋阳、榆次、阳邑、祁县、京陵、中都、邬县、介休、隰城；东魏时的 21 个城市为晋阳、长安、榆次、中都、阳曲、阳邑、祁县、云州、受阳、灵州、蔚州、平遥、邬县、宁州、介休、显州、永安、定戎郡、武昌郡、武康郡、吐京郡；北周时的 8 个城市是晋阳、中都、阳邑、平遥、平昌、永安、隰城、受阳。

这一概念的重新定义。

四是服务于战事的政策，促进了区域经济的发展。明洪武三年(1370)，山西边境地急需军粮，为了解决大量驻军的粮草供应，朝廷招募民间商人运输军粮、马匹，完成运输的商人，则可以获得由官方垄断的盐业经营权，这就是“开中法”政策，该政策也吸引了道路交通沿线的大量人经商，经商路线东到辽东、北到宣大、西到甘肃、南到交趾，这也成为影响晋商发展的重要因素之一。

综上所述，军事政治的因素在城市的行政区划、城市区域结构、城镇系统和经济发展方面发挥重要作用，因此军事政治是晋中盆地城市发展的主要因素。

### 5.2.3 交通——晋中盆地城市发展的持久动力

晋中盆地内不同历史时期区域交通的发展，对不同时期的军事、政治或经济都产生影响，因此交通的发展，是晋中盆地城市发展的持续动力。根据时间的先后顺序，主要体现在以下四个方面：一是先秦至秦汉时期交通格局，使区域成为政权争夺的焦点，出于政权巩固的需求，对道路进行增建，促进了交通的进一步发展，这种政权与道路相互促进作用是持续动力的体现；二是南北朝时期，得益于政权对道路的完善，使得该区域南北连通新都洛阳和旧都平城，东西连接北京和西安，便捷的交通，更使其成为北朝丝绸之路南端的市场，促进了商品的交易，也促进了区域内城市的繁荣，而城市的兴盛，又进一步对道路进行增建，该时期又增修了榆次通往左权的道路，这种经济与道路的相互促进作用也是持续动力的体现；三是隋唐至元时期驿站和递铺系统的兴起，是城市周边村镇形成的基础，从而进一步促进了城市结构的完善；四是明清时期在政策、交通等有利因素的作用下，晋商发展兴盛。综上所述，区域的交通持续推动晋中盆地区域内城市的变迁，是城市发展的持久动力。

## 5.3 晋中盆地历史城市变迁的理论框架建构

通过对晋中盆地历史城市变迁的研究，建构晋中盆地历史城市变迁的理论框架，为中国城市历史的研究增添新视角。对于晋中盆地历史城市的研究，可分为三个层面(图 5－5)，分别为宏观(盆地区域)、中观(城市群)和微观(城市层面)。三个层面是层层递进的关系，每一个层面为下一个层面的研究提供依据，宏观层面分析盆地区域对于城市变迁的影响，包括城市密度、城市结构和城市分布；中观层面是对宏观层面的总结，也为微观层面的研究提供依据，是以主要影响因素的不同，对盆地区域内的城市进行重新分组，并归纳各级城市的构成要素；微观层面是对城市的具体形态通过“历史地图转译”的方法进行研究。

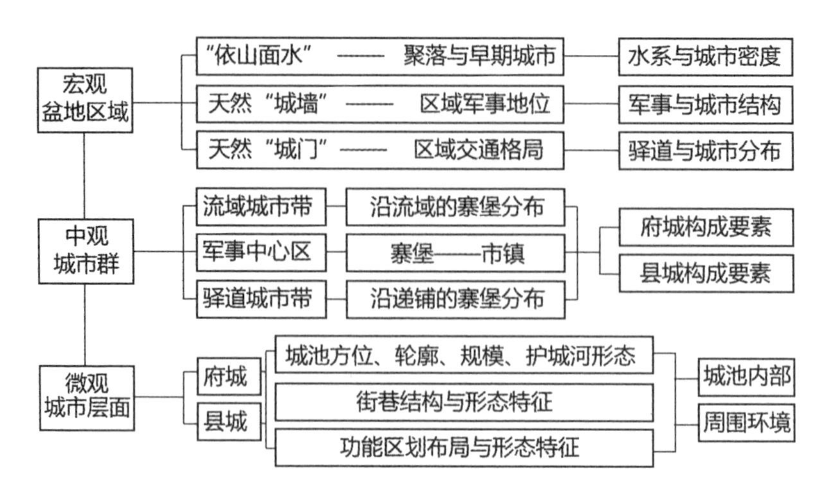


**图 5-5 晋中盆地历史城市变迁理论框架图**

资料来源:作者自绘

盆地区域是从盆地特有的地形地势进行分析,山水格局决定聚落和早期的城市选址,而山作为天然的"城墙",使其具有重要的区域军事地位,山间的空隙则作为天然的"城门",决定了盆地区域的交通格局。因此水系、军事和驿道将作为主要的影响因素,对盆地内的城市进行分组,通过第 3 章的总结可知,这也是研究城市变迁的三个视角:受水系影响最明显的为流域城市带、受军事影响最明显的是军事中心区、受交通影响最明显的是驿道城市带,而这三组城市也不是相互孤立的,它们之间的联系在于城市的功能空间"寨堡",这也是晋中盆地历史城市变迁的特点之一。从沿流域的寨堡分布和沿递铺的寨堡分布,再到寨堡军事功能的转变,该层面的研究,是突出中国城市历史特点的研究,进而对历史城市的构成要素进行归纳,分为府城和县城。最后,以"历史地图转译"的方式在城市层面进行标注和分析,以概括区域城市形态变迁的特点。综上所述,盆地的历史城市变迁研究,是从盆地的地理特征出发,总结主要影响盆地的因素,并以此为依据对城市进行重组和分析,进而得出区域内城市变迁特点的研究。

# 6 结论与展望

## 6.1 基本研究结论

1）晋中盆地历史城市的起源、发展、变迁受盆地自然因素的影响

晋中盆地历史城市起源和发展的过程，都受到自然环境的影响。首先，在城市的起源阶段，盆地的山水格局决定了聚落和城邑的“环带状”分布形态，“昭余祁”逐渐消失后，盆地内丰富的物产是城市形成和发展的基础。在城市发展的过程中，由于人口的增长，对自然环境造成影响，而自然环境的改变也会反作用于城市的发展，具体表现在两个方面：一是盆地内主要水系的变迁影响城市选址的改变；二是环境的变化，会以水灾的形式作用于城市，而城市在应对自然改变带来的灾难时，会导致城市的变迁。其次，晋中盆地的山水格局决定了其重要的军事地位，为北方少数民族和中原地区重要的交会地带。最后，盆地的山水格局也决定了区域交通的南北格局。因此，晋中盆地的自然环境是该区域历史城市起源、发展和变迁的基础。

2）晋中盆地历史城市群的特点表现为：中心性、近水性和流通性

通过对历史环境的梳理，得出影响晋中盆地城市群分布的三个主要因素是军事、水系和交通。因此，晋中盆地历史城市群表现出中心性、近水性和流通性的特点。依照主要影响因素所表现出的三个特点，可将城市群分为三个不同的区域，即“一环两带”的城市群形态。“一环”是受军事因素影响最显著的区域，位于晋中盆地的北端，包含太原府城及其周边的榆次县、清源县、太原县和徐沟县。“两带”中的其一是受水患影响最显著的区域，为文峪河流域城市带，位于晋中盆地的西缘，包含交城县、文水县、汾阳县和孝义县四个城市；其二是受交通影响最显著的区域，也是晋中盆地区域内最早的驿道所连接的城市，同时也是晋商起源的城市带，位于晋中盆地的东缘，包含太谷县、祁县、平遥县和介休县。

3）区域发展的三个主要影响因素，决定了晋中盆地城市形态的特点各不相同

区域发展的三个主要影响因素是军事、水系和交通，三个城市群的城市形态特点分别受这三个主导因素的影响，具体表现为：军事中心区城市形态变迁是以军事为主导的形态变迁；文峪河流域城市形态变迁是与水系产生不同的互动关系；驿道城市带的城市形态变迁是与驿道、驿站产生不同的互动关系。因此，三个城市群形态变迁特点，取决于三个主导因素的影响。

4）晋中盆地历史城市行政区划与地理划分不同

城市的行政区划是中国历史城市特有的单元要素，受各时期统治者和制度的影响而形成，行政区划所呈现在城市层面的不同就在于城市功能等级要素的不同。在历史时期，晋中盆地内历史城市的行政区划，不是完全与地理区划统一，而是不同的时期，基于不同的影响因素，呈现出三种不同的状态。一是行政区划与地理区划相同，即整个晋中盆地都属于同一个行政单元；二是行政区划与地理区划的部分相同，即晋中盆地的某一区域组成一个行政单元，例如，在明时期孝义、介休、平遥和汾阳组成了汾州府，在清时期阳曲、太原、榆次、太谷、祁县、文水、交城、清源、徐沟组成了太原府；三是行政区划与地理区划的完全不同。可见，中国历史城市特有的行政区划并不是完全以地理区划作为划分的依据，但地理区划是行政区划参考的因素之一。

## 6.2 主要创新点

1）重新梳理了晋中盆地历史城市的结构，并构建晋中盆地历史城市研究框架

本书是对晋中盆地历史城市结构的重新梳理，从中国历史城市特有的行政区划入手，发现行政区划对于城市的分组不同于地理区域的分组，因此对晋中盆地历史城市以不同主要影响要素进行重新组合，分别组合为军事中心区、流域城市带和驿道城市带，体现出的特点分别是中心性、近水性和流通性，整体呈现出“一环两带”的城市空间结构。本研究以盆地作为切入点探索城市的起源和变迁，是突出中国城市起源特点的研究。地理区域是指盆地的山水格局和物产资源，它们为城市的起源提供物质条件，早期的城市，不依赖于外力，也不受外部的干扰，是一个自给自足的地方。随着城市的发展，盆地内便利的交通使其成为政权争夺的焦点，从国家的角度、区域稳定的角度来看，盆地又为战争前线提供后勤保证；城市群是指以中国特有的行政区划出发，分析构成不同级别城市的空间历史要素；城市空间是根据城市的空间要素，分析具体城市形态特点。地理区域、城市群、城市空间这三个层面的研究层层深入，该研究理论框架的建构将为中国历史城市的研究提供新视角。

2）丰富了中国“历史城市”的概念内涵

中国“历史城市”的概念，有别于“历史文化名城”，根据《中华人民共和国文物保护法》，“历史文化名城”是指保存文物特别丰富并且具有重大历史价值或者革命纪念意义的城市。而“历史城市”，是指具有一切历史价值的城市，包含“历史文化名城”，有狭义和广义之分，狭义的历史城市即指城池本身，以及城池周边的历史环境要素，即只关注城本身，但这样的做法，是直接进入一个“点”状的城市而忽略了

中间层，中间层指的是中国传统城市特有的行政区划系统，这也是中国的文化特点。因此，要研究“历史城市”，首先要研究形成特点文化的过程，要以行政区划入手，不仅研究城池本身，更重要的是市集、驿站、递铺或关隘等构成城市的功能要素，尽管这些功能空间逐步发展成今天的镇或村，但镇和村的前身是城市功能的一部分，要把共属于一个城的历史空间的结构都归属于“历史城市”的概念中，即“历史城市”不仅是指“城”，镇、村的前身市集、驿站、递铺或关隘等要素也是“历史城市”中城市功能的重要组成部分。

3）拓展了我国历史城市格局变迁的研究方法

在本书中，“地理区域—城市群—城市空间”三个层面，都将历史文献信息图像化、数字化：地理区域层面主要运用GIS软件，对早期区域内的聚落进行标注和分析，并对不同时期的水系、交通进行密度分析；城市群层面，将历代城池修建次、城池与水系的距离、道路的长度进行量化分析；城市空间层面，以“历史地图转译”的方法对每个城市形态进行图像化的分析。对历史资料的图像化与数字化分析，也运用于行政区划、人口、经济等因素的分析中，试图将量化分析拓展到历史城市研究的诸多方面。

## 6.3 后续研究

1）晋中盆地历史城市街巷系统变迁研究

本书主要集中于城市历史的研究，为该区域的城市文化等问题的研究提供历史思路和依据。未来可深入城市内的街巷系统，即研究盆地内的自然、战争、交通等因素影响下，对盆地区域内街区的结构变迁进行量化研究，包括街道的长度/宽度、街区之间的距离及形态形成的原因等。街区是人类活动的日常空间和载体，也是不同历史时期城市文化的综合体现。街巷的格局决定城市的形态，构成了城市历史空间结构，因此，历史城市的街巷系统的研究是对于城市历史研究的延续，也是历史城市研究中不可缺失的部分。

2）山西盆地群的历史城市变迁研究

晋中盆地是山西境内面积最大的盆地，也是城市最集中的盆地。本研究以晋中盆地为例，研究盆地内历史城市的变迁，但晋中盆地并不是一个的孤立的单元，晋中盆地北接忻州盆地、大同盆地，南连临汾盆地、运城盆地，盆地之间也存在相互的作用和影响，因此，未来可以在更大的地域范围进行研究，即山西盆地群的历史城市变迁研究。

3）“万里茶路”关联城市的跨区域协同研究

加强与“万里茶路”关联城市的跨区域协同研究：2019年3月已经公布了“万

里茶路”中国境内的49个遗址点，包括19个生产路线遗址点，24个集散路线遗址点，6个外销路线遗址点，分布在福建、江西、湖南、湖北、河南、河北、山西、内蒙古8个省区。山西境内的遗址点有大同市、右玉县、代县、太原市、晋中市、太谷县、祁县、长治市和晋城市。从我国文化的发展战略来看，即需要对由“万里茶路”所串联空间区域内的城市历史进行研究，研究其空间演变过程中的共性和特点。

# 参考文献

## 一、地方志与古代文献

[1] 山西省地方志办公室.山西省志·气象志[M].北京:中华书局,2013.
[2] 山西省地方志办公室.山西省志·交通志[M].北京:中华书局,2010.
[3] 山西省地方志办公室.山西省志·地震志[M].北京:中华书局,2015.
[4] 山西省地方志办公室.山西省志·政区沿革志[M].北京:中华书局,2015.
[5] 山西省地方志办公室.山西省志·古建筑志[M].北京:中华书局,2013.
[6] 山西省地方志办公室.山西省志·社会科学志[M].北京:中华书局,2011.
[7] 山西省史志研究院.山西通志(第一卷)·总述[M].北京:中华书局,1999.
[8] 山西省史志研究院.山西通志(第二卷)·地理志[M].北京:中华书局,1996.
[9] 山西省史志研究院.山西通志(第三卷)·气象志[M].北京:中华书局,1999.
[10] 山西省史志研究院.山西通志(第四卷)·地质矿产志[M].北京:中华书局,1993.
[11] 山西省史志研究院.山西通志(第五卷)·地震志[M].北京:中华书局,1991.
[12] 山西省史志研究院.山西通志(第六卷)·人口志[M].北京:中华书局,1999.
[13] 山西省史志研究院.山西通志(第七卷)·土地志[M].北京:中华书局,1998.
[14] 山西省史志研究院.山西通志(第八卷)·农业志[M].北京:中华书局,1998.
[15] 山西省史志研究院.山西通志(第九卷)·林业志[M].北京:中华书局,1994.
[16] 山西省史志研究院.山西通志(第十卷)·水利志[M].北京:中华书局,1999.
[17] 山西省史志研究院.山西通志(第十二卷)·煤炭工业志[M].北京:中华书局,1993.
[18] 山西省史志研究院.山西通志(第二十一卷)·交通志·公路水运篇[M].北京:中华书局,1999.
[19] 山西省史志研究院.山西通志(第二十二卷)·铁路志[M].北京:中华书局,1997.
[20] 山西省史志研究院.山西通志(第二十三卷)·邮电志[M].北京:中华书局,1996.
[21] 山西省史志研究院.山西通志(第二十四卷)·测绘志[M].北京:中华书局,1999.
[22] 山西省史志研究院.山西通志(第二十五卷)·城乡建设环境保护志·城乡建

设篇、建筑业篇[M]. 北京:中华书局,2001.
[23] 山西省史志研究院. 山西通志(第二十八卷)·对外贸易志[M]. 北京:中华书局,1999.
[24] 山西省史志研究院. 山西通志(第三十卷)·金融志[M]. 北京:中华书局,1991.
[25] 山西省史志研究院. 山西通志(第四十四卷)·文物志[M]. 北京:中华书局,2002.
[26] 山西省史志研究院. 山西通志(第四十七卷)·民俗方言志[M]. 北京:中华书局,1997.
[27] (明)李侃修,(明)胡谧. 山西通志[M]. 山西省史志研究院,整理. 北京:中华书局,1998.
[28] (明)李景元,(明)樊东谟,(明)李维桢,等. 山西通志[M]. 山西省地方志办公室,整理. 北京:中华书局,2012.
[29] 山西省史志研究院. 山西志辑要[M]. 北京:中华书局,2000.
[30] (清)穆尔赛,(清)刘梅,(清)温敞,等修纂. 山西通志(壹、贰、叁)[M]. 山西省地方志办公室,整理. 北京:中华书局,2014.
[31] (清)觉罗石麟,(清)储大文. 山西通志(壹、贰、叁、肆、伍、陆)[M]. 山西省史志研究院,整理. 北京:中华书局,2006.
[32] (清)费淳,(清)沈樹聲. 乾隆太原府志(一)[M]//中国地方志集成·山西府县志辑(1). 南京:凤凰出版社,2005.
[33] (清)费淳,(清)沈樹聲. 乾隆太原府志(二)、道光阳曲县志、道光太原县志[M]//中国地方志集成·山西府县志辑(2). 南京:凤凰出版社,2005.
[34] (清)金福增,(清)张兆魁,(清)金锺彦. 同治河曲县志、同治榆次县志、光绪榆次县续志[M]//中国地方志集成·山西府县志辑(16). 南京:凤凰出版社,2005.
[35] (清)恩端,(清)武达材,(清)王舒萼. 光绪平遥县志、光绪神池县志、康熙岢岚州志、光绪岢岚州志[M]//中国地方志集成·山西府县志辑(17). 南京:凤凰出版社,2005.
[36] (清)郭晋,(清)管粤秀. 乾隆太谷县志、民国太谷县志[M]//中国地方志集成·山西府县志辑(19). 南京:凤凰出版社,2005.
[37] (清)程云,(清)蓝山增. 乾隆兴县志、光绪兴县续志、光绪祁县志[M]//中国地方志集成·山西府县志辑(23). 南京:凤凰出版社,2005.
[38] (清)王谋文. 乾隆介休县志、嘉庆介休县志[M]//中国地方志集成·山西府县志辑(24). 南京:凤凰出版社,2005.
[39] (清)谢汝霖. 康熙永宁州志、光绪交城县志、乾隆孝义县志[M]//中国地方志

集成·山西府县志辑(25).南京:凤凰出版社,2005.
[40] (清)孙和相,戴震.乾隆汾州府志[M]//中国地方志集成·山西府县志辑(27).南京:凤凰出版社,2005.
[41] (清)傅星修,(清)郑立功.康熙文水县志、光绪文水县志、乾隆长治县志[M]//中国地方志集成·山西府县志辑(28).南京:凤凰出版社,2005.
[42] (清)王轩,等.光绪山西通志(卷八十)[M].靳生禾,李广洁,点校.北京:中华书局,1990:254.
[43] 刘玉玑,仇会祐,胡万凝.太谷县志(全三册)[M]//华北地区·第397号.民国二十年铅印本.台北:成文出版社,1976.
[44] (清)夏肇庸.交城县志[M]//华北地区·第398号.清光绪八年刊本.台北:成文出版社,1976.
[45] 张赓麟,董重.山西省介休县志(全三册)[M]//华北地区·第399号.民国十九年铅印本.台北:成文出版社,1976.
[46] (清)员佩兰,(清)杨国泰.山西省太原县志(全三册)[M]//华北地区·第431号.清道光六年刊本.台北:成文出版社,1976.
[47] (清)郭晋,(清)管粤秀.山西省太谷县志(全三册)[M]//华北地区·第432号.清乾隆六十年刊本.台北:成文出版社,1976.
[48] (清)傅星,(清)郑立功,等.山西省文水县志(全二册)[M]//华北地区·第433号.清康熙十二年刊本.台北:成文出版社,1976.
[49] (清)徐品山,(清)陆元鏸.山西省介休县志(全四册)[M]//华北地区·第434号.清嘉庆二十四年刊本.台北:成文出版社,1976.
[50] 太原市地方志编纂委员会.太原古县志集全(上、中、下)[M].太原:三晋出版社,2012.
[51] 太原市地方志编纂委员会.太原府志集全[M].太原:山西人民出版社,2005.
[52] 太原市地方志编纂委员会.太原市志(共八册)[M].太原:山西古籍出版社,1999.
[53] 太原市地方志编纂委员会.太原市志(精编版)[M].太原:三晋出版社,2011.
[54] 清徐县地方志编纂委员会.清徐县志[M].太原:山西古籍出版社,1999.
[55] 清徐县地方志办公室.清徐古方志五种(上、下)[M].太原:山西古籍出版社,1998.
[56] 山西省榆次市志编纂委员会.榆次市志[M].北京:中华书局,1996.
[57] 太谷县志编纂委员会.太谷县志[M].太原:山西人民出版社,1993.
[58] 祁县地方志编纂委员会.祁县志:中国历史文化名城[M].北京:中华书局,1999.

[59] 平遥县地方志编纂委员会. 平遥县志[M]. 北京：中华书局，1999.
[60] 山西省介休市志编纂委员会. 介休市志[M]. 北京：海潮出版社，1996.
[61] 孝义县地方志编纂委员会. 孝义县志[M]. 北京：海潮出版社，1992.
[62] (明)王道一，(清)孙和相. 汾州府志[M]. 李裕民，马夏民，点校. 太原：山西人民出版社，1994.
[63] (清)周超，(清)贾若瑚，(清)樊之楷. 汾阳县志[M]. 张立新，贾平，点注. 北京：中国文史出版社，2007.
[64] 文水县史志办公室. 清代文水县志二种[M]. 太原：三晋出版社，2011.
[65] 李培信. 文水县志[M]. 太原：山西人民出版社，1994.
[66] 交城县志编写委员会. 交城县志[M]. 太原：山西古籍出版社，1994.
[67] (清)王夷典. 平遥县志：康熙四十六年八卷本[M]. 太原：山西经济出版社，2008.
[68] (北魏)郦道元. 水经注[M]. 北京：中华书局，2007.
[69] (战国)管仲. 管子[M]. 上海：上海古籍出版社，2016.
[70] (西周)尹吉甫. 诗经[M]. 周振甫，译注. 北京：中华书局，2002.
[71] (西汉)司马迁. 史记[M]. 北京：中华书局，1982.
[72] (春秋)老子. 道德经[M]. 上海：上海古籍出版社，1982.
[73] (春秋)吕不韦. 吕氏春秋[M]. 太原：山西古籍出版社，2007.
[74] (汉)赵晔. 吴越春秋[M]. 南京：江苏古籍出版社，1992.
[75] (战国)荀况. 荀子[M]. 北京：燕山出版社，2011.
[76] (东汉)班固. 汉书[M]//点校本二十四史・清史稿. 颜师古，注释. 北京：中华书局，1962.
[77] (西汉)刘汉，等. 战国策[M]. 北京：中华书局，1996.
[78] (南朝)范晔. 后汉书・郡国志[M]. 北京：中华书局，2007.
[79] (清)张廷玉，等. 明史・河渠志[M]. 北京：中华书局，1974.
[80] (宋)司马光. 资治通鉴[M]. (元)胡三省，音注. 北京：中华书局，1956.
[81] (唐)李吉甫. 元和郡县图志[M]. 北京：中华书局，1983.
[82] (南宋)王象之. 舆地纪胜[M]. 北京：中华书局，1992.
[83] (明)李贤，等. 大明一统志(上、下)[M]. 西安：三秦出版社，1990.
[84] (明)闻人诠，(明)陈沂. 南畿志[M]. 明嘉靖十三年刻.
[85] (北宋)税安礼，(南宋)赵亮夫. 宋末历代地理指掌图[M]. 上海：上海古籍出版社，1989.
[86] (元)刘应李. 大元混一方舆胜览[M]. 上海：上海古籍出版社，1989.
[87] (汉)郑玄. 周礼注[M]. 北京：国家图书馆出版社，2009.
[88] (清)员佩阑，(清)杨国泰. 道光太原县志[M]//中国地方志集成・山西府县

志辑. 南京:凤凰出版社,2005.

[89] (清)李方芃,(清)李方蓁,(清)戴梦熊. 道光阳曲县志[M]//中国地方志集成·山西府县志辑. 南京:凤凰出版社,2005.

[90] (清)王文员,(清)慶文,(清)方家句. 光绪汾阳县志[M]//中国地方志集成·山西府县志辑. 南京:凤凰出版社,2005.

[91] (清)许惺南,(清)夏肇庸. 光绪交城县志[M]//中国地方志集成·山西府县志辑. 南京:凤凰出版社,2005.

[92] (清)王舒萼,(清)武达材,(清)恩端. 光绪平遥县志[M]//中国地方志集成·山西府县志辑. 南京:凤凰出版社,2005.

[93] (清)李芬,(清)刘发岏. 光绪祁县志[M]//中国地方志集成·山西府县志辑. 南京:凤凰出版社,2005.

[94] (清)王效尊,(清)王勋祥. 光绪清源乡志[M]//中国地方志集成·山西府县志辑. 南京:凤凰出版社,2005.

[95] (清)阴步霞,(清)王炜,(清)范启堃. 光绪文水县志[M]//中国地方志集成·山西府县志辑. 南京:凤凰出版社,2005.

[96] (清)秦宪,(清)王勋祥. 光绪辅修徐沟县志[M]//中国地方志集成·山西府县志辑(三). 南京:凤凰出版社,2005.

[97] (清)王效尊,(清)薛元钊修. 光绪续太原县志[M]//中国地方志集成·山西府县志辑(三). 南京:凤凰出版社,2005.

[98] (清)王嘉谟. 康熙徐沟县志[M]//中国地方志集成·山西府县志辑. 南京:凤凰出版社,2005.

[99] (清)王平格. 榆次县志[M]. 清同治三年刊本//山西方志之六. 台北:台湾学生书局,1968.

[100] (清)王效尊. 太谷县志[M]. 清光绪十二年刊本//山西方志之七. 台北:台湾学生书局,1968.

## 二、学术专著

[1] 王振芳. 大唐北都[M]. 太原:北岳文艺出版社,2009.

[2] 李永福. 清代山西城市发展与社会变迁[M]. 北京:同心出版社,2011.

[3] 肖建乐. 唐代城市经济研究[M]. 北京:人民出版社,2009.

[4] 傅崇兰. 中国运河城市发展史[M]. 成都:四川人民出版社,1985.

[5] 王守中,郭大松. 近代山东城市变迁史[M]. 济南:山东教育出版社,2001.

[6] 陈国灿,奚建华. 浙江古代城镇史研究[M]. 合肥:安徽大学出版社,2000.

[7] 张仲礼. 东南沿海城市与中国近代化[M]. 上海:上海人民出版,1996.

[8] 杨秉德. 中国近代城市与建筑(1840—1949)[M]. 北京:中国建筑工业出版社,1993.

[9] 贺业钜. 中国古代城市规划史论丛[M]. 北京:中国建筑工业出版社,1986.
[10] 山西省史志研究院. 山西通史[M]. 北京:中华书局,1997.
[11] 乔志强. 山西通史[M]. 北京:中华书局,1997.
[12] 降大任. 山西史纲[M]. 太原:山西人民出版社,2004.
[13] 张正明、赵云旗. 山西历代人口统计[M]. 太原:山西人民出版社,1992.
[14] 赵纬毅. 山西历史地名词典[M]. 太原:山西古籍出版社,2004
[15] 范文澜. 中国通史[M]. 北京:人民出版社,1978.
[16] 柳诒徵. 中国文化史[M]. 上海:上海古籍出版社,2001.
[17] 楚刃,等. 山西通史[M]. 太原:山西人民出版社,2001.
[18] 钱穆. 中国文化史导论[M]. 上海:上海三联书店,1988.
[19] 李泽厚. 中国古代思想史论[M]. 北京:人民出版社,1986.
[20] 苏秉琦. 中国文明起源新探[M]. 沈阳:辽宁人民出版社,2009.
[21] 田方,陈一筠. 中国移民史略[M]. 北京:知识出版社,1986.
[22] 葛剑雄. 中国人口史[M]. 上海:复旦大学出版社,2005.
[23] 梁方仲. 中国历代户口、田地、田赋统计[M]. 上海:上海人民出版社,1980.
[24] 成一农. 古代城市形态研究方法新探[M]. 北京:社会科学文献出版社,2009.
[25] 刘凤云. 明清城市空间的文化探析[M]. 北京:中央民族大学出版社,2001.
[26] 杨纯渊. 山西历史经济地理述要[M]. 太原:山西人民出版社,1993.
[27] 马世之. 中国史前古城[M]. 武汉:湖北教育出版社,2003.
[28] 贺业钜. 中国古代城市规划史[M]. 北京:中国建筑工业出版社,1996.
[29] 曹洪涛. 中国古代城市的发展[M]. 北京:中国城市出版社,1995.
[30] 吴庆洲. 中国古代城市防洪研究[M]. 北京:中国建筑工业出版社,1995.
[31] 曲英杰. 古代城市[M]. 北京:文物出版社,2003.
[32] 傅崇兰,白晨曦,曹文明. 中国城市发展史[M]. 北京:社会科学文献出版社,2009.
[33] 张纪仲. 山西历史政区地理[M]. 太原:山西古籍出版社,2005.
[34] 金其铭. 乡村地理学[M]. 南京:江苏教育出版社,1990.
[35] 马正林. 中国城市历史地理[M]. 济南:山东教育出版社,1998.
[36] 胡振洲. 聚落地理学[M]. 台北:三民书局,1977.
[37] 王恩涌,胡兆量,周尚意. 中国文化地理[M]. 北京:科学出版社,2008.
[38] 张海. GIS 与考古学空间分析[M]. 北京:北京大学出版社,2014.
[39] 滕铭予. GIS 支持下的赤峰地区环境考古研究[M]. 北京:科学出版社,2009.
[40] 宋小冬,钮心毅. 地理信息系统实习教程[M]. 第 3 版. 北京:科学出版社,2013.
[41] 谭其骧. 中国历史地图集[M]. 北京:中国地图出版社,1996.

[42] 山西省地图集编纂委员会. 山西省历史地图集[M]. 北京:中国地图出版社,2000.
[43] 谭其骧. 简明中国历史地图集[M]. 北京:中国地图出版社,1991.
[44] 段进. 城市空间发展论[M]. 南京:江苏科学技术出版社,1999.
[45] 董鉴泓. 城市规划历史与理论研究[M]. 上海:同济大学出版社,1999.
[46] 董鉴泓. 中国城市建设史[M]. 3 版. 北京:中国建筑工业出版社,2004.
[47] 何一民. 中国城市史纲[M]. 成都:四川大学出版社,1994.
[48] 赵冈. 中国城市发展史论集[M]. 北京:新星出版社,2006.
[49] 张光直. 古代中国考古[M]. 北京:生活・读书・新知三联书店,2013.
[50] 周长山. 汉代城市研究[M]. 北京:人民出版社,2001.
[51] 包伟民. 宋代城市研究[M]. 北京:中华书局,2014.
[52] 杨秉德. 中国近代城市与建筑(1840—1949)[M]. 北京:中国建筑工业出版社,1993.
[53] 韩大成. 明代城市研究[M]. 北京:中国人民大学出版社,2009.
[54] (美)施坚雅. 中华帝国晚期的城市[M]. 叶光庭,等译. 北京:中华书局,2000.
[55] 王明德. 从黄河时代到运河时代:中国古都变迁研究[M]. 成都:巴蜀书社,2008.
[56] 张京祥. 中国城市发展建设史[M]. 南京:东南大学出版社,2002.
[57] 严文明. 中华文明的始原[M]. 北京:文物出版社,2011.
[58] 董卫. 城市规划历史与理论(3)[M]. 南京:东南大学出版社,2018.
[59] 刘玉照,张敦福,李友梅. 社会转型与结构变迁[M]. 上海:上海人民出版社,2007.
[60] 高珮义. 中外城市化比较研究[M]. 天津:南开大学出版社,1991.
[61] 王尚义. 晋商商贸活动的历史地理研究[M]. 北京:科学出版社,2004.
[62] 贺利思. 伦敦的崛起:知识分子打造的城市[M]. 宋美莹,译. 北京:电子工业出版社,2012.
[63] (汉)郑玄注,贾公彦疏,彭林. 周礼注疏[M]. 上海:上海古籍出版社,2010.
[64] 潘谷西. 中国建筑史[M]. 6 版. 北京:中国建筑工业出版社,2009.
[65] 贺业钜. 中国古代城市规划史论丛[M]. 北京:中国建筑工业出版社,1986.
[66] 汪德华. 中国城市规划史[M]. 南京:东南大学出版社,2014.
[67] 徐苹芳. 中国城市考古学论集[M]. 上海:上海古籍出版社,2015.
[68] 郐艳丽. 东北地区城市空间形态研究[M]. 北京:中国建筑工业出版社,2006.
[69] 刘敦桢. 中国古代建筑史[M]. 北京:中国建筑工业出版社,2005.
[70] 山西省地图集编纂委员会. 山西省历史地图集[M]. 北京:中国地图出版社,2000.

[71] 国家文物局. 中国文物地图集——山西分册(上、中、下册)[M]. 北京:中国地图出版社,2006.
[72] 安介生. 历史地理与山西地方史新探[M]. 太原:山西人民出版社,2008.
[59] 杨国勇. 华夏文明研究:山西上古史新探[M]. 北京:中国社会科学出版社,2002.
[73] 李元庆. 三晋古文化源流[M]. 太原:山西古籍出版社,1997.
[74] 安介生. 山西移民史[M]. 太原:三晋出版社,2014.
[75] 林天人. 先秦三晋区域文化研究[M]. 台北:台湾古籍出版社,1992.
[76] 太原市文物考古研究所. 晋阳古城[M]. 北京:文物出版社,2005.
[77] 黄征. 太原史稿[M]. 太原:山西人民出版社,2003.
[78] 山西省太谷县政协. 中国历史文化名城——太谷[M]. 太原:山西人民出版社,2011.
[79] 范维令. 万里茶道劲旅:祁县茶商[M]. 太原:北岳文艺出版社,2017.
[80] 山西省建设厅. 平遥历史文化名城保护与发展战略[M]. 太原:山西人民出版社,1994.
[81] 宋昆. 平遥古城与民居[M]. 天津:天津大学出版社,2000.
[82] 董培良. 平遥古城[M]. 太原:山西经济出版社,2006.
[83] 安介生,李嘎,姜建国. 介休历史乡土地理研究[M]. 北京:中国社会科学出版社,2016.
[84] 周大鸣,郭永平,等. 延续的文明:山西介休的历史透视[M]. 北京:中国社会科学出版社,2016.
[85] 谢鸿喜. 水经注山西资料辑释[M]. 太原:山西人民出版社,1990.
[86] 郭红,靳润成. 中国行政区划通史(明代卷)[M]. 上海:复旦大学出版社,2007.
[87] 张森水. 中国旧石器文化[M]. 天津:天津科学技术出版社,1987.
[88] 谢燕萍,游学华. 中国旧石器时代文化遗址[M]. 香港:香港中文大学出版社,1984.
[89] 王幼平. 旧石器时代考古[M]. 北京:文物出版社,2000.
[90] 文峪河水利管理局. 文峪河志[M]. 太原:山西古籍出版社,2000.
[91] 王怀中,马书岐. 山西关隘大关[M]. 济南:山东画报出版社,2012.
[92] David Lowenthal. The Past Is a Foreign Country-Revisited[M]. Cambridge: Cambridge University Press, 2015.
[93] Kostof Spiro. The City Shaped: Urban Patterns and Meanings Through History[M]. New York: Bullfinch, 1991.
[94] Kostof Spiro. The City Assembled: The Elements of Urban Form Through

History [M]. London: Thames and Hudson, 1992.

[95] Kostof Spiro. A History of Architecture: Settings and Rituals[M]. New York: Oxford University Press, 1995.

[96] Lynch K. Managing the Sense of a Region[M]. Cambridge, MA: MIT Press, 1976.

[97] Saxenian A L. Regional Advantage: Culture and Competition in Silicon Valley and Route 128 [M]. Cambridge, MA: Harvard University Press, 1996.

[98] G. William Skinner. The City in Late Imperial China[M]. California: Stanford University Press, 1977.

[99] Mark Girouard. Cities & People: A Social and Architectural History[M]. New Haven: Yale University Press, 1985.

[100] Lynch Kevin. The Image of the City [M]. Cambridge, MA: MIT Press, 1960.

[101] Lynch Kevin. Good City Form[M]. Cambridge, MA: MIT Press, 1998.

[102] Nezar Alsayyad. Cairo: Histories of a City[M]. Cambridge, MA: Harvard University Press, 2011.

[103] Nezar Alsayyad. Cities and Caliphs: on the Genesis of Arab Muslim Urbanism[M]. Westport, CT: Greenwood Press, 1991.

[104] Jean-paul bourdier, Nezar Alsayyad. Dwellings, Settlements and Tradition[M]. Washington (D. C.): University Press of America, 1989.

[105] Alfred Schinz. The Magic Square: Cities in Ancient China[M]. Stuttgart: Edition Axel Menges, 1996.

[106] Shiqiao L. Understanding the Chinese City [M]. California: Sage, 2014.

## 三、学术期刊

[1] 关艳珍. 清代太原府的城市集聚[J]. 吕梁学院学报,2012,2(06):40-42+67.

[2] 梁四宝,王云爱. 明清时期太原周边市镇及其与太原的经济联系[C]//中国古都研究(第二十辑)——中国古都学会 2003 年年会暨纪念太原建成 2500 年学术研讨会论文集,2003:209-218.

[3] 张慧芝,朱士光. 宋代太原城址的迁移及其地理意义[C]//中国古都研究(第二十辑)——中国古都学会 2003 年年会暨纪念太原建成 2500 年学术研讨会论文集,2003:176-189.

[4] 李岚. 从"山—水—城"关系到古都文化复兴——以晋阳古城为例[C]//共享与品质——2018 中国城市规划年会论文集(04 城市规划历史与理论),2018:285-293.

[5] 郭英,曹红霞. 明清太原府[J]. 中国文化遗产,2008(01):106-113.

[6] 王社教. 明清时期太原城市的发展[J]. 陕西师范大学学报(哲学社会科学版),2004(05):27-31.

[7] 高春平. 明代太原的城市建设[C]//中国古都研究(第二十辑)——中国古都学会2003年年会暨纪念太原建成2500年学术研讨会论文集,2003:190-197.

[8] 张德一. 明太原县城与晋阳古城之渊源[J]. 文史月刊,2015(03):73-77.

[9] 行鸣,傅婷婷. 太原城市形态回溯——从北宋到明初[J]. 华中建筑,2016,34(07):114-117.

[10] 康玉庆. 试论太原在古都史上的重要地位[J]. 太原大学学报,2005(04):68-71.

[11] 李书吉. 古都太原的历史地位与文化特色[J]. 中国地方志,2003(S1):18-24.

[12] 赵强,路尧. 太原盆地地面沉降发育特征及成因分析[J]. 山西建筑,2017,43(07):41-42.

[13] 孟万忠,王尚义,刘晓峰. 太原盆地湖泊变迁过程中人地关系的透视[J]. 太原师范学院学报(社会科学版),2010,9(05):29-32.

[14] 曹新宇. 清代山西的粮食贩运路线[J]. 中国历史地理论丛,1998(02):159-167+251.

[15] 杨纯渊. 山西古代城市的实态分析[J]. 文物季刊,1989(02):61-71.

[16] 冉光荣. 春秋战国时期郡县制度的发生与发展[J]. 四川大学学报(社会科学版),1963(01):19-46.

[17] 邓骥中,于涛,冯静. 制度变迁视角下的强镇扩权地域空间效应研究——以江苏省戴南镇为例[J]. 现代城市研究,2014(10):39-45.

[18] 王高英. 清代晋商民居乔家大院古建筑文化内涵探析[J]. 文物世界,2014(03):48-49.

[19] 谢璞. 平遥古城空间格局演化的再解析[J]. 南京艺术学院学报(美术与设计),2015(01):188-194.

[20] 张虹,王树声. 从遗产保护到城市文化环境营造——介休历史文化名城保护研究[C]//转型与重构——2011中国城市规划年会论文集,2011:8395-8404.

[21] 王金平,王小强. 历史古城的保护与发展模式探索——以孝义旧城为例[J]. 太原理工大学学报,2008(S1):135-139.

[22] 梁四宝,武芳梅. 明清时期山西人口迁徙与晋商的兴起[J]. 中国社会经济史研究,2001(02):54-60+29.

[23] 郭士忠. 也谈山西商人兴起的地理条件[J]. 太原师范学院学报(社会科学版),2006,5(6):34-37.

[24] 宋丽莉,张正明. 浅谈明清潞商与区域环境的相互影响[J]. 山西大学学报:哲学社会科学版, 2008, 31(1):4.

[25] 王鹤,董卫. 沈阳城市形态历史变迁研究:从明卫城到清盛京时期[J]. 城市规

划学刊,2011(1):112-118.
[26] 张青瑶,王社教.清代中后期太原盆地镇的类型及形成因素[J].中国社会经济史研究,2003(4):67-75.
[27] 陈饶,董卫.江淮东部早期聚落与城镇空间形态初探[J].小城镇建设,2016(4):24-30.
[28] 万谦.开放领域与专门学科:建筑史学视野中的中国城市史研究概览[J].建筑师,2008(5):99-105.
[29] 熊存瑞,蔡云辉.古代中国城市史研究的新成果[J].城市史研究,2005:308-322.
[30] 吴良镛.中国城市史研究的几个问题[J].城市发展研究,2006,13(2):1-3.
[31] 熊月之,张生.中国城市史研究综述(1986—2006)[J].史林,2008(1):21-35.
[32] 杨宇振.朱启钤(桂辛)先生初步研究及其他:一份近代城市史视野中的历史人物研究简报[J].建筑师,2007(6):87-92.
[33] 董卫.中国古代图学理论及其现代意义(一):从裴秀"制图六体"所想到的[J].建筑师,2009(6):29-34.
[34] 武廷海.中国城市史研究中的区域观念[J].规划师,2000,16(5):87-89.
[35] 严文明.中国史前文化的统一性与多样性[J].文物,1987(3):38-50.
[36] 曹润敏,曹峰.中国古代城市选址中的生态安全意识[J].规划师,2004,20(10):86-89.
[37] 成一农.中国古代城市选址研究方法的反思[J].中国历史地理论丛,2012,27(1):84-93.
[38] 殷淑燕,黄春长.论关中盆地古代城市选址与渭河水文和河道变迁的关系[J].陕西师范大学学报(哲学社会科学版),2006,35(1):58-65
[39] 吴庆洲.中国古城选址与建设的历史经验与借鉴(上)[J].城市规划,2002,24(9):31-36.
[40] 吴庆洲.中国古城选址与建设的历史经验与借鉴(下)[J].城市规划,2002,24(10):34-41.
[41] 吴庆洲.中国古城防洪的历史经验与借鉴[J].城市规划,2002,26(4):84-92.
[42] 吴庆洲.中国古城防洪的历史经验与借鉴(续)[J].城市规划,2002,26(5):76-84.
[43] 韩建业.良渚、陶寺与二里头:早期中国文明的演进之路[J].考古,2010(11):71-78.
[44] 江章华.成都平原先秦聚落变迁分析[J].考古,2015(4):67-78.
[45] 王巍.公元前2000年前后我国大范围文化变化原因探讨[J].考古,2004(1):67-77.
[46] 裴安平.史前聚落的群聚形态研究[J].考古,2007(8):45-56.
[47] 裴安平.聚落群聚形态视野下的长江中游史前城址分类研究[J].考古,2011

(4):50-60.

[48] 王晓毅.山西岢岚县乔家湾龙山文化晚期遗址[J].考古,2011(9):3-14,97-99.

[49] 李瑞,耿鹏,王俊,等.山西汾阳唐曹怡墓发掘简报[J].文物,2014(11):28-32.

[50] 侯光良,刘峰贵,萧凌波,等.青海东部高庙盆地史前文化聚落演变与气候变化[J].地理学报,2008,63(1):34-40.

[51] 姜佳奇,莫多闻,吕建晴,等.山西太原盆地全新世地貌演化及其对古人类聚落分布的影响[J].古地理学报,2016,18(5):895-904.

[52] 许顺湛.临汾龙山文化陶寺类型聚落群研究[J].中原文物,2010(3):34-39.

[53] 胡小猛,杨景春.临汾盆地末次间冰期以来地貌演化的构造和气候响应[J].地质力学学报,2001,7(2):176-180.

[54] 裴安平.山西临汾盆地史前聚落群聚形态研究[J].南方文物,2013(4):42-51.

[55] 姚大全,何骛,陈安国,等.山西襄汾陶寺古遗址自然变形遗迹的发现及其意义[J].地震学报,2011,33(4):545-549.

[56] 胡小猛,杨景春.临汾盆地中更新世中晚期以来的演化历史及成因分析[J].上海师范大学学报(自然科学版),2001,30(3):72-76.

[57] 王克林.山西榆次古墓发掘记[J].文物,1974(12):63-73.

[58] 王树声.重拾中国城市规划的风景营造传统[J].中国园林,2018(1):28-34.

[59] 谢元璐,张颔.晋阳古城勘察记[J].文物,1962(Z1):55-58.

[60] 李小龙,王树声,朱玲,等.控引襟带:一种凭依江河的整体营城模式[J].城市规划,2018,42(11):中插1-中插2.

[61] 王凯,王树声,来嘉隆.全形:一种追求城市与山川形式整体合宜的规划模式[J].城市规划,2018,42(1):前插1-前插2.

[62] 李学江.太原历史地理研究[J].晋阳学刊,1992(5):95-98.

[63] 王尚义.太原盆地昭余古湖的变迁及湮塞[J].地理学报,1997(3):262-267.

[64] 高磊,曹惠源.太原古代城市防洪体系研究[J].城市建筑,2013(18):35.

[65] 高星,尤玉柱,吴志清.山西榆次大发旧石器地点[J].人类学学报,1991,10(2):147-154.

[66] 刘锦萍.榆次常家与中俄茶叶之路的兴衰[J].晋阳学刊,2001(6):92-96.

[67] 乔南.清代山西的商业城镇:太谷[J].晋阳学刊,2010(2):18-21.

[68] 李锦生.平遥历史文化名城保护规划[J].城市规划,1992(2):26-29.

[69] 陶伟,蒋伟.平遥古城形态研究:西方视野中的探索、分析与发现[J].城市规划学刊,2012(2):112-119.

[70] 宁学军.平遥古城环城地带风貌格局恢复初探[J].城市规划,2010(9):73-77.

[71] 佘可文.初议历史地理环境中晋商的兴衰[J].人文地理,1997(2):66-69.

[72] 王树声.从河津与韩城看中国古代城市建设用地结构[J].西安建筑科技大学

学报(自然科学版),2009,41(3):391-396.
[73] 杨帆.北魏汾州东迁背景探析[J].理论界,2010(11):128-129.
[74] 韩磊.万历年间汾州升府与地方控制:基于《新设汾州府碑记》的考察[J].太原理工大学学报(社会科学版),2012,30(5):50-53.
[75] 许伟,杨建华.山西太谷白燕遗址第一地点发掘简报[J].文物,1989(3):1-21,98-99.
[76] 杨建华,许伟.山西太谷白燕遗址第二、三、四地点发掘简报[J].文物,1989(3):22-34.
[77] 陈冰白,卜工,许伟.山西汾阳孝义两县考古调查和杏花村遗址的发掘[J].文物,1989(4):22-30.
[78] 代尊德.太原义井村遗址清理简报[J].考古,1961(4):203-206.
[79] 王克林,海金东.山西汾阳县峪道河遗址调查[J].考古,1983(11):961-965,972.
[80] 乔云飞.山西夏县禹王城历史研究[J].文物世界,2013(1):25-27,13.
[81] 常一民,裴静蓉,冯钢,等.晋阳古城遗址2002—2010年考古工作简报[J].文物世界,2014(5):3-19.
[82] 程民生.试论金元时期的北方经济[J].史学月刊,2003(3):41-52.
[83] 臧筱珊.宋、明、清代太原城的形成和布局[J].城市规划,1983(6):17-21.
[84] 阙维民,任疆.世界遗产视野中的太原古城街巷格局[J].城市规划,2011(6):91-96.
[85] 于振龙,石金鸣.太原土堂发现的旧石器[J].人类学学报,2004,23(2):146-151.
[86] 吴庆洲.中国古代的城市水系[J].华中建筑,1991(2):55-61,42.
[89] 杨林,裴安平,郭宁宁,等.洛阳地区史前聚落遗址空间形态研究[J].地理科学,2012,32(8):993-999.
[88] 毕硕本,计晗,梁静涛,等.基于指数模型的郑州—洛阳地区史前聚落遗址空间分布[J].地理科学进展,2013,32(10):1454-1462.
[89] 张爱则.古交旧石器遗址群埋藏特征及保护初探[J].文物世界,2012(5):9-11.
[90] 杨富斗,赵歧.山西祁县梁村仰韶文化遗址调查简报[J].考古,1956(2):41-43.
[91] 王向前,陈哲英.太原古交发现旧石器时代石器制造场[J].人类学学报,1984(1):82-82.
[92] 贾兰坡,王择义,邱中郎.山西旧石器[J].古脊椎动物与古人类,1960(1):51-55.
[93] 贾兰坡,王择义.山西交城旧石器文化的发现[J].考古,1957(5):12-18.
[94] 董卫.回归城乡一体的历史结构:构建整体性的平遥文化景观体系[J].住区,2019(2):8-18.

[95] 周小棣，沈旸，相睿. 城市防御视角下的明代山西地方城池营建探析[J]. 东南大学学报，自然科学版，2012，42(6)：1139 - 1145.

[96] Yimin H. Chinese Urban History Studies Face the Twenty-First Century [J]. Chinese Studies in History，2014，47(3)：73 - 99.

**四、学位论文**

[1] 陈饶. 江淮东部城镇发展历史研究[D]. 南京：东南大学，2016.

[2] 郑好. 长江流域史前城址研究[D]. 上海：复旦大学，2014.

[3] 孙贝. 中国传统聚落水环境的生态营造研究[D]. 北京：中央美术学院，2016.

[4] 朱晓青. 华北克拉通中部晚古生代以来的构造演化：以沁水盆地为例[D]. 南京：南京大学，2013.

[5] 张慧芝. 明清时期汾河流域经济发展与环境变迁研究[D]. 西安：陕西师范大学，2005.

[6] 孟万忠. 历史时期汾河中游河湖变迁研究[D]. 西安：陕西师范大学，2011.

[7] 张宪功. 明清山西交通地理研究：以驿道、铺路为中心[D]. 西安：陕西师范大学，2014.

[8] 徐俊辉. 明清时期汉水中游治所城市的空间形态研究[D]. 武汉：华中科技大学，2013.

[9] 吴薇. 近代武昌城市发展与空间形态研究[D]. 广州：华南理工大学，2012.

[10] 申睿. 孝义旧城的形态演变及空间分析[D]. 太原：太原理工大学，2013.

[11] 孙宁. 山西省历代人才的地理分布与地域分异[D]. 太原：山西师范大学，2013.

[12] 王友华. 明清时期山西都卫所屯田研究[D]. 西安：陕西师范大学，2009.

[13] 王应刚. 晋中盆地城市化发展对区域生态环境影响研究[D]. 太原：山西大学，2007.

[14] 李欣鹏. 地区人居视野下晋中盆地县城空间形态演研究——以太谷县为例[D]. 西安：西安建筑科技大学，2014.

[15] 李蓁怡. 太原老城中传统街巷的“丁字街”格局研究[J]. 西安：西安建筑科技大学，2011.

[16] 贾富强. 明清时期太原城市空间演变研究[J]. 兰州：西北师范大学硕，2015.

[17] 张捷. “更新地、更新时(期)、更新度”视角下的太古老城更新研究[D]. 济南：山东建筑大学，2014.

[18] 李小妮. 祁县旧城传统商业街保护与更新的探析[D]. 太原：太原理工大学，2009.

[19] 李锦光. 祁县古城保护研究[D]. 沈阳：沈阳建筑大学，2012.

[20] 刘志平. 商业发展影响下的明清平遥城建设[D]. 西安:陕西师范大学,2007.
[21] 吴洵. 平遥历史文化遗产网格体系研究[D]. 南京:东南大学,2015.
[22] 王凯. 介休古城传统城市设计方法研究[D]. 西安:西安建筑科技大学,2011.
[23] 许赟. 陕西介休古城的资源调查与分析[D]. 太原:太原理工大学,2014.
[24] 董星. 1960 年后山西省孝义市城市空间结构演变研究[D]. 昆明:昆明理工大学,2012.
[25] 韩若冰. 明清时期汾阳城城市形态及主要建筑布局研究[D]. 太原:太原理工大学,2017.
[26] 王树声. 黄河晋陕沿岸历史城市人居环境营造研究[D]. 西安:西安建筑科技大学,2006.